高等学校城市轨道交通系列教材
城市轨道交通卓越工程师
教育培养计划系列教材

城市轨道交通车辆工程“卓越工程师”
培养平台建设项目资助(11XK10)

# 城市轨道交通车辆电气

主　编　陈晓丽
副主编　黄立新　师　蔚　廖爱华

中国铁道出版社
2013年·北京

**图书在版编目(CIP)数据**

城市轨道交通车辆电气/陈晓丽主编．—北京：中国铁道出版社，2013.8

高等学校城市轨道交通系列教材　城市轨道交通卓越工程师教育培养计划系列教材

ISBN 978-7-113-16299-3

Ⅰ.①城…　Ⅱ.①陈…　Ⅲ.①城市铁路—铁路车辆—电气设备—高等学校—教材　Ⅳ.①U239.5

中国版本图书馆 CIP 数据核字(2013)第 062277 号

**书　　名**：高等学校城市轨道交通系列教材
**城市轨道交通车辆电气**

**作　　者**：陈晓丽　黄立新　师　蔚　廖爱华

---

**策划编辑**：殷小燕
**责任编辑**：殷小燕　　　**电话**：(010)51873147
**封面设计**：陈东山　崔丽芳
**责任校对**：张玉华
**责任印制**：陆　宁

---

**出版发行**：中国铁道出版社(100054，北京市西城区右安门西街 8 号)
**网　　址**：http://www.tdpress.com
**印　　刷**：三河市兴达印务有限公司
**版　　次**：2013 年 8 月第 1 版　2013 年 8 月第 1 次印刷
**开　　本**：787 mm×960 mm　1/16　印张：20.5　字数：386 千
**印　　数**：1～3 000 册
**书　　号**：ISBN 978-7-113-16299-3
**定　　价**：35.00 元

---

# 前　言

作为我国新兴的城市公共交通——城市轨道交通建设进入了快速发展阶段，尤其是在北京、上海这样的城市，但是快速发展伴随而来的是相关专业人才的短缺，需要培养具有一定工程实践能力和创新能力的卓越工程师类人才，为轨道交通安全、高效、可靠运营提供保障。基于该培养目标，上海工程技术大学城市轨道交通学院车辆工程系在学院、学校支持下和上海申通地铁集团有限公司的帮助下，组织专业教师编写了《城市轨道交通车辆电气》一书。

该书以当前国内地铁列车的主流车型为主体，对车辆电气设备的结构、工作原理进行深入解析。据统计车辆运营过程中所出现故障的大部分问题为车辆电气方面的故障，如何快速定位故障，排除故障，保证运行安全、可靠显得尤为重要，因此开设城市轨道交通车辆电气这门课程对于城市轨道交通车辆工程专业的学生培养具有重要意义。但目前该门课程尚缺乏一本适用的规范教材，教师授课内容来自于多方收集的相关资料，因此无论是教师授课还是学生学习都面临很大困难，效果大打折扣，因此组织编写一本适用的规范教材，满足学生培养及城市轨道交通车辆电气技术人员的技术需求，已成为迫在眉睫的重要任务。

本书特点为致力于理论和实践相结合，以当前国内地铁列车的主流车型为主体，对车辆电气设备的结构、工作原理进行较深入解析，深浅适宜，图文并茂，通过辅以车辆综合电气线路图的识读以及常见故障实例分析增加实践操作内容，强调了理论在实践过程中的应用，使学生不仅掌握城市轨道交通电器系统的理论知识，还能够对其进行分析、实验和综合，掌握实用维护、维修等知识与操作技能。

本书共分六章，较为全面的介绍了城市轨道交通车辆电气设备、电气控制线路及常见故障诊断和分析。本书的编者为从事电气专业教学的专业教师组成，紧密结合当前轨道交通的实际状况编写，内容不仅适用于城市轨道交通车辆工程专业的“卓越工程师培养计划”学生培养，而且可以作为城市轨道交通车辆电气技术人员的参考指导书。

本书由上海申通地铁集团轨道交通维护保障中心车辆公司余强经理（高级工程师），上海交通大学机械与动力工程学院殷承良研究员（博士生导师），东华大学徐洋副教授，以及上海工程技术大学城市轨道交通学院杨俭教授四位专家审阅，四位专家对本书给予了很多中肯意见，在此致以诚挚的谢意。

鉴于编者技术水平及实践经验的局限性，收集资料欠全面，书中难免有纰漏和不妥之处，恳请各位读者批评指正，盼赐教至 chenxiaoli@sues. edu. cn，以期再版时修改。

编　者
2012 年 12 月

# 目　录

# 第 1 章　城市轨道交通车辆电气概述

## 1.1　车辆电气基本概念

城市轨道交通车辆电气包括车辆上的各种电气设备及其控制电路。按其作用和功能可分为主电路系统、辅助电路系统和电子与控制电路系统 3 个部分。城市轨道交通车辆为电传动机车的一种，在电传动机车上，将外部(接触网等)输入的电能传递给机车动轮，是通过一整套与电能有关的能量变换、传递及控制装置，才得以实现的。这套机车电力牵引装置包含了各种实现电－机能量变换的电机、电器等电气设备，构成一个综合的电气系统。根据牵引电机种类，如果为交流电机牵引则该系统称为交流传动系统，如果车辆采用直流电机牵引，则该系统称为直流传动系统。另外，城市轨道交通车辆用辅助电源系统为车辆上除牵引用电外的其他用电设备供电，包括直流用电设备和交流用电设备等，因此辅助电源装置包含了各种实现电能变换的逆变器、整流器、变压器等电气设备，也构成一个复杂的电气系统。城市轨道交通车辆电气这本书将对各种车辆电器设备进行介绍，重点对牵引变流器、辅助逆变器的内部组成、工作原理、控制方法、维护维修等进行分析。

### 1.1.1　车辆电气系统结构

城市轨道交通车辆电气系统的主电路由受电弓、高压部分、中间直流环节、牵引变流器、牵引电机组成。牵引变流器通常采用 IGBT 元件，每台牵引电机功率高达 200 kW 左右，具有大转矩、恒功率、速度范围宽的特点，使机车具有起动牵引力大、粘着性能好、功率因数高等特点，能够实现再生制动的功能。

辅助系统生成 380 V 交流电和 110 V 直流控制电源，为车辆上的其他用电设备供电。辅助系统要求具有冗余性，一组辅助变流器故障之后，可由另一组辅助变流器对全部辅助设备供电。

控制电路由 110 V 直流控制电源(来自于辅助变流器)供电，控制系统由各种控制用电器元件组成，如接触器、继电器等，根据功能可分为主回路、控制回路、辅助回路 3 部分。

城市轨道交通车辆电气系统的结构框图如下所示。

车辆电气系统：

车辆电器：车辆电器中的高压电器(受电弓、高速断路器、接触器、制动电阻、熔断器、避雷器)

车辆电器中的低压电器(继电器、电流传感器、电压传感器、速度传感器、温度传感器、蓄电池)

牵引系统：牵引电机

牵引变流器

辅助系统：辅助逆变器

控制回路：主回路

控制回路

辅助回路

车辆电气系统的布线，按照电压等级和功能划分为3部分。

(1)主电路布线，主要指车顶高压设备、牵引变流器、牵引电机、车间电源插座之间的布线。车顶高压设备之间采用导电杆和软连线连接。

(2)辅助电路布线，主要指辅助变流器、制冷及采暖装置、辅助电路插座之间的布线。

(3)控制电路布线，主要指操纵台、控制电器柜、变流器、电源柜、空气管路柜、风道继电器等控制电器之间以及网络连接的布线。

### 1.1.2 车辆上的主要电气设备

车辆上的主要电气设备包括：受流装置、牵引控制箱(包括高压电气设备，牵引逆变器、辅助逆变器等)，牵引电机，加热、通风、空调装置，制动电控单元，车辆控制装置(牵引控制、逆变器控制、中央控制单元、多功能车辆总线)，以及车门控制，照明和通风控制等，图1.1为西门子公司生产的，上海轨道交通明珠线列车控制系统结构图，其中罗列了主要的轨道车辆的电气设备。该列车单元为三节编组，分别为A、B、C车，A车为拖车，包括车辆主控制器(Master Controller)，司机操控台(Driver's Desk)，AI(辅助逆变器)，多车总线MVB，MVB紧促型输入输出(I/O)，人机接口(HMI)，公共广播系统(PA)，乘客信息系统(PI)以及SIBAS KLIP分站(SKS)等；B、C车为动车，与A车相比，不同处在于带有动力系统牵引控制单元(TCF)、逆变器控制单元(ICU)和牵引电机；同时A、B、C每节车都配有加热、通风、空调设备(HVAC)、车门控制单元(DCU)、制动电控单元(BECU)和 SIBAS KLIP 分站(SKS),车辆之间通过多车总线 MVB 进行通信。

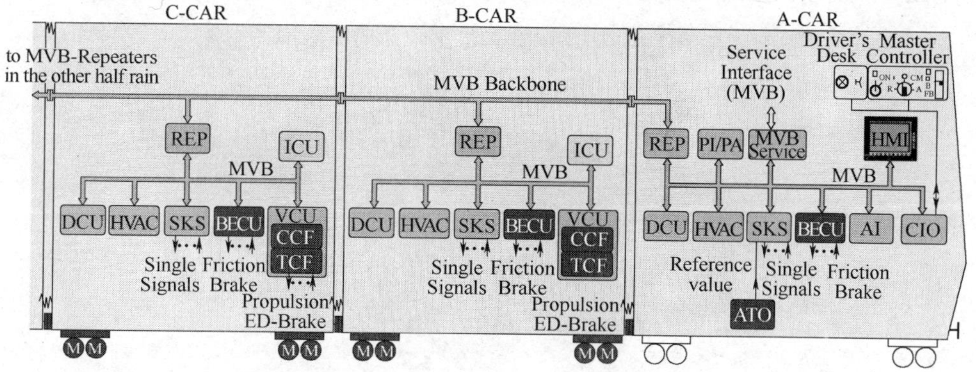


图 1.1　上海轨道交通明珠线列车控制系统结构图

图注:AI —辅助逆变器; M —牵引电机; SKS —SIBAS KLIP 分站; BECU —制动电控单元; CIO —MVB 紧促型 I/O; TCF —牵引控制功能; DCU —门控单元; HMI —人机接口; CCF —中央控制功能; HVAC —加热、通风、空调; MVB —多车总线; VCU —车辆控制单元; PA —公共广播系统; REP— MVB 转接器; ICU—逆变器控制单元;PI—乘客信息系统

**1. 高压电气设备**

从接触导线(接触网)或导电轨(第 3 轨)将电流引入动车的装置称为受流装置或受流器,也就是我们通常所说的受电弓(见图 1.3 所示)。接触网 1 500 V 的供电电源通过受电弓引入列车中。受电弓安装于列车车顶,不同的列车受电弓的数量和安装位置会不同。本书以长春长客一庞巴迪轨道车辆有限公司生产的上海地铁一号线增购车辆为例,该列车的受电弓是安装在 B 车车顶上的。图 1.2 所示为受电弓与车辆空调在车顶的安装示意图。

图 1.2　受电弓与车辆空调在车顶的安装位置

图 1.3　受电弓示意图

上海地铁1号线增购车辆的电流从受电弓终端流到位于B车底架下部的高压设备箱中，该设备箱称为PH逆变器箱(牵引逆变器一高压箱)。PH箱的结构示意图见图1.4所示，包括高压部分、MCM部分、散热的中间部分以及其他一些附件。

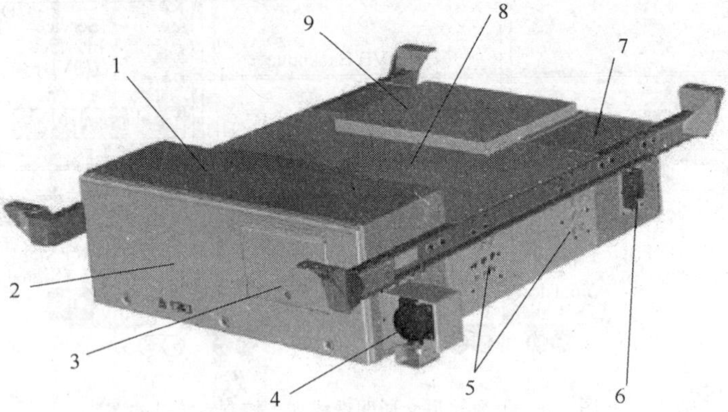


图1.4　PH箱的结构示意图

图注：1—HV部分；2—HV部分前盖门；3—隔离和接地开关盖门；4—车间供电源插座；5—电缆密封；6—信号电缆连接件；7—MCM部分；8—中间部分；9—外部空气进气箱

高压部分(见图1.5打开状态的高压部分，无顶板俯视图)包括大部分用于高压分配的元件。每半列车主要的元件是：隔离和接地开关、两个高速断路器(线路断路器)、车间电源插座、车间电源接触器、高压保险、解耦二极管、测量和控制设备等。B车和C车的牵引逆变器从高速断路器处获得供电。辅助逆变器(输出3N/AC 380 V)和蓄电池充电器(输出DC 110 V)也由PH箱供电，并带有保险保护。电流回路通过接地刷闭合。避雷器安装在每个受电弓的旁边，用来保护所有的电气设备，防止来自供电系统不允许的雷电过电压及操作过电压。PH箱通过强迫通风冷却，顶部的风扇入口由一个网状结构覆盖，自由空间在前部且在箱体之上，也需打开前盖，通过前盖和箱下部进行保养及维护，质量约为950 kg。

在受电制式上，目前世界上地铁发展较早的城市大都采用直流750 V，个别有采用600 V的，北京地铁为直流750 V。上海地铁采用直流1 500 V，它与直流750 V比较有以下优点：可提高牵引电网供电质量，降低迷流数值，增加牵引供电距离，从而可减少牵引变电所数量；另外直流1 500 V受电制式便于地铁线路实现地下、地面和高架联动。

**2. 车辆电器**

本书中的车辆电器指的是城市轨道交通车辆上用于实现车辆控制的电器元件，可以分为有触点电器和无触点电器。有触点电器元件广泛用于主电路、辅助回路和控制回路中，其种类较多，其中典型的电器有高速断路器、交直流电磁接触器、

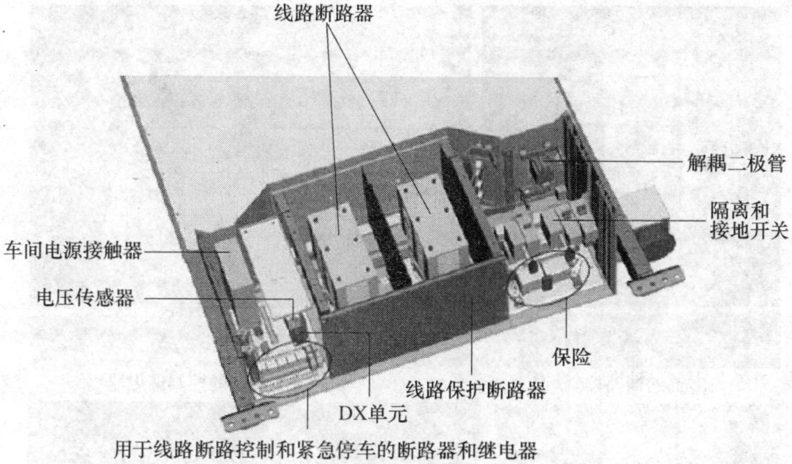


图 1.5　PH 箱的高压部分，无顶板俯视图

继电器及司机控制器（组合传动电器）等。车辆上其他电器元件还有电动列车从接触网获取电能的受流器（受电弓）、用于地铁车辆主回路电阻制动的制动电阻器、用于保护主回路过电压的避雷器、用于保护电气设备和电气线路发生短路故障时，免遭过热和过大电力破坏的熔断器、用于车辆照明系统的荧光灯电子镇流器和用于控制信号采集传输的各种传感器（速度传感器、温度传感器、电流传感器、电压传感器等）。图 1.6 举例了一些常用地铁车辆电器设备。图（a）为高速断路器，为有触点高压电器，用来接通和断开主回路；图（b）为高速断路器的控制继电器，为有触点低压控制用电器；图（c）为 A 车控制柜，有大量有触点接触器、继电器、空开等构成逻辑控制线路；图（d）为制动电阻箱，内放置制动电阻组件，制动电阻位于列车车厢底部，体积庞大，电阻制动时会散发大量热量，需要散热设备进行散热处理。当然还有大量其他电气设备，我们会在后续章节进行介绍。

**3. 牵引电机**

牵引电机用来将电能转化成机械能，并将能量通过传动装置传递给车轮，因此牵引电机是轨道车辆的动力来源。牵引电机有直流电机、直线电机、交流异步电机以及永磁同步电机，其中三相鼠笼式异步电机是目前应用最广泛的轨道车辆牵引用电机。图 1.7 为长春长客－庞巴迪轨道车辆有限公司生产的，上海地铁一号线增购车辆采用的 4EBA 4040 牵引电机，4EBA 4040 是地铁及类似的牵引车辆驱动系统的一部分，它是自通风 4 极 3 相制异步鼠笼式旋转电机，其技术参数如表 1.1 所示。图 1.8 为上海地铁六号线车辆（阿尔斯通生产）采用的牵引电机，该电机为 3 相 AC 感应电机，每轴一个电机安装于转向架中部，自冷，全封闭设计，电机上安

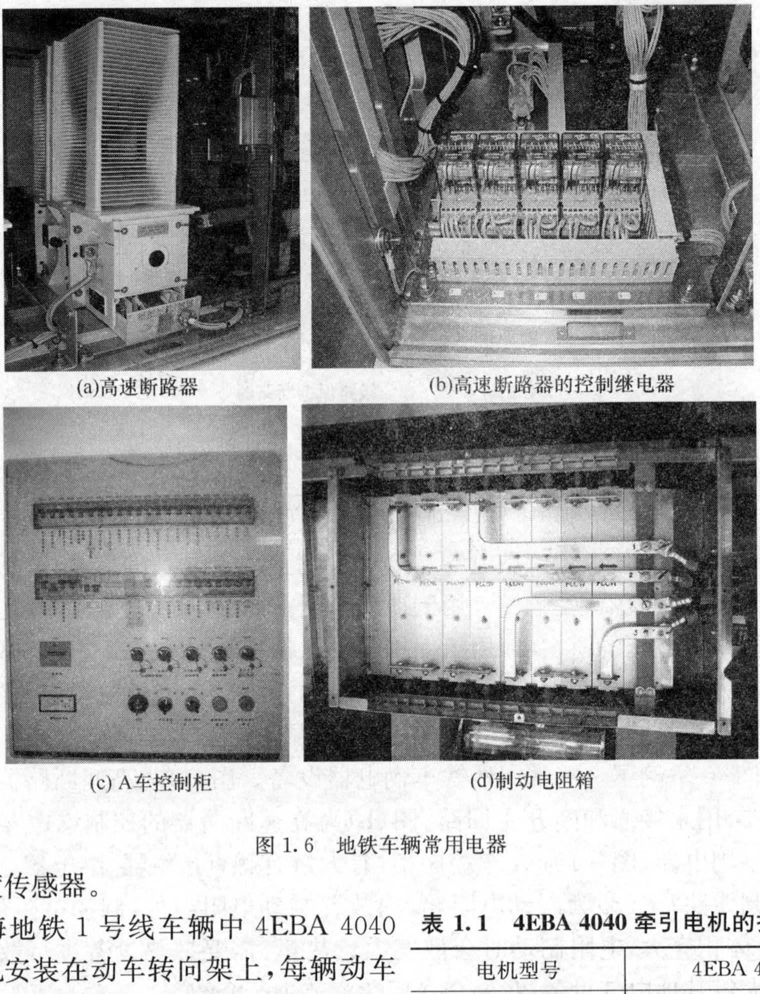

(a)高速断路器　(b)高速断路器的控制继电器

(c) A车控制柜　(d)制动电阻箱

图 1.6　地铁车辆常用电器

装有速度传感器。

上海地铁 1 号线车辆中 4EBA 4040 牵引电机安装在动车转向架上，每辆动车前后两个转向架，每个转向架上安装有 2 台牵引电机，因此一辆动车装配有 4 台牵引电机，见图 1.9 与图 1.10 所示。转向架上的电机支座由 3 个压入电机支座的弹性支撑组成，电机采用自通风并配有空气过滤器和消音器，牵引电机平行于轮对轴，并通过一个冠状齿型连轴节链接到传动装置上，牵引电机转矩是通过冠状齿型连轴节，从电机转子上直接传送到小齿轮上。牵引电机由 3 相 IGBT 频率逆变器控制，每

**表 1.1　4EBA 4040 牵引电机的技术数据**

| | |
|---|---|
| 电机型号 | 4EBA 4040 |
| 额定功率 | 220 kW |
| 额定电压 | 1 150 V |
| 额定电流 | 130 A |
| 额定频率 | 58 Hz |
| 额定转速 | 1 708 r/min |
| 最大转速 | 3 690 r/min |
| 质量 | 685 kg |

辆动车上的4个牵引电机均由一个电源逆变器供电。

**4. 牵引变流器**

牵引变流器是列车关键部件之一，其主要功能是转换直流制和交流制间的电能量，并对各种牵引电动机起控制和调节作用，从而控制机车的运行。

牵引变流器可分为：交流－直流变流器；直流－直流变流器；直流－交流变流器；交流－交流变流器4类。由于城市轨道交通采用直流接触网供电，因此本书中将重点讨论直流－交流变流器。直流－

图1.7　长春长客－庞巴迪轨道车辆有限公司生产的4EBA 4040牵引电机

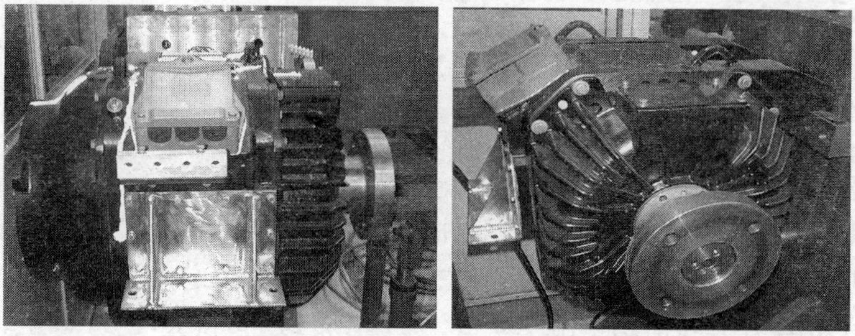

图1.8　上海地铁六号线的牵引电机

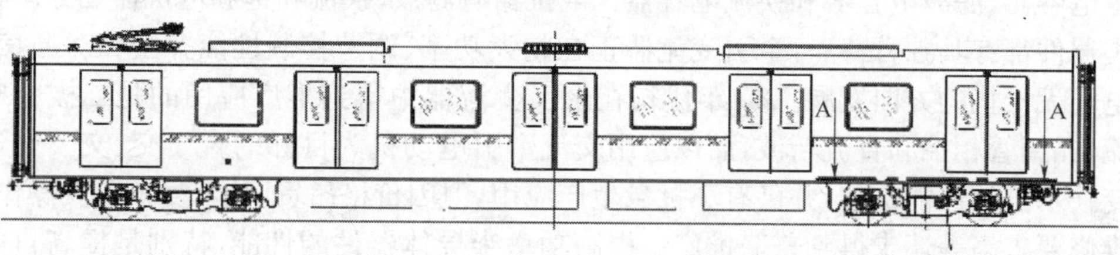


图1.9　4EBA 4040牵引电机安装位置

直流变流器驱动控制直流牵引电机，直流－交流变流器驱动控制交流牵引电机。

变流器的发展情况是：随着变流器的控制由不控整流器向可控变流器的发展，变流器的电子控制系统也发生变化。20世纪60年代的变流器普遍采用分立元件的开环控制系统，70年代过渡到线性集成元件（运算放大器等）的闭环控制系统，20世纪70年代末则应用大集成度的数字集成器件和微处理机的闭环控制系统。这些电子控制技术的应用提升了变流器的性能，进而使整个机车的性能和自动化

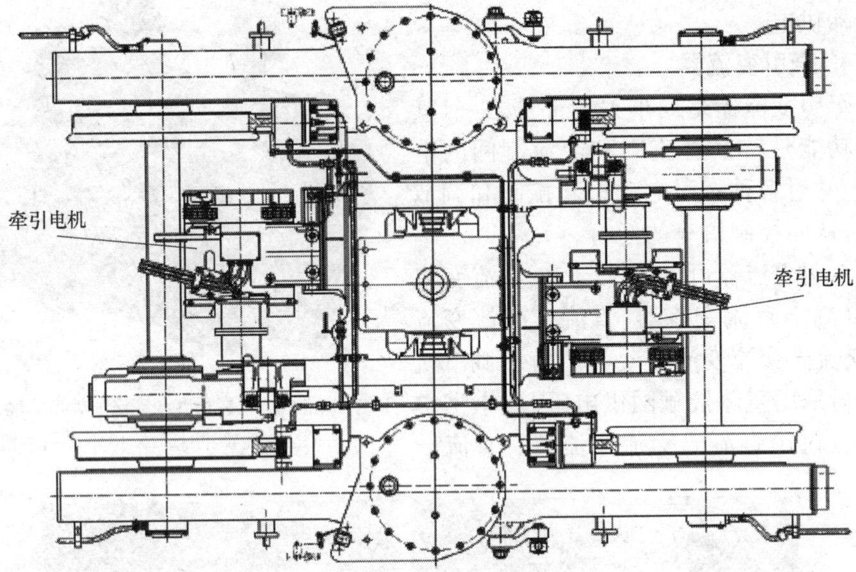

图 1.10　转向架上的电机安装位置

程度显著提高。

牵引变流器主要由大功率开关器件(IGBT,GTO 等),二极管以及晶闸管、电容器和电抗器等构成。这些器件目前主要发展方向可以总结为:一是向大功率发展,使单个元件开关峰值功率由 100 kV·A 增加到 1 000 kV·A 以上;二是增加品种。联邦德国、日本等国已实现变流器元件产品系列化、专用化。电容器分为支撑电容器、滤波电容器和换流电容器。电抗器有滤波、换流和饱和电抗器之分。各类器件都有其独自特点,牵引变流器正在朝大功率、调节控制性能齐全和对通信、电网无干扰的方向发展。80 年代初在牵引变流器中得到推广应用的是二极管整流、晶闸管相控和直流斩波,而以应用交流牵引电动机为目标的直一交、交一交逆变技术虽然性能优越,并已有小批量生产应用,但因价格昂贵、技术复杂以及操作、维修要求高等还未得到普遍推广。提高功率半导体器件的性能,特别是提高自关断类的 GTO 和大功率三极管的功率和性能,应用氟冷却和大规模集成数字电路技术等推进牵引变流技术的发展。事实上,随着电力电子技术、微电子技术以及计算机技术的飞速发展,牵引变流器体积越来越小,质量越来越轻,而功能却越来越完善。下图所示为庞巴迪公司生产的鼠笼式三相交流异步牵引电机供电的直流一交流变流器 MITRAC 1110,图 1.11 为变流器的外形,图 1.12 为变流器的内部结构示意图。

上海地铁 2 号线增购车辆为 6 节编组列车,一个 6 节编组的列车由两个相同

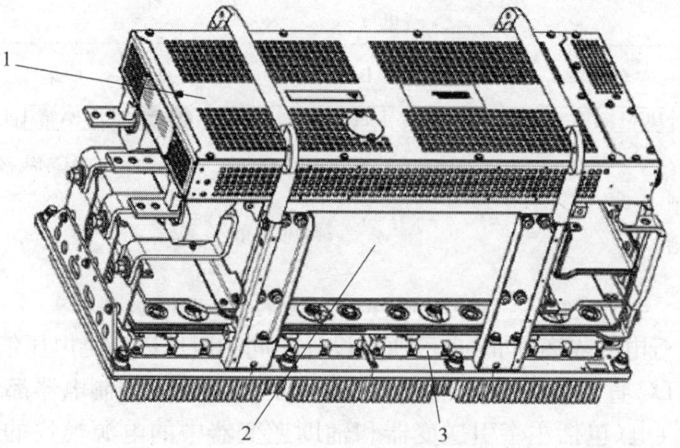


图 1.11　庞巴迪公司生产 MITRAC 1110 直一交变流器(型号为 ICON－M)

图注：1—电子箱组成；2—DC—链接电容器；3—相斩波器单元

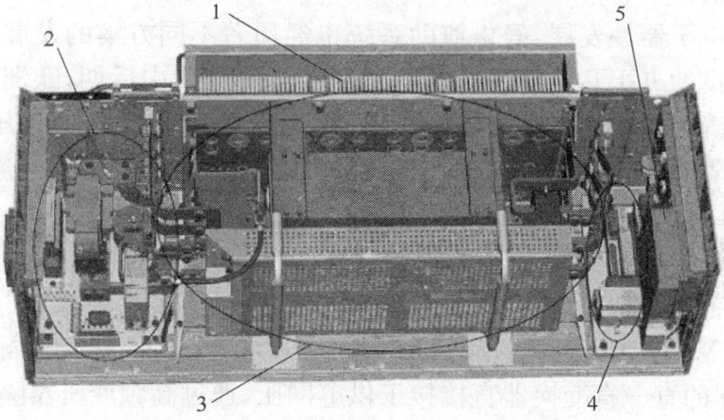


图 1.12　变流器的内部结构示意图

图注：1—朝向中间部分的冷却器；2—DC 接触器单元；

3—逆变器模块(MCM)；4—风扇接触器单元；5—内部风扇

的 3 辆车单元组成，见图 1.13 所示，其中高压、牵引和辅助设备分布在车底部，注意图中设备标记位置并非各设备在车底部的确切位置。

**5. 辅助逆变器**

辅助系统(又称为静止变换器)主要完成下述几种功能：

(1)DC / AC 逆变部分，负责将 1 500 V 接触网引入的直流电变换为三相 50 Hz，380 V / 220 V 的恒压恒频的交流电，为地铁或轻轨车辆上的交流用电设备提供电源；

(2)变压器隔离部分，主要起电气隔离作用，为了安全必须将电网上的高压与低压用电设备，尤其是常需人工操作的控制电源的设备，在电气电位上实现隔离。通常

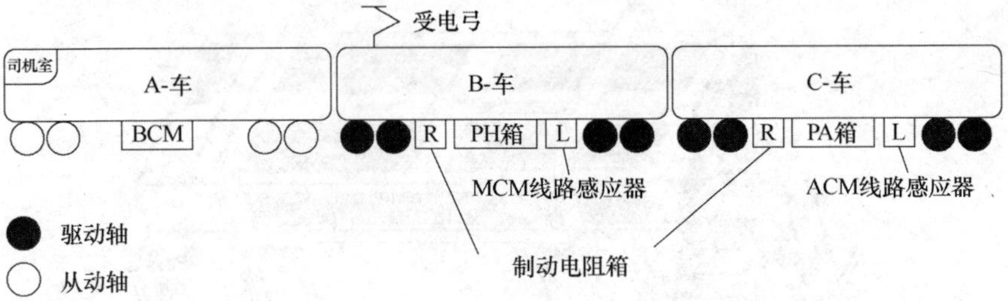


图 1.13 3 辆车单元车顶与车底的电气设备布置图

采用变压器进行电气隔离，同时也可通过设计不同的匝比以满足电压值的需要；

(3)DC / DC 直流电源(兼作蓄电池充电器)：车辆上各控制电器都由 DC 110 V/ DC 直流电源供电(包括主牵引逆变器和辅助逆变器中的电源模块的供电)。车辆上蓄电池为紧急用电所需，在辅助逆变器未开启或不能启动时为各种控制器暂时供电，所以蓄电池必须保证储有足够的电能，故 DC 110 V/ DC 直流电源同时也是蓄电池的充电器。

随着电力电子器件发展，静止辅助系统也经历着不同方案的发展过程。由于新一代性能优良的 IGBT 器件迅速发展，20 世纪 90 年代中后期，欧洲与日本等国的车辆辅助系统大都采用 IGBT 来构成，其实现方案大致有：斩波稳压后再逆变，加变压器降压隔离；三点式逆变器加变压器降压隔离；电容分压两路逆变，加隔离变压器构成 12 脉冲方案；两点式逆变器加滤波器与变压器降压隔离；直一直变换与高频变压器隔离加逆变的方案。

这些方案各有其特点，而目都能满足地铁或轻轨车辆的要求，在目前的方案中，对 DC 110 V 直流电源主要有两种不同的方案实现：通过 50 Hz 隔离降压变压器来实现；独立的直—直变换器直接接于供电网压，通过高频变压器隔离后再整流并滤波得到 DC 110 V 控制电源。从两者比较看，后者是独立的，与静止辅助逆变器无关，也就不受逆变器故障的影响，在供电功能方面有一定的好处；但是因为需要独立的直流电源，也就增加了成本。

地铁车辆大都采用两动一拖(3 节车辆)构成 1 个单元，由 2 个单元(所谓 6 节编组)构成一列车，每节车辆均配备 1 台静止辅助逆变器，每单元共用 1 台 DC 110 V的控制电源。每节车辆的辅助逆变器的容量为 75～80 kV · A,DC 110 V 控制电源(兼作蓄电池充电器)功率约为 25 kW。后来法国 Alston 生产的地铁车辆，改为 1 个单元中配 2 台静止辅助逆变器，每台容量为 120 kV · A ，且每台含 DC 110 V 控制电源，功率为 12 kW。最近国外生产的地铁车辆，在 6 节编组中，每单元只配 1 台静止辅助逆变器，容量约为 250 kV · A，直流 110 V 控制电源为 1 台，约 25 kW ，即所谓的“集中供电”。这两种供电方式各有优缺点。分散供电其冗余度大，均衡轴重好配置，但造价要大些，且总质量也会高些。而集中供电冗余度小，每轴配重难以一致，但相对而言，总重会轻些，成本低些，因此从冗余度与轴重均衡出发，分散式供电方案较常被采用。

为了人身安全，低压系统及控制电源必须与 DC 1 500 V 的高网压实现在电气电位上的隔离。最佳的隔离方式是采用变压器隔离。从上述方案中看出，有 50 Hz变压器隔离和高频变压器隔离两种方式。由变压器基木原理可知，50 Hz 变压器其体积与质量较大，而高频变压器其体积与质量将会成倍地减小。但后者必须采用性能好的高频磁心，目前大都采用进口的铁氧体磁心或国铁基微晶合金的磁心。对于 DC 110 V 控制电源，容量不大，约 25 kW。现今国内外都采用直一直变换及高频变压器隔离，这也是相对较成熟的方案。

图 1.14 所示为庞巴迪生产的辅助逆变器（Mitrac CM－C）ACM，ACM 设计时，在逆变器箱中安装有空气冷却模块。逆变器箱中的其他模块可以共同使用这个冷却设备。IGBT 模块和放电电阻安装在接地散热片上。逆变器箱中其他设备可以使用内部循环空气冷却。ACM 通过 MVB 与列车微机通信。ACM 包括以下机械部件：电容单元包含 DC 链接电容器、GDU 组成，相斩波器包含 IGBT 模块和散热片。电子箱组成安装在模块前部。在列车上从逆变器箱中很容易拆下所有模块零件。电子箱组成（控制 CPU 和电源）中的零件不需要从逆变器箱中拆除功率模块就可以获得。

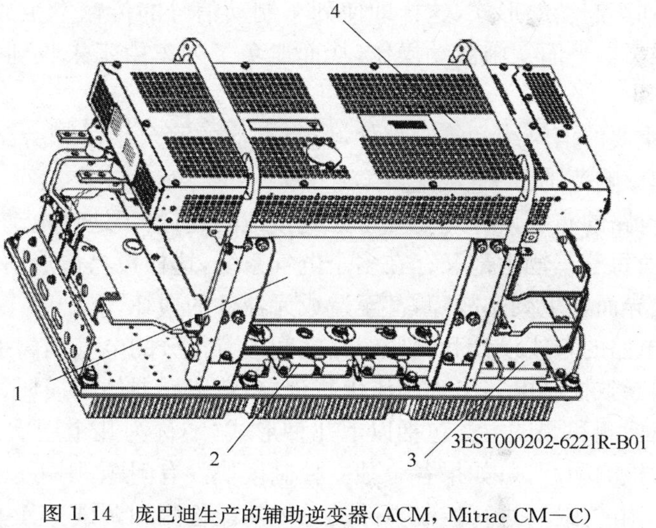


图 1.14　庞巴迪生产的辅助逆变器（ACM，Mitrac CM－C）

图注：1—DC—链接电容器；2—逆变器 IGBT；3—OVP 电阻；4—电子箱组成

**6. 控制回路**

城市轨道交通车辆的控制线路主要由继电器、接触器和各种微机控制单元组成，其主要作用为接受司机操作发出的指令，使控制电路中相关的继电器得电或失电，并将这些动作转化为控制信号，使得相对应的主回路接触器动作，最终控制牵引电机的运转，从而控制列车牵引、制动等工况。另外，控制线路中还包括许多监控回路，检测列车各工况下的参数，根据所检测到的故障参数，及时发出指令，控制继电器动作，切断主回路中相关的触点，起到保护作用。

控制电路的设计一般会遵循一个原则，可以总结为：

(1)应尽量减少继电器数量，转而由微机控制单元取代继电器。上海地铁一号线的交流列车与直流列车相比，使用继电器数量大为减少，相应地控制电路的故障也大为减少。

(2)对于开关频繁，负荷较重的继电器应用场合，应根据其容量要求采用相应的镀金触点继电器或接触器。

(3)信号传输在考虑到可靠性和安全性的前提下，尽量用无触点的传输方式(通信总线)取代有触点的传输方式。如果列车控制需要传输 10 个信号的话，如果采用有触点的传输方式那么就需要 10 根信号线，而采用无触点的传输方式的话一般只要 3 根就足够了(目前使用的通信总线的物理形式一般为 485 总线，其使用的信号线仅为 3 根)。信号线数量减少了，相应地控制电路的故障也大为减少。

(4)控制电路设计应考虑到导向安全，即一旦控制电路中的某一部分发生故障，其他部分也不会将故障的影响扩大。如制动信号的传输应采用高电平列车非制动，低电平列车制动的形式，这样即使列车制动信号的传输发生故障，列车也会因为未检测到高电平而实施制动操作，从而避免了列车由于未收到信号而不能制动的情况的发生。

(5)对于重要的信号线和控制部件，应有相应的冗余手段和旁路措施，以便尽量减小故障的影响范围。

(6)控制电路的布线设计应充分考虑到接地问题，由于地铁电动列车一般由多节车辆组成，而每节车辆内部又存在多个电气系统，这样极易造成由于各电气系统接地电平的差异而发生列车故障，甚至造成元器件的损坏。

(7)控制电路的布线设计和高压线路之间应有充分的电气隔离手段，以免由于某些意外因素导致控制电路出现高压串扰现象，造成元器件的损坏。

控制电路检测和调试主要包括以下几种形式(或称为几个层次)：首先进行各个独立模块的检测和调试；如果各个独立控制模块没有问题，则可以进行控制单元的功能检测和调试；最后进行控制电路的总体功能检测和调试。其中，独立模块的检测和调试的操作对象为继电器、接触器以及各控制单元单体模块，该项操作的目的是检测单体部件的各项电气特性指标是否在允许的范围之内，并进行相应调整。

对继电器、接触器而言该项操作的电气特性指标包括：1)线圈的阻值；2)触点的闭合电阻;3)触点的吸合与分断时间;4)延时继电器的动作时间。

对控制单元单体模块而言该项操作的电气特性指标包括:1)模块是否可以正确收发总线信号;2)模块是否可以将相应的输入转换为正确总线信号;3)模块是否可以正确执行总线信号,并将其转换为相应的输出;4)输出模块的输出是否可以满足目标负载的要求;5)各模块的工作电压和工作电流是否正常;6)电源模块的输出是否能达到设计要求。

当各控制单元单体模块经过独立模块的检测和调试后,就需要进行组装,成为一个完整的控制单元,此时就需要对该完整的控制单元进行相应的功能检测和调试,该项测试主要包括:控制单元的各模块是否可以工作正常;控制单元是否可以接受输入并做出相应的反应动作;控制单元的输出是否可以满足目标负载的要求;电源模块的工作电压和工作电流是否正常。

当独立模块和完成控制单元整体的检测和调试后,就需要进行控制电路的总体功能检测和调试,以便对整个控制电路的工作情况和系统功能进行检查和确认,并对其中可能存在的故障进行排除,该项测试主要包括:

(1)列车控制回路的电源情况;

(2)列车各控制单元是否工作良好;

(3)列车主回路各部件是否工作良好;

(4)列车的故障传输和显示;

(5)列车的故障保护功能;

(6)列车的牵引功能;

(7)列车的制动功能。

由于其中(1)到(4)主要在列车静止时进行操作,所以一般称之为静态调试,而(5)到(7)需要在列车运行时进行操作,所以又称之为动态调试。

目前,在上海地铁列车的定修(年修)中只进行控制电路的总体功能检测和调试,而在架修(5年修)和大修(10年修)中将进行全部三项(独立模块;控制单元功能和控制电路总体功能)检测和调试操作。

## 1.2　车辆运营过程中主要故障

历经半个多世纪的发展,我国的轨道交通技术水平得到了大幅度的提高。近些年来,随着电力电子技术的发展,城市轨道交通车辆的传动系统已由直流传动(直流电机牵引)发展为交流传动(交流电机电机牵引),可靠性得到了较大地提高,但在运营过程中,由于操作环境和使用条件的影响,要完全避免在线故障的发生是不现实的。如何及时发现车辆早期故障,及时消除故障隐患,同时在发生故障时,及时准确地检测出故障并进行快速的修复，对提高车辆的可用性，降低运营成本具有十分重要的意义。

在轨道交通领域，临修故障多为电气故障，并且其诊断要比机械故障诊断困难的多。城市轨道交通电气控制电路主要由主电路、牵引制动控制电路、辅助电路、车门控制电路、空调控制电路、照明控制电路、乘客信息系统电路组成，其中主电路、牵引制动控制电路、辅助电路、车门控制安全电路与列车运行相关，尤为重要。

城市轨道交通电气控制电路逻辑顺序关系十分复杂且电气系统长期工作在高温震动的不利环境下，故障出现的几率较大，多数不是在计划维修中能够解决的。电气故障一旦发生，对其修复的快速性要求较高，修复的越快，其造成的影响越小。而快速修复的前提是要能对故障有正确的诊断。因此，如何提高电气故障诊断的能力是来自现场的一个亟待解决的课题。地铁的故障主要分早期故障和既发故障。早期故障是指尚未发生，但通过一些状态检查并结合领域经验，可以推断即将发生的故障；既发故障是指已经发生的故障，并造成系统某种功能的失调。

故障诊断使用两种诊断方法：内部诊断和外部诊断。内部诊断使用车载计算机诊断装置，并在功能一旦受到影响时，可以做出反映当时清况的说明。使用计算机控制时，具有较好的经济性和实时性。外部诊断是在维修场所使用的诊断装置，仅在需要时与被检测车辆连接。该装置可以是标准装备的一部分，或者是专门研制并一起提供的装置。目前地铁由于普遍采用的计算机控制技术，一般均具有内部诊断功能，其诊断系统提供的数据是车辆故障维修的一个重要数据来源。但由于车辆的故障极为复杂，诊断软件的设计人员对各种组合故障的预见存在较大的局限性，在实际应用中诊断软件对故障维修的指导作用十分有限。另外由于诊断程序原代码的垄断性，在实际的维修作业中获得的领域经验无法补充到诊断系统中，其可扩展性、自学习性受到严重制约。

现代城市轨道交通车辆主电路由于采用了交流传动，主电路的接点减少很多，主要设备有受电弓、高速断路器、充电接触器、牵引逆变器、三相异步交流牵引电机；牵引制动控制电路主要包括列车模式转换电路、激活电路、牵引指令电路、制动指令电路、受电弓控制电路、牵引安全联锁电路、高速断路器控制电路、紧急制动控制环路电路、车载信号及其接口电路等，主要由各类开关、继电器、电阻、接插器件、半导体器件组成；辅助电路主要由配电电路、充电机、静止逆变器及其相关控制电路组成；车门控制电路主要由车门控制单元、行程开关、驱动电机、列车门控指令电路组成；空调控制电路主要由空调控制器、温度传感器、各类继电器、接触器组成；照明控制电路主要包括内部照明及外部照明，内部照明由客室照明灯及其相关控制电路组成，外部照明由各类信号灯、运行灯、前照灯及其相关控制电路组成；乘客信息系统电路主要包括车载广播、图文显示器、动态地图及其控制电路等。

## 1.3　运营过程中常见电气故障

城市轨道交通车辆上各种电气设备按其功能、作用和电压等级，可分别组成3个基本独立的电路系统，即主电路、辅助电路、控制电路(低压控制电路和电子控制电路)。这3个电路通过电—磁、电—空、光—电及电—机械传动等方式相互联系起来，以达到自动或间接控制协调工作的目的，保证司机能安全、正常且方便地操纵机车。

据此，列车运行中出现的电气故障可以分为：主电路的故障、辅助电路故障和控制电路的故障。

主电路主要由高电压、大功率电气部件及附属测量、保护部件组成，完成电能与机械能之间的相互转换，产生牵引力和制动力。主电路故障主要包括受电弓故障、高压部分故障、变流器故障及电机故障。其中变流器故障比较复杂，包括逆变电路中大功率开关器件 IGBT 的故障，IGBT 驱动电路故障，电流、电压及温度检测电路故障，变流器工作电源故障等，最为复杂的是电机驱动控制算法和整个系统软件固化于变流器电子箱中的 CPU 中，软件往往为厂家垄断，因此很多系统故障不透明，一旦控制电路板发生故障，故障定位比较困难，一般情况下只能更换控制电路板，导致成本高，而且随着使用年限的增长，一些产品如果停产，成本将进一步增加。

辅助电路由辅助单/三相变换和辅助电动机电路及各种辅助电气设备等组成，用来保证主电路发挥其功率和实现其性能，并为司乘人员和旅客改善工作和生活条件。城市轨道交通车辆辅助电路可分为辅助变流器电路、三相负载电路、单相负载电路、直流控制电源电路、保护电路与蓄电池等几部分。辅助电路故障主要指这些部分发生的故障，其中辅助变流器的故障与牵引变流器的故障有很多相似的地方，在厂方提供的说明资料中往往会将牵引变流器和辅助变流器放在一起说明。

控制电路由控制电源、主令电器及控制电气设备组成，实现对主电路、辅助电路各电气设备的控制，完成对机车的牵引、制动的操作和控制。城市轨道交通车辆的控制电气设备的电源采用直流 110 V，机车的控制系统的核心是机车微机控制与监视控制系统(简称 CCU)，该部分的设计就其性能而言属控制电路范畴，控制电路的故障最为复杂，需要经验的积累。

## 1.4　本书主要内容

本书以当前国内地铁列车的主流车型为主体，对车辆电气设备的结构、工作原理进行深入解析。据统计车辆运营过程中所出现故障的大部分问题为车辆电气方面的故障,如何快速定位故障,排除故障,保证运行安全、可靠显得尤为重要,因此开设城市轨道交通车辆电气这门课程对于城市轨道交通车辆工程专业的学生培养具有重要意义。城市轨道交通车辆电气这门课程目前尚缺乏一本适用的规范教材,教师授课内容来自于多方收集的相关资料,因此无论是教师授课还是学生学习都面临很大困难,效果大打折扣,因此组织编写一本适用的规范教材,满足学生培养及城市轨道交通车辆电气技术人员的技术需求是本书的主要目的。

## 思考与习题

1. 什么是车辆电气系统?列举车辆电气系统包括的主要电气设备?
2. 说明车辆运营过程中的主要故障有哪些?分析其故障类型现状。

# 第 2 章　城市轨道交通车辆电器

## 2.1　高压电器的结构与工作原理

### 2.1.1　受电弓

受流器是列车将外部电源平稳引入车辆电源系统，为列车的牵引设备和辅助设备提供电能的重要电气设备。根据线路供电方式的不同，受流器可分为集电靴及受电弓两种形式。集电靴装置应用于第三轨方式供电的线路，而受电弓装置主要应用于以接触网方式供电的线路。由于接触网方式可以实现长距离供电，受线路变化影响较小，适应列车高速行驶的需要，所以城市轨道交通往往采用受电弓装置。受电弓一般分为两种：正弓受电弓和旁弓受电弓。正弓受电弓从上方取流，旁弓受电弓则从侧面取流。正弓受电弓又分为两类：单臂弓和双臂弓，它们的主要区别是活动构架的形式不同。上海城市轨道交通主要采用接触网供电方式，故受流器选用的是受电弓。

受电弓通过绝缘子安装在电力机车的车顶上，是一种铰链式的机械结构。当受电弓升起时，其受电弓滑板与接触导线接触，将电流引入车内。受电弓工作的特点是靠滑动接触而受流，是电力机车与固定供电装置之间的连接环节，其性能的优劣直接影响到电力机车工作的可靠性。随着电力机车速度的不断提高，对受电弓的受流性能也提出了越来越多地要求。其性能的基本要求是滑板与接触导线接触可靠，磨耗小，升、降弓时不产生过分冲击。在运行中要求受电弓动作轻巧、平稳，动态稳定性好。

单臂受电弓的结构示意图见图 2.1 所示。受电弓主要由滑板、活动构架、带气动装置的底架和跨接线组成。滑板是受电弓与接触网线索接触的部件，列车运行时能自动调整与接触线索的位置，保持与接触网的稳定接触；活动构架是钢管制成的铰接多边形，其作用是使受电弓保持在工作高度上，让滑板与接触网线索保持一定的压力，它由平衡杆、上框架、铰链座、下臂杆、推杆等组成；底架由升降弓的气动装置、升降弓弹簧、底架、支持绝缘子等构成，底架通过支持绝缘子固定在车顶上，绝缘子起电气隔离和机械支撑作用。

受电弓的动作原理：

(1)升弓：压缩空气经电空阀均匀进入传动气缸，气缸活塞压缩气缸内的降弓

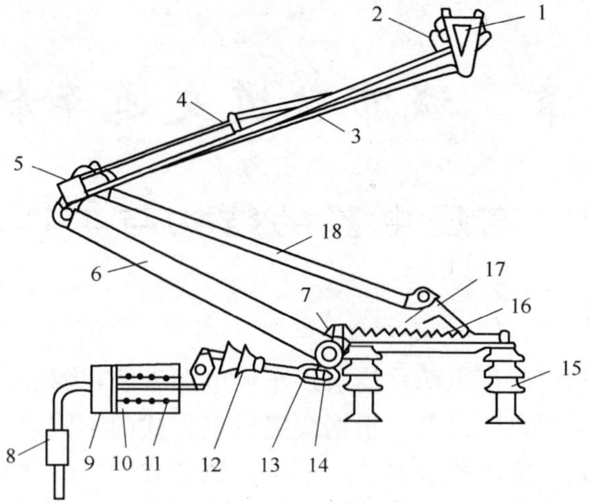


图 2.1 受电弓结构图

图注：1—滑板；2—支架；3—平衡杆；4—上框架；5—铰链座；6—下臂杆；7—扇形板；8—缓冲阀；9—传动气缸；10—活塞；11—降弓弹簧；12—连杆绝缘子；13—滑环；14—连杆；15—支持绝缘子；16—升弓弹簧；17—底架；18—推杆

弹簧，此时，升弓弹簧使下臂杆转动，抬起上框架和滑板，受电弓匀速上升，在接近接触线时有一缓慢停滞，然后迅速接触接触线。

(2)降弓：传动气缸内压缩空气经受电弓缓冲阀迅速排向大气，在降弓弹簧作用下，克服升弓弹簧的作用力，使受电弓迅速下降，脱离接触网。受流质量(负荷电流通过接触线和受电弓滑板接触面的流畅程度)与滑板与接触线间的接触压力、过渡电阻、接触面积有关，取决于受电弓和接触网之间的相互作用。

为保证牵引电流的顺利流通，受电弓和接触线之间必须有一定的接触压力。弓网实际接触压力由 4 部分组成：受电弓升弓系统施加于滑板，使之向上的垂直力为静态接触压力(一般为 70 N 或 90 N)；由于接触悬挂本身存在弹性差异，接触线在受电弓抬升作用下会产生不同程度的上升，从而使受电弓在运行中产生上下振动，使受电弓产生一个与其本身质量相关的上下交变的动态接触压力；受电弓在运行中受空气流作用产生的一个随速度增加而迅速增加的气动力；受电弓各关节在升降弓过程中产生的阻尼力。

受电弓的检修：

1. 检查滑板：(1)检查滑板有无磨损和裂纹，有裂纹或局部磨损剩余厚度为 2～3 mm 的滑板要及时更换；(2)在安装新滑板时滑板和弓角必须符合要求；(3)安装时要用预先装配好和调整过的滑板；(4)检查所有集电头部件是否损坏；(5)检查弹簧盒是否弹性良好。

2. 检查导流电缆:(1)在所有铰接点都有导流电缆,导流电缆必须始终处于良好状态,要确保连接螺栓的紧固。(2)导流电缆一般由多股铜导线编织而成,在检修中应检查连接线是否有断股现象,对于断股的导流电缆应予以更换,对于导流电缆的接线端子,需清洁并打磨接触表面。在安装导流电缆时,在接线端及框架上的安装区域涂抹含铜油脂,以保证接触面的导电性能。在大修作业中,应更换所有的导流电缆。(3)在更换导流电缆时,要确保清洁,金属抛光接触面必须涂铜接触油脂。

3. 检查升弓气缸力:(1)检查升弓气缸的活塞、活塞杆有无卡滞。(2)检查节流阀和气路连接部分的气密性,更换损坏的部件。

4. 所有铰接点加油:对受电弓上所有的铰接点,用高压油枪加不含二硫化钼的润滑油。

5. 检查接触压力:季节性温度变化较大的情况下,必须检查和调整滑板相对于接触网的接触压力和弹簧拉伸。

6. 检查所有螺栓和螺母:必须检查所有的螺栓和螺母是否紧固。

图 2.2 为上海地铁 1 号线增购车辆(庞巴迪)配有的单臂受电弓外形结构图。受电弓从上部接触网向车辆传导电流,受电弓由底架、构架、弓头、拉伸弹簧及下部装置组成。底架安装在车顶,它由方形的中空管、角钢及板的焊接构件组成,它作为下臂的支撑装置,包括轴承、下导杆的轴承滑轮、拉伸弹簧的悬挂及气压升弓传

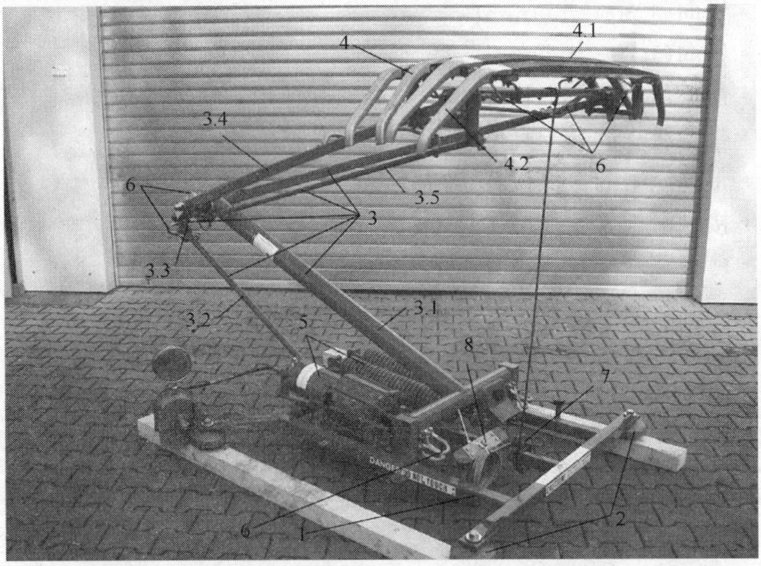


图 2.2　上海地铁 1 号线增购车辆(庞巴迪)配有的单臂受电弓外形结构图

图注:1—底架;2—绝缘子;3— 构架(3.1—下臂,3.2—下导杆,3.3—高度止挡,3.4—上臂,3.5—上导杆);4—头(4.1— 接触滑板,4.2— 端角);5—升降装置;6—电流传输装置;7—锁钩;8— 最低位置指示器

动装置,主要的电器连接位于底架后部的镀铜部件。受电弓构架是用于安装弓头的受电弓零部件,且允许弓头在相关平面作垂向运动,保证使其与接触网有良好的接触,接触网的高度变化由受电弓构架进行均衡,构架形成一个多边形连接。从碳条至底架上的主连接器电流是通过受电弓框架及高柔韧性导电编织线来完成的,所有的轴承均通过它们的绝缘安装来保护其免与电流负极接触。锁销用螺栓固定在底架上且在最低位锁闭受电弓。锁钩应在维修开始之前使用,开始维修前,必须有人将弓头固定在底架上,这样在受电弓上工作时受电弓不会移动,维护结束后必须松开锁钩。

该受电弓的供电技术参数为:

- 系统额定电压:DC 1 500 V;
- 额定运行电压:DC 1 800 V;
- 最大电压:5 min 之内:DC 2 000 V;
- 运行电流:1 400 A;
- 启动电流(30 s):1 600 A;
- 短时电流:2 400 A;
- 停车电流:最大 460 A。

该受电弓的主要尺寸数为:

- 纵向(1 300 ±2)mm;
- 横向(1 200 ±2)mm;
- 最低位置的拉伸长度 约 2 390 mm;
- 带绝缘子的升起高度(2 880 ±25)mm;
- 带绝缘子的最低位置 最大(320 ±10)mm;
- 接触滑板长度 约 1 050 mm;
- 弓头宽度 约 1 700 mm;
- 受电弓的接触力 120 N(调节范围 100～140 N);
- 升弓时间: (7 ±1)s;
- 降弓时间: (7±1)s;
- 质量: 约 237 kg;
- 运行速度: 最大 90 km/h。

### 2.1.2 高速断路器

高速断路器主要有两个作用:一是在正常情况下,根据需要接通和断开接触网和电动车辆主回路之间的高压电路。二是在发生故障时,如主电路短路、过载、电机烧损等,快速切断主电路,防止事故扩大,保护车辆和人身安全。高速断路器动作需迅速、可靠，并具有足够的断流容量。高速断路器一般安装于车体下方，由于空间有限，要求高速断路器结构必须紧凑。

地铁 AC01/AC02 车型使用的是由 AEG 公司生产的 UR6－31/32 型高速断路器，UR6－32TDS 型高速断路器基本结构包括基架、主触头、脱扣装置、闭合装置、灭弧罩和辅助触头，其结构见图 2.3 所示。基架用于安装主触头、脱扣装置、闭合装置、灭弧栅、辅助触头等部件，要求有较高的机械性能和抗震性能，采用坚固的玻璃纤维聚酯材料，绝缘性能好。主触头包括动触头和静触头，用于接通车辆主电路。辅助触头包括 6 副双触头开关，跟随主触头的动作而动作。脱扣装置也称为短路快速跳闸装置，用于过载保护，它的跳闸值可通过刻度盘来调整。跳闸值应按允许通过的短路峰值电流来设定，防止开关发生误跳。

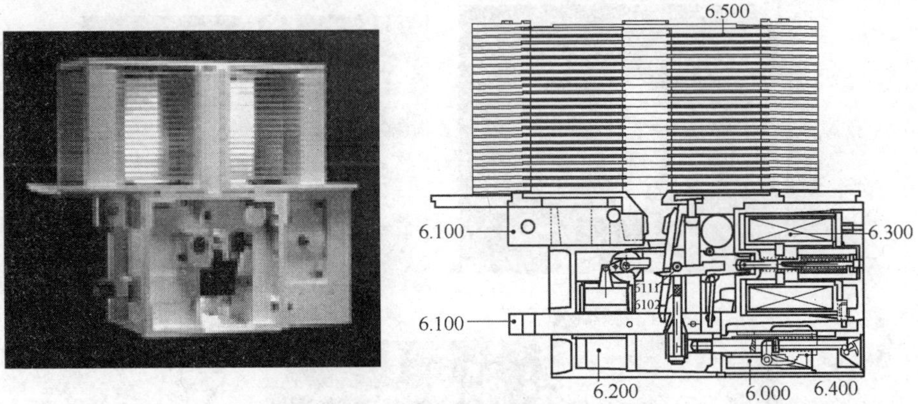


图 2.3　UR6 31/32 型高速断路器基本组成

图注：6.000—基架；6.100—主触头；6.200—脱扣装置；6.300—闭合装置；6.400—辅助触头；6.500—灭弧罩

闭合装置包括磁铁、线圈、圆筒、连杆、压簧、前后极、叉头等，用于开关的正常吸合和分断。高速断路器合闸线圈只能短时通电，开关到合闸位后，靠连杆机构保持。灭弧罩由一组抗电弧的绝缘板、灭弧片和引弧片组成，用于吸入动、静触头分断产生的电弧，并进行分割、冷却。

高速断路器的工作原理是：

当按下高速断路器“合”按钮，闭合装置的线圈得电，带动连杆推动动触头与静触头接触，置高速断路器于“合”位置。电流从上接线排，通过闭合动、静触头流向动触头臂至下接线排，使接触网与车辆主电路电气设备接通。当高速断路器闭合后，脱扣装置监控电流的大小，短路发生时，当电流值超过其跳闸值时，该装置动作，通过转换机构带动动触头移动，与静触头分开，使高速断路器处于“分”状态。高速断路器断开的瞬间，动、静触头之间会产生电弧。电弧从动触头到右部连接件，跨接到左部。

## 2.1.3　接触器

接触器指利用线圈流过电流产生磁场，使触头闭合，以达到控制负载的电器。是一种用来频繁地接通和切断主电路的自动切换电器，它的特点是能进行远距离自动控制，操作频率较高，通断电流较大。

接触器(见图 2.4 所示)按通、断电路电流种类可分为直流接触器和交流接触器两种，按主触头数目可分为单级接触器(只有一对主触头)和多级接触器(有两对以上主触头)，按传动方式可分为电空接触器、电磁接触器等。接触器的主要组成机构有:感应机构、中间机构、执行机构。

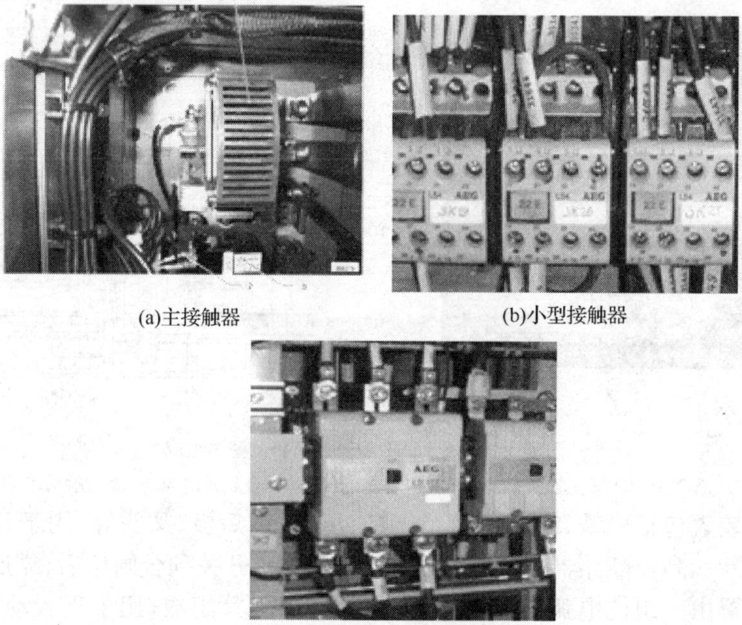

(a)主接触器　(b)小型接触器

(c)三相接触器

图 2.4　几种地铁车辆用接触器

**1. 直流电磁接触器**

(1) 结构

直流电磁接触器一般由电磁机构、驱动机构、主触头、灭弧装置、辅助触头、上下接线端及支架和固定装置等组成。电磁机构由铁芯、带驱动杆的螺旋线圈、盖板组成。在电磁线圈未通电时，动铁芯在反力弹簧作用下保持在释放位置，反力弹簧通常是圆柱螺旋弹簧。圆柱螺旋弹簧分为拉伸弹簧和压缩弹簧两种，主触头(触头镀银)用来通断电路。

通电后，电磁力带动驱动杆克服反力弹簧运动，当动触头在驱动杆的带动下与静触头刚接触时，接触点为触头上部。随着驱动杆继续运动，触头上压力不断增加，一直到电磁力与反力弹簧力平衡为止。运动过程中动触头在静触头上边滚动边滑动，使接触点移到触头下部。主触头断开的过程则相反。这就使触头分断时所产生的电弧不致损坏正常接触点，而触头的滑动将其表面的氧化物或脏物擦掉，减小接触电阻。

直流接触器设计为模块结构，见图 2.5 所示。

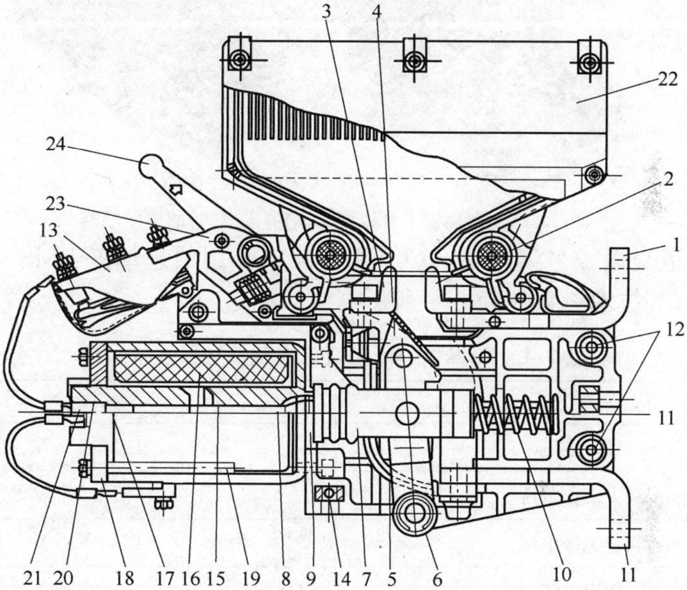


图 2.5　直流电磁接触器

图注：1—上接线端；2— 静触头；3—动触头；4—触头座；5—软连接；6—驱动轴；7—驱动机构；8—活塞杆；9—缓冲器；10—反力弹簧；11—下接线端；12—螺栓；13—辅助开关；14—螺栓；15—铁芯；16—线圈；17—导向器；18—线圈盖；19—螺栓；20—动铁芯；21—开槽螺母；22—灭弧罩；23—螺钉；24—手柄

(2) 工作原理

在电磁线圈未得电时，动铁芯在反力弹簧作用下保持在释放位置，当电磁线圈得电后，铁芯在电磁力作用下带动驱动杆克服反力弹簧运动，动触头与静触头闭合。辅助触头依靠安装的驱动凹轮，正常地打开或闭合。这样，主接触器就进入工作状态。失电后电磁力小时，反力弹簧起作用，主触头分断，同时辅助触头的状态也跟着变化。灭弧装置包括吹弧线圈和带电离栅的灭弧罩。电离栅将进入的电弧分割成一系列短弧，使电弧加速冷却。吹弧线圈确保快速和有效的灭弧。图 2.6

所示为上海地铁 1 号线增购车辆(庞巴迪)的主接触器实物图,左图为带有灭弧罩的接触器,右图为灭弧罩拆掉后的接触器。

图 2.6 上海地铁 1 号线增购车辆(庞巴迪)的主接触器

上海轨道交通 1 号线车辆 AC01 主回路上使用的是单极 BMS. 15. 06 型直流电磁接触器,其技术参数如表 2.1 所示。

**表 2.1 BMS. 15. 06 型直流电磁接触器技术参数**

| 项 目 | 参 数 |
| --- | --- |
| 额定电压 | DC 1 500 V |
| 最大工作电压 | DC 1 800 V |
| 额定绝缘电压 | DC 1 500 V |
| 额定电流 | 600 A |
| 1 h 电流 | 630 A |
| 短时电流(5 s) | 800 A |
| 最大整断电流(15 ms) | 2 400 A |
| 闭合时间 | 约 100 ms |
| 开断时间 | 约 75 ms |
| 机械寿命 | $3\times10^6$ 次 |
| 电寿命 | $10^4$次 |
| 触头压力 | 54～72 N |
| 控制电源 | DC 110 V |
| 控制功率 | 30 W |

K100 与 K110 型接触器的技术参数见表 2.2。

表 2.2　K100 与 K110 型接触器的技术参数

| | K100 | K110 |
|---|---|---|
| 型号 | CIMS20,10 | HSa |
| 额定电压 | 2 000 V | 300 V |
| 额定电流 | 1 000 A | 50 A |
| 最大短时承受电流 | 1 050 A,60 min<br>1 600 A,5 min | |
| 关断时间 | | 90～100 ms |

**2. 交流接触器**

交流接触器主要由电磁铁和触点两部分组成。它是利用电磁铁的吸引力而动作的。当吸引线圈通电后,吸引山字形动铁芯(上铁芯),而使常开触点闭合。

交流接触器的触点分主触点和辅助触点两种。辅助触点通过电流较小,常接在电动机的控制电路中,主触点能通过较大电流,接在电动机的主电路中,见图 2.7所示的交流接触器有 3 个常开触点。当主触点断开时,其间会产生电弧,烧坏触点,并使切断时间拉长。因此在电流较大的接触器中还专门设有灭弧装置。相间有绝缘隔板,以免短路。

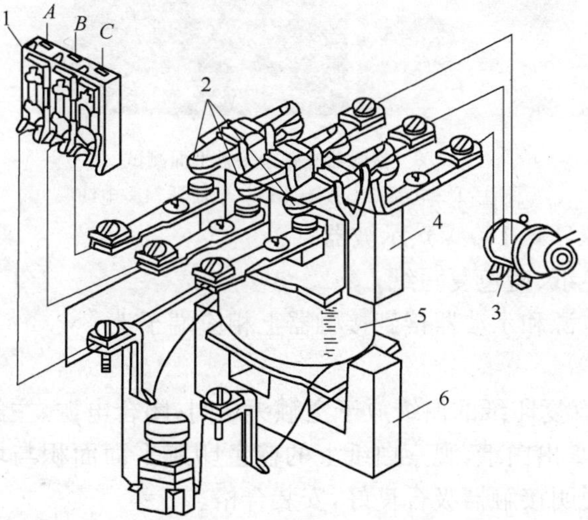


图 2.7　交流接触器主要结构

图注:1—熔断器;2—主触点;3—电动机;4—上铁芯;5—线圈;6—下铁芯

交流接触器的技术参数见表 2.3。

**表 2.3 交流接触器的技术参数**

| 项　目 | 参　数 |
|---|---|
| 型号 | 3TF4822-OAPO |
| 工作电压 | 230/220 V,50 Hz |
| 主触点 | 3 对常开主触点,控制三相 |
| 交流功率 | 37 kW/400 V |
| 辅助触点 | 2 对常开,2 对常闭 |

直流接触器的维护接触器在使用中最容易损坏的是触头,接触器主触头、辅助触头需要定期检查,主触头磨损严重需要更新触头。灭弧罩需定期检查,清除灭弧罩内烧灼痕迹和喷溅金属。

**3. 主触头接触平面测试**

主触头接触平面测试见图 2.8 所示。

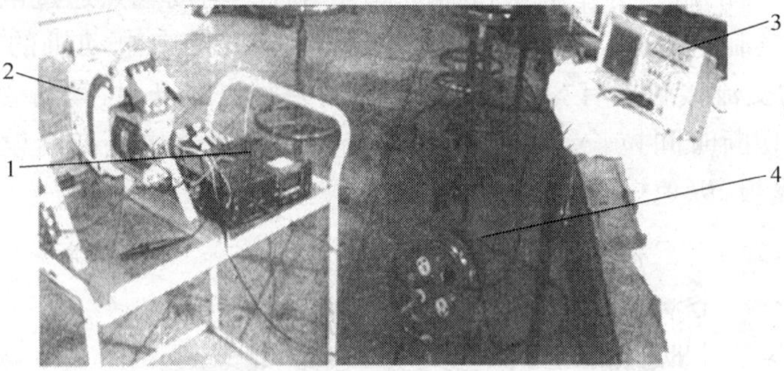


图 2.8 接触器主触头接触平面测试

图注:1—电源;2—接触器;3—示波器;4—电缆

(1)仪器:电源(DC 110 V)、示波器;

(2)其他:白色纸、蓝色复写纸;

(3)连线:把电源和示波器接到接触器上相应端子上。

(4)现象:

① 把中间夹有复印纸的白纸放于主触头之间,闭合电源,主触头吸合,夹住白纸。主触头断开,拿出白纸,观察白纸上的蓝色印迹平面面积与均匀程度,面积越大,印迹越均匀,说明接触器吸合良好,安装合格。

② 在主触头吸合与断开时,观察示波器的波形,读出接触器的吸合时间与释放时间。

## 2.1.4　制动电阻

制动电阻器用于地铁列车的电阻制动，如果在列车制动时，接触网不能再吸收能量，制动能量将被转化成热能消耗在制动电阻上。制动电阻箱悬挂安装于动车底架下方，制动电阻器冷却方式为强迫风冷(卧式通风)，见图 2.9 所示。

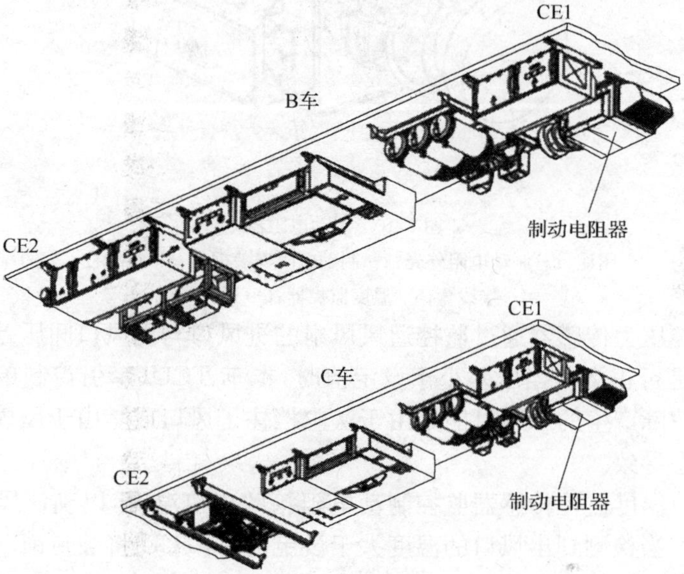


图 2.9　制动电阻器在 B 车与 C 车的安装位置

**1. 制动电阻器的结构**

制动电阻器主要由主单元和通风风扇两部分组成。主单元(条状电阻箱)包括制动电阻外壳(内部安装有条状制动电阻)、制动电阻框架、压力监控器、温度监控器、制动电阻安装框架、接线盒；通风风扇包括电机、外壳、风叶。见图 2.10所示。

**2. 制动电阻器的原理及要求**

列车制动时，电机工作在发电机状态，产生了制动电流，这个电流通过条状电阻，使电阻条发热，把电能转化成热能消耗掉。这就要求制动电阻具有良好的热容量，耐振动，还要抗腐蚀，在高温下不生成氧化层。特别要注意在正常使用周期内不断裂。

**3. 制动电阻通风风扇**

制动电阻通风风扇的作用是降低制动电阻箱内的温度，使制动电阻在制动电阻风扇强迫通风方式下正常工作。在每节动车上各有一个制动电阻箱及制动电阻风扇。制动电阻风扇的工作电源为三相交流 380 V。它的监控由风量监控压力传感器和制动电阻出口温度监控传感器进行。

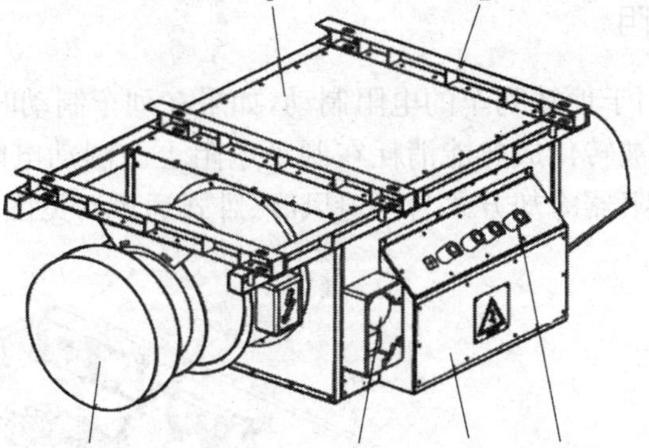


图 2.10　制动电阻器

图注：1—制动电阻外壳；2—制动电阻安装框架；3—接线柱；
4—接线盒；5—温度监控器；6—通风风扇

风量监控压力传感器通过监控通风风扇的进风口与出风口间压差来确认风扇的工作状态是否正常。当压差小于设定值时，本车 TCU(牵引控制单元)被封锁。通风风扇的故障产生的原因可能是由于灰尘挡住了风口或是由于风扇电机转速未达到额定状态导致。

电阻出口温度监控传感器监控制动电阻箱的出口温度，以确认风扇的工作状态是否正常。当检测到出风口的温度大于设定值时，TCU 将被封锁。

制动电阻的技术参数如表 2.4 所示。

**表 2.4　制动电阻的技术参数**

| 项　目 | 参　数 |
|---|---|
| 额定电压 | DC 1 500 V |
| 额定电流 | 360 A |
| 持续时间 | 10 s(R8)/18 s(R9) |
| 工作温度 | 400 ℃ |
| 最高温度 | <600 ℃ |
| 冷却方式 | 强迫风冷 |
| 额定通风量 | 1.8 $m^3/s$ |
| 带式制动电阻 R8 | 1.04 Ω |
| 带式制动电阻 R9 | 1.74 Ω |
| 电阻带与电阻组件架可承受 | 5 800 V/min |
| 组件构件与电阻箱之间可承受 | 3 000 V/min |
| 电气间隙 | >32 mm |
| 爬地距离 | >50 mm |

**4. 检修与维护**

由于制动电阻采用强迫风冷方式进行冷却，所以制动电阻的检修与维护主要是为电阻进行除尘，根据灰尘积垢的程度，周期性地使用压缩空气清洁电阻框架、散热部件。通风风扇是免维护的，只有当叶片和电机的污垢和灰尘影响到风扇的正常工作时，才需要进行清洁，否则会影响叶片转动的平衡。

检查条状电阻是否变形并测量阻值。如果条状电阻在冷却状态有变形，一旦通过制动电流，极易造成电阻之间的短路。通常用电桥方式测量电阻阻值。

接线盒的接线柱在重新接线前要进行清洁、打磨、抛光处理，保证与电缆接线端有良好的接触面。

## 2.1.5 熔断器

熔断器也被称为保险丝，IEC127 标准将它定义为“熔断体(fuse-link)”。它是一种安装在电路中，保证电路安全运行的电器元件。熔断器其实就是一种短路保护器，广泛用于配电系统和控制系统，主要进行短路保护或严重过载保护。

**1. 熔断器组成**

熔断器主要由熔体、熔管和插刀等组成。熔体式熔断器的主要部分，它受过载或短路电流的热作用而熔化，从而达到断开故障电路的目的。熔管用以控制电弧火焰和熔化金属粒子向两端喷出。插刀用以和外电路接通。见图 2.11所示。

图 2.11 熔断器示意图

图注：1—辅助电源熔断器；2—紧固螺钉(×4)；3—BCM 电力熔断器

由于熔断器的工作是不可逆的，如果熔断器损坏后，是无法修复的。因此，在日常检修中主要用电阻表检查熔断器是否完好。清洗并抛光熔断器的引出铜排，确保状态良好。

**2. 熔断器的熔断过程**

熔断器的熔断过程一般可分为4个阶段：

1)通过故障电流而发热达到熔化温度的阶段。这个阶段所需的时间与通过熔体的故障电流值有关，故障电流越大，这个时间就越短。

2)熔体熔化和蒸发阶段。熔体达到熔化温度后继续吸收热量而熔化和蒸发，这个阶段的时间也与通过熔体的故障电流值有关，故障电流越大时间越短。

3)间隙击穿和电弧产生阶段。熔体蒸发成金属蒸气后出现间隙，其中充满金属蒸气，金属蒸气很快被游离而出现电弧，这段时间极短。

4)电弧燃烧和熄弧阶段。这个阶段时间的长短和电流的大小及熔断器的熄弧能力有关，熄弧能力越强，则燃弧时间就越短。但电弧熄灭时不允许产生危害电气设备的过电压。

**3. 技术参数**

表2.5为地铁一号线电动车辆所用熔断器的参数。

**表2.5 上海地铁一号线车辆所用熔断器的技术参数**

| 代　号 | 名　称 | 额定电压(V) | 额定电流(A) |
|---|---|---|---|
| 1F2 | 预充电熔丝 | 2 000 | 32 |
| 3F1 | 网压显示回路熔丝 | 2 000 | 1 |
| 3F2 | 车间电源熔丝 | 2 000 | 400 |
| 3F5 | 辅助电源熔丝 | 2 000 | 400 |
| 3F8 | 主蓄电池熔丝 | | 200 |
| 3F11 | 受电弓电源熔丝 | 2 000 | 1 |
| 3F17 | 空压机保护熔丝 | 2 000 | 20 |
| 3F18 | 逆变器输入熔丝 | 2 000 | 63 |

## 2.1.6 避雷器

避雷器是与被保护物并联的一种设备，当出现危及被保护物体绝缘的过电压时就放电，从而限制被保护物体的过电压值。避雷器安装于B车车顶的受电弓旁，见图2.12所示。

(1)避雷器的组成

避雷器通常由火花间隙和非线性电阻两部分组成，装配于一个陶瓷壳内，用一法兰盘密封。轨道交通避雷器用于直流1 kV或2 kV系统，在正常电压下火花间隙是不会击穿的，只有出现过电压时火花间隙才会击穿，过电压幅值越高火花间隙穿得越快。

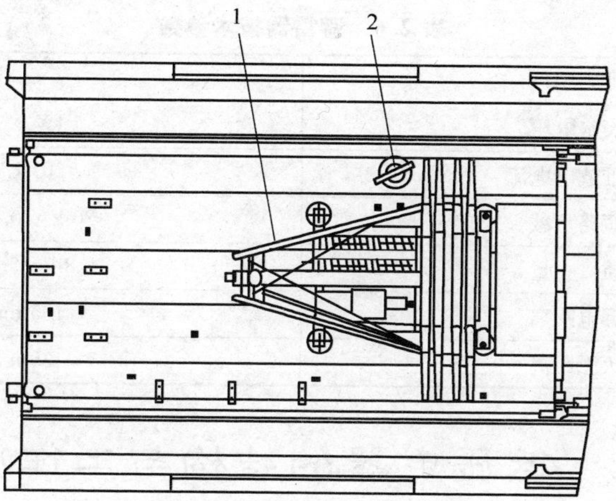


图 2.12　避雷器在车顶的位置

图注:1—受电弓;2—避雷器

(2)避雷器的伏·秒特性

避雷器击穿电压的幅值同击穿时间的关系曲线称为伏·秒特性。显然,要可靠地保护被保护物,避雷器的伏·秒特性要比被保护绝缘物体的伏·秒特性低,即在同一过电压作用下避雷器先被击穿,见图 2.14 所示,其中曲线 1 为避雷器的伏·秒特性;曲线 2 为被保护物绝缘的伏·秒特性。

图 2.13　避雷器

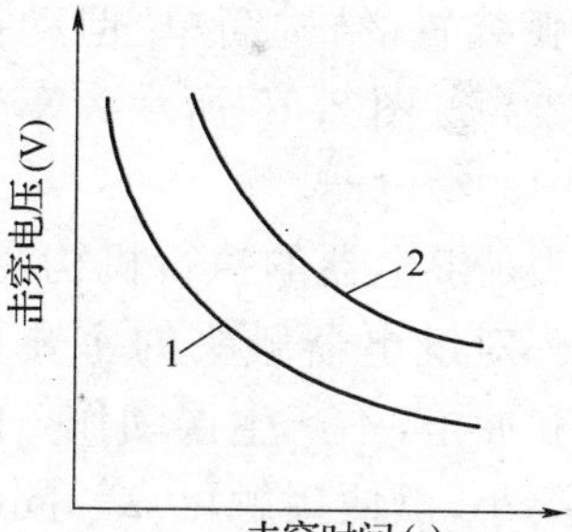


图 2.14　伏·秒特性

非线性电阻的作用是利用电阻同电流间的非线性关系(即大电流时电阻值小,而小电流时电阻值大),一方面在击穿瞬间很大的冲击电流作用下,限制避雷器上的电压,防止被保护物的绝缘在高电压下被损坏;另一方面又可以在火花间隙击穿后,限制由工频电压所引起的流过避雷器的电流数值,从而使火花间隙能很容易地切断它。

(3)避雷器技术参数

避雷器的主要技术参数见表 2.6。

表 2.6 避雷器技术参数

| 项 目 | 参 数 |
|---|---|
| 额定电压 | 1 kV/2 kV |
| 标准放电电流 | 10 kA |
| 短路负载 | 20 kA/0.25 s |
| 质 量 | 4.8 kg/5.2 kg |
| 漏电距离 | 165 mm |
| 灭弧距离 | 135 mm |

## 2.2 低压电器的结构与工作原理

### 2.2.1 继电器

继电器是一种电控制器件。它具有控制系统(又称输入回路)和被控制系统(又称输出回路)之间的互动关系。通常应用于自动化的控制电路中,它实际上是用小电流去控制大电流运作的一种"自动开关"。故在电路中起着自动调节、安全保护、转换电路等作用。继电器可分为电压继电器、电流继电器、中间继电器、时间继电器、热继电器和速度继电器等。与接触器相比,继电器负载较小,触头容量小,没有灭弧装置,结构简单,但动作准确性要求较高。图 2.15 所示为车辆电气设备柜中的继电器。

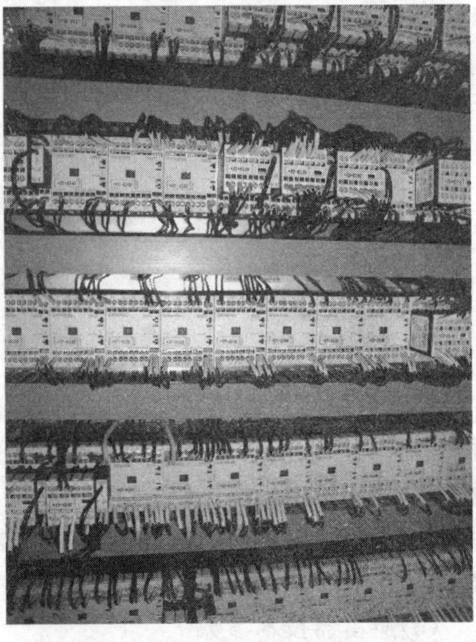

图 2.15 电气设备柜中的继电器

触头是继电器的执行机构,必须工作可靠。对继电器触头的主要要求是耐振动和冲击,不产生误动作。触头接触电阻要小,以便接触可靠。同时要耐磨损、抗熔焊、使用寿命长。

**1. 结构**

继电器由测量机构和执行机构两部分组成。

1. 测量机构:接收输入量,并将其转变为电压、电流等继电器工作所必须的电量;

2. 执行机构:改变原来所处状况,给被控电路一定的输出量。

电磁继电器结构见图 2.16 所示，测量机构就是电磁机构，执行机构是触头，通常接在控制电路中，因此，通过电流较小（一般在 20 A 以下）。其结构多采用板式和桥式的点接触银质触头，弹簧片既产生触头压力，又作为传导电流的触头支架。

**2. 工作原理**

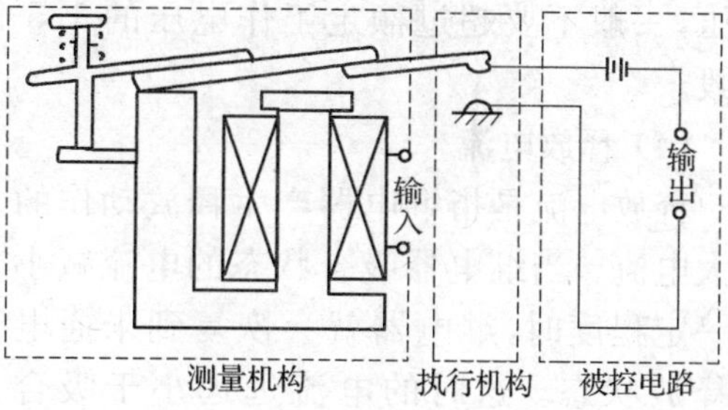

图 2.16 电磁继电器结构示意图

电磁继电器一般由铁芯、线圈、衔铁、触点簧片等组成的。只要在线圈两端加上一定的电压，线圈中就会流过一定的电流，从而产生电磁效应，衔铁就会在电磁力吸引的作用下克服返回弹簧的拉力吸向铁芯，从而带动衔铁的动触点与静触点（常开触点）吸合。当线圈断电后，电磁的吸力也随之消失，衔铁就会在弹簧的反作用力的作用下返回原来的位置，使动触点与原来的静触点（常闭触点）释放。这样吸合、释放，从而达到了在电路中的导通、切断的目的。对于继电器的“常开、常闭”触点，可以这样来区分：继电器线圈未通电时处于断开状态的静触点，称为“常开触点”；处于接通状态的静触点称为“常闭触点”。继电器一般有两股电路，为低压控制电路和高压工作电路。

继电器的输入量与输出量的关系称为它的输出—输入特性。设输入量为 $X$，输出量为 $Y$，当输入量 $X$ 由零增加到动作参数 $X_{动作}$ 时，衔铁被吸合，使触头闭合，接通被控电路，在输出端有电压输出，即输出量 $Y$ 由零跃变到最大值 $Y_{max}$，见图 2.17 所示，衔铁吸合后，如果将输入量 $X$ 减小到 $X_{释放}$ 使反作用力大于电磁吸力，衔铁释放，触头断开，被控电路也断开，输出量由最大值 $Y_{max}$ 下降到零。当输入量由 $X_{释放}$ 继续减小时，输出量 $Y$ 维持为零值。通常 $X_{动作} > X_{释放}$。继电器输入量的释放参数与动作数之比称为返回系数 $K$，即 $K=(X_{释放}/X_{动作})$。

**3. 技术参数**

继电器的主要特征参数为额定工作电压、直流电阻（线圈阻抗）、吸合电流、释放电流、触点切换电压和电流（触点容量）、动作电压、释放电压、吸合时间、释放时间、触点接触电阻等。

（1）额定工作电压

额定工作电压是指继电器正常工作时线圈所需要的电压。根据继电器的型号不同，可以是交流电压，也可以是直流电压。

（2）直流电阻（线圈阻抗）

直流工作电阻是指继电器中线圈的直流电阻，可以通过万能表测量。

(3) 吸合电流

吸合电流是指继电器能够产生吸合动作的最小电流。在正常使用时，给定的电流必须略大于吸合电流，这样继电器才能稳定地工作。而对于线圈所加的工作电压，一般不要超过额定工作电压的 1.5 倍，否则会产生较大的电流而把线圈烧毁。

(4) 释放电流

释放电流是指继电器产生释放动作的最大电流。当继电器吸合状态的电流减小到一定程度时，继电器就会恢复到未通电的释放状态。这时的电流远远小于吸合电流。

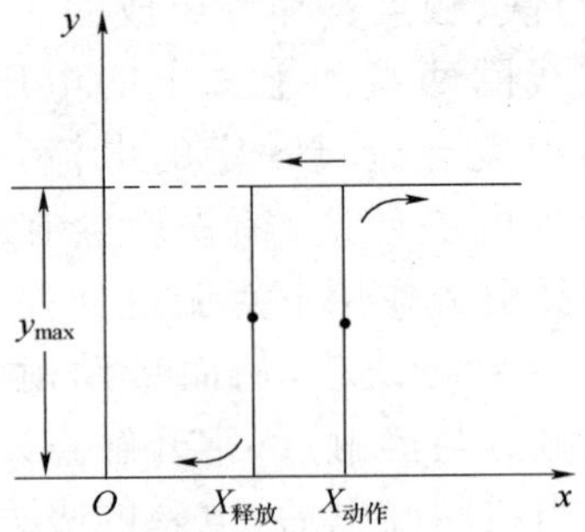

图 2.17 电磁继电器输出—输入特性

(5) 触点切换电压和电流(触点容量)

触点切换电压和电流是指继电器允许加载的电压和电流。它决定了继电器能控制电压和电流的大小，使用时不能超过此值，否则很容易损坏继电器的触点。

**4. 继电器测试**

(1) 测触点电阻

用万能表的电阻挡，测量常闭触点与动点电阻，其阻值应为 0；而常开触点与动点的阻值就为无穷大。由此可以区别出那个是常闭触点，那个是常开触点。

(2) 测线圈电阻

可用万能表 $R\times10\ \Omega$ 挡测量继电器线圈的阻值，从而判断该线圈是否存在着开路现象。

(3) 测量吸合电压和吸合电流

找来可调稳压电源和电流表，给继电器输入一组电压，且在供电回路中串入电流表进行监测。慢慢调高电源电压，听到继电器吸合声时，记下该吸合电压和吸合电流。为求准确，可以多试几次而求平均值。

(4) 测量释放电压和释放电流

也是像上述那样连接测试，当继电器发生吸合后，再逐渐降低供电电压，当听到继电器再次发生释放声音时，记下此时的电压和电流，亦可多尝试几次而取得平均的释放电压和释放电流。一般情况下，继电器的释放电压约在吸合电压的 10%～50%，如果释放电压太小(小于 1/10 的吸合电压)，则不能正常使用了，这样会对电路的稳定性造成威胁，工作不可靠。

## 2.2.2　电流传感器

电流检测的常用设备是电流传感器，它的主要作用是检测回路电流反馈给控制单元，由控制单元触发相应的保护。

**1. 电流传感器工作原理**

在地铁列车主回路中，执行电流检测的是电流传感器，一般采用 LEM 公司生产的 LT 系列闭环霍尔电流传感器。该类电流传感器的原理为：被测电流 $I_n$ 流过导体产生的磁场，由通过霍尔元件输出信号控制的补偿电流 $I_M$ 流过次级线圈产生的磁场补偿，当原边与副边的磁场达到平衡时，其补偿电流 $I_M$ 即可精确反映原边电流 $I_n$ 值，见图 2.18 所示，图 2.19 为实际产品外形图。

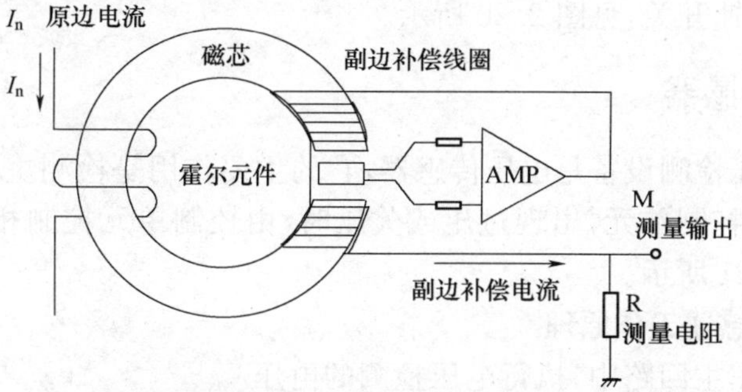


图 2.18　电流传感器的原理图

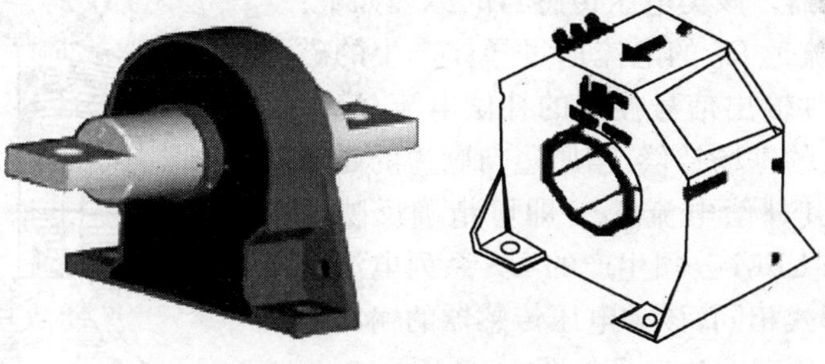

图 2.19　电流传感器外形

该类电流传感器的输出形式为电流，之所以采取电流输出的形式主要是因为传感器离输出信号的接收者（牵引控制系统）的距离较远，同时信号传输线路中存在较多的接线排，如果采用电压型的输出，极有可能由于线路衰减导致牵引控制系统得到电压值存在误差（偏小），从而导致系统的控制可能存在误差，另外电压输出型式也较易受到周围电气设备的干扰，所以该种型式的输出一般只应用于近距离，干扰较少的范围中。反之如果采用电流为输出形式，其受线路阻抗和周围设备的影响远较电压输出为好。

**2. 电流故障保护的实现机制**

电流传感器的输出最终将输入到牵引控制系统的输入模块中，然后这些输入的模拟量将被牵引控制系统检测、计算和比较，一旦发现某些电流值和设定值之间的差值超过允许范围，控制系统将根据故障的危害程度决定如何处理该故障：继续工作、主回路锁闭并重试、主回路锁闭不再重试和主回路锁闭不再重试，同时切断高速开关，见图 2.20 所示。

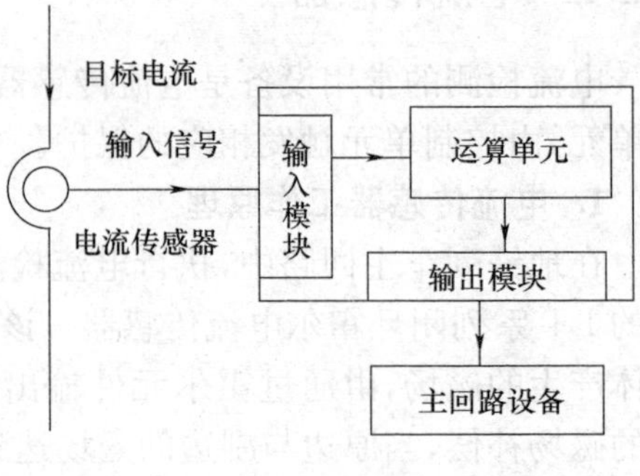

图 2.20 电流传感器检测电流实现保护的机理

## 2.2.3 电压传感器

主回路电压检测设备是电压传感器，它的主要作用是检测主回路相关部分的电压，并反馈至控制单元，出现过压或欠压时，由控制单元控制相应的保护动作。其外形见图 2.21 所示。

**1. 电压传感器工作原理**

在地铁列车主回路中，执行电压检测的电压传感器一般采用 LEM 公司生产的 LV 系列闭环霍尔电压传感器。该类电压传感器的原理如下：被测电压 $U_n$ 流过 $R_1$ 的电流通过导体产生的磁场，由霍尔元件输出信号控制的补偿电流，流过次级线圈产生的磁场补偿，当原边与副边的磁场达到平衡时，其补偿电流 $I_m$。即可精确反映原边电压值。与 LEM 公司生产的 LT 系列电流传感器的输出形式相同，该类电压传感器的输出形式也是电流。原理图和产品见图 2.22 所示。

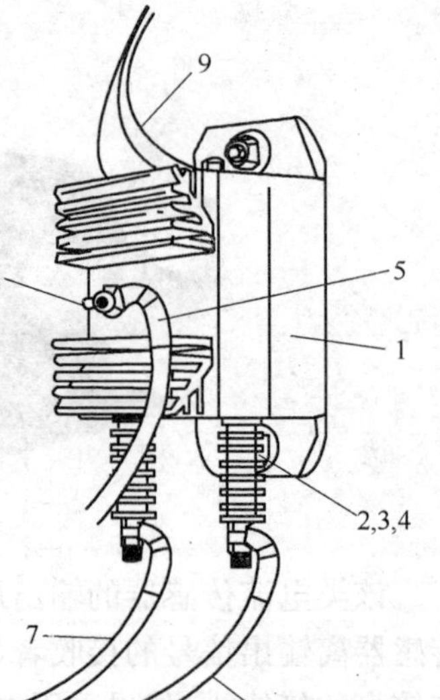

图 2.21 电压传感器

图注：1—电压检测装置；2.3.4—螺钉、垫圈；5—接地线；6—接地螺栓；7—输入线；8—输出线；9—控制线

**2. 主回路过压、欠压故障保护的实现机制**

电压传感器的输出最终将输入到牵引控制系统的输入模块中，然后这些输入的模拟量将被牵引控制系统检测、计算和比较，一旦发现某些电压值和设定值之间的差值超过允许范围，控制系统将根据故障的危害程度决定如何处理该故障：1）主回路锁闭并重试；2）主回路锁闭不再重

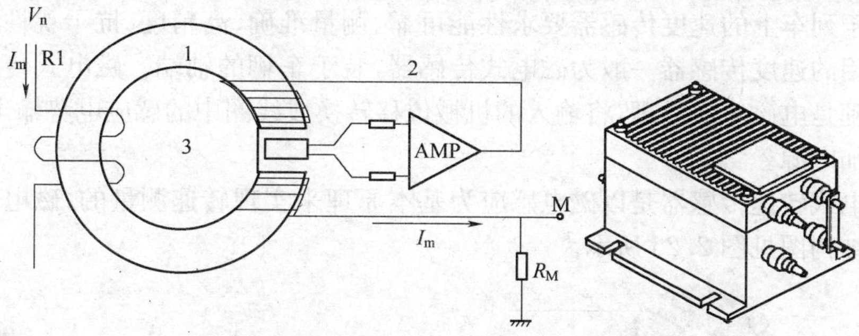


图 2.22　电压传感器原理图和产品
图注：1—磁芯；2—副边补偿线圈；3—霍尔元件

试。电压传感器与控制单元见图 2.23 所示。

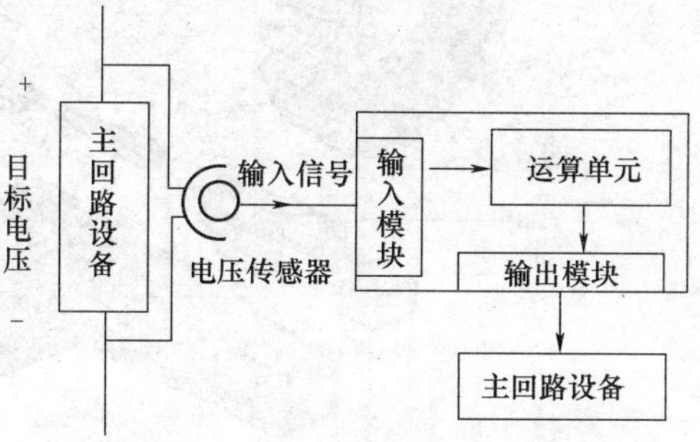


图 2.23　电压传感器与控制单元

## 2.2.4　速度传感器

在列车各控制系统中，使用了大量的传感器为系统控制单元提供反馈信号。例如：牵引控制系统使用非接触式传感器测轴速，用于电子防滑和轮子自转控制，图 2.24 为列车上使用的速度传感器。

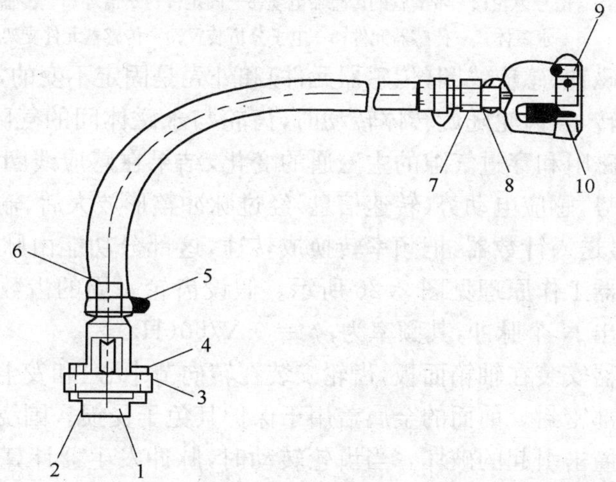


图 2.24　速度传感器
图注：1—脉冲发生器；2—O 形环；3—自锁垫圈；4—螺栓；5—夹子；
6—耐压胶管；7—胶管座；8—密封环；9—插座；10—接触件

装于列车上的速度传感器要求性能可靠、测量准确、高精度、抗干扰性强。地铁上采用的速度传感器一般为磁电式传感器，装于车辆的轴端。磁电式传感器的基本原理是电磁感应原理，将输入的机械位移转换成线圈中的感应电势输出，它不需要外加电源。

磁电式转速传感器是以磁电感应为基本原理来实现转速测量的，磁电式转速传感器结构图见图 2.25 所示。

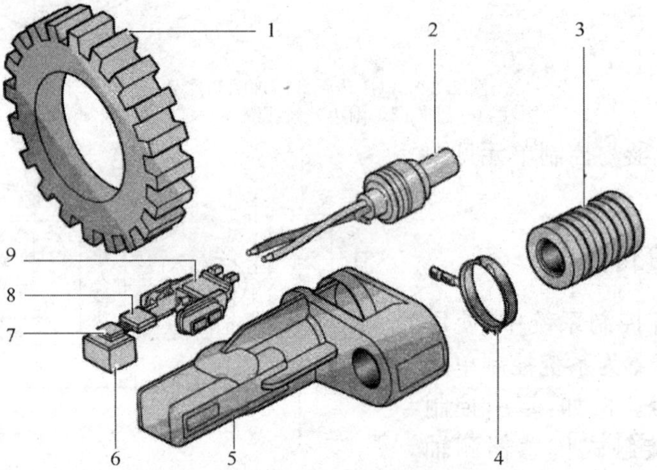


图 2.25 速度传感器结构分解图

图注：1—信号齿轮；2—带套管的传感器电缆；3—固定件；4—滑环；5—传感器外壳；6—永磁体；7—传感器元件；8—电子分析装置；9—传感器元件支架

其中永久磁铁，感应线圈（传感器元件）和外壳是固定不变的，齿轮安装在轴端随车轴一起旋转，当齿轮随旋转体转动时，齿轮与永磁体间的气隙距离随之变化，从而导致气隙磁阻和穿过气隙的主磁通的变化，结果在感应线圈（传感器元件）中产生感应电动势，感应电动势（转速信息）经过脉冲整形放大后，输出整齐的矩形波信号，将此信号送入计数器，把频率转换成转速，这部分功能由脉冲发生器实现磁电式转速传感器工作原理见图 2.26 所示。假设齿轮一周的齿数为 $N$ 个，则每转一圈传感器发出 $N$ 个脉冲，其频率为：$f = nN/60(\mathrm{Hz})$。

脉冲发生器安装在轴箱面板，齿轮安装在转向节中心，和发生器不接触。脉冲发生器外部全部密封。前面的金属盖用于保护其免于受损。围绕电缆外部的粗管子保护由飞石撞击引起的破坏。当齿轮转动时，脉冲发生器计算转过的齿数并在每个传感器中生成的相应脉冲数。

速度传感器安装在电机侧面齿轮上，根据车轮直径和齿轮比计算平均速度和平均轴速，速度传感器的脉冲发生器生成两个脉冲串，两个脉冲串每隔四分之一周

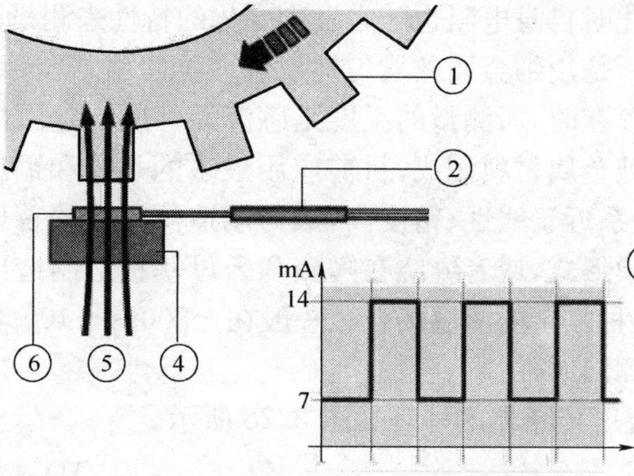


图 2.26　速度传感器工作原理图

期有一个相移，根据相移可以判断转速方向（正转还是反转），例如，如果脉冲一超前脉冲二 1/4 相位，则转速为正向；反之，如果脉冲二超前脉冲一 1/4 相位，则转速为反向，见图 2.27 所示。

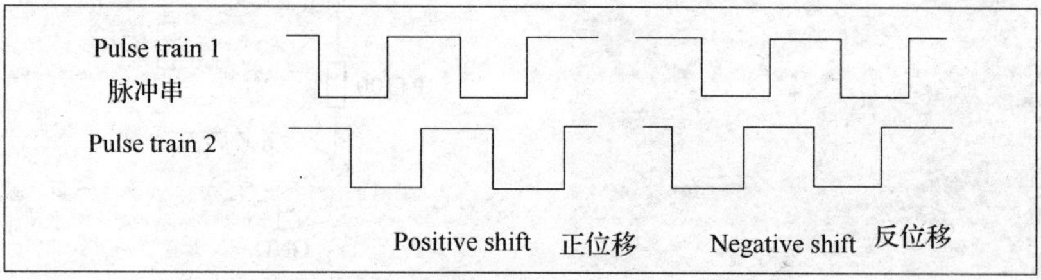


图 2.27　速度传感器输出脉冲信号及方向确定

磁电式转速传感器的感应电势产生的电压大小，和被测对象转速有关，被测物体的转速越快，输出的电压也就越大，也就是说输出电压和转速成正比。但是在被测物体的转速超过磁电式转速传感器的测量范围时，磁路损耗会过大，使得输出电势饱和甚至是锐减。磁电式转速传感器的工作方式决定了它有很强的抗干扰性，能够在烟雾、油气、水汽等环境中工作。磁电式转速传感器输出的信号强，测量范围广，齿轮、曲轴、轮辐等部件，及表面有缝隙的转动体都可测量。磁电式转速传感器的工作维护成本较低，运行过程无需供电，完全是靠磁电感应来实现测量，同时磁电式转速传感器的运转也不需要机械动作，无需润滑。磁电式转速传感器的结构紧凑、体积小巧、安装使用方便，可以和各种二次仪表搭配使用。

## 2.2.5　温度传感器

地铁列车上使用的温度传感器一般采用 Pt100 热电阻温度传感器。热电阻是利用物质在温度变化时自身电阻也随之发生变化的特性来测量温度的。热电阻的受热部分(感温元件)是用细金属丝均匀地双绕在绝缘材料制成的骨架上,当被测介质中有温度梯度存在时,所测量的温度是感温元件所在范围内介质中的平均温度。热电阻大多由纯金属材料制成,目前应用最多的是铂和铜。金属铂电气性能稳定、温度和电阻关系近于线性、精度高,成为制造热电阻的首选材料。它能够制造成体积微小的薄膜形式,或者缠绕在陶瓷和云母基板上制造出高稳定性的温度传感器,能够适应各种复杂的测温场合。一般在−200～+400 ℃时,Pt100 热电阻温度传感器是首选测温元件。

Pt100 热电阻温度传感器的外观见图 2.28 所示。

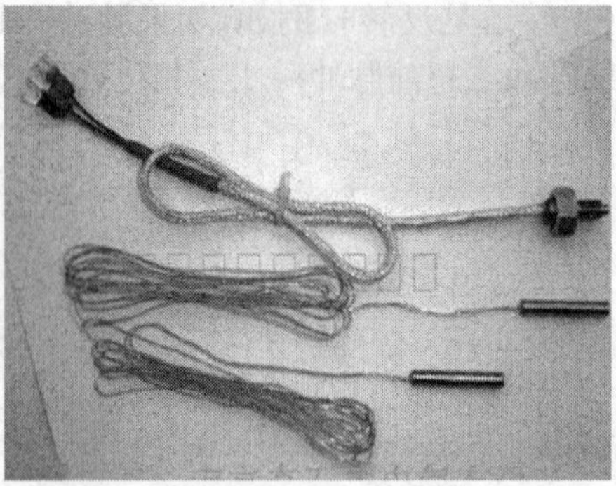

图 2.28 Pt100 热电阻温度传感器

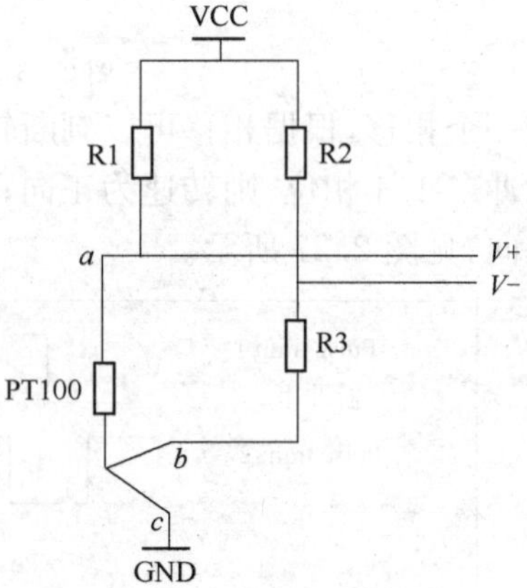


图 2.29 热电阻的输入电路

热电阻的输入电路见图 2.29 所示,由 $R_1$、$R_2$、$R_3$ 和被测电阻组成普通四臂电桥温度测量电路。当然考虑到铂热电阻的阻值较小,因此在某些精确度较高的场合应采用三线制测量电路,从而消除引线电阻的影响。温度传感器的输出为模拟量,而不像温控开关那样输出的是一个开关量,只要将 $V_+$ 和 $V_-$ 之间的差值乘上一个系数再加上常数:$T=(V_+-V_-)\cdot A+B$,便可以测得目标物体的具体温度了。

地铁列车上的 Pt100 热电阻温度传感器主要用于监测制动电阻、制动斩波器和牵引逆变器相模块的温度。

## 2.2.6 蓄电池

蓄电池是电池中的一种,它的作用是能把有限的电能储存起来,在合适的地方使用。它的工作原理就是把化学能转化为电能。列车蓄电池主要供列车启动使用,同时在辅助逆变器不工作的时候,为列车提供紧急照明、紧急通风、控制系统、通信提供电源，所以是列车上的重要电气部件。

目前，电动列车通常使用碱性镉镍电池作为启动电源。以长春长客—庞巴迪轨道车辆有限公司生产的上海地铁 1 号线增购车辆为例来说明。辅助电池输出电压为 110 V，由 80 个镍镉蓄电池单体（型号 FNC 232 MR）组成，总容量 140 Ah，80 个电池盒在 16 个不锈钢托盘中串连，同一托盘中的各蓄电池单体用镀镍铜板相连，托盘与托盘间的连接采用无卤素铜电缆连接器。托盘连接器及电缆在箱中的布置见图 2.30 所示。

长春长客—庞巴迪轨道车辆有限公司生产的上海地铁 1 号线增购车辆蓄电池技术数据为：

- 系统电压：DC 110 V；
- 蓄电池电压：96 V；
- 蓄电池数量：80；
- 额定电压 /单体：1.2 V；
- 电池型号：FNC 232 MR；
- 额定容量：140 Ah 根据 IEC 623；
- 电池的尺寸：$L=$ 92 mm，$W=$122 mm，$H=$309 mm；
- 质量 / 单体：5.5 kg；
- 终端：带有不锈钢螺钉和垫圈的 M8 内螺纹螺栓；
- 连接力矩：16 N · m；
- 电池盒的材质：聚丙烯；
- 极性鉴别：红色为正级/蓝色为负级；
- 通风活塞：上部开口；
- 补充水周期：3 个月。

蓄电池的设计及选型：蓄电池的容量设计应保证在＋5℃的情况下 70%充电状态足以承受下列负荷：

- 45 min 5 579W 恒功率负荷加上 45 min 426W 电阻负荷；
- 接以 1 s 122 · 09 A 电流；
- 接以 4 s 82 · 09 A 电流；
- 最小电压：84 V。

蓄电池在下列情况使用：1. 列车上的紧急照明；2. 整个通信系统（有线广播和列车无线电）；3. 列车两端的头尾灯；4. 紧急通风；5. 车间内的维护等。蓄电池是有使用寿命的，其设计的使用寿命为在平均温度 22 ℃的条件下超过 15 年，温度过高会影响使用寿命，当有效容量降至低于额定容量的 70%时，就到了它的使用寿命。

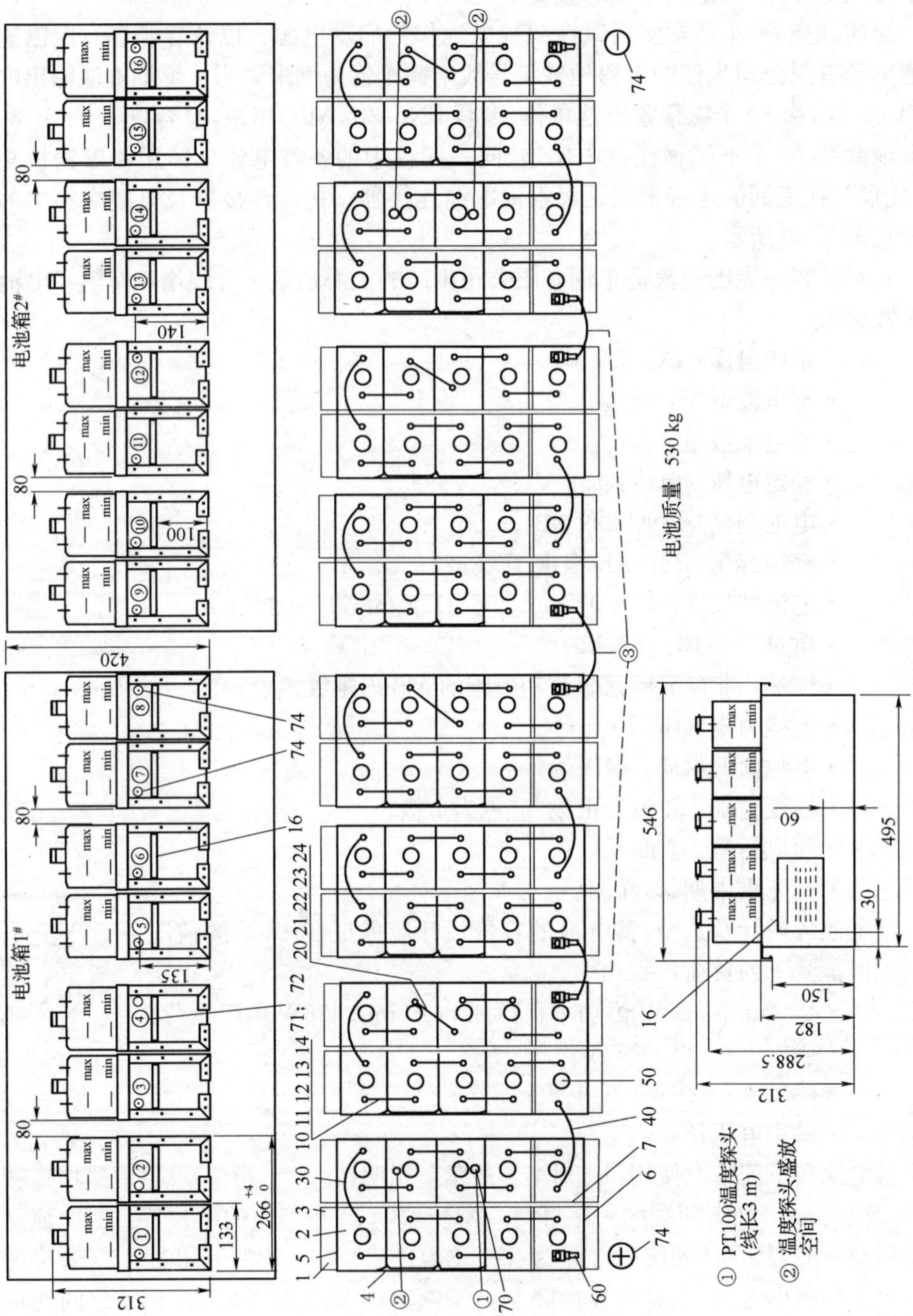


图 2.30 托盘连接器及电缆在箱中的布置图

蓄电池的充电要求：直流电压下（124 V 浮充电）的辅助逆变器，对辅助蓄电池进行补充充电和浮充电。

电流限定：第一步＝140 A（大电流快充，最多 10 min）；

　　　　　第二步＝42 A（连续）

DC 110 V 蓄电池放在底架的电池箱中，电池箱安装在能拉进拉出的滑道上，这样在车上就可以进行蓄电池的维护和修理，见图 2.31 所示。

图 2.31　蓄电池

蓄电池充放电数据如下：

为进行容量测试，将电池与充放电逆变器连接，然后按如下方式：

(1)用 28 A 的电流放电直至蓄电池电压为 1.00 V / 单体。

(2)中断至少 12 h（冷却阶段）。

(3)用 28 A 直流电给蓄电池充电 7.5 h。

(4)中断至少 2 h。

(5)蓄电池用 28 A 电流放电 至 1.00 V /单体。

(6)分别读取并记录容量试验第 5 步后，3.5 h、4 h、4.5 h 甚至 5 h 之后的各个蓄电池盒的电压。

在步骤 5，一个新的蓄电池在 20 ℃ 时放电 5 h(300 min)，可使电压降至 1.00 V/单体，参见电容测试 C5 的放电曲线（见图 2.32 所示）。

假定充电过程中蓄电池的温度约为 30 ℃，容量仅为额定容量的 95%，蓄电池容量应保证快到使用寿命时，总容量的 70% 足以承受 1 h 规定的列车载荷。如果测量开路电压的过程中发现任何有故障的蓄电池单体，把这些蓄电池单体的读数与容量测试过程中的读数比较，如果一个蓄电池单体的两个读数超出了给定的值，应从蓄电池中拿出该蓄电池单体并更换；如果大多数蓄电池单体均超出了给定的值，中断至少 12 h 后重做容量试验；如果容量仍增加，再次重复直至容量停止上升为止。如果所有的试验结果不理想，则应更换蓄电池，如果试验结果理想，用 32 A 的电流给蓄电池充电 7.5 h，充电后可将蓄电池装回到列车上。

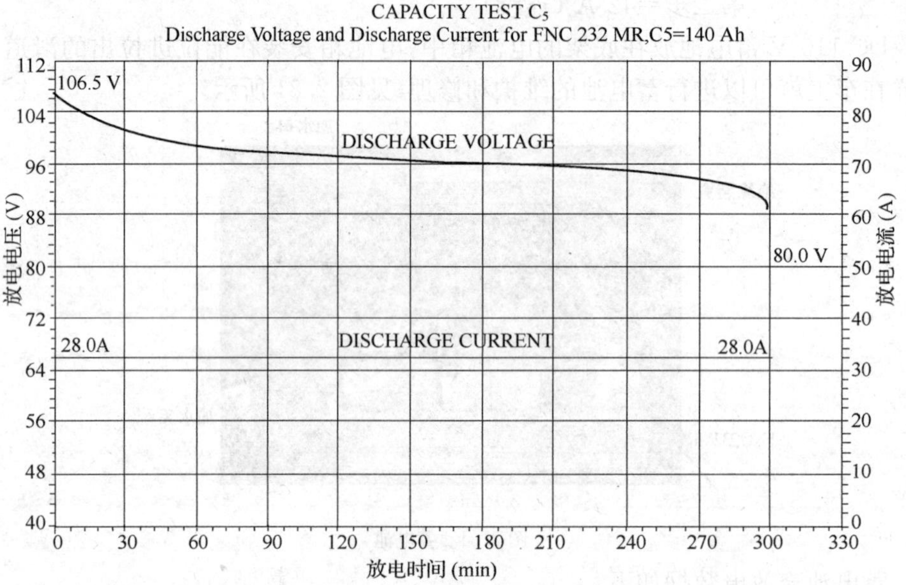


图 2.32　电容测试 C5 放电曲线

将整个蓄电池从车辆上的电池箱中拆除应采取以下步骤：

(1) 推动手柄切断位于电池充电器箱右前盖后侧的带有熔丝的电池断路器；

(2) 拆去所有的 3 个熔丝，确保没有意外连接；

(3) 拆去塑料盖后的熔丝(电池负极)；

(4) 轻轻将电池拉出电池箱；

(5) 断开蓄电池盒端柱上所有内槽连接器电缆；

(6) 拆下各个电池箱。

将整个电池装入列车上的电池盒中执行以下步骤：

(1) 从电池盒上拉出空电池盒；

(2) 把每个电池箱放到位置上；

(3) 连接所有箱内电池的极部电缆(每个箱和原有电缆用短接头连接)；

(4) 最后，把左右正负极电缆外部接头与电池盒电缆连接。

开始充电前串联蓄电池槽，串联后检查每个蓄电池(80 个电池)的末端电压，应为：80×1.27 V ＝ 约 101.6 V。如果末端电压略低于 101.6 V，那么再次检查

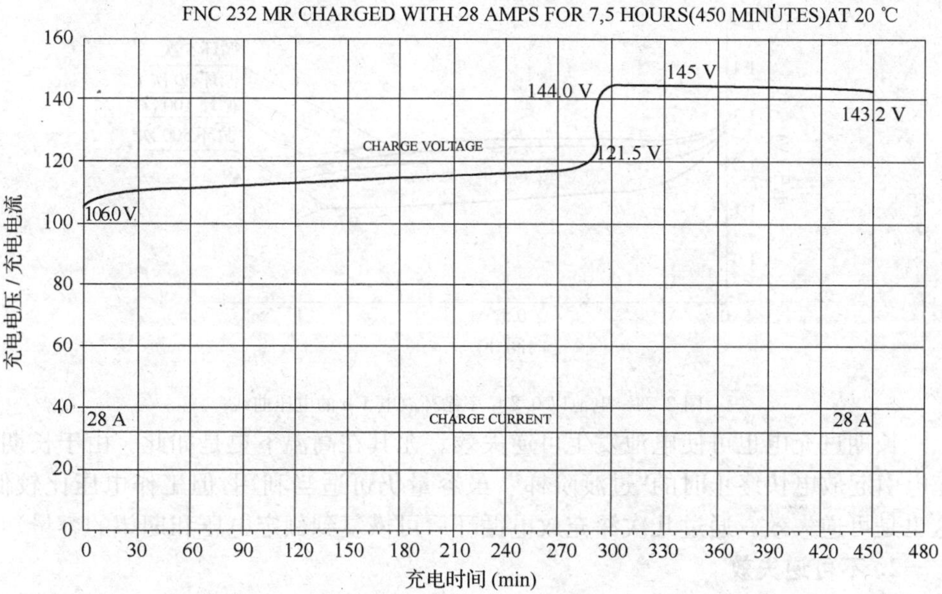


图 2.33　充电试验 FNC 232 MR

极性是否正确。开始充电前将电池 DC 110 V 接线端与充电/放电逆变器相连，注意极性正确，电池正极接线柱必须与充电器的正极接线端相连，负极接线柱必须与充电器负极接线端相连。蓄电池与充电器相连后，充电器对 80 个蓄电池电压显示应约为 101.6 V。在开始充电的过程中，根据所附试验报告表读取并记录每个电池单元上的充电电流、充电电压、电解液温度/密度。

**蓄电池的失效**

尽管镍镉电池使用寿命很长，但使用时间久了总会出现不能正常工作甚至完全不能工作的失效现象。

镍镉电池的失效分两类：可逆失效和不可逆失效。当电池符合规定的性能要求，通过适当的活化处理能恢复到可用状态，就称为“可逆失效”。当电池通过活化或其他方法仍不能恢复到可用状态，就称为“不可逆失效”或“永久失效”。

**1. 可逆失效**

当电池以恒电流充放电和固定时间反复循环时，可能受到可逆的容量损失。这种效应就称为“记忆效应”。无论大电流放电到较低的终止电压或小电流放电到较高的终止电压，其效应相同。容量衰减的基本原因就是浅度放电。电池在重复浅放电循环中，由于放电平均电压降低而导致电池容量减少，见图 2.34 所示。从图 2.34 可知，第 5 次循环电压平段电位 1.25 V；而 500 次循环后，电压平段电位 1.15 V。这种放电电压损耗，多数可通过几次深充放循环后恢复。

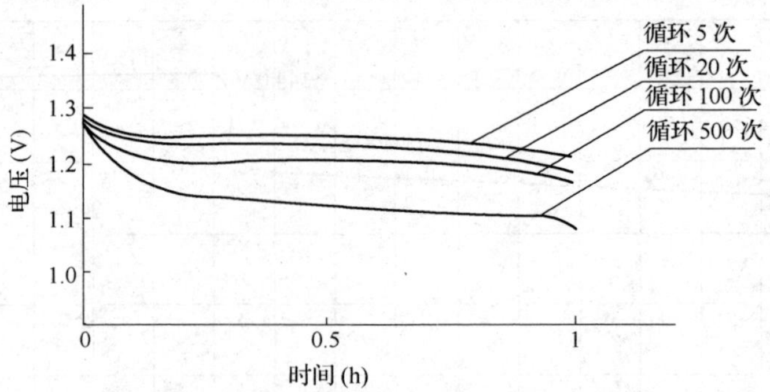


图 2.34　电池以 0.2 C 率循环放电 1 h 的电压曲线

长期过充电也可使电池发生可逆失效。尤其在高温下更是如此。由于长期过充电引起放电快终止时的"过渡阶梯",虽容量仍可适当利用,但工作电压比较低。这也是可逆失效。通过几次深充放电循环后可恢复到额定电压和期望的容量。

**2. 不可逆失效**

密封圆柱电池永久失效的原因主要有两个:短路和电解液干涸。

电池内短路,导致电池无使用价值。

电解液若稍有损耗即会引起容量减少。容量损耗与电解液减少成正比。电池反复反极、高温下高倍率充电、直接短路等都会引起电解液损耗。由电解液损耗所引起的容量减少在高倍率放电时更为明显。

高温会降低电池寿命。温度较高会促使隔膜受损并增加短路的可能。较高温度还会使水通过密封圈迅速蒸发。尽管这种影响是长期的,但温度越高电池损坏越高。

**3. 电池失效现象**

(1)电池短路:有三种情况:

① 低电阻短路:电池开路电压为 0 V,以 0.1 C 率电流充电 20 h,充电终止电压仍低于 1.25 V。

② 高电阻短路:电池充电终压大于 1.25 V,充电后立即放电也能放出部分容量,但长时间搁置又降至 0 V(称为微短路)。

③ 间隙短路:这种电池受到振动后,电压忽有忽无或忽高忽低。

(2)电池断路。

由于制作厂商工艺控制不严,电池内部焊接脱开或螺纹松动,充电控制失调,使用维护不正确等造成电池无电能输出。

① 电池膨胀。

由于充电电压高,电池常处于过充电状态,造成半烧结电池的负极膨胀、壳体变型。圆柱电池也会发生电池膨胀问题。

② 气体阻挡层失效。

这是由于过充电电流过大，过充电温度过高或电解液液面低时的高倍率放电所引起的恶果。

③ 热失控。

这是气体阻挡层失效的电池在恒电位充电场合所引起的后果。镍镉电池的电压与温度成反比。环境温度升高时，电池电压则下降。过充电时电能部分转变成热能。产生的热量使电池温度升高。随着温度上升，电池电压则下降。若采用恒电压充电，就会造成充电电流增加，致使过充电量也增加。循环往复，使电池温度进一步升高，电压进一步下降，出现热失控。热失控可使电解液温度达到沸腾的程度，使隔膜受到严重损坏，直至电解液耗干，电池内部短路。

**4. 电池的保护**

(1)隔离保护

电池通过手动开关和低压网络隔离，在没有高压且蓄电池已放电 45 min 后，如电池电 压降至最低值时(84 V)，此时由电压继电器控制的接触器将蓄电池与载荷隔离。

(2)过热保护

通过一个温度传感器来监控蓄电池充电，保护蓄电池因过热引起故障。

(3)回流保护

在辅助逆变器的输出端接一个二极管，以避免从 DC 110 V 网络回流至蓄电池。

(4)蓄电池熔断器保护

在蓄电池的正极和负极上都设有熔断器，以保护线路。

**5. 蓄电池的充电器**

蓄电池充电器在输入电压范围 1 000～2 000 V 时输出 110 V 的直流电，该输出电压给蓄电池充电并给 110 V 用电设备供电(见图 2.35)。该半导体装置可通过外部一个自然对流散热器冷却。

本书中以长春长客—庞巴迪轨道车辆有限公司生产的上海地铁一号线增购车辆的蓄电池充电器为例进行说明。该充电器箱位于车辆下部，车下箱体有 3 个隔间，一个放置充电器电源模块，一个放置充电器的变压器和扼流圈，还有一个放置蓄电池转换模块，见图 2.35 所示。箱体前侧有一个分离门，箱体后侧有一个维修门。

充电器电路简图见图 2.36 所示。充电器直接与接触网相连，保护电缆和充电

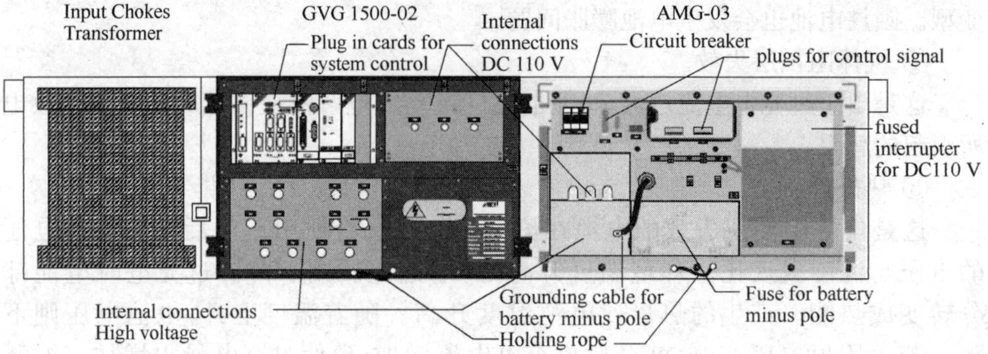


图 2.35 蓄电池充电箱 GVG 1500/110-25 正视图

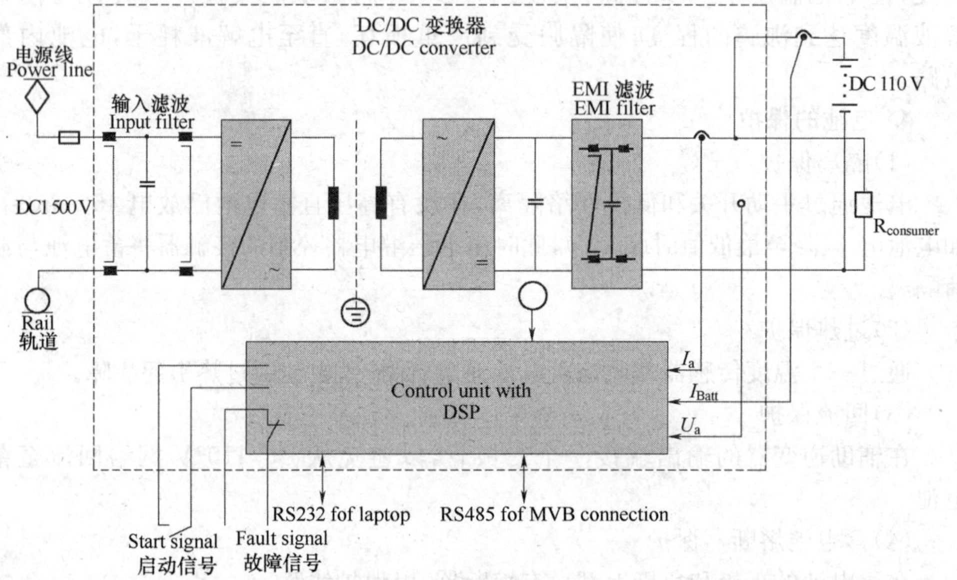


图 2.36 充电器电路简图

器输入端的保险丝已由 SMA 公司指定并包括在庞巴迪公司提供的高压系统中；没有预充电装置，也没有将充电器从接触网上断开的接触器。只要车辆主电源受电弓与接触网线连接，熔断丝起作用，直流输入电压与充电器相连；内部电源由主蓄电池供应，紧急启动蓄电池有选择的起作用；当蓄电池电压供给到充电器时，将启动内部电源，同时启动内部微处理器控制系统，并等待启动信号，在这种状态下，可能对充电器进行分析诊断。

一旦得到启动信号充电器即开始工作，输出电压将延斜坡上升，但在不到 2 s 的时间内就能达到额定输出电压（当输出电流在规定界限内时）。只有在之前已完全启动微处理器才能达到该启动时间，否则系统的总启动时间将不超过 20 s。如果输入功率受到干扰，蓄电池充电器将立即停止工作，在输入电压重新回到规定界限内时蓄电池充电器会在 2 s 时间内自动回到全操作状态。启动信号是一个由微处理器系统的电绝缘数字式输入信号，当蓄电池系统达到额定电压 120 V 时，它能够被连接到蓄电池电压信号上。充电器还有故障信号，这是一个微处理器电绝缘数字式输出，它是由一个常开接触器实现的，在蓄电池电压达到额定电压 120 V 前接触器再次工作。故障信号只能在充电器没有完全运行的环境下出现，在运行中受到一个短暂的干扰(如，输入端出现了过电压)充电器是不会产生故障信号的。该设备还有 RS232 接口和 RS485 接口，两个接口均基于诊断软件对 MEE 控制进行操作。MEE 控制 1 的英文译本与设备同时发送并提供给用户。充电器将监控蓄电池系统中的不同数据，例如：充电器输出电流，蓄电池电流、电压和温度。在软件中不同的控制方法也将与不同的蓄电池系统的充电器相匹配。蓄电池电压可以在蓄电池充电器的输出端口直接测量，充电器还有一模拟输入端，允许与蓄电池传感器电缆相连，直接在蓄电池上测量蓄电池电压，这是一个可供选择的方法。输出电压、最大输出电流和最大蓄电池电流能够在软件中配置。

图 2.37 是一个关于逆变电源电路简图，输入滤波器包括扼流圈 L1、L2 和电容 C1，它们位于车下箱体的开口部分，保护度为 IP32；IGBTs TR1 和 TR2 是调压逆变器的开关，该调压逆变器提高输入电压至超过电容 C3 和 C4 端电压的直流连接电压；在 TR3 至 TR6 之间形成了一个换流器，其转换频率为 1 kHz；一个软开关(无触点)整流器和一个电容器可起到传导恒定输出电压的作用。

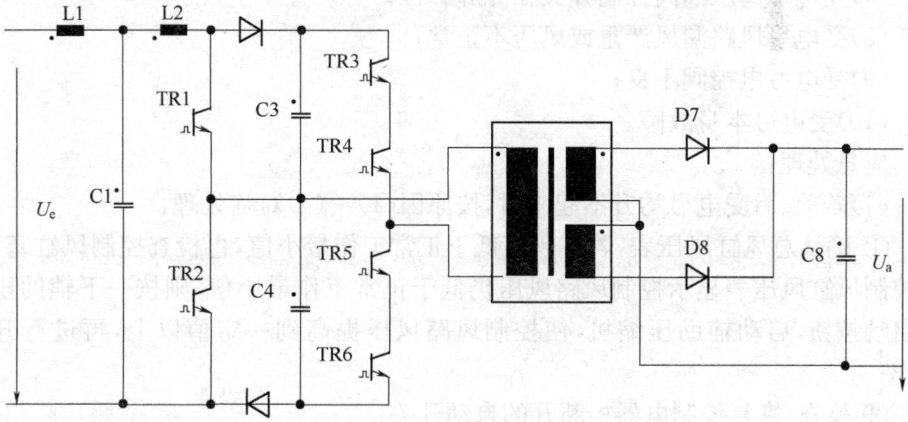


图 2.37　充电器中逆变电路简图

上海地铁一号线增购车辆蓄电池充电器技术数据：

• 输入：直流 1 500 V(1 000 V 至 2 000 V)；

• 输出电压：110 V 至 126 V 取决于蓄电池温度；

- 开路和短路试验；
- 输出电流：最大为 210 A；
- 蓄电池充电电流：最大为 42 A；
- 输出功率：25 kW；
- 测试电压：输入—输出/接地：AC 5.5 kV/min；
- 输出—接地：DC 1.2 kV/min。

## 2.3 车辆电器设备的故障处理

### 2.3.1 受电弓的故障处理

**1. 运行途中，受电弓升不起来时的处理**

原因：

(1)控制风路风压低；

(2)控制电器柜上有关自动开关断开；

(3)升弓风路有关塞门不在正常位；

(4)高压接地开关未在运行位；

(5)受电弓扳键开关不良；

(6)主断控制器故障；

(7)受电弓高压隔离控制开关在“隔离”位；

(8)受电弓风路漏风严重或风压不正常；

(9)受电弓电控阀不良；

(10)受电弓本身故障。

应急处理：

(1)若前、后受电弓均升不起来时，按原因(1)～(4)对症处理：

① 确认总风缸风压表，若其风压低于正常工作最小值，再检查控制风缸塞门，若控制风缸风压表显示控制风路风压仍低于正常工作最小值，则按一下辅助压缩机启动按钮，启动辅助压缩机，使控制风路风压提高到一定值以上，再进行升弓操作；

② 检查、恢复控制电器柜断开的自动开关；

③ 检查升弓气路有关塞门在正常位；

④ 检查、恢复高压接地开关运行位。

(2)若某台受电弓升不起来时，可暂时不处理，换升另一台受电弓维持运行。

**2. 运行途中,机车因故只能使用一台受电弓,但该台受电弓自动降弓装置又频繁动作时的处理**

(1)将该台受电弓的“主断控制器”置“停用”位,并关闭其上方风路小塞门;

(2)适当调高该台受电弓调节板调压阀输出风压维持运行;

(3)尽量维持进站停车,停车后,按“运行途中,需要登上车顶处理故障时的安全注意事项”的规定登上车顶,确认该受电弓弓头、滑板正常后,关闭该台受电弓自动降弓装置的关闭阀,彻底切除该台受电弓的自动降弓装置维持运行;

(4)自动降弓装置切除后,在运行中,若机车失去网压应立即确认是否刮弓,无法确认时,应立即采取停车措施。

**3. 运行途中,遇机车故障或突发情况断电降弓后,再升弓时,前后受电弓均升不起来时的处理**

(1)检查控制风路风压是否低于正常工作最小值,低于时,启动辅助压缩机进行泵风,待控制风路风压升高到一定值以上时升弓即可;

(2)若处理故障时曾转换过高压接地开关,则应注意检查、确认高压接地开关恢复到“运行”位;

(3)确认、恢复控制电器柜断开的自动开关,并考虑处理故障时的操作是否对升弓有所影响,然后对症处理;

(4)经以上处理,故障仍不能消除时,还应考虑两台受电弓同时故障或烧损(如气囊被弓网间拉弧产生的熔渣烧损)。

**4. 运行途中,机车受电弓自动降落时的处理**

运行途中,遇机车受电弓自动降落后,应首先甄别降落原因,再对症进行处理:

(1) 自动降弓装置动作时,司机应立即采取停车措施,并接通“运记”锁定故障发生地点,随乘司机确认接触网有无异常。停车后,对受电弓进行详细检查,未刮弓时,换弓运行;刮弓时,按“运行途中,机车受电弓被刮坏时的处理”方法进行处理;

(2) 受电弓电空阀烧损造成受电弓自动降落后,应切除该台受电弓,换升另一台受电弓维持运行;

(3) 主断控制器故障引起降弓时,换升另一受电弓或将该主断控制器置“停用”位维持运行;

(4) 控制电器柜自动开关断开造成受电弓自动降落时,在查明断开原因并作相应处理后,将其恢复至闭合位继续运行;

(5) 受电弓自动降落伴随制动显示屏黑屏时:

① 检查恢复控制电器柜“司机控制”自动开关;

② 停车后,换端操纵或更换板键开关组。

**5. 运行途中,车顶"放炮",接触网失电时的处理**

立即降弓,根据当时情况,尽可能利用有利地形对车顶进行检查,未发现异状时,可利用受电弓高压隔离控制开关,切除原升受电弓,换弓进行实验。若实验正常,即可恢复运行,待到达入库后,再对车顶进行详细检查;若换弓实验车顶仍"放炮"时,则按以下方法进行处理:

(1) 若采用固定重联运行方式的二位机车车顶"放炮"且一位机车单独牵引能够维持运行时,切除二位机车维持运行;

(2) 若本务机车车顶"放炮",可利用受电弓高压隔离控制开关,分别将1、2端受电弓高压隔离开关置"隔离"位进行实验,以判断并将车顶接地点甩开后维持运行;

(3) 若经以上处理,仍无法维持运行时,应按"运行途中,需要登上车顶处理故障时的安全注意事项"的规定登上车顶处理、消除故障点,若故障点确无法消除时,在站应联系换挂,区间应请求救援。

**6. 运行途中,车顶放电,受电弓高压隔离开关烧损时的处理**

(1) 立即换升另一受电弓维持运行。

(2) 在前方站停车后,利用受电弓高压隔离控制开关,切除受电弓高压隔离开关烧损端受电弓维持运行。

**7. 运行途中,发现接触网摆动异常时的处理**

(1) 立即断电,降弓,并采取紧急停车措施。值班司机立即通过"运记"及时锁定故障发生地点,随乘司机后部瞭望,确认弓网状态;

(2) 停车后,立即检查受电弓、接触网是否损坏。若刮弓,则按"运行途中,机车受电弓被刮坏时的处理"方法进行处理;未刮弓时,则换弓维持运行。并及时向列车调度员或车站值班员进行汇报。在半自动闭塞区段,若使用一切通信工具均不能完整汇报时,到前方站应压标停车向车站值班员汇报;

(3)列车到达终点站,若机车入库后,司机必须亲自登上机车车顶对受电弓进行详细检查,以掌握第一手资料。

**8. 运行途中,机车受电弓被刮坏时的处理**

运行途中,机车受电弓被刮弓时应立即停车,司机在采取紧急停车措施的同时并通过"运记"锁定故障发生的地点,停车后,及时对弓网进行检查:

(1) 未造成车顶接地时,应注意观察受电弓被刮坏的程度,在保证运行中不会造成接地的情况下,换弓维持运行;

(2) 造成接地或运行中可能会造成接地时,应尽量利用受电弓高压隔离控制开关,使Ⅰ端或Ⅱ端受电弓高压隔离开关处于"隔离"位,以将车顶接地点甩开维持运行;

(3) 若刮弓严重,不能排除再运行时会出现顶电或受电弓掉落的情况,应按"运行途中,需要登上车顶处理故障时的安全注意事项"的规定登上车顶进行处理后，尽量维持运行到前方站或后退至后方站，确无法运行时，应及时请求救援；

(4) 检查处理时，应注意收集造成受电弓被刮坏的证物；

(5) 及时向列车调度员或车站值班员进行汇报，若使用一切通信工具均不能完整汇报时，半自动闭塞区段可运行到前方站，压标停车向车站值班员进行汇报；

(6) 为了保证刮弓不被误判，途中遇自动降弓装置动作时，应立即采取停车措施。

**9. 运行途中，某一受电弓降不下来时的处理**

(1) 在运行区段无“降弓地段”的情况下，可暂时不进行处理，但途中遇临时降弓信号时应立即停车进行处理；

(2) 在运行区段有“降弓地段”时，应在进入“降弓地段”区间前的车站停车进行处理；

(3) 关闭该受电弓风路塞门或按下该受电弓自动降弓测试按钮，强迫受电弓降下；

(4) 若受电弓降不到位(半升半降)时，根据当时具体情况，向列车调度员汇报后，换弓维持运行到终点站，或到达前方停车站，再按“运行途中，需要登上车顶处理故障时的安全注意事项”的规定登上车顶进行处理。

处理弓网事故要点：立即停车、完整汇报、处理彻底、保证安全。

## 2.3.2 高速断路器的故障处理

高速断路器用来接通和断开接触网和电动车辆主回路之间的高压电路，当主回路发生短路、过载、电机烧损等故障时可以快速切断主电路，防止事故扩大，保护车辆和人身安全。当高速断路器发生故障时，不能准确动作，从而导致故障。表2.7列举了上海地铁AC03号线由于高速断路器损坏导致的故障代码、原因及操作。

**表2.7 AC03号线由于高速断路器损坏导致的故障**

| 序号 | 事件/故障代码 | 可能原因 | 操 作 |
|---|---|---|---|
| 1 | HSCB闭合故障 | HSCB不能正常闭合 | 检查HSCB的动作 |
| 2 | 反复HSCB闭合故障 | HSCB反复不能正常闭合 | 检查HSCB的动作 |
| 3 | HSCB自检错误 | HSCB故障接地故障 | 更换HSCB |
| 4 | 反复HSCB自检错误 | HSCB故障接地故障 | 更换HSCB |
| 5 | HSCB打开故障 | HSCB不能正常打开 | 检查HSCB的动作 |
| 6 | 反复HSCB打开故障 | HSCB反复不能正常打开 | 检查HSCB的动作 |
| 7 | HSCB位置无反馈故障 | HSCB位置无反馈故障 | 检查HSCB的动作和连线 |
| 8 | 反复HSCB位置无反馈故障 | HSCB反复位置无反馈故障 | 检查HSCB的动作和连线 |

## 2.3.3 接触器的的故障检测与处理

接触器是一种用来频繁地接通和切断主电路的自动切换电器，它的特点是能进行远距离自动控制，操作频率较高，通断电流较大。地铁车辆用的接触器有直流电磁接触器和交流电磁接触器两种，直流电磁接触器根据控制用来频繁地接通和切断主电路，交流接触器用来接通和切断交流电路，在牵引系统中如切断变流器和电机的电路连接。

主接触器常见故障有：线圈断线、衔铁不释放或释放缓慢、触头熔焊、接触器相间短路等。

线圈断线使接触器不工作，故障原因主要是线圈过热或烧损。而过热和烧损的原因是安装环境空气潮湿或含腐蚀性气体、线圈匝间短路、接触器操作频率过高、衔铁吸合不完全，导致线圈电流增大（处理办法要视引起衔铁吸合不完全的原因而采取相应的措施）、直流操作电磁铁的双绕组线圈因常闭辅助触头粘焊住，以致起动绕组长期通电而发热等。

衔铁不释放或释放缓慢故障原因可能是：反作用力过小，应调大触头弹簧的压力或反力弹簧的拉力；铁芯极面有油污粘着；机械活动部分被卡住或转轴生锈，歪斜；触头已有部分熔焊在一起；剩磁过大，对于直流接触器应更换或加厚非磁性垫片，让线圈失电后容易释放衔铁。

触头熔焊产生的原因有：操作频率过高或接触器经常过载；闭合过程中振动过于剧烈，而且发生多次的振动（如线圈电压过低，使吸合振动而引起触头振动）；触头分断能力不足，发生负载侧短路后触头便被粘住；触头表面有金属颗粒突起，应清理触头表面；触头弹簧压力过小，应调整触头弹簧的压力；触头有油污、尘垢，或铜触头严重氧化或触头严重烧损，接触面大大缩小、以致接触不良；灭弧系统有故障，需调换灭弧罩。

接触器相间短路的原因是接触器箱内尘埃堆积或凝结水气，使绝缘变坏或是某部位相间绝缘被损坏（如灭弧罩碎裂造成相间电弧短路）。

表 2.8 列举了上海地铁 AC01/AC02 号线由于接触器损坏导致的故障情况。

**表 2.8　AC01/AC02 号线由于高速断路器损坏导致的故障**

| 序号 | 事件/故障代码 | 可能原因 | 操　　作 |
|---|---|---|---|
| 1 | 电容器充电接触器闭合故障 | 电容器充电接触器不能正常闭合 | 检查接触器，目测不能发现问题后，可以用用户测试程序测试输出信号测试电容器充电接触器动作 |
| 2 | 电容器充电接触器打开故障 | 电容器充电接触器不能正常打开 | |
| 3 | 线路接触器闭合故障 | 线接触器不能正常闭合 | |
| 4 | 反复线路接触器闭合故障 | 线路接触器反复不能正常闭合 | |
| 5 | 线路接触器打开故障 | 线路接触器不能正常打开 | |
| 6 | 反复线路接触器打开故障 | 线路接触器反复不能正常打开 | |

下面列举两例由于接触器损坏导致的故障的案例分析与排除过程：

**案例1：**

**故障现象：**列车显示屏显示牵引中级故障，列车 60 km/h。

**故障结论：**检查发现预充电接触器主触头紧固连接线脱落，引起预充电接触器烧坏。

**分析处理：**检查预充电接触器和应答信号被读入的 ICBP 模块 C079 的前部接插件之间接线，确认正常；检查预充电接触器和应答信号输出的 BOCD 模块 C095 的前部接插件之间接线，确认正常；最后检查发现预充电接触器主触头紧固连接线脱落，引起预充电接触器烧坏。

**处理过程：**更换预充电接触器后，静态调试正常，动态调试正常，故障排除。

**案例2：**

**故障现象：**列车在上海南站停站开门后，列车显示牵引中级故障，关门后，高速开关 分断灯亮，并且高速开关 HSCB 合不上，后列车清客、救援。

**故障结论：**XK01 接线排上的 21-V01 接线错误，更换 K100 线路接触器后，静调正常，上车试验正常。

**分析处理：**检查发现线路接触器 K100 不能正常分断，TCU 接收来自线路接触器应答信号，从而引起 TCU 发出本车高速开关分断的信号，但一般情况下会导致一个高速开关断开，不可能导致 4 个高速开关同时分开。进一步检查后发现 XK01 接线排上的 21-V01 接线存在错误，导致 TCU 发出的高速开关分断信号通过车钩使 4 个高速开关都分断。

**处理过程：**重新连接导线，更换 K100 线路接触器后，静态调试正常，上车试验正常，故障排除。

### 2.3.4　其他有触点电器的故障检测与处理

这里主要指继电器、空气开关等控制线路常用电器。主电路的控制线路中大量使用的是控制继电器，一般触头数量较多、容量较大，用于增加控制回路数或起信号放大作用场合。其结构与接触器基本相同，故其触头部分和电磁系统的常见故障与接触器类似。但有一点是比较特殊的：继电器的触头容易产生虚接故障，这故障常发生在电气控制的工作期间，它不一定是经常发生或固定发生，因而难于捕捉，使故障不易判断。这种故障产生的原因是由于触头受环境污染影响，特别象上海这种沿海城市，空气中盐雾、酸雾浓度较高，腐蚀性大，从而引起触点压力和接触电阻变化。消除故障的最好办法是采用镀金触头。

## 2.3.5 制动电阻的的故障检测与处理

机车进行电阻制动时，电阻元件表面温度愈高，则高温强度愈低，容易发生倒塌现象，从而造成短路烧损。电阻元件的最高允许使用温度，往往与电阻柜的构造、电阻元件的形状、表面热负荷、散热情况及运行工况等都有着密切关系。

**故障现象：**118＃1 单元 C 车 99033 牵引中级故障，限速 60 km/h。

**故障结论：**制动电阻箱通风风机风量监测差压开关故障。

**分析处理：**检查制动电阻箱通风风机叶片，叶片无损坏。检查风机内部，无损坏变形，风量测试口无堵塞。启动风扇，检查 TCU 中对应信号，为低电平。与 1 单元 B 车对换相关的 TCU 模块 C087，启动风扇，故障存在。检查差压开关中相关触点，发现处于断开状态。将差压开关的临界压力有原来的 60 Pa 调小至 30 Pa，故障消失，更换差压开关并清洁相应导管后，故障消失。

这里需要补充的是通常我们认为列车出现故障是由于列车的制动电阻进风口吸附异物所致，但是该案例说明原因并不全是由于吸附异物所引起的，根据 TCU 控制程序功能包 FUWAAOBB 的功能 FUWAAOBB 的控制逻辑可以知道当 TCU 系统无法收到制动电阻风压差压开关输出的 DC 110 V 信号的延迟时间超过 10 s 后出现故障，造成该故障的原因既可以是因为制动电阻进风口网罩的改造工程已经完成，异物阻塞的故障已经大大地减少，如果再次出现故障应多从差压开关或 C087 的问题方面考虑。

## 2.3.6 电流、电压，温度传感器的故障检测与处理

**案例 1：**温度传感器故障

温度传感器一般安装于运行时发热的元器件上或其周围，用来检测其温度，对系统进行保护。在列车上需要安装温度传感器的地方有：三相逆变器相模块温度检测、放电电阻温度检测、制动斩波器温度检测、制动电阻温度检测、TCU 冷却温度检测、电机温度检测等地方。当温度传感器发生故障时，会导致系统错误的判断以及错误的保护动作，下面列举上海 AC01/AC02 号线发生的一例由于温度传感器损坏导致的故障。

**故障现象：**列车发生牵引中级故障，限速 60 km/h，故障删除后一推牵引手柄显示屏立刻出现故障。

**故障结论：**功率开关器件 GTO 或 IGBT 散热器的温度传感器，发现其损坏，更换温度传感器后，故障会消失。

**分析处理：**制动斩波器温度检测故障，在斩波器散热器检测的温度不在允许范

围内；VVVF 冷却温度检测故障，在牵引箱通风口检测到的温度不在允许的范围内；放电电阻温度太高，被检测到通风故障，因为只取决于 DC 连接回路电压要求被计算，当空气流量温度减少，放电电阻实际温度将到超过计算温度，受到影响的牵引箱牵引力减少且电制动被禁止，通过要求制动进行气制动，如果通风故障是由于辅助逆变器，电机线路断路器或通风接触器应答故障引起，该故障不显示。

**处理过程**：检查入风口温度传感器 Pt100，正常；检查 ABIF 模块 C071 正常；检查进风口温度传感器 Pt100 与 ABIF 模块 C071 上一方面对温度传感器供电另一方面电阻值被读入的前部接插件之间的连接，正常；检查牵引箱通风，正常；检查风扇叶片，正常；检查通风的进风口格栅，正常；检查 GTO 模块散热器的 Pt100 温度传感器，发现其损坏，更换后故障消失，静态测试正常，动态测试正常，故障排除。

**案例 2：电压传感器故障(一)**

电压传感器主要作用是进行电压检测。在轨道交通车辆主回路中，过电压检测的目的是实时检测主回路相关部分的电压，当出现过压或欠压时进行相应的保护动作。电压检测电路输出的模拟信号最终将送入到牵引控制系统的输入模块中，然后这些输入的模拟量将被牵引控制系统检测、计算和比较，一旦发现某些电压值和设定值之间的差值超过允许范围，控制系统将根据故障的危害程度决定如何处理该故障。因此准确的电压检测才能保证牵引系统保护功能可靠运行。当电压传感器发生故障时，不能准确检测甚至不能检测线路电压，从而导致牵引系统控制单元误判断、误动作，造成牵引故障，下面列举上海 AC01/AC02 号线发生的两例由于电压传感器损坏导致的故障。

**故障现象**：列车在牵引工况下，一单元 B 车高速开关跳闸且重合高速开关失败，显示屏显示高速开关严重故障、牵引中级故障，列车限速 60 km/h。

**故障结论**：中间电路电压传感器 U160 损坏。

**分析处理**：列车回库后读取故障，根据故障代码提示与技术资料，可能是制动回路或监控环节出现问题，分别互换检查 A40(制动模块)模块、G055(电压频率变换器)、INVM 的 C055(功率开关器件门级驱动模块)、ABIF 模块的 C071(模拟/数字接口)板子，上试车线进行试验时还出现与正线同样故障，排除了这些部件发生故障的可能。再次读取详细的故障信息，发现在发生故障时，中间回路电压高达 2 500 V，为此我们判定可能是中间电路电压传感器损坏。为了验证假设的判断，给列车施加停车制动的前提下，将方式手柄置于牵引位置，施加牵引指令，使用 SIBAS 32 用户监视器 MONITOR 32 进行模拟跟踪测试，发现故障再次发生时检测到的中间回路电压多次超过 2 500 V，线路电流超过 2 000 A，为此可以判定 U160 可能已经损坏，更换后恢复正常，试车正常。

**处理过程**:更换中间电路电压传感器 U160 后故障排除。分析故障原因可知中间电路电压传感器 U160 损坏后,造成 TCU 检测到中间回路电压超过理论值,此时 TCU 判定电路存在故障,于是 TCU 触发保护晶闸管 A50,电路对地短路放电,此时线路电流特别巨大,告诉断路器跳闸,牵引严重故障。

**电压传感器故障**(二)

**故障现象**:列车在牵引工况下,二单元 C 车牵引中级故障,并随即出现 ATO 故障导致停运,在当日更换预充电接触器主触头后故障消失,但随后故障再次出现。故障代码显示为 TCU:222。

TCU 222 故障代码含义:TCU 监控 VSI 的预充电过程,当预充电接触器吸合,DC 中间回路的电压必须符合设计的预充电曲线,在时间系数期间后线网和 DC 中间回路之间的电压差必须变小,如果不是这样预充电过程将被停止,以保护预充电电阻,使其在失败的预充电过程中不过载。

**故障结论**:中间电路电压传感器 U160 损坏。

**分析处理**:根据故障代码与相关的检修经验,造成该故障的原因主要是因为预充电接触器故障,为此,使用 SIBAS 32 用户监视器 MONITOR32 对预充电接触器进行了吸合、关断测试,结果正常,接着对预充电接触器的主触头进行检查,发现接触略有粗糙,为此将主接触头进行更换,故障暂时消失。但随后故障再次出现,说明故障的原因未真正查明,根据西门子的相关技术资料,造成该故障的原因有线路电容器、预充电接触器、线路电压传感器、中间电路电压传感器与其他相关部件损坏。

为此首先将相关的模拟输入/输出模块 G071、电压频率变换器 G055 与其他列车进行对换,故障依旧在原来位置,这样可以排除模/数转换的故障。接着我们再次读取 TCU 故障的长记录发现中间回路电压大大低于线路电压,为此我们认定极有可能是中间回路电压传感器损坏,为了验证判断的正确性,将中间回路电压传感器与其他列车进行更换,故障立即转移,为此可以证明其已经损坏,更换新件后故障消失,

为何中间电路电压传感器损坏后会引起 TCU 222 故障,根据 SIBAS 控制逻辑,当 TCU 检测到的中间回路电压与线路电压偏差的绝对值长时间超过 180V 时或静态测试失败时,便可能造成 TCU 222 故障(预充电监控故障)。

**处理过程**:更换中间电路电压传感器 U160 后故障排除。

**案例 3:电流传感器故障**

由于地铁电动列车主回路的工作环境为大电流高电压,一旦外界的供电条件发生变化或内部元器件发生故障,极易引起主回路电流故障,从而造成列车部件的

损坏，甚至于影响到运营安全。因此必须针对这些电流故障设计一套行之有效的保护机制，从而做到对电流故障早发现、早避免，减小因故障带来的危害。城市轨道交通车辆主回路过电流检测的目的是实时检测主回路相关部分的电流，当出现短路、接地等过电流故障时进行相应的保护动作。电流检测电路输出的检测信号最终将送入到控制系统的输入模块中，然后这些输入的模拟量将被控制系统检测、计算和比较，一旦发现某些电流值和设定值之间的差值超过允许范围，控制系统将根据故障的危害程度决定如何处理该故障：继续工作、主回路锁闭并重试、主回路锁闭不再重试和主回路锁闭不再重试同时切断高速开关。

**故障现象**：由于电机电流互感器故障，软件监控电机电流互感器的响应，导致VSI永久封锁。

**可能原因**：1. 电机电流互感器故障；2. 信道联机故障；3. 电流互感器接线不正确。

**排除方法**：1. 检查电机电流传感器；2. 检查信道的联机；3. 检查电流传感器接线的极性是否正确；4. 更换IVF模板GO5。

### 2.3.7　蓄电池的检修与调试

蓄电池的故障诊断与处理办法参考表2.9所示。

**表2.9　蓄电池的故障诊断与处理办法**

| 故障 | 可能的原因 | 矫正的方法 |
| --- | --- | --- |
| 严重缺水 | 充电超出了可调的范围/电池温度过高 | 检查充电电压/检查电池温度 |
| 电池放电时间不超过45 min | 电不能充满/严重缺水/需要进行重新调节/到了使用寿命 | 检查各个蓄电池箱的电压/检查电解液的高度/检查充电电压/拆掉电池进行容量检查 |
| 列车上无电池电压 | 保险丝烧断了 | 检查电池充电箱中的电池保险丝 |

## 思考与习题

1. 受电弓的作用和分类是什么？受电弓由哪几部分组成？每个部分的作用是什么？

2. 受电弓的检修内容有哪些？

3. 高速断路器的作用是什么？其主体结构包括哪些部分？描述其动作的工作原理。

4. 接触器的作用是什么？接触器是如何分类地？列举地铁车辆电路中用到

接触器的地方及其作用。

5. 制动电阻的作用是什么？它由哪些部分组成？

6. 避雷器的作用是什么？避雷器可不可以取消或用其他设备代替？

7. 试描述电流传感器进行电流检测的原理，并列举在车辆电气系统中哪些地方需要进行电流监控与检测？

8. 试描述电压传感器进行电压检测的原理，并列举在车辆电气系统中哪些地方需要进行电压监控与检测？

9. 继电器的作用是什么？

10. 继电器由哪些部分组成，其工作原理是怎样的？

11. 熔断器的作用是什么？

12. 熔断器的熔断过程一般可分为哪几个阶段？

13. 什么是避雷器的V·S特性，绘图进行避雷器保护的原理说明。

14. 地铁电动列车主回路中很多地方需要进行温度监控，试说明原因。

# 第3章　牵引电机及牵引变流器

## 3.1　城市轨道交通车辆用牵引电机

### 3.1.1　各种牵引电机的比较

牵引电机是机车的重要部件之一，它安装在转向架上，通过齿轮与轮对相连。牵引电动机是城市轨道交通车辆得以实现牵引及电制动的动力装置，在车辆起动、加减速及制动停车等工况下，通过牵引控制器（即主牵引逆变器）控制改变牵引电动机的转速以达到车辆调速的目的。由于牵引电机都是安装在机车车辆上运行的，其工作条件比较恶劣，负载变化大，冲击和振动严重，恶劣的风沙、雨雪气候、酸碱性气体影响侵蚀严重，因此有其特殊的设计概念和结构形式，已被列为电机的一个单独类别，其性能直接关系到城市轨道交通车辆的运行。

牵引电机的设计要求：

为满足机车对电机的运行要求，牵引电机设计的要求和设计思路如下。

(1)在尺寸和质量受限制的情况下，应满足机车牵引和制动功率的要求；

(2)在机车总体控制和逆变器供电下，应满足机车电传动系统对牵引电机的要求；

(3)电机结构要成熟可靠，具有好的制造工艺性；

(4)关键新技术和新材料要经过充分研究和试验。

牵引电动机按供电电源不同分为直流牵引电动机和交流牵引电动机，其中交流牵引电动机又包括交流异步电动机、永磁同步电动机(PMSM)及直线牵引电机。各种牵引电机各有优缺点，纵观轨道交通电力牵引发展史可见，轨道交通车辆电力牵引系统的发展经历了三个阶段，即：直流传动，交流传动以及永磁同步电机直接驱动。

早期直流牵引电动机在机车牵引中起主流作用，直流牵引电动机具有优良的牵引和制动性能，调节端电压和励磁，就可以方便地进行调速。但是，直流牵引电动机换向器和电刷的存在限制了其应用，特别是在高电压大功率时，换向困难，电机的工作可靠性降低。

目前广泛采用的是技术相对成熟的交流传动系统，交流传动系统采用交流异步电机作为牵引电机结合变流器实现对车辆的电力牵引。随着大功率晶闸管，特别是近年来全控型电力电子器件的迅速发展，可调压调频的逆变器装置已经成功地解决了交流电动机的调速问题。交流异步电动机结构简单(特别是鼠笼式异步电机)，结实耐用，可以选用高转速和大传动比，从而显著减轻电机的质量，以获得较大的单位质量功率，采用先进的矢量控制方法可以使交流调速性能几乎接近直流调速，因此新型电传动的牵引电动机基本上全部采用异步电动机，由交流异步电动机与响应的变流器构成的交流传动装置是目前国内外轨道交通普遍选用的方案。

近年来，永磁同步电动机引起人们的再度关注。美国 GM 与 Unique Mobility 公司曾联合对峰值功率 100 kW 的异步电动机和永磁同步电动机驱动系统做过比较，结果如表 3.1 所示。

通过比较可见永磁同步电机直接驱动具有很多优点：

1)可以实现直接驱动

交流传动需要一个变速齿轮机构来将电机的转矩传递到轮轴上，这是因为交流电机固有的力矩特性使之在最高额定转速的时候才能输出最大转矩，而永磁同步电机可以在一个很宽的转速范围内输出恒定的最大转矩，因此交流电机必须采用齿轮箱进行减速；而永磁同步电机有输出恒定转矩的特性，所以可以直接驱动，采用永磁同步电机可以将电机整体地安装在轮轴上，形成整体直驱系统。

2)起动力矩大、效率高、功率因数高

永磁同步电动机与异步电动机相比，不需要无功励磁电流，可得到比异步电动机更高的功率因数，定子电流和定子铜耗较小，稳态运行时没有转子铜耗，进而可以因总损耗降低而减少风扇容量，冷却系统结构简单，效率比同规格的异步电动机可提高 2%～8%，同时，永磁同步电动机在 25%～120%额定负载范围内均可以保持较高的功率因数和效率，使轻载运行时节能效果更为显著，在长期使用过程中可以大幅度节省电能(见表 3.1)。

**表 3.1 异步电动机与永磁同步电动机比较**

| | 异步电动机 | 永磁同步电动机 |
|---|---|---|
| 峰值功率/kW | 100 | 100 |
| 总重/kg | 36 | 28 |
| 功率/质量比 | 0.4 | 1 |
| 功率/体积比 | 1.4 | 3.3 |
| 效率(额定功率) | 90% | 92% |
| 效率(峰值功率) | 75% | 85% |

3)体积小、质量轻、噪声低

近些年来随着高性能永磁材料的不断应用，永磁同步电动机的功率密度得到很大的提高，比起同容量的异步电动机来，体积和质量都有较大的减少，使其适合应用在许多空间有限的特殊场合。

4）可以采用全封闭结构

永磁直驱牵引系统可以采用全封闭结构，无传动齿轮磨损、无传动齿轮噪声，免润滑油、免维护。

5）没有齿轮箱，可对转向架系统随意设计

德、日、法等国都在积极研制永磁同步电机牵引传动系统，永磁同步电机和现代电力电子技术、控制理论相结合，对轨道交通牵引技术的创新而言将是一场革命。德国铁路股份有限公司将在 2012 年前后购置新一代 ICE4 高速列车，这种列车采用了永磁同步电机直接驱动的牵引系统；法国阿尔斯通公司 AGV 动力分散型高速列车将采用永磁同步电机驱动，其电力牵引系统已经被设计成“VVVF－PMSM 一对一模式”，也就是永磁同步电机牵引所需要的一个逆变器驱动模块对应一个电机的要求。日本将对现有窄轨铁路进行全面的提速改造，同时正在实施 NEXT250(21 世纪时速 250 km 的窄轨高速列车)项目，该项目将采用永磁同步电机直接驱动的低重心低质量大功率的单轴独立车轮转向架牵引系统。日本计划将在现有新干线上采用以永磁同步电机直接驱动的新型高速列车 DDM。

永磁同步电机直接驱动从本世纪初开始进入研究和试用，目前尚不能普遍应用于高速列车、重载货运机车和城市轨道交通车辆，作为轨道交通新一代电力牵引系统，永磁同步电机直接驱动是必然的发展趋势，但仍有许多关键问题需要解决。

考虑目前国内外轨道交通广泛采用的是技术相对成熟的交流传动系统，本书中将以交流传动及交流异步牵引电机为主作阐述。

### 3.1.2 三相交流异步牵引电机的结构、工作原理

牵引电机是机车的重要部件之一，它安装在转向架上，通过齿轮与轮对相连。机车在牵引运行状态时，牵引电机将电能转换成机械能，通过轮对驱动机车运行。当机车在电气制动状态运行时，牵引电机将机械能转换成电能，产生列车的制动力，此时电动机处于发电状态。

牵引电机的工作条件十分恶劣：负载变化大，冲击和振动严重，恶劣的风砂、雨雪气候、酸碱性气体影响侵蚀严重。对于交流变频调速异步牵引电机来说，要在 PWM 波调制的、含有大量谐波和尖峰脉冲的、非纯正正弦波电源供电下工作。机车在运行中，牵引电机要在启动、爬坡这样的大电流状态下运行；要在平直道上轻载高速状态下运行；要在过弯道、过道岔这样的冲击和振动状态下运行；还要能适应沿海多雨潮湿、内地干燥风砂的环境。

**1. 三相交流异步牵引电机的结构**

异步电动机分为鼠笼式和绕线式两类，它们的区别在于转子绕组的结构不同；绕线式电机结构较复杂，一般应用于对起动和调速性能要求较高的场合；本文主要对城市轨道交通车辆中采用较多的鼠笼式电动机的结构进介绍。

鼠笼式电动机结构见图 3.1 所示，它由静止的定子部分和转动的转子部分组成，定、转子之间有一空气隙，这个气隙很小，一般为 0.2～2 mm。此外在定子两端有起支撑作用的端盖。轴承以及轴承内外盖，为了形成冷却风路，在定子一侧装有风罩，定子绕组端头引线连接到机座外接线盒的端子上。一转子上除有转子铁芯和鼠笼绕组外，还有轴、风扇等部件。图 3.2 为鼠笼式异步电动机结构分解图。

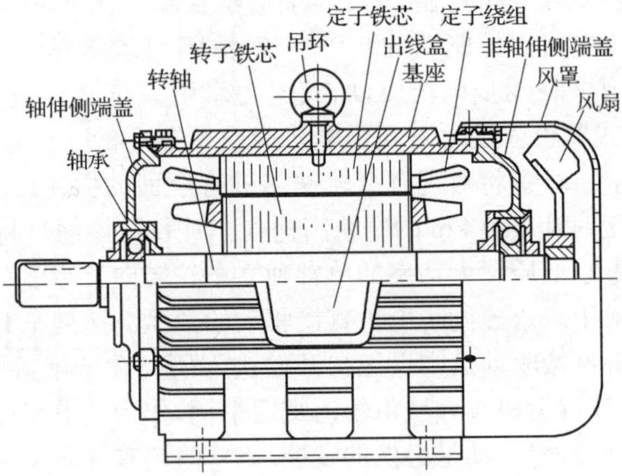


图 3.1　鼠笼式电动机结构图

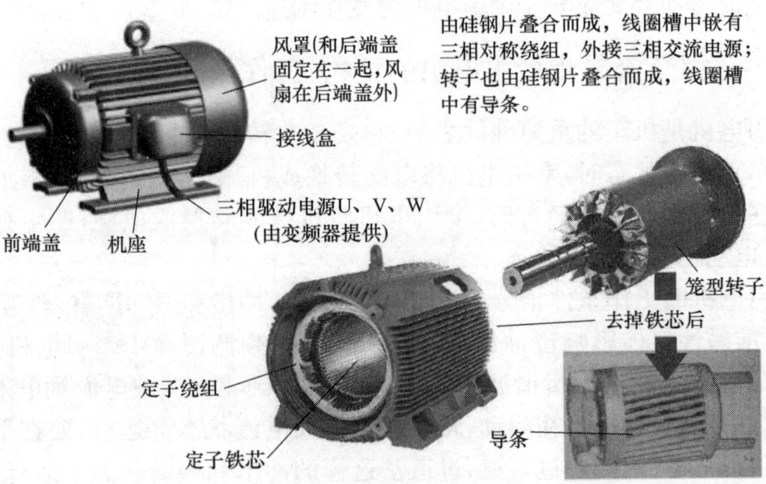


图 3.2　鼠笼式电动机结构分解图

鼠笼式电动机的基本结构几乎相同，只是不过不同厂家在设计细节方面会有区别。图3.3所示为西门子公司生产的MM0534牵引电机，该电机应用与上海的明珠线(Metro Shanghai Pearl Line Phase 2)车辆上。电机采用4极3相交流电机，带有外壳(8)，在车辆上横向安装。自通风电机的冷却由安装在N端的内部风扇完成。进风口位于进风口盖(3)上的D端前部；出风口盖(5)位于N端。

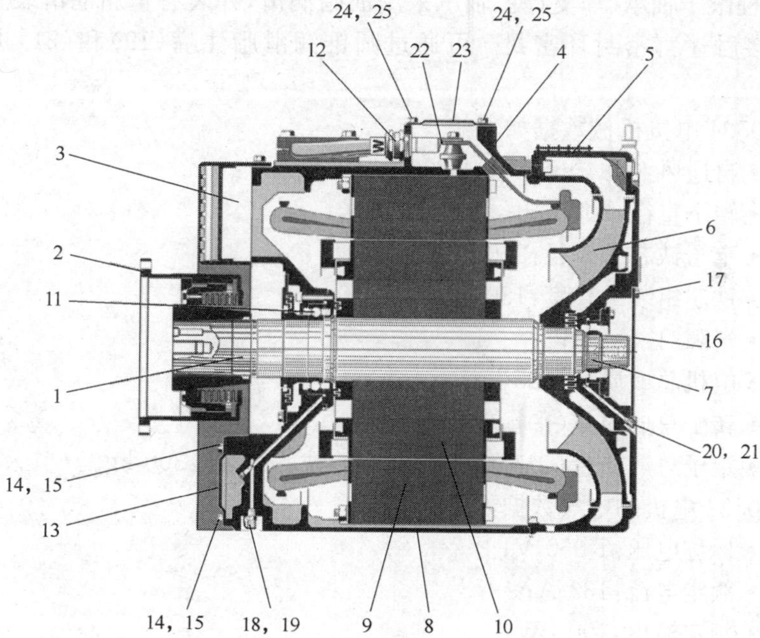


图3.3 MM 0534牵引电机(SIEMENS)

图注：1—轴；2—电机侧半联轴节；3—进风口盖；4—接线盒；5—出风口盖；6—轴承防尘圈；7—圆柱滚子轴承(N端)；8—定子外壳；9—定子；10—转子；11—深槽滚子轴承(D端)；12—电缆衬垫(10 Nm)；13—盖；14—六角螺钉(8 Nm)；15—应变垫圈；16—盖；17—六角螺钉(8 Nm)；18；油脂注嘴盖；19—圆锥油脂注嘴；20—油脂注嘴盖；21—圆锥油脂注嘴；22—连接引线；23—接线盒盖；24—六角螺钉(8 Nm)；25—应变垫圈

其定子设计为：由绝缘薄钢片叠层组成的定子铁芯(9)紧促安装到定子外壳内，形成了固定的定子单元。定子铁芯组装和定子外壳内包括轴向通风风道。定子绕组插入定子铁芯组装槽内。凹槽由槽盖密封。线圈、定子线圈连接和连接棒的绕组端采用铜焊连接起来。铸造在定子外壳内的接线盒(4)被接线盒盖住。连接引线通过电缆接线片和连接棒拧入绝缘子，连接引线安装在外侧，穿过UNI—Entst键压缩电缆衬垫(12)。

转子设计：由绝缘薄钢片叠层组成的铁芯组装采用紧促方式，安装到由高强度热处理钢制成的转子轴上，左右侧均装有止推环。转子(10)装有轴向通风风道。转子铜条位于铁芯组装槽内。转子铜条以及D端和N端的铜焊断路环一同构成了转子绕组。用于电机冷却的内部风扇和用于速度监控的脉冲发生器安装在轴的N端。内部风扇(N端)和转子压环(D端)分别配有一个环形槽，其中用螺钉安装了平衡块。转子通过这些平衡块达到动态平衡。转子由D端深槽滚珠轴承(11)和N端圆柱滚子轴承(7)支撑。轴承采用油脂润滑，并装有重新润滑装置。轴承筒采用无接触迷宫密封环密封。可通过圆锥润滑脂注嘴(19)和(21)进行重新润滑。

MM 0534电机机械数据如下：

- 自通风：0.34 $m^3/s$ 在1 800 r/min；
- 转子直径：307 mm；
- 定子铁芯的直径：310 mm；
- 铁芯组装的长度：180 mm；
- 气隙：1.5 mm；
- 电机总成质量：525 kg；
- 转子总成质量(平衡单元)：170 kg；
- 定子总成质量(带有绕组和外壳的铁芯组装)：300 kg。

MM 0534电机的电气数据如下：

- 标称电压：1 050 V；
- 额定电流：133 A；
- 额定输出：190 kW；
- 额定速度：1 800 r/min；
- 功率因数：0.85；
- 额定频率：61 Hz；
- 标称绝缘电压：1 500 V；
- 最大电压：1 403 V；
- 最大电流：283 A；
- 最大速度：3 642 r/min；
- 接线方式：Y；
- 电源导线：1×25 $mm^2$/相；
- 标准：IEC 60349－2。

**2. 三相交流异步牵引电机的工作原理**

图3.4是异步电动机工作原理图，它由定子和转子两部分组成，二者之间有一个很小的空气隙。定子的结构与同步电机相似，铁芯槽内放置对称三相绕组。转

子绕组则是形成闭路的。

定子对称三相绕组接入交流电源，通入对称三相交流电流，将建立定子三相合成旋转磁动势并产生定子旋转磁场。图 3.4 中虚线表示某一瞬时定子旋转磁场的磁通，它以同步转速 $n_1$ 顺时针方向旋转，转子导体切割磁场感应电动势，感应电动势方向可用右手定则确定。该电动势在闭路的转子绕组中产生电流。转子电流有功分量与电动势同相位。载流的转子绕组在旋转磁场中，将受到电磁力作用。可用左手定则确定此时转子绕组受到一个顺时针方向的电磁力和电磁转矩作用，使转子以转速 随着定子旋转磁场转向旋转。如果转轴上带上机械负载，电动机便拖动该机械做功，将输入的电动率转换为轴上输出。

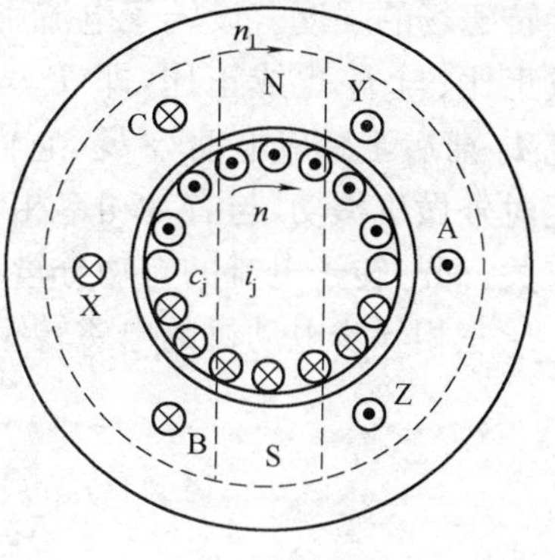

图 3.4 异步电动机工作原理图

从上述分析可见，异步电动机转子旋转的转速 $n$ 不能等于定子旋转磁场转速 $n_1$，因为如果 $n=n_1$，转子与定子旋转磁场之间就没有相对运动，转子绕组中就没有感应电动势和感应电流，也就不能产生推动转子转动的电磁转矩，所以说，异步电动机运行的必要条件是转子转速和定子旋转磁场转速之间存在差异，“异步”之名，由此而来。

### 3.1.3 三相交流异步牵引电机的机械特性及调速

**1. 三相交流异步牵引电机的机械特性**

三相异步电动机的机械特性是指电动机的转速 $n$ 与电磁转矩 $T_{em}$ 之间的关系。由于转速 $n$ 与转差率 $s$ 有一定的对应关系，所以机械特性也常用 $T_{em}=f(s)$ 的形式表示。

三相异步电动机的电磁转矩表达式有三种形式，即物理表达式、参数表达式和实用表达式。物理表达式反映了异步电动机电磁转矩产生的物理本质，说明了电磁转矩是由主磁通和转子有功电流相互作用而产生的。参数表达式反映了电磁转矩与电源参数及电动机参数之间的关系，利用该式可以方便地分析参数变化对电磁转矩的影响和对各种人为特性的影响。实用表达式简单、便于记忆，是工程计算中常采用的形式。

三相异步电动机的电磁转矩物理表达式为：

$$T = K_T \Phi I_2 \cos\varphi_2 \qquad 式(3.1)$$

式中 $K_T$——与电动机本身结构有关的系数。

该物理表达式是根据三相异步电动机的工作原理得来的。三相异步电动机的电磁转矩是旋转磁场与转子绕组中感应电流相互作用产生的，设旋转磁场每极的磁通量用 $\Phi$ 表示，它等于气隙中磁感应强度平均值与每极面积的乘积，$\Phi$ 表示了旋转磁场的强度。设转子电流用 $I_2$ 表示。根据电磁力定律，电磁转矩 $T_{em}$ 应与 $\Phi$ 成正比、与 $I_2$ 也成正比，即 $T_{em}\propto\Phi\cdot I_2$。此外转子绕组是一个感性电路，转子电流 $I_2$ 滞后于感应电动势 $E_2$，它们之间的相位差角是 90°。考虑到电动机的电磁转矩对外做机械功，与有功功率相对应，因此电磁转矩 $T_{em}$ 还与转子电路的功率因数有关，即与转子电流的有功分量 $I_2\cos$（与 $E_2$ 同相位的电流分量）成正比。

三相异步电动机的电磁转矩参数表达式为：

$$T_{em}=\frac{3pU_1^2\frac{r_2'}{s}}{2\pi f_1\left[\left(r_1+\frac{r_2'}{S}\right)+(x_{1\sigma}+x_{2\sigma}')^2\right]}\qquad 式(3.2)$$

当异步电动机 $U_1$、$f_1$、电机的参数及极对数 $p$ 不变时，电磁转矩 $T_{em}$ 仅决定于转差率 $s$，故电磁转矩 $T_{em}$ 与转差率 $S$ 之间关系 $T_{em}=f(x)$ 称为交流感应电机的机械特性（见图 3.5 所示）。电磁转矩 $T_{em}$ 的最大值用 $T_{max}$ 表示，称为最大电磁转矩，与其对应的转差率 $S_m$ 称为临界转差率。$S=1$ 时的电磁转矩称为起动转矩，用 $T_{st}$ 表示。

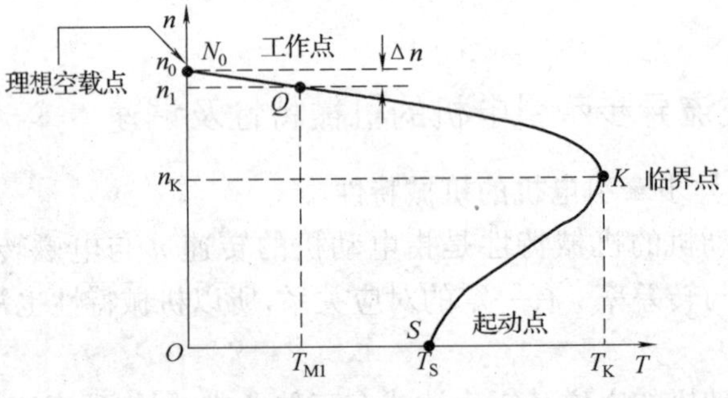


图 3.5　三相交流异步电机的机械特性（外加定子电压及频率不变）

电动机的最大转矩和启动转矩是反映电动机的过载能力和启动性能的两个重要指标，最大转矩和启动转矩越大，则电动机的过载能力越强，启动性能越好。

临界转差率：

$$S_m=\pm\frac{r_2'}{\sqrt{r_1^2+(x_{1\sigma}+x_{2\sigma}')^2}}\qquad 式(3.3)$$

最大电磁转矩为：

$$T_{\max}=\frac{3pU_1^2}{4\pi f_1\left[r_1+\sqrt{r_1^2+(x_{1\sigma}+x'_{2\sigma})^2}\right]}\qquad \text{式(3.4)}$$

起动转矩为：

$$T_{\mathrm{st}}=\frac{3pU_1^2r'_2}{2\pi f_1\left[(r_1+r'_2)^2+(x_{1\sigma}+x'_{2\sigma})^2\right]}\qquad \text{式(3.5)}$$

异步电动机的最大电磁转矩 $T_{\max}$ 与额定转矩 $T_{\mathrm{st}}$ 之比称为过载倍数 $k_{\mathrm{m}}$，即：

$$k_{\mathrm{m}}=\frac{T_{\max}}{T_{\mathrm{N}}}\qquad \text{式(3.6)}$$

过载倍数 $k_{\mathrm{m}}$ 是异步电动机性能的一项重要指标，它反映了电动机的短时过负荷的能力，$k_{\mathrm{m}}$ 越大，短时过负荷的能力越强。对此国家标准有明确规定：普通异步电动机的 $k_{\mathrm{m}}=1.8\sim2.5$；对起重、冶金等特殊用途的电动机，则要求 $k_{\mathrm{m}}=2.7\sim3.7$。

异步电动机的起动转矩 $T_{\mathrm{st}}$ 与额定转矩 $T_N$ 之比称为起动转矩倍数 $k_{st}$，即

$$k_{st}=\frac{T_{\mathrm{st}}}{T_N}\qquad \text{式(3.7)}$$

起动转矩倍数 $k_{st}$ 也是异步电动机的重要性能指标，它反映了电动机起动能力的大小。国家标准规定：普通异步电动机的 $k_{st}=1.0\sim2.0$；对起重、冶金等特殊用途的电动机，则要求 $k_{st}=2.8\sim4.0$。

三相异步电动机的机械特性是一条非线性曲线，一般情况下，以最大转矩（或临界转差率）为分界点，其线性段为稳定运行区，而非线性段为不稳定运行区。固有机械特性的线性段属于硬特性，额定工作点的转速略低于同步转速。人为机械特性曲线的形状可用参数表达式分析得出，分析时关键要抓住最大转矩、临界转差率及启动转矩这 3 个量随参数的变化规律。

虽然参数表达式在分析电磁转矩与电机参数间的关系，进行某些理论分析时是非常有用的。但定、转子的参数，在产品目录中找不到，因此用参数表达式来绘制机械或进行分析计算有时仍不方便。为此，可导出如下实用表达式：

$$T=\frac{2T_m}{\dfrac{S}{S_m}+\dfrac{S_m}{S}}\qquad \text{式(3.8)}$$

式中 $T_{\mathrm{m}}$ 及 $S_{\mathrm{m}}$ 可用下述方法求出：

$$\begin{aligned}T_m&=\lambda_M\cdot T_N\\ T_N&=9\,550\ P_N/n_N\\ S_m&=S_N\cdot(\lambda_M+\sqrt{\lambda_M^2-1})\end{aligned}\qquad \text{式(3.9)}$$

为此，只要从产品目录中查出该电机的额定功率、额定转速、和过载系数，求出 $T_{\mathrm{m}}$ 及 $S_{\mathrm{m}}$ 后，在实用表达式中只剩下 $T_{\mathrm{em}}$ 与 $S$ 两个未知数了。给定一系列的 $s$ 值，

算出一系列对应的 $T_{em}$ 值,就可绘出机械特性 $n=f(T_{em})$ 曲线,同时还可利用它进行机械特性的其他计算。

将定子对称三相绕组按规定的接线方式连接,不经任何阻抗而直接施以额定电压、额定频率的对称三相电压,转子回路也不串接任何阻抗,而直接自行短接,在这种情况下测得的感应电机 $n=f(T)$ 关系,称为固有机械特性,见图 3.5 所示。人为的改变电动机的任何一个参数(如 $U_1$、$f_1$、$p$、定子回路电阻或电抗、转子回路电阻与电抗等)的机械特性称为人为机械特性。

电动机的其他条件都与固有特性时一致,仅降低定子端电压的人为特性见图 3.6 所示,其特点是同步转速 $n_1$ 不变,最大电磁转矩与 $U_1^2$ 成比例下降,但是 $S_m$ 跟固有特性时一样,起动转矩也随 $U_1^2$ 成比例下降。端电压 $U_1$ 下降后,使转速降低,定、转子的铜耗都增加,绕组温度升高,如果长期处于低电压下运行可能要烧坏电机,若电源电压下降太多,甚至有可能出现最大转矩小于负载转矩,而使电动机停转。

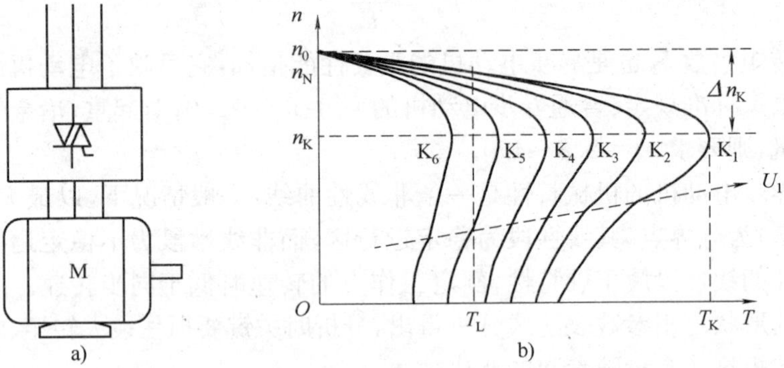


图 3.6　三相交流异步电机改变外加定子电压的机械特性

电动机的其他条件都与固有特性时一致,仅转子回路中串入对称的三相电阻时,所得的人为特性称为转子回路串对称三相电阻的人为机械特性(见图 3.7 所示),其特点为临界转差率 $S_m$ 随着串入电阻的增加而增加,但是最大电磁转矩 $T_{max}$不变,转子回路中串入适当的电阻可以使起动转矩 $k_{st}$增大。

**2. 三相交流异步牵引电机的起动、反转、调速与制动**

(1)三相异步电动机的启动

小容量的三相异步电动机可以采用直接启动,容量较大的笼型电动机可以采用降压启动。降压启动分为定子串接电阻或电抗降压启动、Y－D 降压启动和自耦变压器降压启动。定子串电阻或电机降压启动时,启动电流随电压一次方关系减小,而启动转矩随电压的平方关系减小,它适用于轻载启动。Y－D 降压启动只适用于正常运行时为三角形连接的电动机,其启动电流和启动转矩均降为直接启

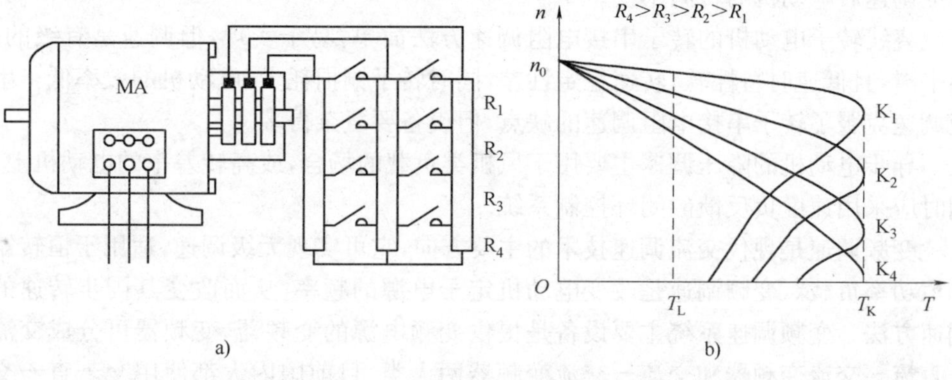


图 3.7　三相交流异步电机转子串电阻的机械特性

动时的1/3,它也适用于轻载启动。自耦变压器降压启动时,启动电流和启动转矩均降为直接启动时的$1/k^2$(k为自耦变压器的变比),适合带较大的负载启动。

绕线转子异步电动机可采用转子串接电阻或频敏变阻器启动,其启动转矩大、启动电流小,适用于中、大型异步电动机的重载启动。

软启动器是一种集电机软启动、软停车、轻载节能和多种保护功能于一体的新型电动机控制装置,国外称为Soft Starter(软启动方式)。它的主要构成是串接于电源与被控电动机之间的三相反并联晶闸管及其电子控制电路。运用串接于电源与被控电动机之间的软启动器,以不同的方法,控制其内部晶闸管的导通角,使电动机输入电压从零以预设函数关系逐渐上升,直至启动结束,赋予电动机全电压,即为软启动。在软启动过程中,电动机启动转矩逐渐增加,转速也逐渐增加。软启动器实际上是个调压器,用于电动机启动时,输出只改变电压并没有改变频率。

(2)三相异步电动机的制动

三相异步电动机也有三种制动状态:能耗制动、反接制动(电源两相反接和倒拉反转)和回馈制动。这三种制动状态的机械特性曲线、能量转换关系及用途、特点等均与直流电动机制动状态类似。

(3)三相异步电动机的调速

三相异步电动机转速公式为:$n=\frac{60f_1}{p}(1-s)$,从上式可见,改变供电频率$f_1$、电动机的极对数$p$及转差率$s$均可达到改变转速的目的,因此三相异步电动机的调速方法有变极调速、变频调速和变转差率调速。其中变转差率调速包括绕线转子异步电动机的转子串接电阻调速、串级调速和降压调速。

变极调速是通过改变定子绕组接线方式来改变电机极数,从而实现电机转速的变化。变极调速为有级调速、变极调速时,应同时对调定子两相接线,这样才能保证调速后电动机的转向不变。

绕线转子电动机的转子串接电阻调速方法简单，易于实现，但调速是有级的，不平滑，且低速时特性软，转速稳定性差，同时转子铜损耗大，电动机的效率低。串级调速克服了转子串接电阻调速的缺点，但设备要复杂得多。

异步电动机的降压调速主要用于风机类负载的场合，或高转差率的电动机上，同时应采用速度负反馈的闭环控制系统。

变频调速是现代交流调速技术的主要方向，它可实现无级调速，适用于恒转矩和恒功率负载。变频调速是改变电动机定子电源的频率，从而改变其同步转速的调速方法。变频调速系统主要设备是提供变频电源的变频器，变频器可分成交流－直流－交流变频器和交流－交流变频器两大类，目前国内大都使用交－直－交变频器。

图 3.8 所示为三相交流异步电机变频机械特性，其特点是当 $f_1$ 变化时，最大转矩时转速降不变；同步转速 $n_1$ 与 $f_1$ 成正比；如果变频时，$U_1/f_1$＝常数，最大电磁转矩 $T_m$ 不变；起动转矩与 $f_1$ 成反比，即起动转矩随频率的降低而增加。

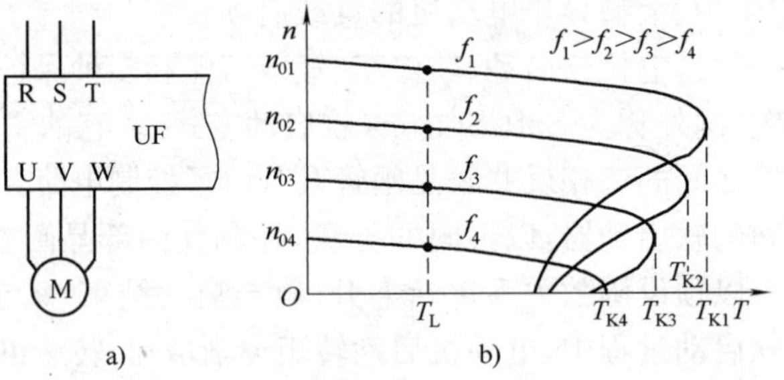


图 3.8　三相交流异步电机变频机械特性

把电压和频率固定不变的工频交流电变换为电压或频率可变的交流电的装置称作“变频器”。为了产生可变的电压和频率，该设备首先要把电源的交流电变换为直流电(DC)，这个过程叫整流。再把直流电(DC)变换为交流电(AC)，这个过程叫逆变，把直流电变换为交流电的装置叫逆变器。对于逆变为频率可调、电压可调的逆变器我们称为变频器。变频器输出的波形是模拟正弦波，主要用在三相异步动机的调速，又叫变频调速器。

## 3.1.4　牵引电机的基本检修方法和手段

绕组是电动机的组成部分，老化、受潮、受热、受侵蚀、异物侵入、外力的冲击都会造成对绕组的伤害，电机过载、欠电压、过电压、缺相运行也能引起绕组故障。绕组故障一般分为绕组接地、短路、开路、接线错误。现在分别说明故障现象、产生的原因及检查方法。

**1. 绕组接地**

指绕组绝缘破坏，通过铁芯或机壳而造成的接地。故障现象为机壳带电、控制线路失控、绕组短路发热，致使电动机无法正常运行。产生原因主要是绕组受潮使绝缘电阻下降；电动机长期过载运行；有害气体腐蚀；金属异物侵入绕组内部损坏绝缘；重绕定子绕组时绝缘损坏；绕组端部碰端盖机座；定、转子磨擦引起绝缘灼伤；引出线绝缘损坏与壳体相碰；过电压（如雷击）使绝缘击穿等。

检查方法主要有下面几种：

(1)观察法：通过目测绕组端部及线槽内绝缘物观察有无损伤和焦黑的痕迹，如有就是接地点。

(2)万用表检查法：用万用表低阻档检查，读数很小，则为接地。

(3)兆欧表法：根据不同的等级选用不同的兆欧表测量每相绕组的绝缘电阻，若读数为零，则表示该相绕组接地，但对电机绝缘受潮或因事故而击穿，需依据经验判定，一般说来指针在“0”处摇摆不定时，可认为其具有一定的电阻值。

(4)试灯法：如果试灯亮，说明绕组接地，若发现某处伴有火花或冒烟，则该处为绕组接地故障点。若灯微亮则绝缘有接地击穿。若灯不亮，但测试棒接地时也出现火花，说明绕组尚未击穿，只是严重受潮。也可用硬木在外壳的止口边缘轻敲，敲到某一处灯一灭一亮时，说明电流时通时断，则该处就是接地点。

(5)电流穿烧法：用一台调压变压器，接上电源后，接地点很快发热，绝缘物冒烟处即为接地点。应特别注意大电机为额定电流的20%～50%或逐步增大电流，到接地点刚冒烟时立即断电。

(6)分组淘汰法：对于接地点在铁芯里面且烧灼比较厉害，烧损的铜线与铁芯熔在一起。采用的方法是把接地的一相绕组分成两半，依此类推，最后找出接地点。

处理方法一般为：(1)绕组受潮引起接地的应先进行烘干，当冷却到60～70 ℃左右时，浇上绝缘漆后再烘干；(2)绕组端部绝缘损坏时，在接地处重新进行绝缘处理，涂漆，再烘干；(3)绕组接地点在槽内时，应重绕绕组或更换部分绕组元件；(4)应用兆欧表进行测量，满足技术要求；(5)进行耐压试验，要求满足要求。

**2. 绕组短路**

由于电动机电流过大、电源电压变动过大、单相运行、机械碰伤、制造不良等造成绝缘损坏所至，分绕组匝间短路、绕组间短路、绕组极间短路和绕组相间短路。故障现象为定子的磁场分布不均，三相电流不平衡而使电动机运行时振动和噪声加剧，严重时电动机不能启动，而在短路线圈中产生很大的短路电流，导致线圈迅速发热而烧毁。究其产生原因主要为电动机长期过载，绝缘老化失去绝缘作用；嵌线时造成绝缘损坏;绕组受潮使绝缘电阻下降造成绝缘击穿;端部和层间绝缘材料没垫好或整形时损坏;端部连接线绝缘损坏;过电压或遭雷击使绝缘击穿;转子与定子绕组端部相互摩擦造成绝缘损坏;金属异物落入电动机内部和油污过多等。

检查方法主要有下面几种:

(1)外部观察法:观察接线盒、绕组端部有无烧焦、绕组过热后留下深褐色,并有臭味;

(2)探温检查法:空载运行 20 min(发现异常时应马上停止),用点温计测量绕组各部分是否超过正常温度;

(3)通电实验法:用电流表测量,若某相电流过大,说明该相绕组有短路处;

(4)电桥检查:测量每个绕组直流电阻,一般相差不应超 5%以上,如超过,则电阻小的一相有短路故障;

(5)短路侦察器法:被测绕组有短路,则钢片就会产生振动;

(6)万用表或兆欧表法:测任意两相绕组相间的绝缘电阻,若读数极小或为零,说明该二相绕组相间有短路;

(7)电压降法:把三绕组串联后通入低压安全交流电,测得读数小的一组有短路故障;

(8)电流法:电机空载运行,先测量三相电流,在调换两相测量并对比,若不随电源调换而改变,较大电流的一相绕组有短路。

处理方法一般为:(1)短路点在端部,可用绝缘材料将短路点隔开,也可重包绝缘线,再上漆重烘干;(2)短路在线槽内,将其软化后,找出短路点修复,重新放入线槽后,再上漆烘干;(3)对短路线匝少于 1/12 的每相绕组,串联匝数时切断全部短路线,将导通部分连接,形成闭合回路,供应急使用;(4)绕组短路点匝数超过 1/12 时,要全部拆除重绕。

**3. 绕组开路**

由于焊接不良或使用腐蚀性焊剂,焊接后又未清除干净,就可能造成虚焊或松脱;受机械应力或碰撞时线圈短路、短路与接地故障也可使导线烧毁出现断路,或者并联的几根导线中有一根或几根导线短路时,另外几根导线由于电流的增加而温度上升,引起绕组发热而断路。故障现象表现为电动机不能启动,三相电流不平衡,有异常噪声或振动大,温升超过允许值或冒烟。产生原因主要是在检修和维护保养时碰断或制造质量问题;绕组各元件、接线头焊接不良,长期运行过热脱焊;受机械力和电磁场力使绕组损伤或拉断;匝间或相间短路及接地造成绕组严重烧焦或熔断等。

检查方法主要有下面几种:

(1)观察法:断点大多数发生在绕组端部,看有无碰折、接头处有无脱焊;

(2)万用表法:利用电阻挡,对“Y”型接法的电机可以将一根表棒接在“Y”型的中心点上,另一根依次接在三相绕组的首端,无穷大的一相为断点;对于“△”型接法的电机,断开连接后,分别测每组绕组,无穷大的则为断路点;

(3)试灯法:方法同前,灯不亮的一相为断路;

(4)兆欧表法:方法同前,阻值趋向无穷大(即不为零值)的一相为断路点;

(5)电流表法:电机在运行时,用电流表测三相电流,若三相电流不平衡、又无短路现象,则电流较小的一相绕组有部分短断路故障;

(6)电桥法:当电机某一相电阻比其他两相电阻大时,说明该相绕组有部分断路故障;

(7)电流平衡法:对于“Y”型接法的,可将三相绕组并联后,通入低电压大电流的交流电,如果三相绕组中的电流相差大于10%时,电流小的一端为断路;对于“△”型接法的,先将定子绕组的一个接点拆开,再逐相通入低压大电流,其中电流小的一相为断路;

(8)断笼侦察器检查法:检查时,如果转子断路,则毫伏表的读数应减小;

处理方法一般为:(1)断路在端部时,连接好后焊牢,包上绝缘材料,套上绝缘管,绑扎好,再烘干;(2)绕组由于匝间、相间短路和接地等原因而造成绕组严重烧焦的一般应更换新绕组;(3)对断路点在槽内的,属少量断点的做应急处理,采用分组淘汰法找出断点,并在绕组断部将其连接好并绝缘合格后使用;(4)对笼形转子断笼的可采用焊接法、冷接法或换条法修复。

**4. 绕组接错**

绕组接错造成不完整的旋转磁场,致使启动困难、三相电流不平衡、噪声大等症状,严重时若不及时处理会烧坏绕组。主要有下列几种情况:某极相中一只或几只线圈嵌反或头尾接错;极(相)组接反;某相绕组接反;多路并联绕组支路接错;“△”、“Y”接法错误。故障现象为电动机不能启动、空载电流过大或不平衡过大,温升太快或有剧烈振动并有很大的噪声、烧断熔丝等现象。究其产生原因主要为:误将“△”型接成“Y”型;维修保养时三相绕组有一相首尾接反;减压启动抽头位置选择不合适或内部接线错误;新电机在下线时,绕组连接错误;旧电机出头判断不对等。

检修方法主要有:

(1)滚珠法:如滚珠沿定子内圆周表面旋转滚动,说明正确,否则绕组有接错现象;

(2)指南针法:如果绕组没有接错,则在一相绕组中,指南针经过相邻的极(相)组时,所指的极性应相反,在三相绕组中相邻的不同相的极(相)组也相反;如极性方向不变时,说明有一极(相)组反接;若指向不定,则相组内有反接的线圈;

(3)万用表电压法：按接线图，如果两次测量电压表均无指示，或一次有读数、一次没有读数，说明绕组有接反处；

(4)常见的还有干电池法、毫安表剩磁法、电动机转向法等。

处理方法一般为：①一个线圈或线圈组接反，则空载电流有较大的不平衡，应进厂返修；②引出线错误的应正确判断首尾后重新连接；③减压启动接错的应对照接线图或原理图，认真校对重新接线；④新电机下线或重接新绕组后接线错误的，应送厂返修；⑤定子绕组一相接反时，接反的一相电流特别大，可根据这个特点查找故障并进行维修；⑥把"Y"型接成"△"型或匝数不够，则空载电流大，应及时更正；

注意：测量三相异步电动机六股引出线的相同端头可以用干电池和万用表判别，方法为：

(1)先判别三相绕组的各自的两个首尾端。将万用表调到电阻挡进行测量，凡是同一相的线圈彼此相连没有阻值，凡不是同一相的线圈就不相通，因此使用万用表可分清两个线端属于同一相绕组引出线。

(2)判别其中两侧线圈引出线的同名端。将指针式万用表调到量程最小的直流电流档，再将任意一相绕组的两个线端接到表上，然后将另一相绕组的两个线端一同分别瞬时碰触一下干电池的正极和负极，在干电池与线圈接通的一瞬间如果表针摆向大于零的一边(也就是顺时针摆动)，则电池正极和万用表黑色表笔为同名端，逆则反矣。

## 3.2 牵引变流器

### 3.2.1 牵引变流器简介

牵引变流器是列车关键部件之一，安装在列车动车底部，其主要功能是转换直流制和交流制间的电能量，把来自接触网上的1 500 V直流电转换为0～1 150 V的三相交流电，通过调压调频控制实现对交流牵引电动机起动、制动、调速控制。随着电力电子技术发展，牵引变流器在轨道车辆中的应用也在不断地进步与发展。其中IGBT、GTO、IPM器件属电压驱动的全控型开关器件，脉冲开关频率高、性能好、损耗小，且自保护能力也强。为此，目前世界上无论是干线铁路还是城市轨道的电动车辆的电气系统中均采用IGBT、GTO、IPM模块来构成。

牵引变流器主要由供电环节，直流连接环节、PWM逆变器、电阻制动电路、制动电阻组成。功率模块(IGBT模块)是构成变流器的核心部件，PWM逆变器是由U相、V相、W相3个功率模块构成。每个模块由上下桥臂的两组IGBT元件和反并联二极管构成。

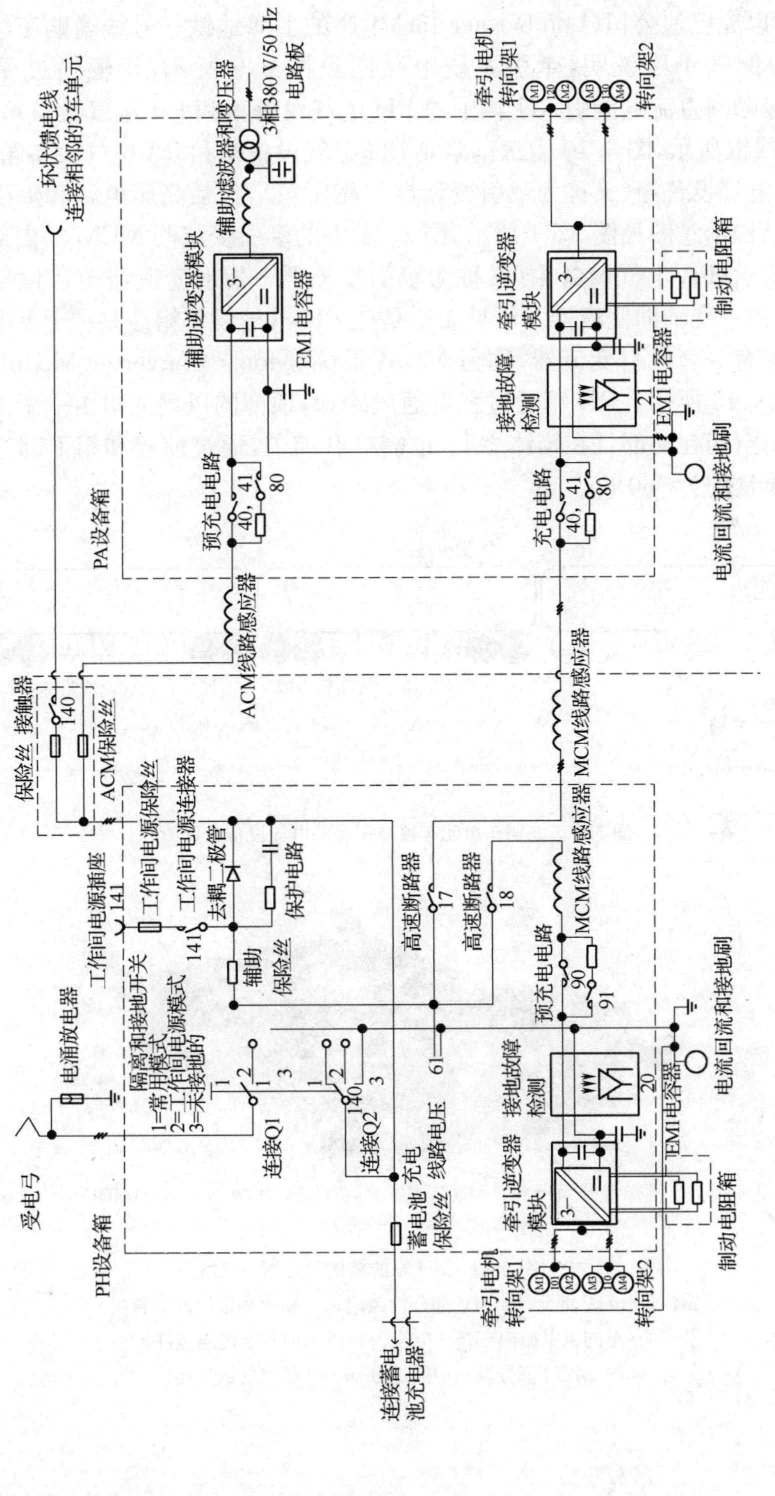
受电弓
PH设备箱
电涌放电器
隔离和接地开关
1=常用模式
2=工作间电源模式
3=未接地的
连接Q1
连接Q2
工作间电源插座
141
工作间电源保险丝
工作间电源连接器
去耦二极管
辅助保险丝
保护电路
高速断路器 17
高速断路器 18
61
蓄电池保险丝
充电线路电压
连接蓄电池充电器
牵引电机
转向架1
转向架2
牵引逆变器模块
接地故障检测
EM1电容器
制动电阻箱
预充电电路
90
91
MCM线路感应器
电流回流和接地刷
保险丝
接触器
140
ACM保险丝
ACM线路感应器
PA设备箱
40，41
80
环状馈电线
连接相邻的3车单元
辅助逆变器模块
辅助滤波器和变压器
3相380 V/50 Hz
电路板
充电电路
20
21

图3.9 牵引系统电路图

本文以庞巴迪公司(Bombardier Inc)生产的上海地铁一号线增购车辆的牵引变流器为例来予以说明，牵引系统电路图见图 3.9 所示，车辆通过受电弓将 1 500 V接触网直流电能引入车辆中的 PH 电气设备箱和 PA 电气设备箱中，见图 3.9 中虚线框所示，图 3.10 为三车单元 PH 电气设备箱和 PA 电气设备箱布置图。其中 PH 电气设备箱(又称为牵引变流器—高压箱)，包括高压电路和牵引变流器两部分，结构示意图见图 3.11 所示，图 3.11 中的牵引变流器 MCM 的内部布置见图 3.12 所示；PA 电气设备箱(又称为牵引变流器—辅助变流器箱)，包括一套牵引变流器和一套辅助变流器。可见无论是在 PH 电气设备箱还是在 PA 电气设备箱中，都配有一套牵引变流器，称为 MCM 系统(Motor Converter Module)，其实物图见图 3.13 所示。PH 箱通过强迫通风冷却，顶部的风扇入口由一个网状结构覆盖，自由空间在前部且在箱体之上，也需打开前盖，通过前盖和箱下部进行保养及维护，质量约为 950 kg。

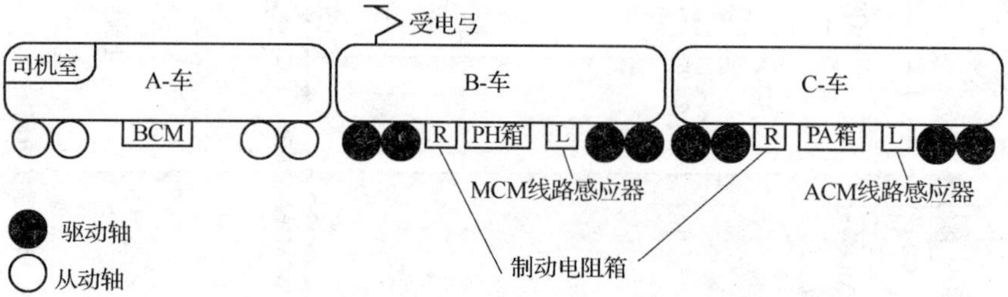


图 3.10 3 辆车单元车顶与车底的电气设备布置图

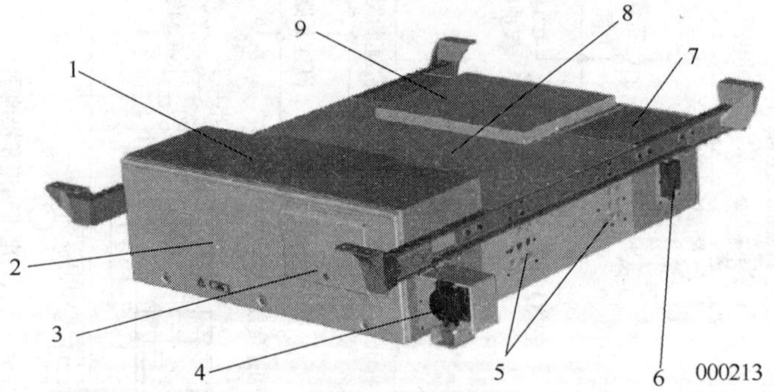


图 3.11 PH 箱的结构示意图

图注：1—HV 部分；2—HV 部分前盖门；3—隔离和接地开关盖门；

4—车间供电源插座；5—电缆密封；6—信号电缆连接件；

7—MCM 部分；8—中间部分；9—外部空气进气箱

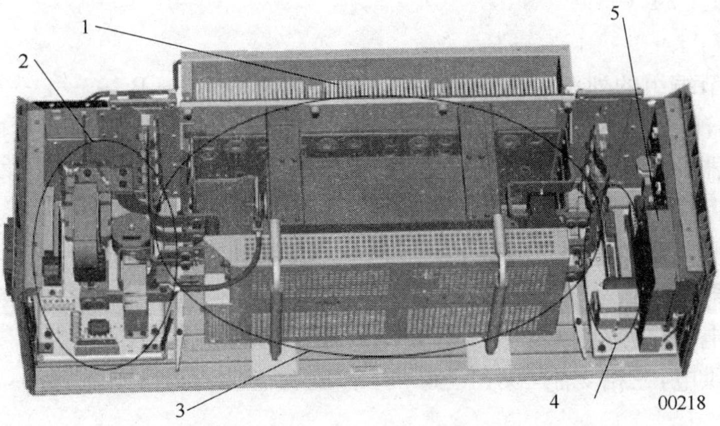


图 3.12　牵引变流器 MCM 内部布置

图注：1—朝向中间部分的冷却器；2—DC 接触器单元；3—逆变器模块（MCM）；4—风扇接触器单元；5—内部风扇

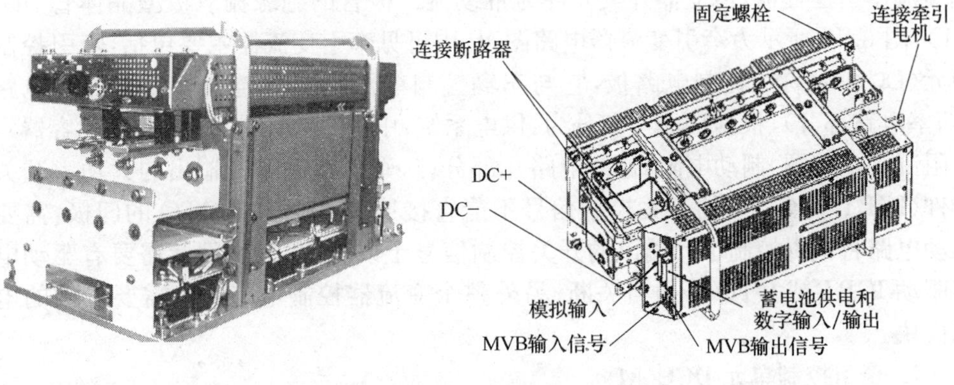


图 3.13　庞巴迪公司的 MCM 系统

MCM 的技术数据为：

- 额定输入电压：DC 1 500 V；
- 输入电压范围：DC 1 000～1 800 V；
- 蓄电池电压：DC 110 V；
- 输出电压：三相 AC 0～1 400 V；
- 输出电流：相电流，最大值 990 A；
- 尺寸（H×L×D）：400 mm×530 mm×890 mm；
- 质量：145 kg；
- DCU：+24 V；

—24 V；

0。

一辆六节编组的列车由两个相同的 3 车单元组成(A—B—C—C—B—A)，其中 A 为拖车，B、C 车为动车。牵引系统中的部件均安装在 B 及 C 车的底架上，其中牵引变流器的供电电压为：

• 接触网供电电压范围为：直流 1 000～1 800 V；
• 接触网额定供电电压：牵引直流 1 500 V，制动直流 1 650 V；
• 逆变器触发信号封锁电压：牵引直流 1 850 V，制动直流 1 815 V；
• 控制电压：额定值 DC 110 V，变化范围为 77 V～135 V；
• 辅助供电：三相交流 400(1±0.05)V，50(1±0.01)Hz。

## 3.2.2 牵引变流器电路结构与工作原理

对于庞巴迪公司(Bombardier Inc)生产的 MCM 系统(Motor Converter Module)，见图 3.13 所示，逆变器类型为带有电阻制动斩波器的变压变频(VVVF)三相交流牵引逆变器，逆变器开关元件为带续流二极管的绝缘栅双极型晶体管(IGBT)，图 3.14 所示为牵引变流器电路图，从中可见牵引变流器主要包括：牵引控制单元(DCU，又称为控制电路板，它与车辆控制单元(VCU)连通)；变流器主电路(功率电路部分)，根据功能可细分为：供电系统，中间直流环节电路(滤波电容器)，电阻制动电路图，制动电阻，逆变电路几部分；从牵引控制单元输出的大功率开关器件(IGBT 或 GTO)的开关控制信号不能直接连接 IGBT 或 GTO 的门极，需要驱动电路将牵引控制单元输出的开关控制信号予以功率放大，因此需要有驱动电路驱动 IGBT 或 GTO 开通与关断；另外整个变流器控制电路供电需要专用的电源模块。

**1. 牵引控制单元 DCU/M**

牵引控制单元相当于整个牵引变流器的大脑(控制中心)，是一块独立的电路板，见图 3.15 所示。电路板的核心器件为高速 MCU 以及 FPGA 芯片，CPU 中下载有操作系统和变流器控制算法，电路板有丰富的接口可以用来实现与外电路的通信，接收来自车辆控制单元的牵引控制指令，接收各种检测传感器反馈回来的检测信号，对变流器进行保护，实现电机驱动控制算法，对于鼠笼式异步牵引电机，控制算法有 VVVF 控制、矢量控制以及直接转矩控制等算法。

(1)DCU/M 上的 MCU

DCU/M 实现监测和控制 MCM 的大部分功能，是列车分布式控制系统的一部分。可以实现与车辆控制器的通信，通过 MVB 与列车总线连接。

DCU/M 主要完成以下控制：

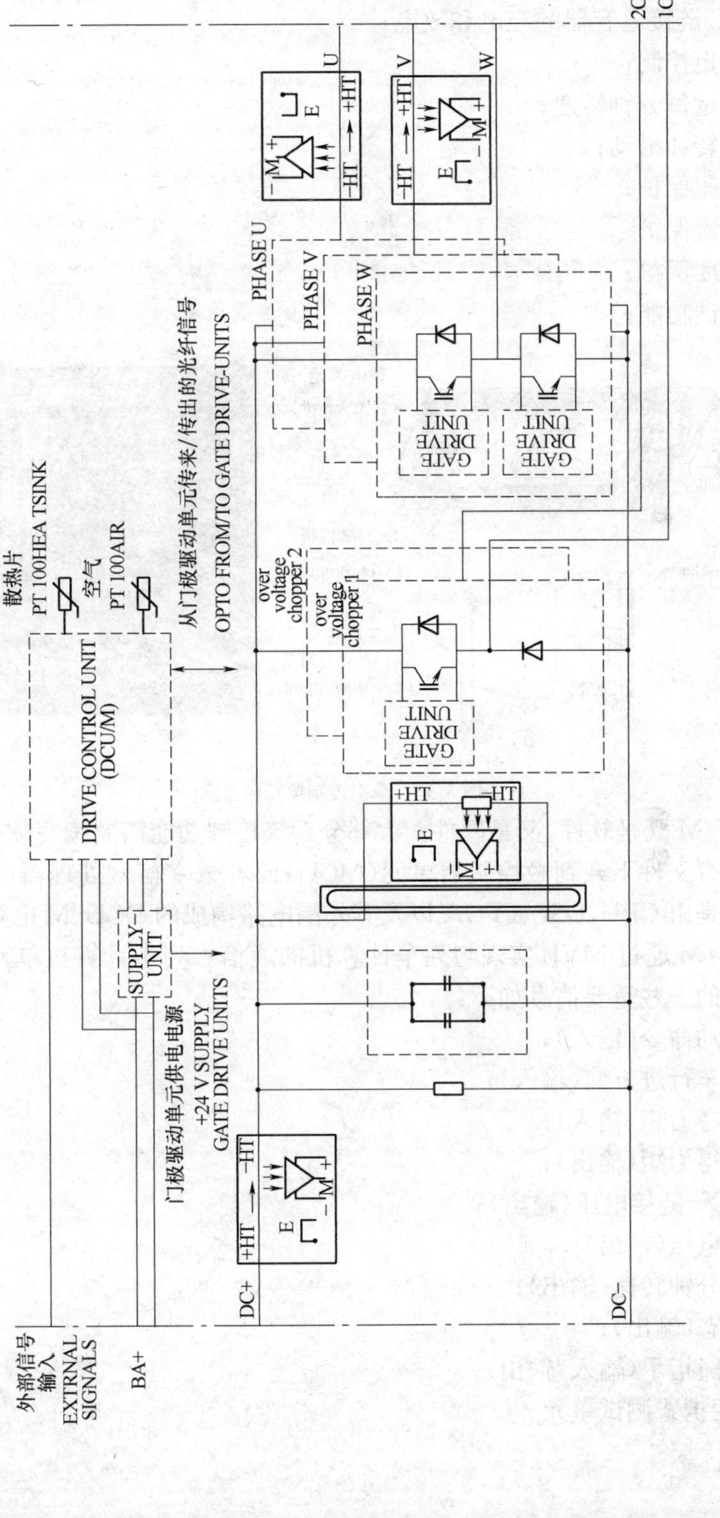


图 3.14 牵引变流器电路图

- DC 链接电容器的充电和放电；
- 力矩控制；
- 测量每分钟转速；
- 空转和滑动；
- 过压保护；
- 过流保护；
- 温度保护；
- 测试功能。

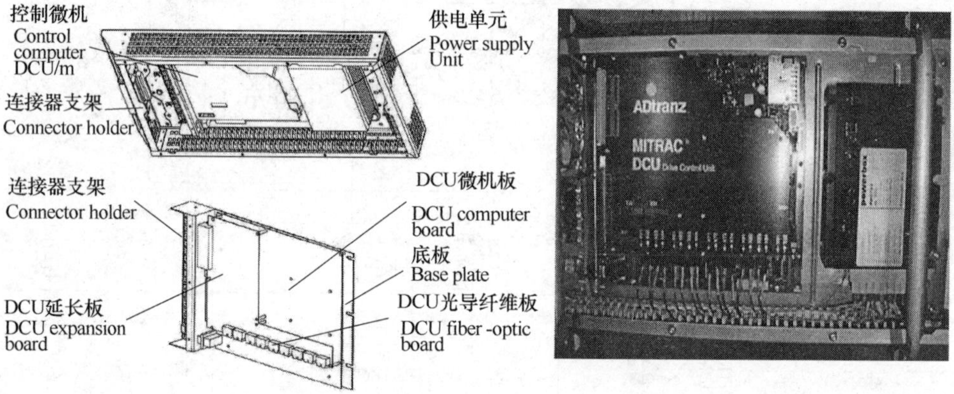


图 3.15　牵引控制单元示意图

DCU/M 既是软件，又是硬件。大部分系统控制功能需要编写软件，并将软件生成可执行文件下载到微控制器单元（MCU）或者数字信号处理器（DSP）之中运行。硬件是由 CPU，DSP、FPGA 以及其外围电路构成的 DCU/M 电路板。

DCU/M 通过 MVB 实现与列车计算机的通信。列车计算机单元和 DCU/M 之间传送的一些重要信息如下：

- 启动命令（输入）；
- 列车行进方向（输入）；
- 参考力矩（输入）；
- 获得力矩（输出）；
- DC—链接电压（输出）；
- 线电压（输出）；
- 每分钟转速（输出）；
- 状态（输出）；
- 故障指示（输入/输出）。

（2）便携式测试单元

DCU/M配有很多诊断和故障追踪系统，可以使维护时间最短。DCU/M、MCM故障追踪和诊断有自检功能，在操作期间牵引电机可以运行。在维修期间也可以使用半自动测试功能。为了避免设备损坏，一些故障可能会导致MCM停止工作。故障的相关信息将被传送到VCU之中。通过连接PC和DCU/M，可以下载内部瞬时记录数据。维护人员可以直接分析使用从记录器读取的数据。PC与DCU/M的连接采用RS232，当DCU/M上的RS232处于使用状态时，有两个黄色的LED灯将指示数据传送和接收状态。PC可以用来检查DCU/M中的状态和参数，故障指示和信号可以传送到PC中。

(3)控制和监控

① 力矩控制：DCU/M

控制和监控牵引电机产生的力矩。列车计算机单元通过MVB向DCU/M提供一个质量补偿和反射限制力矩参考。DCU/M结合相关的车轮直径和空转和滑动控制调整力矩。

DCU/M限制力矩参考，与以下因素有关：

• 电机或者MCM高温；
• DC链接电压高或者低；
• 线电压高；
• 轴矩大；
• 故障情况。

两个相电流、DC链接电压和旋转转速的力矩控制将会用于最后的力矩计算，为了获得理想电机力矩，需要通过CPU中软件控制电机参考电压，也就是相电压的振幅、频率和相位角。

② RPM测量

测量每个轴的轴速，基于车轮直径和齿轮速比，计算平均轴速和所有轴的线速度。DCU/M通过MVB向列车控制单元提供轴速，列车控制单元计算列车实际速度，并将该列车实际速度回传给所有的DCU/M，进一步用于空转和滑动控制和车轮直径校准。平均电机转速通常在力矩控制中使用，速度传感器由DCU/M的低压电源供电。

③ 空转和滑动

空转和滑动控制可以最大限度使用可用黏着力。控制使用所有动轴速度检查空转，万一出现滑动，立即减少参考力矩。

④ 过流保护

DCU/M安装有过流保护。过流保护基于U相和V相的电流测量，为了快速响应过流故障，设有硬件保护功能，即在计算机硬件中执行保护功能。在GDU中也有一个短路检测和保护，该保护可以处理IGBT切换打开前发生的短路和IG-

BT 打开状态期间发生的短路。这个保护非常迅速，在电源电路短路和接地短路时都会启动。当启动保护时，IGBT 迅速切换到关闭状态。

为了将电路图 3.14 与实物图 3.13 对照比较，将图 3.13 进行分解，分解图见图 3.16 所示。

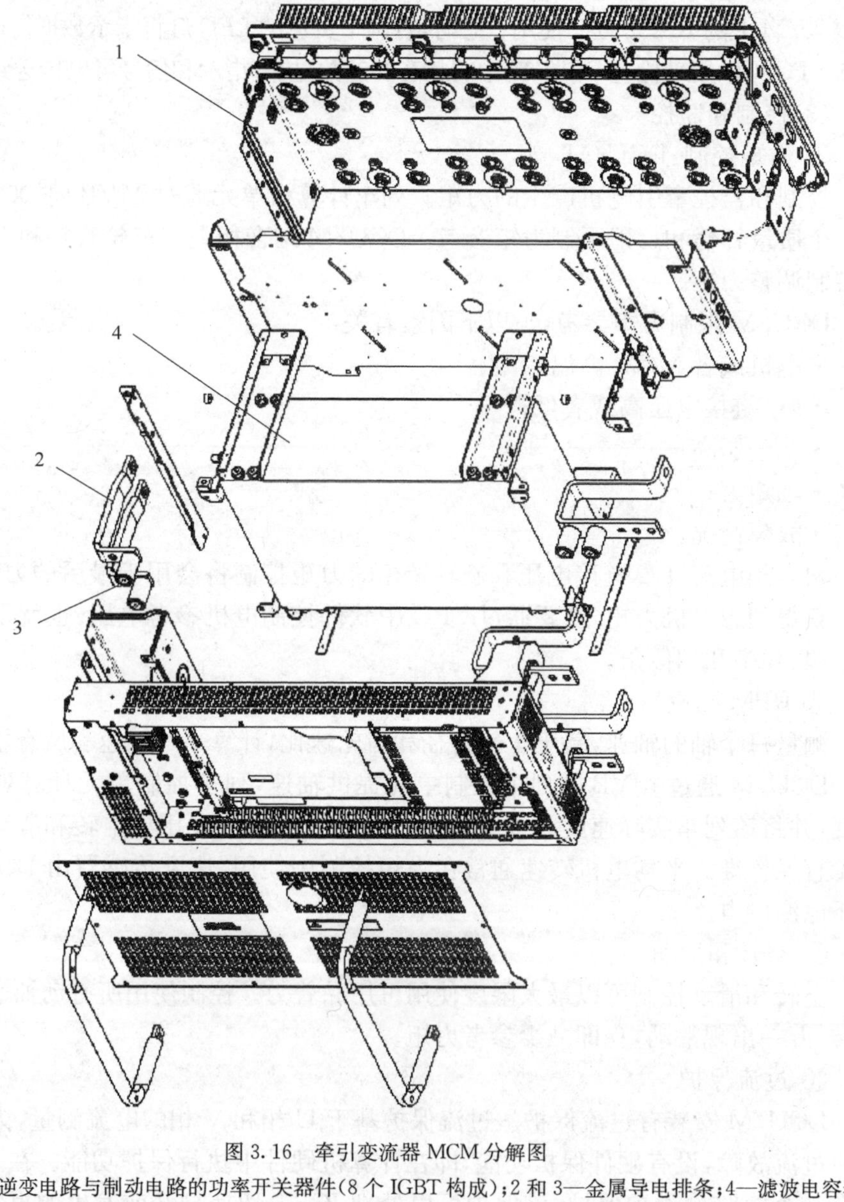


图 3.16　牵引变流器 MCM 分解图

图注：1—逆变电路与制动电路的功率开关器件（8 个 IGBT 构成）；2 和 3—金属导电排条；4—滤波电容器

**2. 变流器的主电路**

变流器的主电路按功能可以分为几部分，见图3.17所示。

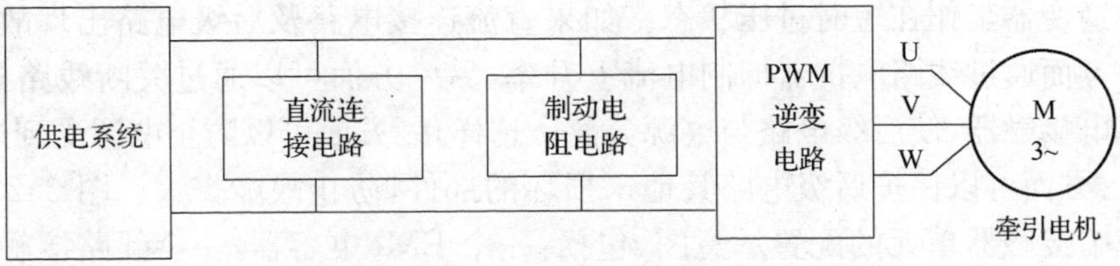


图3.17　变流器主电路结构框图

(1)供电系统

供电系统由一个线路接触器，两个预充电电阻，一个预充电接触器和一个线路电感组成(图3.18)。当接通电源后，系统首先通过预充电接触器和预充电电阻为直流连接电路中的线路电容进行充电。由于预充电电阻的作用，这时充电电流较小，电容两端的电压上升比较缓慢，从而防止由于突然对电容器充电导致的电流变化率及电压变化率过大，进而损坏电路中的元器件。

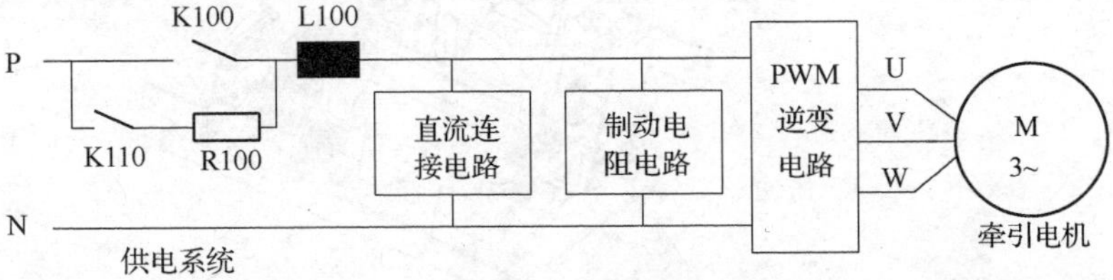


图3.18　供电系统示意图

当电容两端电压达到线路电压90%时，线路接触器吸合，预充电接触器分开，这时，电源直接对电容进行充电。当电容两端电压达到线网电压时，直流连接电路的电压达到稳定状态，预充电顺序见图3.19所示。

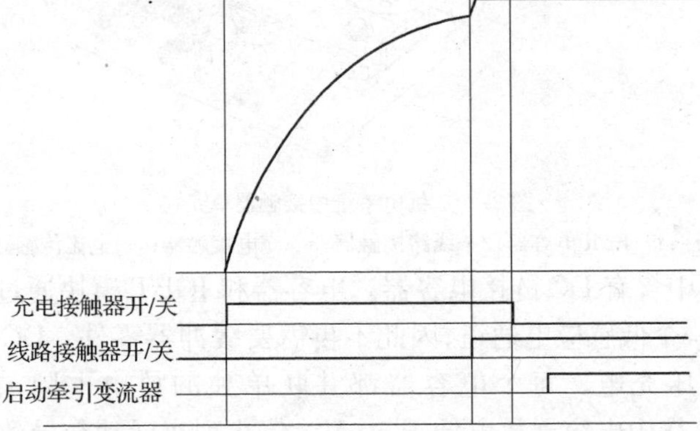


图3.19　预充电顺序示意图

供电模块中的线路电抗器和中间直流电路中的线路电容器一起组成主逆变电路中的 LC 滤波电路，以消除电源中的谐波分量，使输入的电源比较平稳。还可防止牵引逆变器工作在短时过压状态。如果直流连接电路及后级电路出现故障时，系统一方面通过线路电抗器抑制电流上升率，另一方面可以通过关断线路接触器和预充电接触器，使后级电路与电源分离。这样，一方面可以防止电源受到过载冲击，另一方面可以保护后级电路其他未损坏的部件，防止故障扩大。图 3.20 为供电系统中接触器单元的配置示意图，包括：一个 EMI 电容器，一个线路接触器，一个预充电接触器以及测量直流母线电流的电流传感器．每个 MCM 和 ACM 都有一个线路过滤感应器。一个安装在 C 车，两个在 B 车。C 车中的线路过滤感应器是铁芯感应线圈，且由自身对流和列车运动产生的气流来冷却。B 车中的线路过滤感应器是一个强制空气制冷半屏蔽感应器。

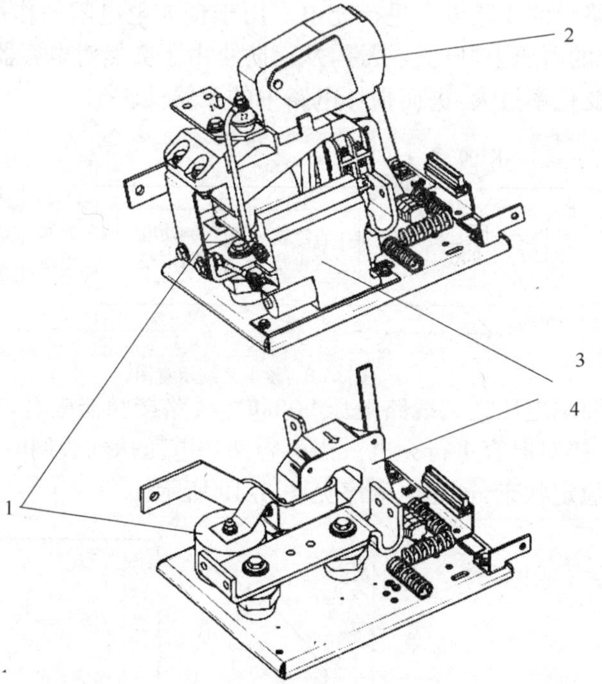


图 3.20　供电系统中接触器单元

图注：1—EMI 电容器；2—线路接触器；3—充电接触器；4—电流传感器

逆变器模块中含有 DC 链接电容器。电容器和 IGBT 模块通过多层母线排连接，它可以提供一个低感应电通道；因此不再需要缓冲器零件。DC 链接电容器由 1 500 V 额定电压充电。每个电容器都并联单独的放电电阻，在最长的时间（5 min）对 DC 链接中电容器放电低于 50 V。停止列车活动会导致制动斩波器对

DC链接进行几秒钟的放电。DC链接是负极接地。负极(DC－)通过转向架实现接地。

图3.21为供电电路各部分元器件实物图

图注:1—EMI电容器;2—母线连接的安装螺母;3—母线连接

(a)EMI电容器

图注:1—DC－母线;2—母线座上的螺栓

(b)LEM电流传感器

图注:1—线路接触器;2—母线连接;3—辅助接触器(3×)

(c)线路接触器

图注:1—充电接触器;2—电缆连接

(d)预充电接触器

图3.21 供电电路各部分器件图

(2)直流连接电路

直流连接电路中由两个中间电压支撑电容,一个放电电阻和短路晶闸管组成(图3.22)。直流中间电路中的电容能稳定电压,吸收交流分量。并和线路电抗器组成线路滤波器。

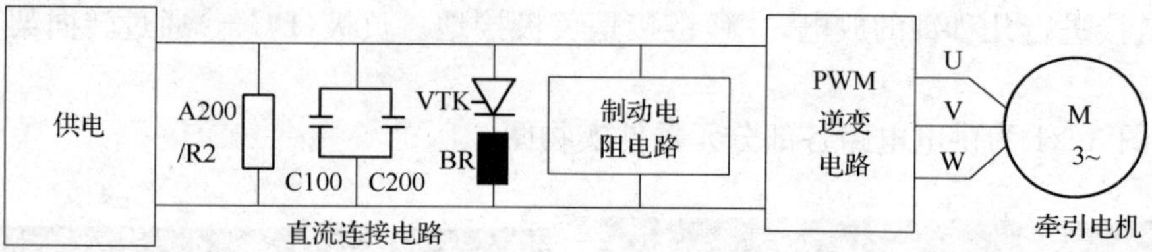


图 3.22　供电系统示意图

在三相交流传动系统中，中间直流电路起着很重要的作用，中间直流电路主要作用可以总结为：

① 在网侧整流器和电机侧逆变器之间实现瞬时功率平衡。

② 储能电容向牵引电机提供基波无功功率和高次谐波的通路。

③ 变流器换流能力直接受中间电路电压的影响，逆变器的调制电压质量也取决于其平衡程度，因此对它要求较高。总之，中间直流电路是保证三相交流传动系统正常工作的一个重要环节。

根据交流电机工作的数学模型可知：

• 视在功率：$S=\sqrt{3}\times U_{线路}\times I_{相}$；

• 无功功率：$Q=S\times \sin\varphi$；

• 有功功率：$P=S\times \cos\varphi$。

从公式可以看出，交流电动机工作时的功率实际由两部分组成，有功功率和无功功率。即交流电机的供电一部分由电源提供，另一部分需要由电容提供，即为整个逆变电路提供功率匹配。当中间电路电压过高时，系统首先将供电模块中的接触器分断，使之与电源分离，然后，通过触发保护晶闸管，使电容对放电电阻进行放电。降低电容两端的电压。

(3)电阻制动电路

电阻制动电路由制动控制模块及制动电阻组成。图 3.23 为电阻制动电路示意图。在电制动的时候，由牵引电机产生的制动能量可通过两种途径消耗：

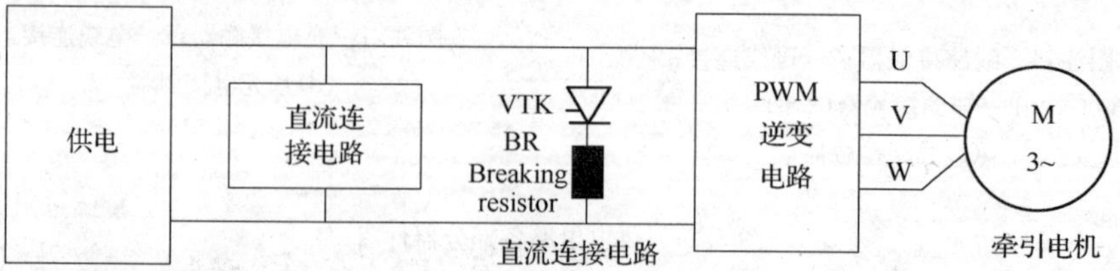


图 3.23　电阻制动电路示意图

① 再生制动，即如果线网可以吸收能量，例如线网电压最高限额还没达到，制动能量可以反馈至线网；

② 电阻制动，如果线网不再能吸收能量(线网电压已达上限值)，制动电阻电路受制动控制模块的控制，制动能量将被转换成热能消耗在制动电阻上。

制动控制是周期性的，这样可以保证直流连接电路稳定。如果牵引系统的消耗大于由制动能量转换成的电能，直流连接电路将会处于放电状态，在这种情况下，系统将结束电制动。电阻制动可以达到机械制动的水平，但不能完全让列车停止，当速度很低，牵引电机无法产生能量时，制动电阻也就失去了制动的作用，这时的列车需要机械制动来降低速度。

(4)制动电阻

制动电阻虽然是牵引逆变器系统的一部分，但并不安装在牵引箱内，制动电阻独立安装在动车车底部。电动列车制动电阻采用条形电阻，由 6 个框架组成，集中在一个箱子中。来自牵引电机的电制动能量通过牵引逆变器在制动电阻上转换成热能。由于在消耗电制动能量时，电阻会产生较高的温度，所以通过装在进风口的通风风扇对制动电阻进行强迫通风冷却。在通风风扇的风道中安装有压差传感器及温度传感器，通过对通风流量及温度的检测，可以监控通风风机的工作情况，以防止制动电阻因温度过高而受到损伤。

(5)逆变电路

庞巴迪公司(Bombardier Inc)生产的上海地铁 1 号线增购车辆的牵引逆变器模块都是 ICON－M 型号，也就是说都是独立单元，包括：1 个 DC 链接电容器、3 个逆变器相、两个制动斩波相、1 个 DCU/M、1 个供电单元、IGBT 门极驱动单元、两个测量输出相电流的电流传感器、一个测量 DC 链接电流的电流传感器、一个测量 DC 链接电压的电压传感器、放电电阻等部分。

为了便于维修，所以设计的 ICON－M 拆除非常简便。模块通过位于列车底架上的 PA/PH 箱前盖滑入。使用插入式连接器从模块侧面输入控制信号。控制面板的电子箱安装在模块的前部。通过铜质母线接入逆变器模块电源。图 3.24 为 MCM 简易电路图。

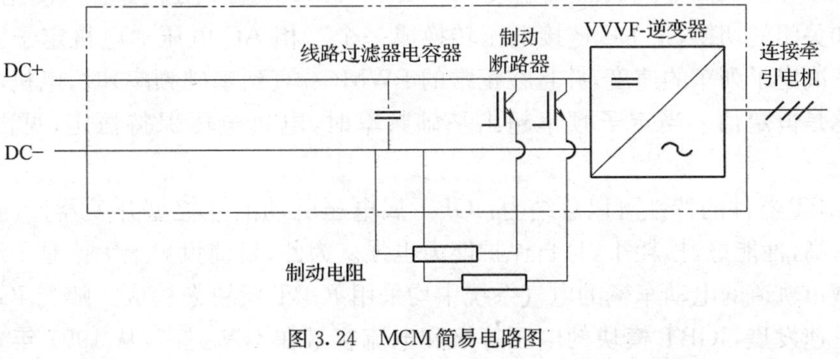


图 3.24 MCM 简易电路图

其中 VVVF 逆变器电路示意图见图 3.25 所示。脉宽调制型逆变器由 3 个相模块组成(U,V,W 三相),每相由上下两个大功率开关器件(IGBT 或 GTO)构成,因此逆变电路是 6 个大功率开关器件 IGBT 构成的三相桥式结构。直流母线电压 $U_{dc}$经过 IGBT 构成的三相桥式逆变器逆变成幅值、频率可调的三相交流电,分别由 U,V,W3 个端子引出,连接三相交流牵引电机,给牵引电机供电。牵引电机的速度和转矩的控制是通过改变 U,V,W 三相交流电幅值和频率来实现的(即逆变),可见三相变流器 MCM 逆变电路的主要构成器件为 IGBT 或 GTO(AC01/02 型列车的逆变器系统中采用 GTO,后期的车辆如 7、9、11 号线都采用了 IGBT),而大功率开关器件(IGBT 或 GTO)也是经常导致变流器发生故障的关键电气元器件。

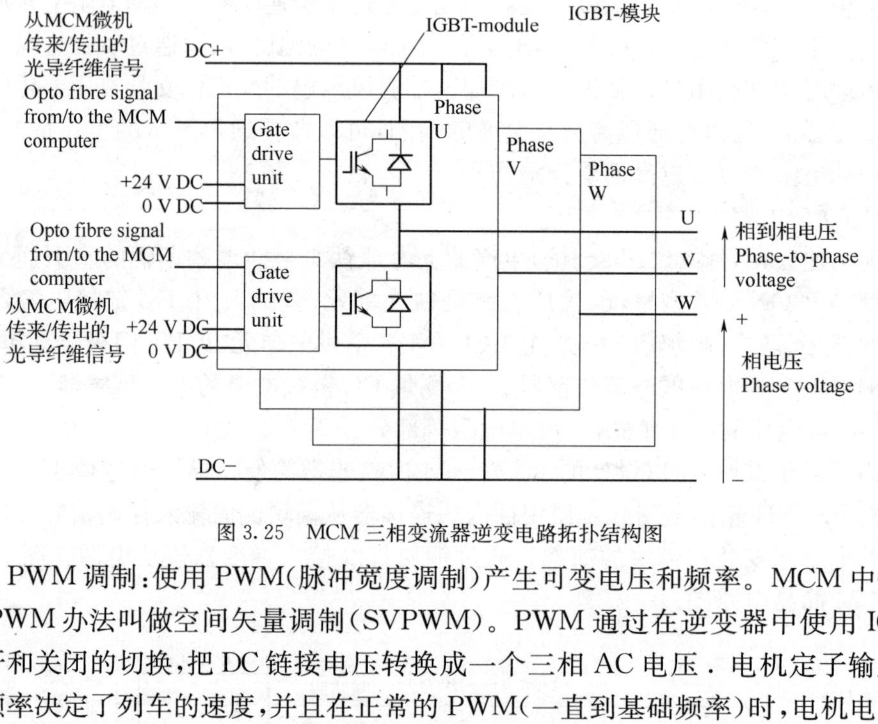


图 3.25　MCM 三相变流器逆变电路拓扑结构图

PWM 调制:使用 PWM(脉冲宽度调制)产生可变电压和频率。MCM 中使用的 PWM 办法叫做空间矢量调制(SVPWM)。PWM 通过在逆变器中使用 IGBT 打开和关闭的切换,把 DC 链接电压转换成一个三相 AC 电压．电机定子输入电压频率决定了列车的速度,并且在正常的 PWM(一直到基础频率)时,电机电压—频率比是恒定值。当定子频率超出基础频率时,电机电压保持恒定,见图 3.26 所示。

IGBT 器件的特性可以总结为:IGBT 属电压驱动的全控型开关器件,脉冲开关频率高,性能好,损耗小,且自保护能力也强。为此,目前世界上无论是干线铁路还是城市轨道的电动车辆的电气系统中均采用 IGBT 模块来构成。随着 IGBT 性能的迅速发展,IGBT 模块的电压等级和电流容量在不断提高,从 1991 年生产出

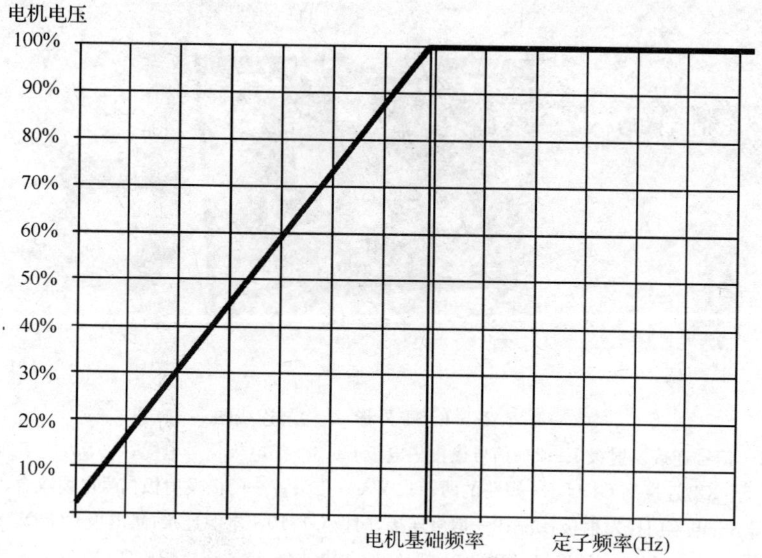


图 3.26 电机电压与定子频率关系

了小型 IGBT 模块,其电压等级为 1 200 V/300 A,很快取代了在工业上通用变频器中所用的双极型晶体管;1993 年出现了 1 700 V/300 A 的 IGBT,并已开始在城市电车上获得推广应用;到 2000 年后更出现了 1 700 V/2 400 A,3 300 V/1 200 A 和 6 500 V/600 A 的高压 IGBT,这些高压 HV IGBT 很快地应用到铁道与城市地铁轻轨车辆中,由于其性能优越,加之其为绝缘型模块,整机的结构设计紧凑轻巧,且采用了低感母线技术与软门极的驱动技术并解决了热循环的寿命问题,目前,HV(high voltage)IGBT 模块已成为轨道电力牵引系统中应用的主导元件。随着城市发展,城市轨道交通供电网压制也从早期的 DC 600 V 和 DC 750 V 发展为 DC 1 500 V 网压制,以适应大城市大客流量发展的需要。网压的提高对电力电子器件的电压等级提出了更高的要求,IGBT 模块的电压等级也从 1 200 V 发展到 1 700 V、3 300 V 以及 4 500 V 和 6 500 V 电压等级水平,国外已有多家公司批量生产与供货。主牵引逆变器采用 HVIGBT 模块来构成,无论其主电路结构还是控制理论与控制技术,还需要进一步研究、完善及优化。对于那些进口的电气传动系统中采用 GTO 构成的地铁轻轨车辆都将面临由于 GTO 退出轨道车辆应用领域而导致无备品备件的局面,因而都应开展用 IGBT 替代的国产化研究,图 3.27 所示为 IGBT 外形、结构与连线图示意图。

变流器主电路主要有 8 个 IGBT,6 个构成三相桥式逆变器,两个并联连接与制动电阻一起构成电机制动时的制动单元,8 个 IGBT 放在同一块散热支撑片上,见图 3.28 所示,IGBT 热结合处涂抹硅胶,由连接螺栓固定于散热片上,IGBT 的

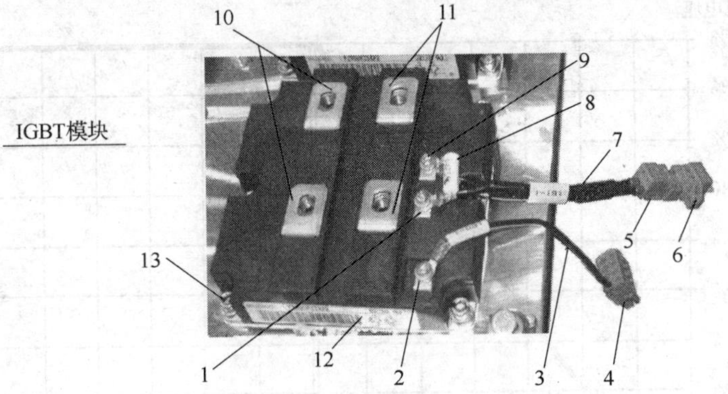


图 3.27 IGBT 外形、结构与连线图

图注：1—信号连接发射极 E1；2—信号连接集电极 C1；3—集电极信号电缆；4—X3，连接到 GDU；5—X2，连接到 GDU；6—短路的两针式 Wago 接头；7—门极发射极信号电缆绞合；8—电容门极发射极；$C_{GE}$；9—信号连接，门极 G1；10—电源连接，集电极 C(2x)；11—电源连接，集电极 E(2x)；12—热结合；13—连接螺栓(6x)

门极驱动信号由驱动电路输出，通过光纤传送到 IGBT 的门极。

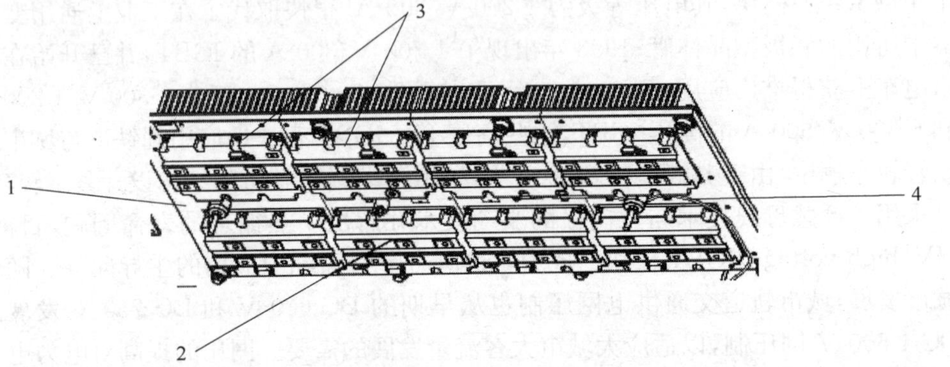


图 3.28 MCM 三相变流器逆变器和制动斩波器实物图

图注：1—散热片；2—IGBT 模块，牵引相位(6x)；3—IGBT 模块，制动断路器(2x)；4—温度传感器

(6)功率开关器件的冷却

除了电学性能外，电力电子功率器件的热学特性和参数也同样重要，为了保证电力电子功率器件的正常运行，冷却是不可缺少的。作为电力电子功率器件核心的 PN 结，性能与温度密切相关，结温过高，会使 PN 结特性退化或丧失，导致器件的许多特性和参数发生变化，甚至使器件永久性烧坏。电力电子功率器件必须限制最高结温才能正常工作，所以必须采取冷却措施。城市轨道交通车辆的主电路和辅助电源回路大量采用大功率的开关器件(GTO、IGBT、IPM 等)。

散热途径有热传导、热辐射和热对流3种方式。电力电子器件通过电流时产生的热量使管芯发热、结温升高。管芯发热后一般通过热传导方式向周围环境散热。对应用者来说，为了限制结温，可在减少外热阻方面采取措施，即减少接触热阻和散热器热阻。

① 接触热阻

电力电子功率器件的正常运行，在很大程度上还取决于器件与散热器之间的装配质量。散热器安装台面必须与电力电子器件很好接触，形成良好的导电面和导热面。由于电力电子器件容量不同，使用条件不同，外形结构及品种不同，所以散热器的安装形式也各不相同。但是，电力电子器件管壳与散热器之间的温差和接触热阻值必须控制在规定数值以下。

• 接触热阻与器件封装形式的关系

器件封装形式不同，接触热阻则不同。此外，接触热阻还与器件与散热器之间是否有垫圈，是否涂有硅油等情况有关。接触面涂有硅油，热阻下降，涂以含有氧化锌的硅油、硅脂等涂料，可以保护接触面，并填补接触的低洼空隙，增加传热面积。虽然硅脂是电介质，但它是比空气更好的热导体。只要将散热器拧紧，器件和散热器之间不但有良好的电接触，而且还可使热阻显著降低。

此外，器件与散热器接触表面要平整，其不平度不应超过0.001 mm/mm，粗糙度不低于$R_a$6.3，为确保器件外壳不受大气侵蚀，器件的铜外表面需镀镍或镀银。

• 接触热阻与安装力的关系

电力电子器件根据容量的不同，分螺栓式器件和平板式器件。额定平均电流在200 A以上的较大功率器件，大多使用双面冷却平板式结构。如果其他条件相同，双面冷却散热器所散出的耗散功率比单面冷却提高60%左右。为了减小热阻，螺栓型器件必须有一定的锁紧力矩，平板型器件必须有一定的压紧力。图3.29所示为螺栓型器件接触热阻与锁紧力矩的关系曲线。由图可知，锁紧力矩过小，热阻很大，当力矩达到一定数值后，接触热阻变化很小，力矩过大会使器件底座接触面发生变形从而导致接触不良，因此必须加以注意。

平板压接式器件的组装方式，是将器件夹在一对散热器之间，通过压装部件，使器件和散热器之间保证良好的电传导和热传递。与螺栓式器件一样，压力的大小对接触热阻的影响很大。图3.30给出400 A/2 500 V晶闸管器件的安装压力F与热阻的关系曲线。平板器件在没有给出规定压力的情况下，一般取单位面积的压强为200～300 kg/cm$^2$，过高或过低都不相宜。

② 散热器热阻

散热器热阻是指从散热器至环境介质的热阻，它与散热器的材质、结构、表面颜色、安装位置以及环境冷却方式等因素有关。散热器的材质有紫铜和工业铝两种，铜散热器表面需进行电镀、涂漆或纯化，铝散热器表面可涂漆或进行阳极氧化。自冷散热器表面最好是黑色，借以提高辐射系数，黑色散热器比光亮散热器可减少10%～15%热阻。散热器多为翼片形状以增加散热面积。为了便于热气流向上流动，散热器要垂直安放，产生所谓烟囱效应。垂直位置比水平位置可减少热阻15%～20%。图 3.31 给出常用散热器的外形图。

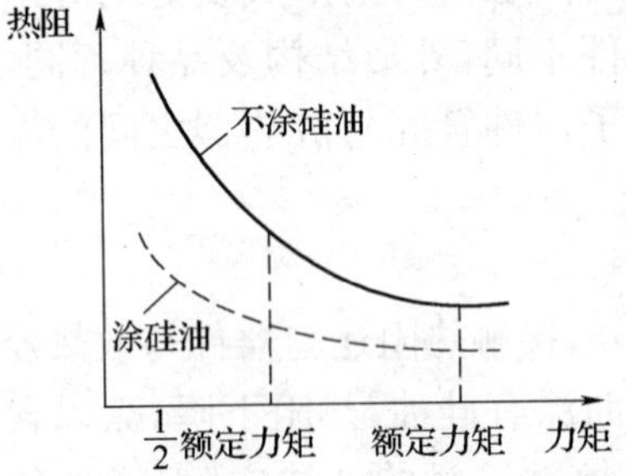


图 3.29 接触热阻与锁紧力矩的关系曲线

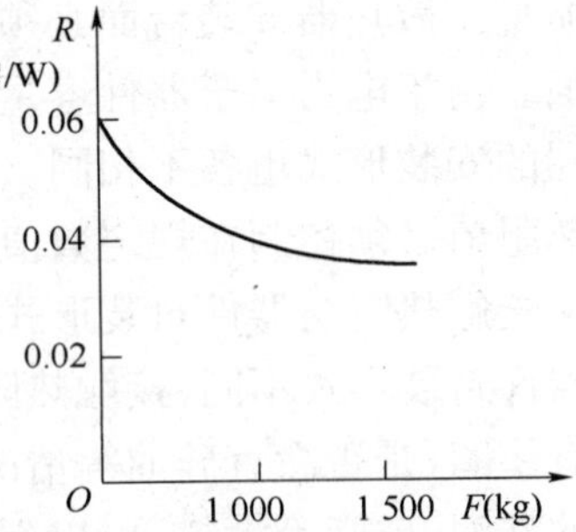


图 3.30 接触热阻与平板式器件安装压力的关系曲线

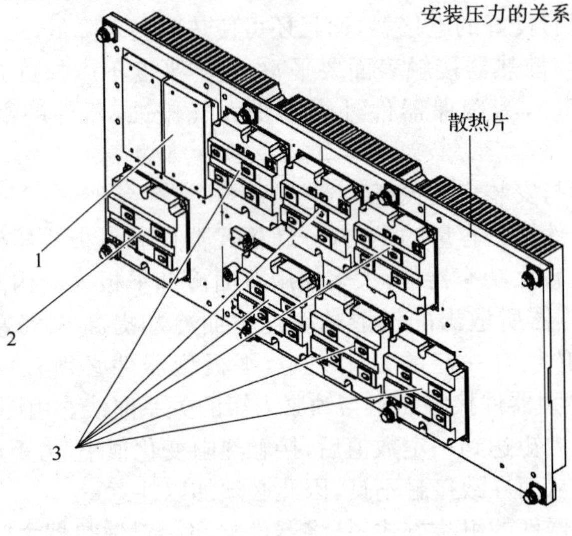


图 3.31 用于 IGBT 的散热片

图注：1—OVP 电阻；2—OVP IGBT；3—6 相 IGT

散热器的常用冷却方式分为 4 种：自冷、风冷、液冷和沸腾冷却。自冷是通过空气自然对流及辐射作用将热量带走的散热方式，这种方式散热效率很低，但简单、维护方便、噪声小，适用于额定电流较小的器件或简单装置。风冷散热器是自冷散热效率的 2～4 倍，图 3.32 所示为风冷式风速与热阻之间的关系曲线，在装置内部的冷却风速,通常小于6 m/s。城市轨道交通车辆的散热器通常充分利用走行风冷却。水冷散热器的散热效率很高,其对流换热系数等于空气自然换流系数的150倍以上。这种散热器一般适用于电流容量在500 A以上的器件。油冷散热器的散热效率在水冷散热器与风冷散热器之间,冷却介质多用变压器油。沸腾冷却将冷却媒质(氟里昂)放在密闭容器中,通过媒质的相变来进行冷却。沸腾冷却装置即热管的冷却效率极高,体积比同容量油冷和自冷装置小得多。

城市轨道车辆的逆变器通常安装在车底,受体积、质量的限制采用模块设计,将同一桥臂上的大功率开关元件或整个逆变器安装在一个模块上,用一个公共的大散热器散热。散热器基本可分为两种形式:整体翅片式散热器、热管散热器。整体翅片式散热器的材料使用铝。热管散热器的基板及热管的材料为铜,散热翅片材质为铜或铝,内部循环水或其他媒介。

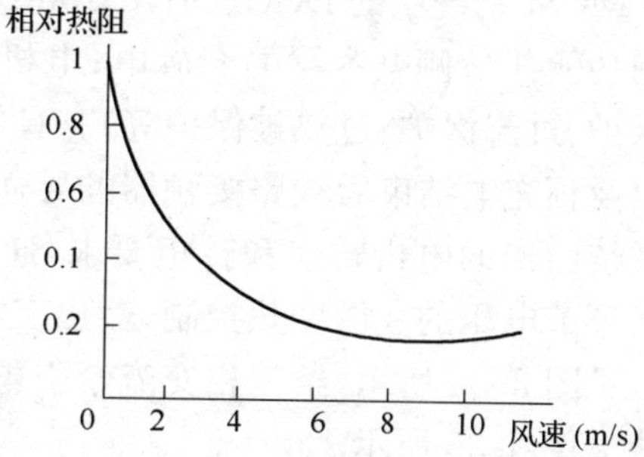


图3.32 风冷式风速与热阻之间的关系曲线

散热器散热一般采用风冷方式,分强迫风冷和自然风冷。强迫风冷需要有风道和风机。模块散热片置于冷却风道中一般采用内外双风道,用外风道来冷却内风道部件,可以避免风道中的部件受尘埃等污染。因此在维修中应注意对风道的清洁及冷却风机的保养。自然风利用列车的走行风冷却。

主电路中的过电压保护电路,又称为过电压斩波电路见图3.33所示,电路主要由大功率开关器件IGBT以及制动电阻构成,IGBT由驱动电路予以驱动,控制

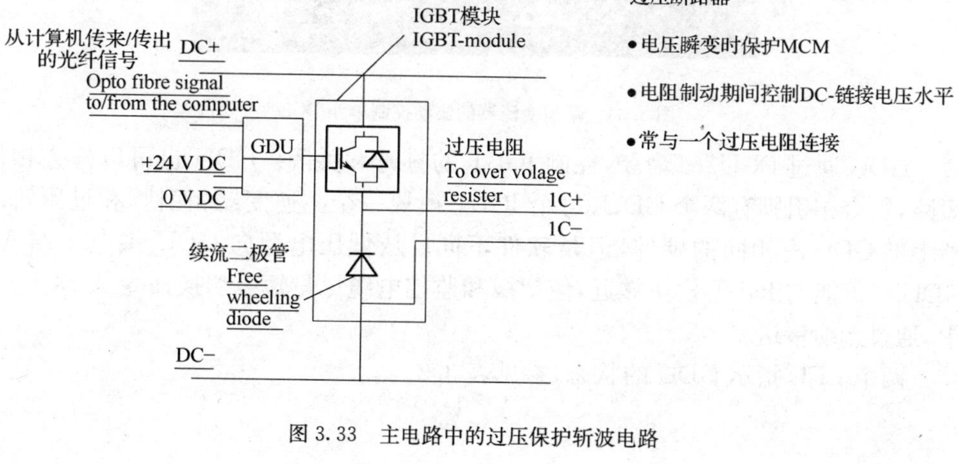


图3.33 主电路中的过压保护斩波电路

信号由牵引控制单元DCU生成,通过光纤将信号接入到IGBT门极。该电路的主要功能是进行过压保护,当出现短路故障或牵引电机工作于制动状态从而导致中间直流环节电压$U_{dc}>1\ 900$ V时,保护电路启动,IGBT工作于高频开关状态(DCU根据$U_{dc}$大小生成PWM控制信号),将电能泄放到过压电阻中,从而平稳中间直流环节的电压$U_{dc}$,当$U_{dc}<1\ 840$ V时,保护电路停止,制动模式下以及电制动失效时都可以启动。

MCM系统中的DCU(Drive Control Unit驱动控制单元),主要用来实现以下控制功能:DC侧电容器的充放电;电机转速和转矩控制;测量功能;保护功能(过压保护、过流保护、过热被保护等)。具体描述为:1. 控制预充电接触器的导通/关断以及预充电结束后线路接触器的导通/关断;2. 控制电机的转速和转矩,根据牵引系统给出的电机转速和转矩要求,通过VVVF控制(或矢量控制),实现对直流中间环节电压的变压变频控制,输出三相电压幅值和频率可调的交流电压(U,V,W),见图3.34所示,给三相交流牵引电动机供电,三相交流电动机定子三相输入电流见图3.35所示。

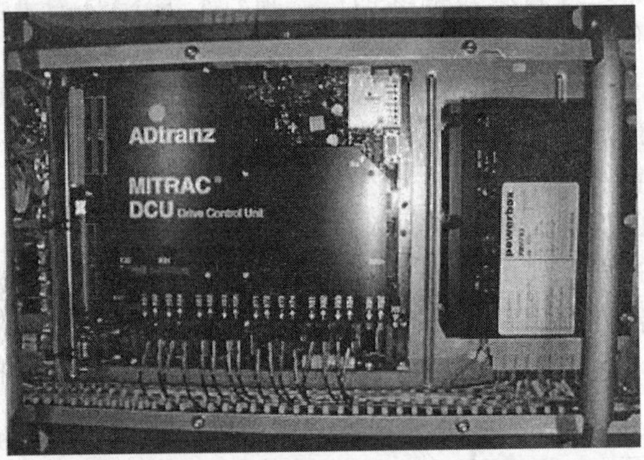


图3.34 牵引变流器的驱动控制单元DCU

GDU通过DCU/M命令,控制IGBT的打开和关闭。GDU也可以检查相位短路,每个相引脚有两个GDU,每个IGBT模块一个。逆变器相引脚和过压斩波器上的GDU有相同的硬件,但是软件不同。从低压电源向GDU供电+24 V。GDU尽可能与IGBT模块靠近,使门极和监控电缆尽量短。切换命令从DCU/M中,通过光缆传送。

两个LED指示GDU的状态,参见表3.2。

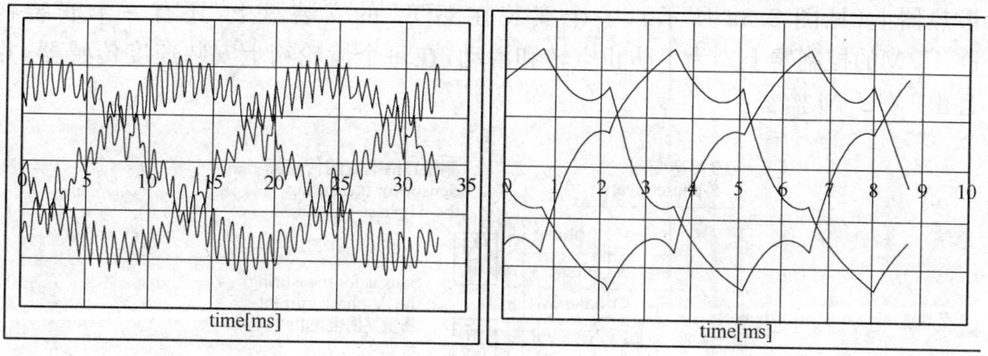


时间　　　　时间

图 3.35　牵引电机三相定子电流波形图

**表 3.2　LED 指示 GDU 的状态**

| LED 颜色 | GDU 状态或者事件 | LED 情况 |
|---|---|---|
| 绿色 | 供电 OK | 当它不断闪 |
| 绿色 | IGBT ON | 闪烁,1 Hz |
| 红色 | 供电故障 | 当它不断闪 |
| 红色 | 门极发射器终端短路 | 当它不断闪 |
| 红色 | 主电路短路 | 闪烁,1 Hz |
| 红色 | 与 IGBT 错误连接 | 闪烁,1 Hz |
| 绿色和红色 | CPLD 没有被编程 | 两个 LED 不断闪 |
| 绿色和红色 | CPLD 编辑了测试程序 | LED 同时闪 |
| 绿色和红色 | 当 GDU 确认主电路短路或者与 IGBT | |
| 错误连接是接收到 IGBT ON 命令 | LED 交替闪 | |
| 绿色和红色 | 供应 DC 24 V 消失 | 两个 LED 都是暗的 |
| 绿色和红色 | GDU 5 V 消失 | 两个 LED 都是暗的 |
| 绿色和红色 | 2 个二极管都故障 | 两个 LED 都是暗的 |

为了保证变流器的可靠安全运行,必须对系统的电压、电流、温度、速度进行检测,根据检测结果进行相应的保护动作,防止由于电压、电流太大将电子元器件击穿或烧毁,甚至造成人员伤亡。在 MCM 中有很多传感器,见图 3.36 给出三相逆变电路中的 U、V 相电流检测示意图,除此之外还有直流中间环节电压、电流检测,以及温度检测等,图 3.37 给出了 MCM 系统电压电流传感器的安装位置。在 MCM 中主要需要在以下几个地方安置温度传感器,对温度进行监控:一个安装在

散热器上(见图 3.39 所示),一个安装在 GDU 的安装盘上,还有一个安装在 DCU/M的控制器上。为了防止空转和滑动,在每个齿轮箱上安装速度传感器,并且由 DCU/M 监督。

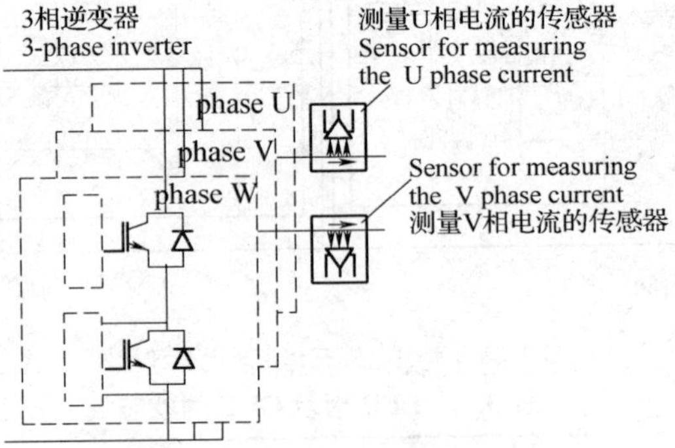


图 3.36 三相逆变电路的电流检测

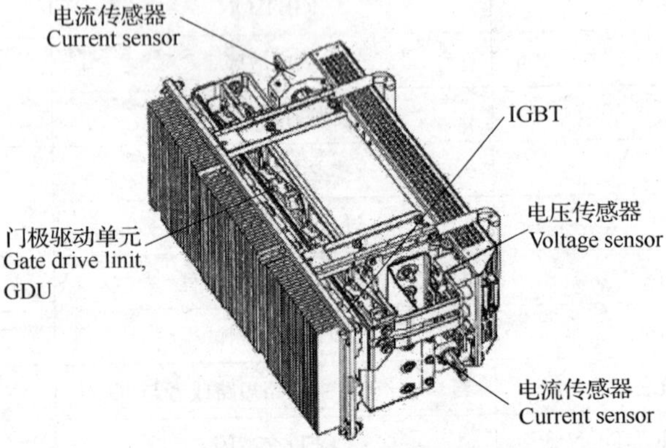


图 3.37 MCM 系统电压电流传感器的安装位置

DCU/M 的控制信号通过光纤传入门极驱动单元,并且由门极驱动单元返回一个反馈信号,指示 IGBT 当前状态。门极驱动单元向门极的 IGBT 传送脉冲信号。正极电压打开,负极电压关闭。每个 MCM 有三个相同 IGBT 相位。图 3.38 是一个相位的一个电路图。

**3. MCM 系统工作低压电源**

MCM 系统工作电源模块主要为 MCM 系统中各个子控制系统提供工作电源,输入为来自蓄电池的 110 V 低压电,输出为 GDU(门级驱动单元 gate drive unit)电源+24 V/-24 V 以及 CPUhe1 测量传感器电源+24 V/-24 V,见图 3.39 所示。

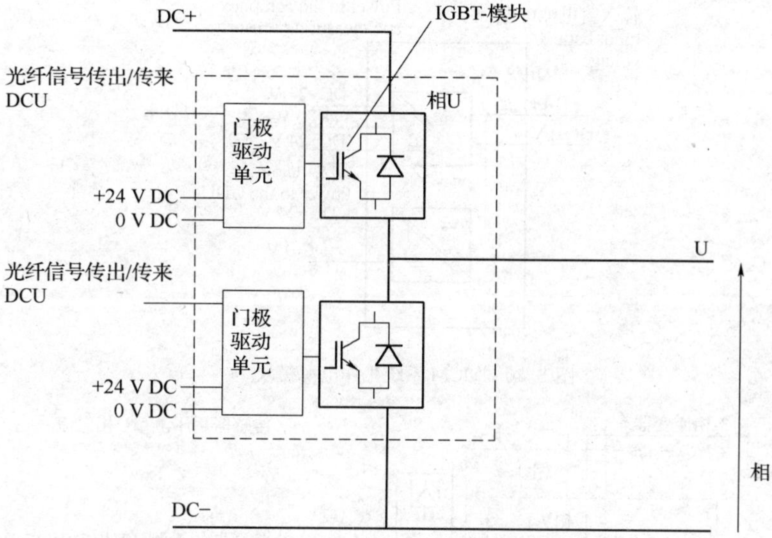


图 3.38 一个 IGBT 相位的电路图

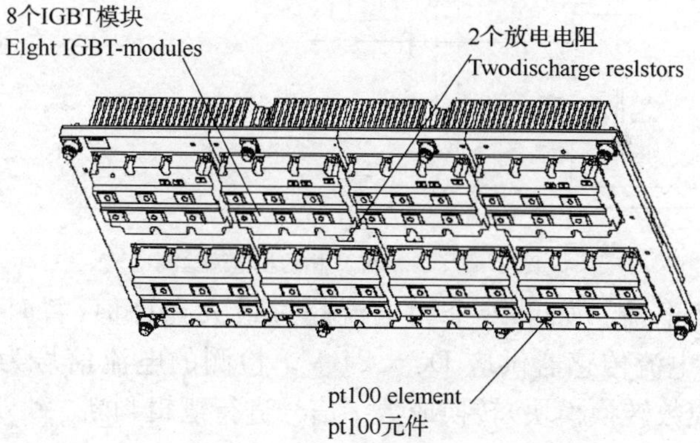


图 3.39 散热片上的温度检测传感器

**4. 传感器**

(1)电流传感器

在 MCM 中有 3 个电流传感器。U 相和 V 相的相电流分别使用一个电流传感器进行测量,第三相 W 相的相电流,可以通过计算获得。在 DCU/M 中通过软件,周期性实时计算 W 相电流(根据 U 相和 V 相的电流检测值,三相的相电流总和通常为零,可以计算第三相电流),参见图 3.41。

在 DC 供电中,也有一个用于测量线路电流的电流传感器。DCU/M 连续的

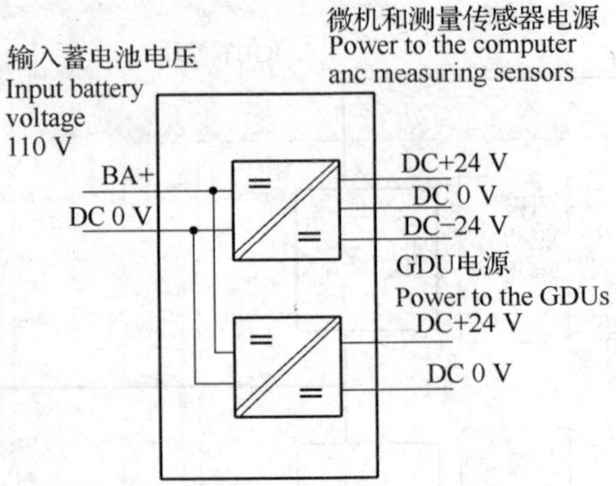


图 3.40　MCM 系统工作电源模块

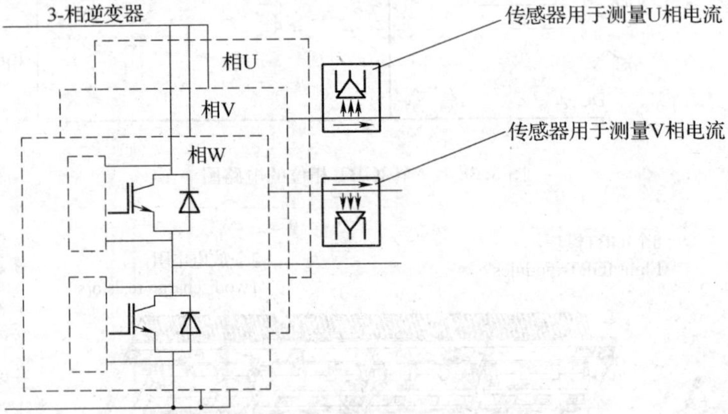


图 3.41　U 相和 V 相的相电流检测

监控相电流和线电流。如果一个相电流超过最大允许值，暂时减少电机力矩。DCU/M 向所有电流传感器供应 DC±24 V。检测的电流信号为模拟信号，送入 CPU 的 ADC(模数转换模块)转换成数字信号进行逻辑判断。

(2)电压传感器

通过 DC 链接电容器的电压由一个电压传感器测量。DC 链接电压有关的信息不断实时送入 DCU/M 中，在 CPU 中通过软件程序进行逻辑判断，实现控制和启动保护功能。

(3)温度传感器

在 MCM 中有 3 个温度传感器：一个在散热片上(散热片温度)、一个在塑料 GDU 安装片上(内部空气温度)、一个在 DCU/M 控制计算机上(控制计算机温度)。散热片温度使用 Pt100 传感器测量。如果传感器指示散热片温度过高，减少 MCM 输出功率，见图 3.42 所示。当一个确定温度(过温启动值 A)记录到散热片中，指示高温。如果温度保持在 A 和 A＋a ℃之间 15 min 或者更长时间，指示出现一个故障，封锁三相逆变器。当温度降到 A－b ℃以下时，逆变器再重新启动。

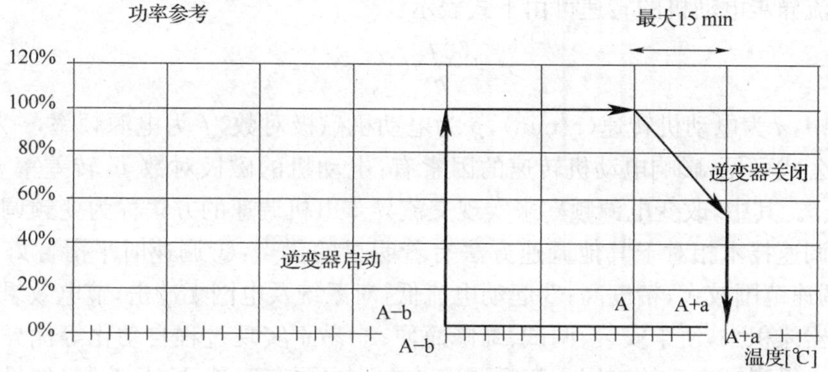


图 3.42 散热片温度过高时功率减少

**5. MCM 上的接线端子**

在控制电子箱总成侧面使用插入连接器，将控制信号与 MCM 模块连接，有两个 MVB 连接，MVB 输入和 MVB 输出，在计算机控制板上，也有一个 RS232 连接器，可以与 PC 连接用于故障诊断和维修。母线采用铜线排与外接电源 DC＋和 DC－连接，同样采用铜线排将逆变后的三相交流电输出给牵引电机。MCM 上的接线端子如图 3.43 所示。

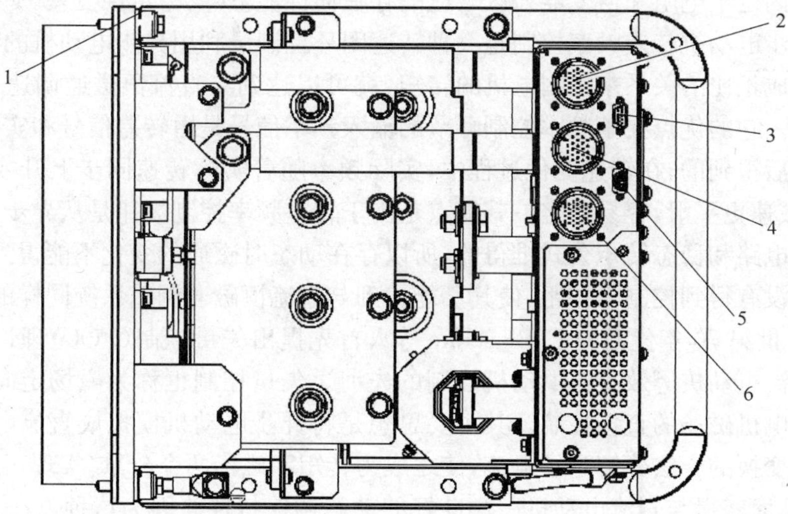


图 3.43 MCM 上的接线端子示意图

图注：1—固定螺丝；2—X3，蓄电池和数字输入/输出；3—X1，MVB 输出信号；4—X4，模拟和速度传感器输入；5—X2，MVB 输入信号；6—X5，模拟和速度传感器输入

### 3.2.3 牵引变流器的控制方法

交流异步电动机的转速可由下式表示：

$$n=\frac{60f_1}{p}(1-s)$$

其中，$n$ 为电动机转速(r/min)，$p$ 为电动机磁极对数，$f$ 为电源频率，$s$ 为转差率。由公式可见，影响电动机转速的因素有：电动机的磁极对数 $p$，转差率 $s$ 和电源频率 $f$。其中，改变电源频率来实现交流异步电机调速的方法称为变频调速，交流变频调速技术相对于其他调速方法有着明显的优点：①调速时平滑性好，效率高；②调速范围较大，精度高；③起动电流低，对系统及电网无冲击，节电效果明显；④变频器体积小，便于安装、调试、维修简便；⑤易于实现过程自动化等优异特性，在实际中得到了广泛的应用。变频调速的方法主要有四种：$V/F$ 控制、矢量控制、直接转矩和电压空间矢量(SVPWM)控制，下面将针对 $V/F$ 控制、矢量控制两种方法进行介绍。

早期的变频系统都是采用开环恒压频比($U/f$=常数)的控制方式，$U/f$ 控制是转速开环控制，无需速度传感器，控制电路简单，负载可以是通用标准异步电动机，所以通用性强，是目前通用变频器产品中使用较多的一种控制方式，普遍应用在风机、泵类的调速系统中。但是由于这种控制方法是开环控制，调速精度不高，低速时因定子电阻和逆变器死区效应的存在而性能下降、稳定性变差。

异步电动机转差频率控制是一种转速闭环控制。利用异步电动机的转矩与转差频率成正比的关系来控制电机的转矩，就可以达到与直流恒磁通调速系统相似的性能。它的优点在于频率控制环节的输入频率信号是由转差信号和实测转速信号相加后得到的，在转速变化过程中，实际频率随着实际转速同步上升或下降，因此加、减速更平滑，容易稳定。其缺点是由于转差频率控制规律是从异步电动机稳态等效电路和稳态转矩公式推得的，所以存在动态时磁通的变化不能得到控制、电流相位没有得到控制等差距，使其不能达到与直流恒磁通调速系统同样的性能。

20 世纪 70 年代西德 F. Blaschke 等人首先提出矢量控制(FOC)理论，由此开创了交流电动机等效直流电动机控制的先河。矢量控制也称为磁场定向控制，它着眼于电机磁场的直接控制。其主要思想是将异步电动机模拟成直流电动机，通过坐标变换的方法分解定子电流，使之成为转矩和磁场两个分量，实现正交或解耦控制，从而获得与直流电动机一样良好的动态调速特性。因为这种方法采用了坐标变换，所以对控制器的运算速度、处理能力等性能要求较高。但在实际上矢量控制运算及转子磁链估计中要使用电动机参数，其控制的精确性受到参数变化的影响，所以精确的矢量控制系统要对电动机的参数进行估计。这种控制方式需要解耦计算和坐标旋转变换，计算量较大，实现起来困难。在矢量控制系统中，给定量要从直流变为交流，而反馈量要从交流变为直流再加上转子磁链模型、转子参数的辨识与校正等；因此电机的速度辨识及磁链观测器的实现是矢量控制系统实现的关键所在。

1985年德国鲁尔大学 DePenbrock 教授首先提出直接转矩控制理论(DTC)。直接转矩控制与矢量控制不同，DTC 摒弃了解耦的思想，取消了旋转坐标变换，简单的通过检测电机定子电压和电流，借助瞬时空间矢量理论计算电机的磁链和转矩，并根据与给定值比较所得的差值，实现磁链和转矩的直接控制。直接转矩控制技术是用空间矢量的分析方法，直接在定子坐标系计算与控制交流电动机的转矩，采用定子磁场定向，借助离散的两点式调节器产生脉宽调制(PwM)信号，直接对逆变器的开关状态进行最佳控制，以获得转矩的高动态性能。这种方法的优点在于：直接在定子坐标系上分析交流电动机的数学模型、控制电动机的转矩和磁链，省掉了矢量旋转变换等复杂的变换和计算。大大减少了矢量控制技术中控制性能易受参数变化影响的问题。但是由于直接转矩控制系统是直接进行转矩的砰—砰控制，避开了旋转坐标变换，控制定子磁链而不是转子磁链，不可避免地产生转矩脉动，降低调速性能，因此只能用在对调速要求不高的场合。同时，直接转矩系统的控制也较复杂，造价较高。

**1. V/F 控制原理**

V/F 控制又称为 VVVF 控制，即变压(VV)变频(VF)控制。变压(VV)用来改变直流电压的幅值，变频(VF)用来改变频率。

由电机学理论，交流异步电机的定子绕组的感应电动势是定子绕组切割旋转磁场磁力线的结果，其有效值计算如下：

$$E = kf\Phi \qquad \text{式(3.10)}$$

式中 $K$ 为与电机结构有关的常数，$\Phi$ 为磁通，而在电源一侧，电源电压的平衡方程式为：

$$U = E + I_{\mathrm{r}} + \mathrm{j}I_{\mathrm{x}} \qquad \text{式(3.11)}$$

该式表示，加在电机绕组端的电源电压 $U$，一部分产生感应电动势 $E$，另一部分消耗在阻抗(线圈电阻 $r$ 和漏电感 $x$)上。其中定子电流 $I$ 分成两部分：少部分 $I_1$ 用于建立主磁场磁通中，大部分 $I_2$ 用于产生电磁力带动机械负载。

$$I = I_1 + I_2 \qquad \text{式(3.12)}$$

当交流异步电机进行变频调速时，例如频率 $f$ 下降，则由式(3.10)可知 $E$ 降低；在电源电压 $U$ 不变的情况下，根据式(3.11)，定子电流 $I$ 将增加；此时，如果外负载不变时，$I_2$ 不变，$I$ 的增加将使 $I_1$ 增加，也就是使磁通量 $\Phi$ 增加；根据式(3.10)，磁通量 $\Phi$ 的增加又使 $E$ 增加，达到一个新的平衡点。

理论上这种新的平衡对机械特性影响不大，但实际上，由于电机的磁通容量与电机的铁芯大小有关，通常在设计时已达到最大容量。因此当磁通量增加时，将产生磁饱和，造成实际磁通量增加不上去，产生电流波形畸变，消弱电磁力矩，影响机械特性。为解决机械特性下降的问题，一种解决方案是设法保持磁通量恒定不变。即设法满足：

$$E/f = K\Phi = const \qquad 式(3.13)$$

这就要求，当电机调速改变电源频率 $f$ 时，$E$ 也应该相应的变化，来维持它们的比值不变。但实际上 $E$ 的大小无法进行控制。由于定子电阻上产生的压降相对于加在绕组端的电源电压 $U$ 很小，可以用加在绕组端的电源电压 $U$ 来近似代替 $E$。调节电压 $U$，使跟其随频率 $f$ 的变化，从而达到使磁通量恒定的目的。即：

$$E/f = K\Phi = const \qquad 式(3.14)$$

所以，在变频的同时也需要变压，这就是所谓的 VVVF 或 V/F。我们采用电源电压 $U$ 近似代替 $E$ 显然存在一定误差。当频率 $f$ 的数值相对较高时，定子阻抗压降在电压 $U$ 中所占比例相对较小，$U\approx E$ 所产生的误差较小；当频率 $f$ 的数值降的较低时，电压也按同比例下降，而定子阻抗的压降并不按同比例下降，使定子阻抗压降在电压 $U$ 中所占比例增大，$U\approx E$ 将产生较大误差。

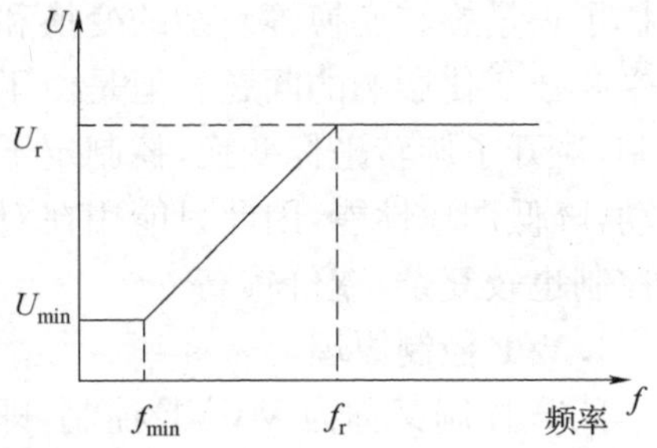


图 3.44 恒压频比控制原理图

因为定子阻抗压降所占比重增大，使得实际上产生的感应电动势 $E$ 减小，$E/f$ 的比值减小，造成磁通量 $\Phi$ 减小，因而导致电机的临界转矩下降。必须采取相应的补偿措施，即 $U/f$ 转矩补偿法。

$U/f$ 转矩补偿法的原理：针对频率 $f$ 降低时，电源电压 $U$ 成比例的降低引起的 $U$ 下降过低，采用适当提高电压 $U$ 的方法来保持磁通中恒定，使电机转矩回升，即所谓的转矩提升。当频率高于额定频率时，为了避免电机绕组绝缘破坏的情况发生，电源电压不能超过电机的额定电压值，恒压频比控制原理图见图 3.44 所示。

**2. 矢量控制原理**

所谓矢量控制就是将静止坐标系上表示的电动机矢量关系变换到以气隙磁场、定子磁场或者转子磁场定向的旋转坐标轴系上，达到对电机转矩的实时控制的目的。由于转子磁场定向的矢量控制方法简单易行，解耦方便，控制精度较好，因此一般的矢量控制指的是基于转子磁场定向的矢量控制。交流电机三相定子电流 $i_a$，$i_b$，$i_c$，经过由三相静止坐标系到两相静止坐标系变换得到，然后再由两相静止坐标系到两相旋转坐标系变换得到交流电机励磁电流分量 $i_d$，和转矩电流分量 $i_q$，

$i_d$，$i_q$ 为 $d_q$ 轴定子电流分量，分别等效于直流电动机的励磁电流和转矩电流。这样通过控制 $i_d$，$i_q$ 就可以按照直流电动机的控制方法来控制交流电动机，矢量控制系统结构与基本原理见图 3.45 所示。

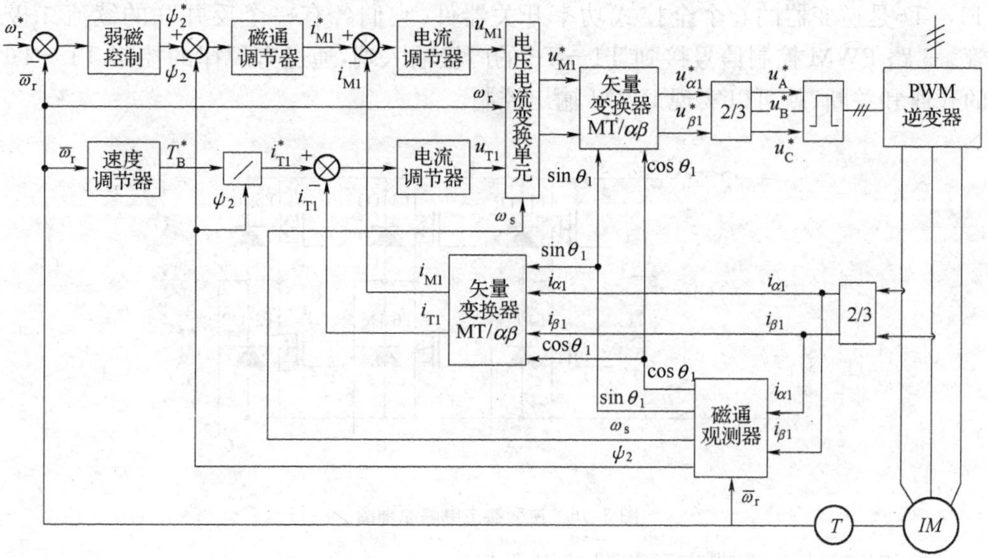


图 3.45　矢量控制基本原理图

矢量控制的特点可以总结为：

1. 矢量控制是一种解耦控制，根据电机动态数学模型，通过坐标变换、旋转变换和其他一系列的数学运算，将交流电机的定子电流分解为按转子磁链定向坐标系下的励磁电流分量和转矩电流分量，即模仿他激直流电机的控制方式，通过对这两个电流分量的单独控制，实现对电磁转矩和磁通的分离控制，以获得类似于直流电机的动态性能；

2. 动态性能好，转矩响应速度快，应用于交流电传动机车可增强机车的防滑和抗负载扰动能力；

3. 按照单位矢量的生成方法，矢量控制有分为直接矢量控制和间接矢量控制。

**3. 电压空间矢量(SVPWM)控制原理**

电压空间矢量 PWM 的英文全称是 Space Vector PWM，简写成 SVPWM。SVPWM 是以三相对称正弦电压供电时三相对称电动机定子理想磁链圆为参考标准，以三相逆变器不同开关模式作适当的切换，从而形成 PWM 波，用所形成的实际磁链矢量来追踪其准确磁链圆。SVPWM 不但能达到较高的控制性能，而且由于它把逆变器和电机看作一个整体处理，使所得模型简单，便于数字化实现，并具有转矩脉动小、噪声低、电压利用率高等优点。

通过 PWM 控制方式对异步电机调速系统的主电路进行控制，是实现异步电机空间矢量调制和矢量控制的基础。PWM 控制的主电路见图 3.46 示，图中 T1－T6是逆变器的 6 个全控式功率开关器件，它们各有一个反并联的续流二极管。6 路 PWM 控制信号接到 T1－T6 的门极输入端，通过有规律的控制 T1－T6 的开通和关断，就可以实现 PWM 输出控制。

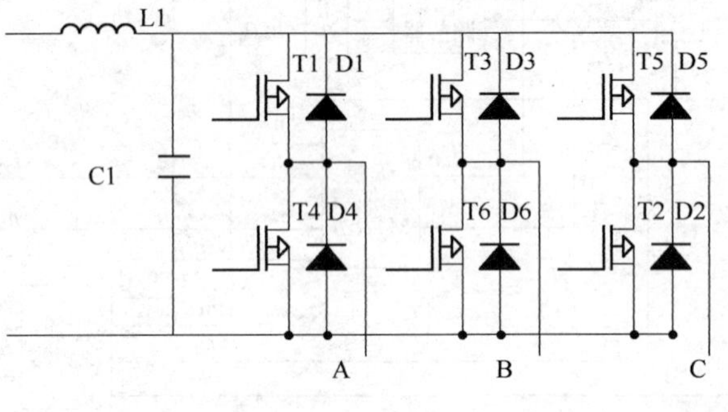


图 3.46　逆变器主电路原理图

三相逆变器 6 个功率开关器件组合起来共有 8 种开关状态。其中 6 种开关状态对应 6 个基本有效矢量（见图 3.47 所示），将 360°的电压空间分为 6 个扇区，利用这 6 个基本有效矢量和两个零量，可以合成 360°内的任何矢量。定子电压矢量先分解到离它最近的两个基本矢量，而每个基本矢量的作用大小就利用作用时间长短去代表。

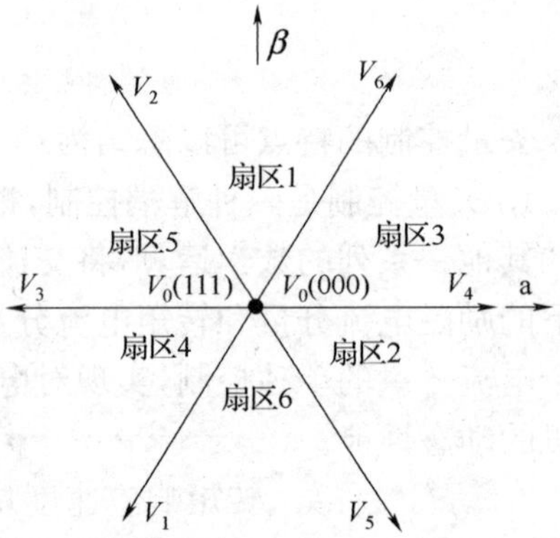


图 3.47　基本电压空间矢量

由于定子电压矢量随时间变化，因此需要实时计算定子电压矢量所属扇区，计算周期为 T。根据所属扇区确定两个基本电压矢量及每个基本矢量的作用时间，从而产生三相逆变器 6 个功率开关的控制信号。

### 3.2.4　牵引变流器的保护措施与机理

在牵引变流器内，设立了多种保护功能，以保护牵引变流器和整车的安全运行。当外界或主回路内部发生过压、过载和短路等情况时，需要对主回路进行保护，迅速切断有关电路，以防止故障扩大，避免损坏各处电子、电气设备或造成其他意外情况，因此对于可能发生的各种故障应该有相应的电气保护系统。电气保护系统通常包括两方面的内容：

(1)故障的检测：保护系统应即使检测到故障的信号，经过必要的放大，比较等装置，输入到执行机构；

(2)故障的保护和排除根据故障的性质，执行机构及时切断有关电路，使故障不致产生人身或各种设备的伤害。

下面将主要对上海地铁车辆主回路的短路、过电流、电压保护进行简单介绍。

① 电路过电流保护

主电路过电流主要是由于电气设备的过载、短路等情况引起的，地铁车辆主回路的过流短路或过载保护除了有高速开关之外，另外当主回路中电枢电流传感器检测到主回路电流过高时，车辆控制单元 TCU 将自动封锁，并通过主接触器的分断强行断开主回路，以达到保护主回路的目的。

② 过电压保护

运行在接触网下的电动车辆不仅有内部电压，而且还可能遭受外部过电压的袭击。为了免受内、外过电压的损坏，特别是过电压对车辆电气设备中最脆弱的电子元件的损坏，电动车辆上都有较完善的过电压保护装置。

外部过电压主要是指雷击或供电(接触网)系统过电压，当它以雷击形式出现时，通过接触网和受电弓进入车辆，据测，它可能引起幅值达几百万伏的短时冲击过电压，为此在地铁车辆主回路的受电弓下面装有避雷器，使车辆受电弓在遭到雷击时得到保护。

内部过电压来自车辆电机，电器内部，轨道车辆通过电压传感来监控电压，当发生过压时，车辆控制单元 TCU 将自动封锁，同时斩波器也有硬件保护，以保护斩波器中的有关电子元件。

③ 高压回路接地保护

高压回路接地保护是由专用检测装置(传感器)检测从受电弓流进高压电路的电流与高压电路回流电流，这两个电流都经过检测传感器，但它们的极性却是相反，当高压电路没有接地时，流进电流与回路电流是相等，当高压电路中出现接地时，则流进电流与回路电流有差值出现。此时车辆控制单元 TCU 检测到这一信息将自动封锁，切断高压电路。

**1. 主回路电流故障保护构成和原理**

由地铁电动列车主回路的工作环境为大电流高电压，一旦外界的供电条件发生变化或内部元器件发生故障，极易引起主回路电流故障，从而造成列车部件的损坏，甚至影响到运营安全。因此必须针对这些电流故障设计一套行之有效的保护机制，从而做到对电流故障早发现、早避免，减小因故障带来的危害。地铁电动列车主回路主要有以下几种电流故障：

① 输入过流；

② 输出过流；

③ 制动时出现正向电流；

④ 输入线电流和接地线电流的差异过大；

⑤ 逆变器三相输出电流不平衡；

⑥ 两组直流电机电流不平衡。

(1)输入过流

输入线电流过大可能表明主回路内部元器件存在击穿现象。一般对于该故障最先反应的是高速断路器，然后才是牵引控制系统。但是对于某些介于高速断路器动作电流和主回路封锁电流之间的电流值，最先采取动作是牵引控制系统：牵引控制发现输入线电流过大，超过最大允许限度，便立即切断主回路的工作，系统进入封锁状态，同时发出指令强行分断线路接触器和高速断路器。在某些早期的直流电动列车中输入线电流是由两组直流电机的电枢电流相加获得的，而在目前的交流电动列车的设计中，直接存在一个输入线电流传感器进行该项参数的测量。

(2)输出过流

如果输出电流过大超过某一极限值，表明主回路出现输出过流故障，在这种情况下，牵引控制单元首先通过控制开关元件门极脉冲，用以降低电流输出，如果在一定时间内仍然存在过流现象，则立即打开线路接触器，封锁牵引箱。该种情况可能存在若干次重试过程，如果在若干次重试后仍然存在过流现象，则永久性地封锁牵引箱。

(3)制动时出现正向电流

再生制动时如果发现出现正向电流(和制动电流方向相反)，说明可能接触网电压过高，不能继续进行再生制动了。牵引控制单元立即打开线路接触器，停止再生制动，同时将制动转为电阻制动。

(4)输入线电流和接地线电流的差异过大

该故障同时存于直流车和交流车上，出现该故障往往表明主回路中出现接地故障。该故障的输入由两种形式：①通过一个电流差动传感器直接对输入线电流和输出线电流进行比较，输出为两个电流的差异值。②输入线电流和接地线电流分别用两个电流传感器来检测，输出为两个电流的具体数值，电流差异的比较操作将由牵引控制单元来进行。一旦牵引控制单元发现该电流差异大于指定值，如果在指定时间内该差异电流依然存在，就会引发上述故障，牵引控制单元将立即打开线路接触器，切断主回路的工作，系统进入封锁状态。

(5)逆变器三相输出电流不平衡

该类故障只存在于交流列车上，一旦牵引控制单元发现三相输出电流的总和过大(应该为零)，即认为出现三相输出电流不平衡故障，牵引控制单元将立即打开线路接触器，同时切断逆变器的工作，系统进入封锁状态。

(6)两组直流电机电流不平衡，差异过大

该类故障只存在于直流列车上，牵引控制单元发现两组直流电机的电枢电流差异大于指定值，如果在指定时间内该差异电流依然存在，就会引发上述故障，牵引控制单元将立即打开线路接触器，切断主回路的工作，系统进入封锁状态。

**2. 主回路过压、欠压故障保护构成和原理**

地铁电动列车主回路接受一个较宽的工作电压范围(1 000～1 800 V)，接触网电压在该范围内进行波动，一般不会影响到列车的运营。可是，一旦由于某些原因致使接触网电压的波动超出上述范围，极有可能会对列车主回路系统损害，甚至于影响到运营安全。因此必须对电压进行监控，从而在最大程度减少由于无效接触网电压带来危害。对于地铁电动列车来说，常见的电压故障一般有以下几种：

(1)雷击

雷击事故将直接由避雷器进行防护。由于雷击速度极快，且释放的能量较大，如果希望通过控制系统监测，并做出相应动作，在保护速度和分断容量上是达不到要求的，所以对于雷击事件，一般还是采用避雷器进行放电处理。但是在避雷器动作以后，控制系统监测还是将监测到过压事件，并分断线路接触器，封锁主回路。

(2)制动欠压

如果在再生制动工况下中间直流连接电路电压 $U_{DC}$ 跌到某个水平之下，则由再生制动转为电阻制动，制动功率被消耗在制动电阻中，并打开线路接触器。此时可以增加机械制动力以满足所需的制动力要求。

(3)牵引欠压

一旦在牵引工况下，中间直流连接电路电压 $U_{DC}$ 跌落到预先设定的最大牵引功率所要求的电压值以下，则可以降低与电压成线性关系的速度点来减少逆变器的输出牵引功率。如果 $U_{DC}$ 达到临界电压值(最低网线电压)，则逆变器被关断。直流连接电路电压 $U_{DC}$ 与输出牵引功率 $P_D$ 之间的关系曲线见图 3.48 所示，图中的 $P_{D(H)}$ 为所要求的功率。

从图中我们可以得到以下对应关系：

① $U_{DC}<U_1$，则 $P_D=0$(截止)；

② $U_1<U_{DC}<U_2$，则 $0<P_D<P_{D(H)}$；

③ $U_{DC}>U_2$，则 $P_D=P_{D(H)}$。

(4)牵引过压

在牵引工况下，如果中间直流连接电路电压 $U_{DC}$ 超过某个值，则制动电阻周期性地被接通与断开，以限制过高的直流连接电路电压 $U_{DC}$，此时系统中的过压能量被消耗在制动电阻中，并且不需要将系统与接触网分开，如 $U_{DC}$ 继续上升，则牵引箱立即被封锁且打开线路接触器，一旦网压下降到规定值，系统自动复位。在主回路中设有过压保护环节，若制动电阻仍不能消除过压的情况下，将触发放电电路，进行强行持续放电。

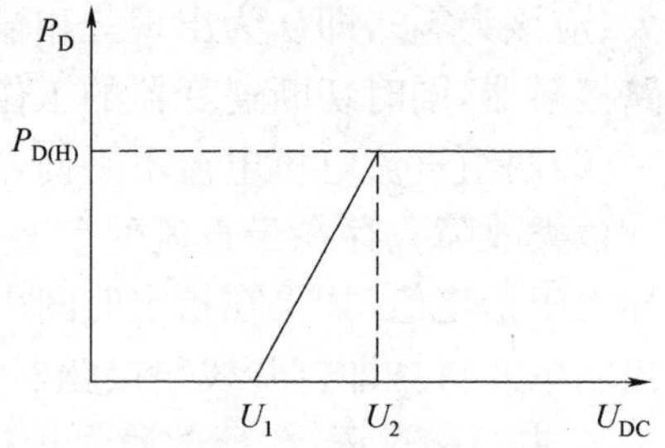


图 3.48 直流连接电路电压 $U_{DC}$ 与输出牵引功率 $P_D$ 之间的关系曲线

(5)制动过压

在再生制动工况下，如中间直流连接电路电压 $U_{DC}$ 超过某个值，则在再生制动的同时进行电阻制动，制动功率同时被消耗在制动电阻中。若接触网网压持续高于某设定值，则断开线路接触器，完全依靠电阻制动消耗制动功率。

另外，在机车出现空转、滑行或者受电弓离线造成的网压中断等情况时，牵引变流器上可能出现瞬时过电压，为了防止这种过电压对变流器造成损坏，在中间直流回路设有瞬时过电压限制电路，由功率开关 IGBT 和限流电阻组成，当过电压存在时，IGBT 导通，直流回路能量经限流电阻放电和释放，从而消除过电压。牵引变流器中间直流回路安装有电压传感器，用来监测中间直流回路电压，当中间直流回路电压大于等于 1 800 V 时，中间回路过电压保护环节动作，逆变器的门极被封锁，输入回路中的工作接触器断开；当牵引变流器的中间直流回路电压小于等于 1 000 V时，中间回路低电压保护环节动作，逆变器的门极封锁，输入回路中的工作接触器断开。

**3. 接地保护**

牵引变流器的接地保护系统由跨接在直流中间回路的 2 个串联电容和 1 个接地信号检测传感器组成。当主牵引回路正常时，由于只有 1 点接地，接地保护电路中流过的电流为零，接地信号检测传感器无信号输出。当主电路某一点接地时则形成回路，接地检测回路有故障电流流过，传感器输出电流信号，使保护装置动作。保护发生时，逆变器的功率开关器件的门极均被封锁，所有功率开关器件断开，输入回路中的工作接触器断开，同时向 MCM 驱动控制系统发出跳主断的信号。

**4. 冷却系统的保护**

由于地铁列车的主回路在制动和牵引时把大量的电能转换成热能，这就导致了在地铁运行时牵引箱和制动电阻箱的温度很高。如果不采取措施，听任热能积聚的话，既有可能造成由于列车主回路系统的烧损，对列车的运营安全造成影响。所以在列车的牵引箱和制动电阻箱内设有通风电机，用风冷方式对牵引箱和制动电阻箱进行降温处理，与此同时牵引控制系统还对主回路的工作温度是否超过允许范围、冷却风机接触器、冷却风机保护开关以及制动电阻风机箱的通风风量进行监控，从而在技术手段上实现了温度保护的多重保险。牵引变流器的冷却系统是由散热片、散热风扇、温度检测传感器，甚至水冷却系统组成，在冷却系统中，设定了如下监视和保护：

(1)通过温度传感器监测风扇入风口的温度，通过对风速的监测，实现牵引变流器热保护；

(2)通过热敏电阻温度继电器对元件的监测，实现牵引变流器进出口水温的监视和保护。

地铁列车上使用的温度监控元件一般有两种：温控开关和温度传感器。

(1)温控开关

地铁列车上使用的温控开关一般有以下两种：双金属开关和热敏磁性开关。

① 双金属温度开关

各种金属都有热胀冷缩的特性，而不同金属随着温度变化的膨胀系数不一样，双金属温度开关就是根据这个原理来工作的，其工作原理为：双金属片由一层“高锰合金”和一层“殷钢”组成。前者的膨胀系数是后者的好几十倍，分别称为“主动层”和“被动层”，在正常温度下的弹簧片的触点和主动层的触点是接触的，整个电路处在接通状态。温度升高时，主动层膨胀的比被动层多，双金属片弯曲，温度升高到一定程度时，电路断开。冷却到一定程度双金属片伸直，电路接通。反之，我们同样可以解释温度降低的情况。

② 热敏磁性开关：

热敏磁性开关利用热敏软磁铁氧体材料在居里点附近磁导率急剧变化的特性来控制干簧管的开闭，从而达到控温的目的。热敏磁性开关具有温控精度高，性能稳定、可靠、经久耐用及节能等优良特性，由于双金属片可能由于开关次数达到金属片的疲劳寿命，从而使得开关特性变差，所以目前世界各国已经广泛应用热敏磁性开关代替双金属片。

温控开关的动作机理见图3.49所示。温控开关在监控回路中起到一个高电平信号开关的作用，常温下温控开关处于闭合状态，高电平就能够通过温控开关输入到牵引控制系统中，从而表明监控温度处于正常范围下；一旦温度到达设定的监控温度，温控开关发生动作，马上变为断开状态，高电平就不能通过温控开关输入到牵引控制系统中，这样就说明监控温度超过了允许范围。为了避免主回路反复过温，温控开关本身具有一个滞回特性：一旦牵引箱的温度小于设定的监控温度，温控开关并不马上回复到闭合状态，只有温度继续下降到某一设定回复温度时，温控开关才会回复到闭合状态，该回复温度和监控温度之间的差值称为回差。之所以设置回差目的是为了避免牵引箱在未充分冷却时恢复工作，导致主回路马上重现过温状态。

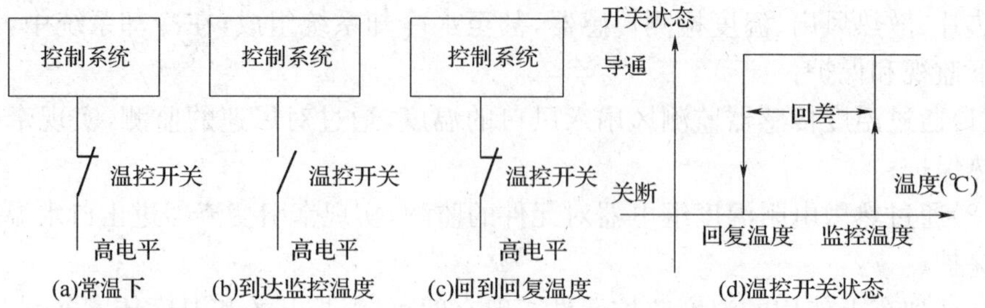


图 3.49 温控开关的动作机理

(2)温度传感器

地铁列车上使用的温度传感器一般采用 Pt100 热电阻温度传感器。热电阻是利用物质在温度变化时自身电阻也随着发生变化的特性来测量温度的。热电阻的受热部分(感温元件)是用细金属丝均匀地双绕在绝缘材料制成的骨架上。当被测介质中有温度梯度存在时，所测量的温度是感温元件所在范围内介质中的平均温度。热电阻大都由纯金属材料制成，目前应用最多的是铂和铜。由于金属铂优良的物理特性：电气性能稳定，温度和电阻关系近于线性，精度高，使它成为制造热电阻的首选材料。它能够制造成体积微小的薄膜形式，或者缠绕在陶瓷和云母基板上制造出高稳定性的温度传感器，能够适应各种复杂的测温场合。一般在－200 ℃至＋400 ℃的温度范围内，Pt100 热电阻温度传感器是首选测温元件。

图 3.50 为一种 Pt100 热电阻温度传感器的外观。

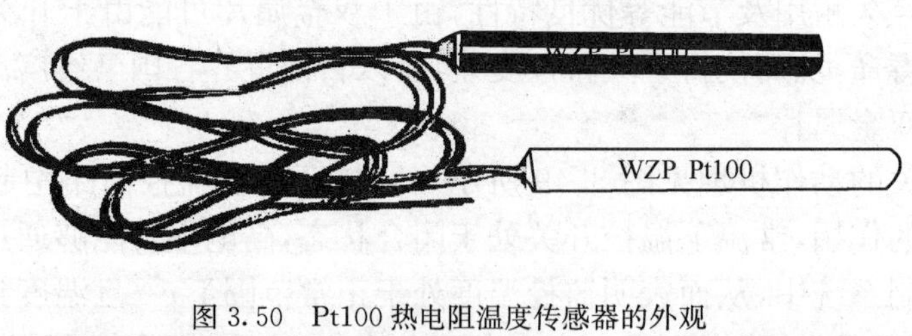


图 3.50 Pt100 热电阻温度传感器的外观

地铁列车上对制动电阻箱的通风风量监控一般采用压差开关和温度传感器，前者的探测对象是制动电阻风机的风量，而后者探测的是制动电阻风机的出风温度。由于前面已经对温度传感器进行了介绍，所以下面将只对压差开关进行介绍。

(3)压差开关

压差开关是用于探测空气压力、空气压差的设备,见图3.51所示。由两个传感孔检测到的压差,作用于控制器薄膜的两面。当两侧压差大于设定值,弹簧承托的薄膜移动并启动开关。当探测微量正压时,只需使用高压连接端而不用低压连接器,若探测真空度时,便只需使用低压连接端,而高压连接端则连通大气。由于在地铁列车上该压差开关是用来测量制动电阻风机的风量,所以只需将高压连接端和风机风道相连,而低压连接器不连接任何管线,直接和外界大气接触,所以在这里压差开关测量的对象为制动电阻风机风道内的大气压强和外界的大气压强之差。如果实际压差小于设定值,触点NC－C导通;反之,若实际压差大于设定值,触点NO－C导通,所以和温控开关一样,压差开关的输出也是一个开关量。

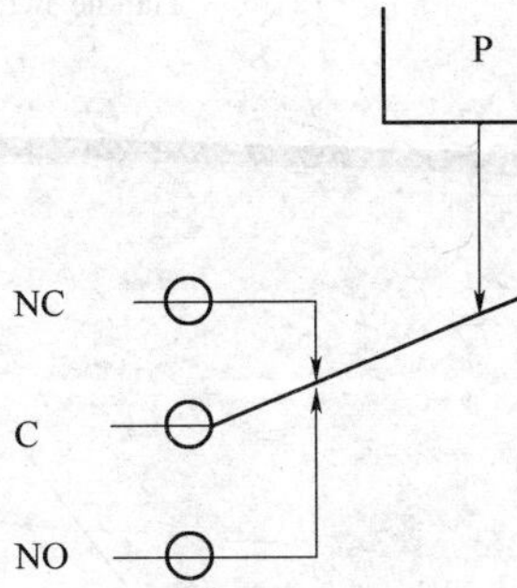

图3.51 温差开关原理图

**5. 牵引变流器内部控制电源模块故障时的保护**

牵引变流器内部的控制电源故障时,通过微机系统内部检测实施保护,逆变器的门极均被封锁,输入回路中的工作接触器断开。

## 3.2.5 牵引变流器的维护和修理:

在维护MCM之前必须首先把其从PA电气设备箱或者PH电气设备箱中拆除,MCM所有的连接包括电源电缆连接和电信号连接都是螺栓连接,在进行任何的维修工作之前隔离与接地开关必须要打在关闭位,图3.52为PH箱中的隔离和接地开关以及隔离和接地开关的三种状态模式。

ESD(静电释放)保护:ESD静电释放可以损坏电元件,对于ESD敏感元件,需要进行ESD防护,几乎所有的电路板和半导体都对ESD敏感,因此对于暂时不用的电子设备需要放入ESD保护袋或者ESD保护盒中,见图3.53所示。

如工作人员进行维修操作时,为了防止ESD损坏电路板,常使用ESD保护带来保护元件,即采用一根连接线将操作人员和电路板的地相连接,从而确保操作人员和箱体是相同的电位,避免人体对电路板的静电释放。

进行MCM维护和修理工作,首先是目检电缆和连接线的连接情况。对于MCM模块,监测进出MCM的电缆和MCM内部的电缆是否有损坏,所有接触器和连接器处有没有松动以及接线的绝缘是完整的(有没有裂缝或磨损)等。其次目测是否有元器件污损或明显的烧灼痕迹,所有的电路板及其元件都要完整并且要核实没有电容器和电阻肿胀。如果有说明可能元器件有损坏，经过测试确定元器件是否真正被损坏，如果是可以进行相应元器件的更换。

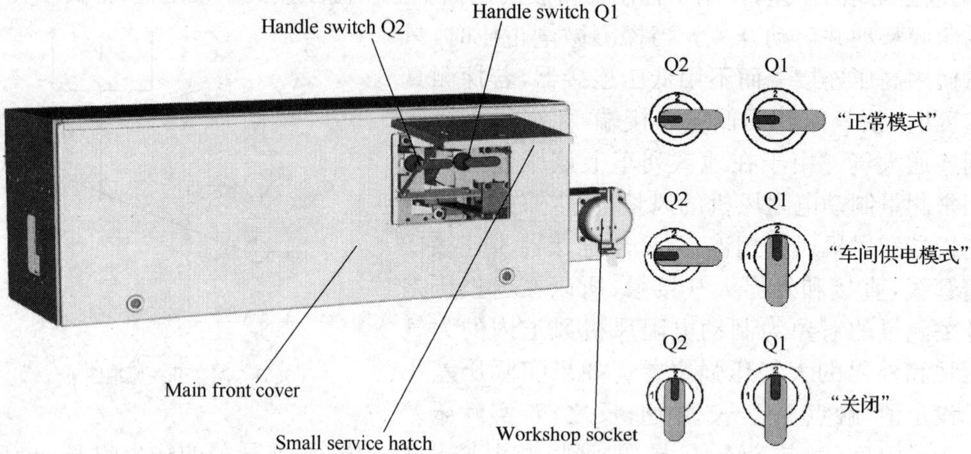


图 3.52 PH 箱中的隔离和接地开关

图 3.53 ESD 保护袋及 ESD 保护盒

MCM 的损坏往往是由于以下几点原因：

- IGBT 烧毁；
- GDU 损坏；
- 电源模块损坏。

因此需要根据故障现象进行初步判断，进行故障原因分块，然后对相应模块进行检查和维修。如果是 IGBT 出现问题，往往需要进行进行 IGBT 的更换，如果是 GDU 出现问题，则需要进行进行 GDU 电路板的更换。

更换 IGBT 模块，需要拆除电容器单元和连接板才能碰到 IGBT，断开所有的连接 GDU 的 X3 和 X6 连接器与各自的 IGBT 模块的连接。断开连接每个 GDU

与它们相应的 IGBT 模块的 X2 连接，注意迅速地将短路的两针 Wago 接头与 X2 连接器相连接，以保护 IGBT 模块不受静电释放的影响，断开一个 X2，连接一个 Wago 接头，断开另一个 X2，再连接另一个 Wago 接头等等，见图 3.54 与图 3.55 所示。

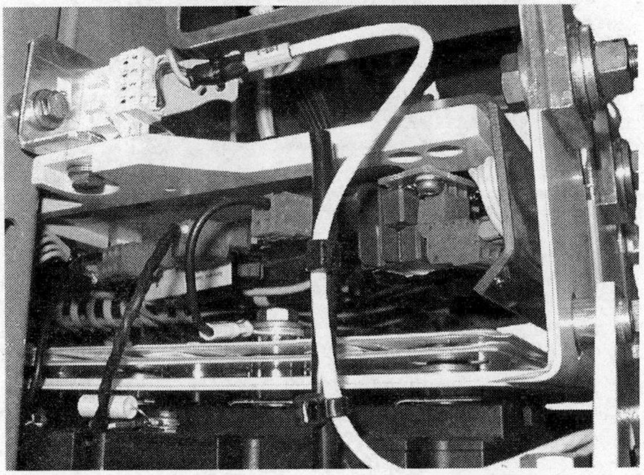

图 3.54　GDU 的 X3 和 X6 连接器

图 3.55　IGBT 模块的 X2 连接

断开与门极，发射极和集电极连接的信号电缆，立即连接 IGBT 的门极和发射极跳线，拧开螺栓，拆除 IGBT 模块，提出 IGBT 模块，小心不要损坏/扭曲连接终端。确定使用了正确的新模块，核对盒子上的标签，确保它们和拆除的 IGBT 模块的标签相符，安装新 IGBT 模块，用浸有酒精的不脱毛纸或者抹布清洁散热片和冷却器，小心酒精不要接触其他的 IGBT，以免损坏它们，在 IGBT 的冷却器上均匀地涂抹散热硅胶，用校准力矩扳手对角拧紧 IGBT 模块和散热片，安装好新的 IGBT 模块。

更换变流器电源单元，拆开电子箱的封盖，拆出电源单元，将电源单元放在一个 ESD 保护箱或者 ESD 保护袋中，安装电源单元并用连接螺栓将其固定，把它和

X1 连接器连接，安装电子箱封盖，见图 3.56 所示。

图 3.56　MCM 中的电源单元

图注：1—电子箱封盖的连接螺栓(10x)；
2—电源单元的连接螺栓(6x)；
3—电源单元；4—X1，连接器

## 3.3　基于 MATLAB/SIMULINK 的城市轨道交通牵引系统仿真

城市轨道交通以电力牵引为主，其中牵引电机以交流感应电机居多，整个系统主要包括：牵引供电、整流、逆变、电机、制动单元等几部分。其中牵引供电主要由变电站将交流高压电转换为交流低压电，然后经过整流滤波电路将交流电转换为接触网的 1 500 V 或 750 V 直流电供给逆变器驱动交流牵引电机；逆变器主电路由 IGBT 或 GTO 等功率开关器件构成，其导通和关断由驱动控制单元产生的 6 路 PWM 信号控制实现；控制系统采用转子磁场定向的矢量控制。制动单元通常情况下为高速功率开关与制动电阻串联而成，制动时将制动能量以热能形式消耗在制动电阻上，从而保证直流母线电压的稳定以及电气设备的安全。

仿真系统采用 Matlab/Simulink 仿真软件建立各个子系统的数学模型和仿真模型，并把各个子系统有机的连接在一起，构成一个完整的城市轨道车辆牵引、制动虚拟系统。

### 3.3.1　城市轨道车辆交流电力牵引数学模型

**1. 牵引供电模型**

牵引供电系统一般由城市电网给轨道交通供电，经由多级变电站和整流装置，将交流高压转换为 1 500 V 或 750 V 直流电给车辆驱动系统供电，见图 3.57

所示。

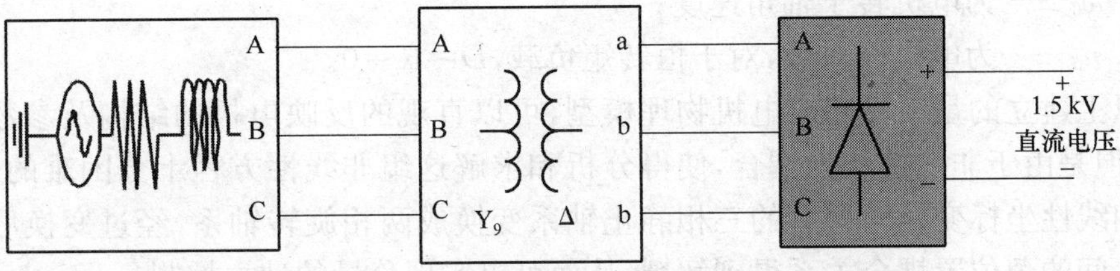


图 3.57　牵引供电系统结构原理

**2. 牵引电机模型**

目前轨道车辆普遍采用三相感应电机驱动，三相感应电机是一个多变量、非线性、强耦合的复杂系统，其定子有 3 个绕组，转子也可以等效为 3 个绕组。其数学模型可以用电压方程、转矩方程和运动方程来描述：

三相定子和转子(折算到定子侧)的电压平衡方程为：

$$u_{abc}=R_{abc}i_{abc}+p\varphi_{abc}$$

式中

$u_{abc}=[u_{sa}\,u_{sb}\,u_{sc}\,u_{ra}\,u_{rb}\,u_{rc}]^T$　—定子和转子相电压的瞬时值

$i_{abc}=[i_{sa}\,i_{sb}\,i_{sc}\,i_{ra}\,i_{rb}\,i_{rc}]^T$　—定子和转子相电流的瞬时值

$R_{abc}=diag[R_s R_s R_s R_r R_r R_r]^T$　—定子和转子的绕线电阻

$\varphi_{abc}=[\varphi_{sa}\,\varphi_{sb}\,\varphi_{sc}\,\varphi_{ra}\,\varphi_{rb}\,\varphi_{rc}]^T$　—各相绕组的全磁链

$p$　—微分算子

转矩方程：

$$\begin{aligned}T_e=-n_pL_m[&(i_{sa}i_{ra}+i_{sb}i_{rb}+i_{sc}i_{rc})\sin\theta+\\&(i_{sa}i_{rb}+i_{sb}i_{rc}+i_{sc}i_{ra})\sin(\theta+120^\circ)\\&+(i_{sa}i_{rc}+i_{sb}i_{ra}+i_{sc}i_{rb})\sin(\theta-120^\circ)]\end{aligned}$$

运动方程：

$$T_e=T_L+\frac{J}{n_p}\frac{d\omega\theta}{dt}+\frac{D}{n_p}\omega_\theta+\frac{K}{n_p}\theta$$

式中　$T_e$——电磁转矩；

$T_L$——负载转矩；

$J$——机组的转动惯量；

$D$——与速度成正比的负载转矩阻尼系数；

$K$——扭转弹性转矩系数；

$\omega_\theta$——为电机转子轴角速度；

$n_p$——为电机极对数，对于恒转矩负载，$D=K=0$。

以上建立的是三相感应电机物理模型，可以直观的反映电机的结构及参数间关系，但是由于非线性和强耦合，使得分析和求解这组非线性方程十分困难的，需要采用线性坐标变换将原有的三相静止轴系变换成两相旋转轴系，经过变换后定转子之间的角位置耦合关系得到解耦，从而可以实现分量的独立控制。

**3. 驱动控制模型**

矢量控制是对线性坐标变换后的简化模型设计控制率，得到控制指令量，之后利用矢量反变换获得三相实际系统中的控制量（电流或电压），实现对电机的控制。根据公共坐标系定向的不同，矢量控制可分为：转子磁场定向、定子磁场定向及气隙磁场定向。文中对转子磁场定向的矢量控制方法进行设计，其控制系统原理图见图 3.58 所示。

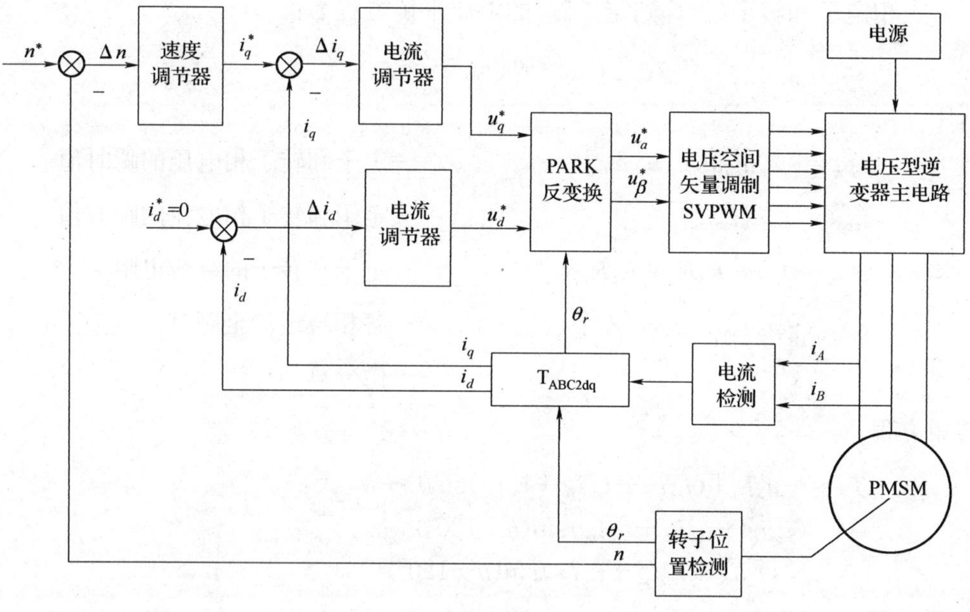


图 3.58　矢量控制原理框图

电压方程：

$$\begin{cases}u_{sd}=R_s i_{sd}+P\varphi_{sd}-\tilde{\omega}_1\varphi_{sq}\\u_{sq}=R_s i_{sq}+P\varphi_{sq}+\tilde{\omega}_1\varphi_{sd}\\0=R_r i_{rd}+P\varphi_{rd}\\0=R_r i_{rq}+\tilde{\omega}_s\varphi_{rd}\end{cases}$$

磁链方程：

$$\begin{cases}\phi_{sd}=L_s i_{sd}+L_m i_{rd}\\ \phi_{sq}=L_s i_{sq}+L_m i_{rq}\\ \phi_{rd}=L_s i_{sd}+L_r i_{rd}\\ 0=L_m i_{sq}+L_r i_{iq}\end{cases}$$

转矩表达式：

$$T_{em}=\frac{3L_m}{2L_r}P_p\varphi_{rd}i_{sq}$$

用定子电流 $i_{sd}$，$i_{sq}$ 来表示定向磁场及定子电压方程，可以获得转子磁场定向坐标系统下的定子电压方程为：

$$\begin{cases}u_{sd}=R_s(1+\sigma T_s p)i_{sd}+\dfrac{L_m}{L_r}p\varphi_{rd}-\sigma\tilde{\omega}_1 L_s i_{sq}\\ u_{sq}=R_s(1+\sigma T_s p)i_{sq}+\dfrac{L_m}{L_r}\tilde{\omega}_1\varphi_{rd}-\sigma\tilde{\omega}_1 L_s i_{sd}\end{cases}$$

**4. 车辆动力学模型**

城轨列车由于其编组车辆少，列车长度较短，在牵引计算中，可将整个列车看作一个单质点的动力学系统。忽略列车在运行过程中受到各种力的大小和方向上的不同，只考虑与列车运行速度有关的纵向力包括：牵引力、阻力和制动力。

a)运行阻力分析

运行阻力为基本阻力和附加阻力之和。

运行阻力和机车运行速度有关，联邦德国铁路旅客列车所使用基本阻力公式：

$$R_1\left[1.5+0.0025v+0.48\times1.45\times\frac{N+2.7}{W_T}\left(\frac{v+15}{10}\right)^2\right]9.81W_T$$

式中　$R_1$——列车走行阻力；

$W_T$——列车总质量；

$v$——行车速度；

$N$——列车车辆数。

附加阻力与基本阻力不同，主要决定于列车运行的具体线路条件。它综合了坡道附加阻力、曲线附加阻力和隧道附加空气阻力三种阻力情况，并且通常用一个相当的坡道附加阻力代替。

加算坡道阻力　$R_j=9.8\cdot i_j\cdot W_T$

式中　$i_j$——为加算坡度。

列车的起动阻力维持时间短，计算只能通过多次试验的办法，提出一些计算公式。城轨车辆的单位起动阻力 $W_q$ 一般取 5 N/kN。

b)转动惯量计算

列车飞轮矩的计算公式为：

$$GD_F^2 = 4\frac{Gv^2}{\left(\frac{2\pi n}{60}\right)^2} = 365\frac{Gv^2}{n^2}$$

飞轮转动惯量计算公式为：

$$I = \frac{GD_F^2}{4g}$$

其中　$v$——机车行驶速度；

$G$——机车质量；

$GD_F^2$——折算至电动机轴端的飞轮矩；

$G_F$——飞轮直径；

$n$——电动机转速。

AW3 工况下，飞轮矩 $GD_F^2 = 5\ 8441\ \text{Nm}^2$。6 编组列车电机数为 16，故折算至每台电机下飞轮矩分别为：

- AW3 工况：$GD_F^2 = 3\ 652.6\ \text{N}\cdot\text{m}^2$；
- AW2 工况：$GD_F^2 = 3\ 291.4\ \text{N}\cdot\text{m}^2$；
- AW1 工况：$GD_F^2 = 2\ 373.7\ \text{N}\cdot\text{m}^2$。

折算至每台电机下的机车转动惯量为：

- AW3 工况：$I = 93.16\ \text{kg}\cdot\text{m}^2$；
- AW2 工况：$I = 83.98\ \text{kg}\cdot\text{m}^2$；
- AW1 工况：$I = 60.54\ \text{kg}\cdot\text{m}^2$。

**5. 再生制动能量回馈原理**

车辆制动时，逆变器的输出电压、频率下降，电机工作于发电状态，将车辆的动能转换为电机电能回馈给电网，电机的机械特性见图 3.59 所示，电机原来运行于 A 点，制动时，频率从 $f_1$ 逐渐下降到 $f_2$ 乃至 $f_3$，机械特性曲线下调，由于转速不能突变，工作点从 A 点变为 B 点，此时，电机产生与电机转速方向相反的制动电磁转矩，电机转速逐渐下降，如果在其减速过程中始终保持供电频率比转速下降得快，电机将始终运行于第二象限，即回馈制动状态，电机为发电运行，将车辆的动能转换成三相交流电能，并通过功率变换器的续流回路返回给直流母线，使得母线电压升高。图 3.60 所示为牵引变流器拖动电机运行时等值电路，假定绕组反电动势

为 $E$、电阻为 $r$、电感为 $L$，可得回路方程：

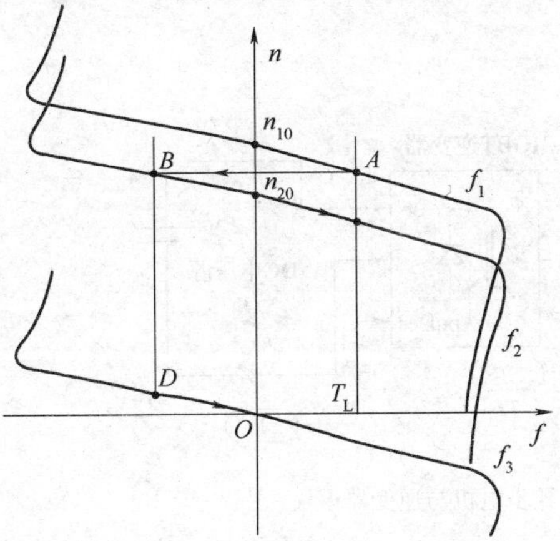


图 3.59　牵引电机回馈制动机械特性

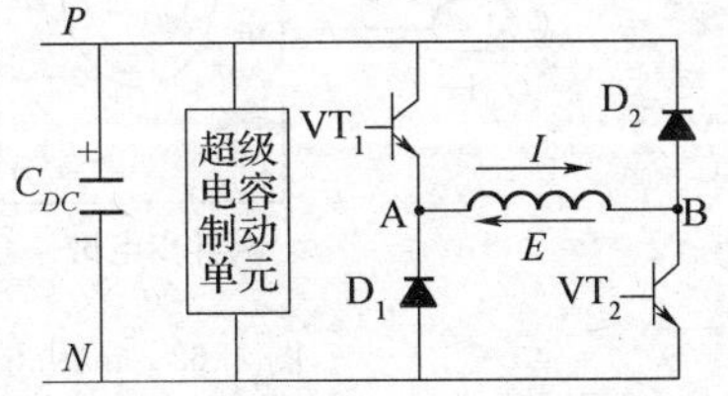


图 3.60　牵引变流器运行等值电路

电动状态时：$U_c-E=ir+L\dfrac{di}{dt}$

发电状态时：$U_c+E=ir+L\dfrac{di}{dt}$

可见，再生发电状态时 $E$ 和 $I$ 同向，其能量关系为直流母线不仅吸收电感放出的电能，而且连制动时产生的电能也一起吸收，因此，如果没有吸收再生能量的环节，将导致直流母线电压升高。如果此时同一车辆段有其他车辆正在启动或加速，则这部分能量得以消耗，从而平抑母线电压，同时可以减弱电网的峰值负荷，起到一举两得的目的，但此种情况依赖于车辆的运营安排，当一辆车辆制动时，同一车辆段没有其他车辆正在启动或加速，必须通过制动电阻将这部分制动能量以热能形式消耗掉。

## 3.3.2　仿真分析

图 3.61 为 SIMULINK 仿真交流电力牵引传动系统主回路结构图。

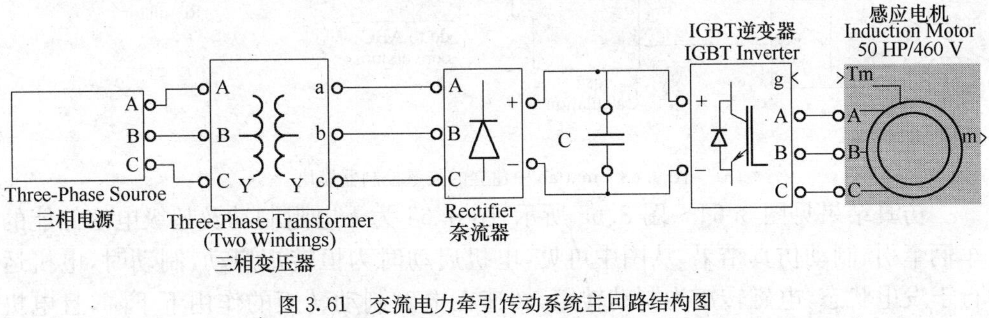


图 3.61　交流电力牵引传动系统主回路结构图

**1. 异步电机与逆变器模块(见图 3.62)**

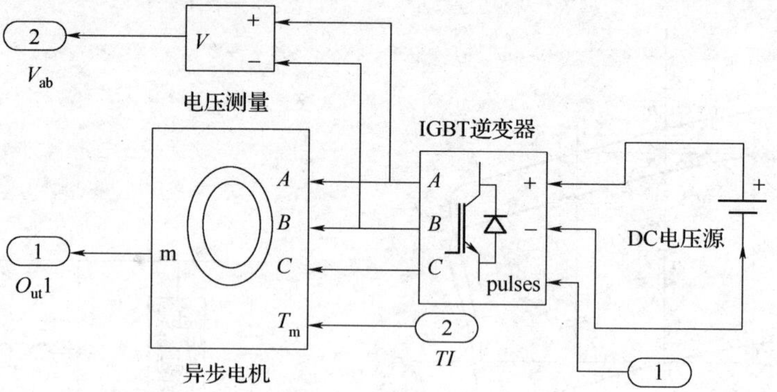


图 3.62　matlab 中建立的异步电机与逆变器模块

**2. 矢量控制器模块(见图 3.63)**

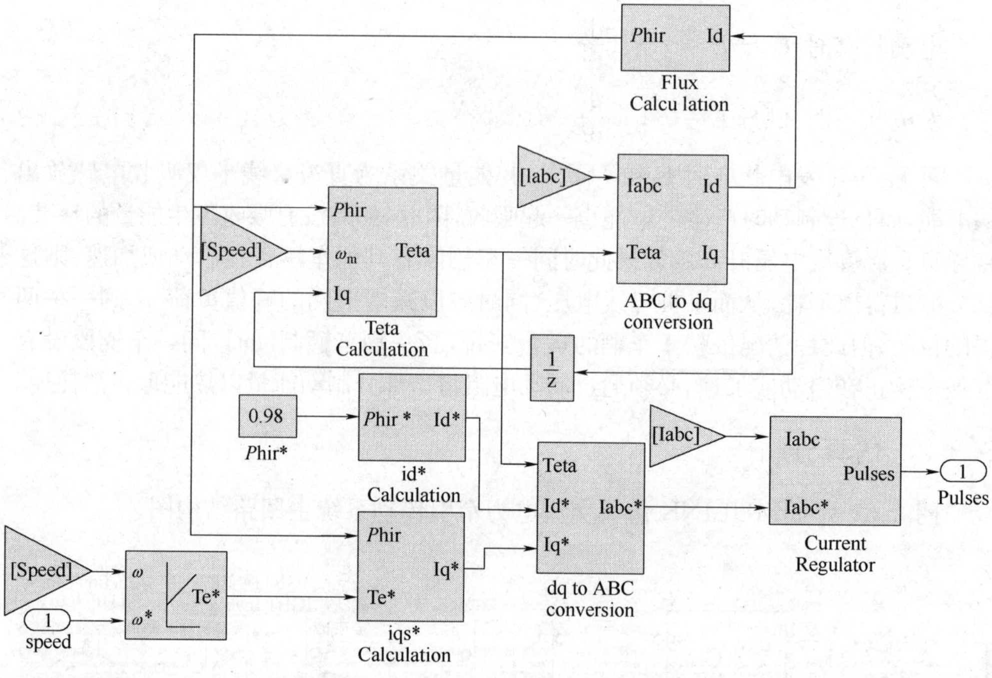


图 3.63　matlab 中建立的矢量控制器模块

仿真结果见图 3.64～图 3.65 所示，图 3.64 为无电阻制动及超级电容储能的车辆牵引、制动仿真结果，从图中可见，电机启动时为恒转矩启动，制动时，电机运行于发电状态，电磁转矩为制动转矩，转速在电磁制动转矩的作用下下降，且电机线电压$V_{ab}$增加，直流母线电压也会大幅增加；图3.65为有电阻制动及超级电容储能的车辆牵引、制动仿真结果，从中可见制动时，电机线电压$V_{ab}$得到控制，直流母线电压也被拉下来，从而保证直流母线电压的稳定。



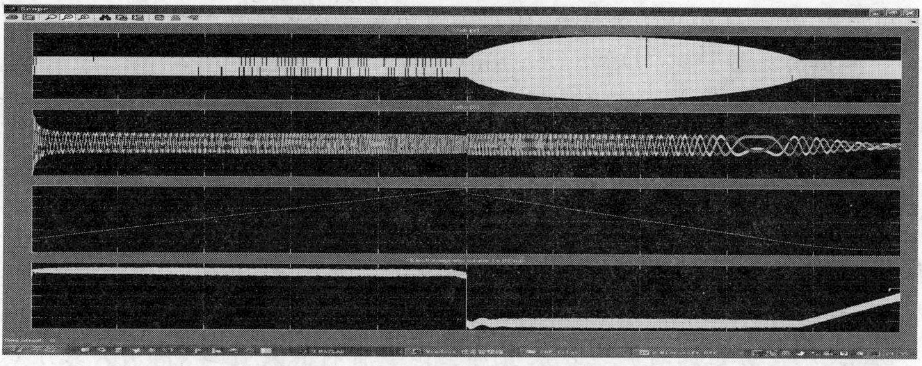

图3.64　无电阻制动及超级电容储能的车辆牵引、制动仿真结果

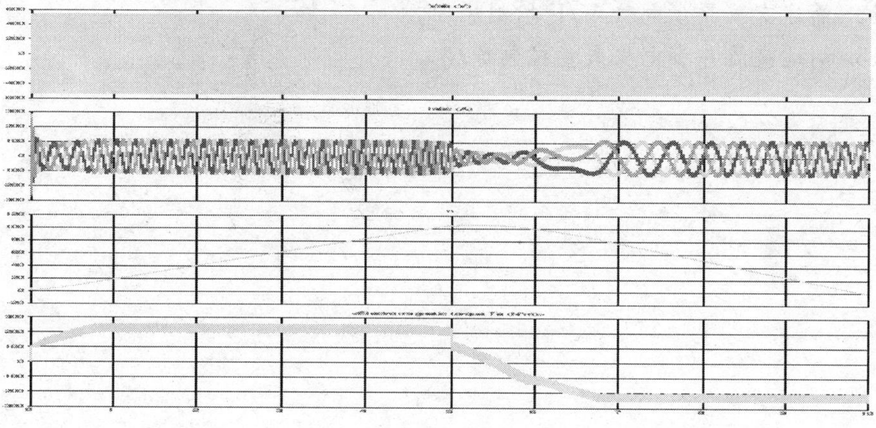

图3.65　有电阻制动及超级电容储能的车辆牵引、制动仿真结果

## 思考与习题

1. 地铁车辆主回路主要的电流故障有哪些？牵引控制单元对各类电流故障的判断处理方法是什么？

2. 对于地铁车辆来说，常见的电压故障主要有哪些？对各类电压故障的判断处理方法是什么？

3. 牵引变流器的主电路按功能可以分为哪几大部分？

4. 阐述牵引变流器主电路中预充电装置的组成结构、工作原理及作用。

5. 牵引变流器主电路中支撑电容的作用是什么?

6. 阐述牵引变流器主电路中制动电阻电路的结构、工作原理及作用。

7. 阐述牵引变流器中逆变电路的拓扑结构,并简单描述其功能(如输入、输出的电能形式,输入电能从哪里得来,输出电能用来给什么供电等)。

8. 牵引变流器DCU(Drive Control Unit)的主要功能是什么?

9. 牵引电机的基本检修方法和手段有哪些?

10. 试阐述牵引电机的分类以及其各自的优缺点。

11. 交流异步电机的控制方法有哪些?

12. 说明牵引变流器过热故障的原因主要有哪些? 牵引控制单元如何实现温度保护措施?

13. 说明DCU/M限制力矩参考,与哪些因素有关?

14. 交流异步电机的调速方法有哪些? 各自特点是什么(借用公式予以说明)?

15. 简述交流异步电机V/F控制原理。

16. 简述交流异步电机矢量控制原理。

# 第4章 车辆辅助系统

## 4.1 认识辅助系统

### 4.1.1 辅助系统简述

辅助供电系统是城市轨道车辆的一个重要组成部分，安装于拖车构架上，主要为除牵引系统以外的所有用电系统供电。当辅助供电系统供电正常时，输入的直流电源经辅助逆变器逆变为交流电源，并向通风机、空调设备、电加热器、电动刮雨器、空气压缩机等三相负载和客室照明系统及控制系统设备供电；经直直变换器变换的直流电源供蓄电池充电及其他直流负载用电。辅助供电系统的负载设备对提高机车车辆的运行可靠性以及乘坐舒适性起着重要的作用。

传统地铁辅助逆变系统通常采用旋转式电动—发电机组的供电方案。电动机从DC 750 V第三轨受电，发电机输出三相交流电压向负载供电。这种供电方式机组体积大、输出容量小、效率低，电源易受直流发电机组状况变化的影响，输出电压波动大，可靠性差。随着电力电子技术的发展，辅助逆变系统已从早期的旋转式电动—发电机组进步为静止式变流机组，即所谓静止辅助逆变电源装置，克服了旋转式电动—发电机组的供电方案存在的大体积、低效率、低可靠性等一系列问题。国际上先进的地铁车辆供应商如西门子、庞巴迪、阿尔斯通等都有相对成熟的辅助供电设备。

辅助逆变系统一般由受电电路、电容器充放电电路、三相逆变器、交直流滤波电路、变压器及相关控制电路等部分构成。辅助逆变器的单台额定容量一般在几十千伏安至二百多千伏安之间，属于中小功率的“直交”型变流器。辅助逆变系统通常需要满足如下基本要求：

(1)输出电压为三相四线制，输出电压和频率满足规定的精度要求。

(2)在宽输入电压变化范围内，输出额定容量的工作能力。输出电压与频率应能满足额定负载容量的正常工作能力。

(3)输出电压为正弦波形或准正弦波形。在整个输入电压范围内，输出电压的总谐波含量都要求小于规定值。

(4)负载突变能力。具备允许空调压缩机、通风机、空压机等负载直接启动和切除的能力，并且其输出电压的瞬时变化不超过规定值及在规定的时间内恢复稳定，以满足在带有部分负载的情况下空调机、通风机、空压机等负载频繁投切的要求。

(5)一定的冗余度。一台辅助逆变器故障时，在切除部分负载的条件下，正常工作的辅助逆变器应可同时向相邻的故障负载供电。

### 4.1.2 辅助系统的供电网络

电动列车辅助系统的供电网络主要有：辅助逆变器（给 AC 中压和 DC 低压供电）、蓄电池、低压总线、所有控制器、断路器、继电器、接触器等组成。

**1. 辅助逆变器(DC/AC 逆变)**

辅助系统由 DC 1 500 V 接触网供电，经受电弓传输到列车总线，在线网电压正常情况下，受电弓将高压直流电通过列车总线同时传输给每节车的辅助逆变器。每节车的辅助逆变器处于并联工作状态，这样即使只有一只受电弓工作，所有逆变器都能正常工作，每个辅助逆变器是由接触网提供的 DC 1 500 V 列车线经二极管供电的。在线网电压小于 DC 1 100 V 情况下，为了避免逆变器在不正常情况下工作，此时逆变器将停止工作，如线网电压上升至大于 DC 1 100 V 并持续 3 s 以上时，逆变器重新启动工作。

当电动列车在检修时需做某些测试工作，如空调试验等，考虑工作时的人身安全，此时 DC 1 500 V 接触网断电，采用车间外接电源供电，车间外接电源只有在受电弓落弓条件下，才能接通负载而得电，它们之间的联锁由所有受电弓落弓继电器完成，或由高压电源开关来选择电源（受电弓或车间电源插座）。见图 4.1 中，受电弓供电接触器与车间电源供电接触器的电源互相联锁，在受电弓升弓情况下，2K7 和 3K14 闭合，受电弓供电接触器得电吸合，接触网 1 500 V 直流电通过图 4.2 中的受电弓供电接触器主触头送到各台逆变器上；当电客列车在静调线静调时，接触网就要断电，受电弓落弓，此时图 2.1 中的 7K8 闭合，车间外接电源接上后，车间电源短接线处相连，车间电源供电接触器吸合，车间 1 500 V 直流电送到各台逆变器上。

辅助逆变器将接触网 1 500 V 直流电降压逆变为 AC 380 V，3 相，50 Hz，有电隔离的交流中压，为下列设备提供电源：

- 电机——压缩机单元；
- 客室和司机室空调；
- 牵引设备的通风；
- 辅助逆变器的通风；
- 在每个司机室和每列车的电气柜中都设置有一个 AC 220 V，50 Hz，单相的方便插座，为维修人员的检测设备提供电源。

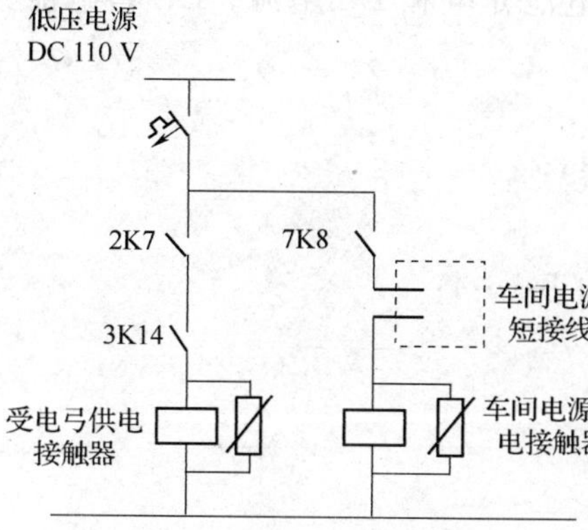


图4.1　受电弓供电接触器
与车间电源供电接触器

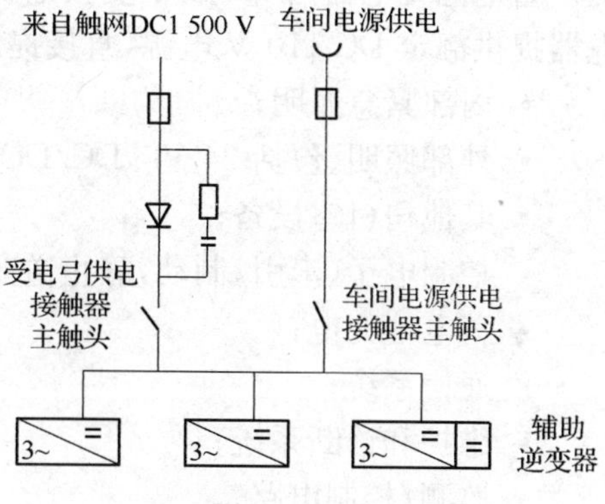


图4.2　接触网与车间电源供电

**2. 中压总线(AC 380 V)和低压总线(DC 110 V)**

在列车内负载是在交叉的AC网络间分配的,整列车一半的AC负载是由两个AC网络中的一个供电,当一个AC网络发生故障时,由它提供电源的一些重要AC负载会自动切换至另一AC网络,保证这些AC负载能继续工作(如牵引箱的通风冷却风机等)。

主蓄电池作为低压电源一部分为列车提供紧急电源,主蓄电池的作用是列车启动时,主蓄电池为列车启动时的电气设备提供直流电源,直至列车辅助逆变器正常工作,此时主蓄电池将处于浮充电状态与一个蓄电池充电器相联,低压用电设备由辅助逆变器为主提供电能,而列车上的所有蓄电池为了隔漏电通过二极管与负载反向隔离,保证电能只能从蓄电池向负载单向流动。在列车运行过程,若整列车失去高压电源时,辅助逆变器停止工作,则主蓄电池的容量也能够为下列负载提供45 min的电能。

- 紧急照明;
- 列车控制和监视设备;
- 通信设备;
- 头灯及尾灯;
- 紧急通风。

在为以上负载提供45 min的电能内,还要求能打开或关闭车门一次。这样列车失去高压的紧急状况下,主蓄电池保证了列车上的必要设备能继续工作,给主要的直流负载、客室通风和紧急照明供电45 min,从而保障了列车的安全性能。

**3. DC网络的电源**

DC网络的电源是由带蓄电池充电设备的蓄电池充电器通过二极管来提供

的。蓄电池充电器内 AC/DC 变换器提供蓄电池充电和 DC 电源。DC 蓄电池充电器提供额定 DC 110 V 电源，直接提供至：

- 内部紧急照明；
- 外部照明(包括 24 V　DC/DC 变换器)；
- 其他司机室设备；
- 控制电子(牵引/制动，静止逆变器，车门……)；
- 蓄电池充电；
- 通信系统；
- 维护和诊断系统；
- 监测/控制电路。

## 4.1.3　辅助逆变器的负载

电动列车辅助逆变器系统主要由每节车的逆变器并联组成，并向空调通风、照明、蓄电池充电、设备冷却风机、低压电源提供电源，如图 4.3 所示：

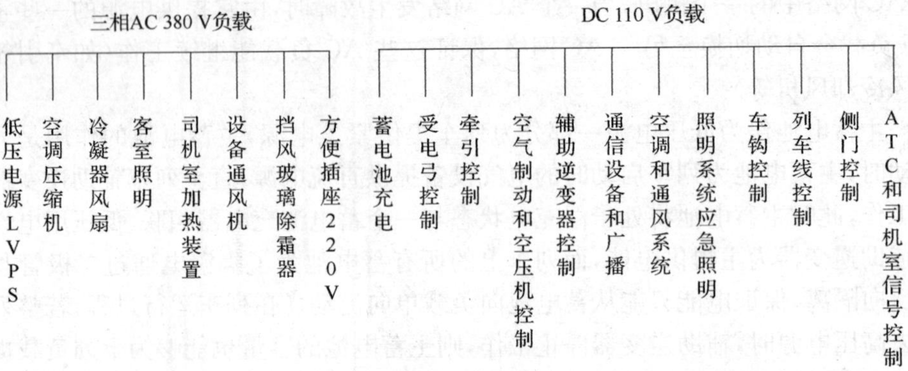


图 4.3　辅助逆变器的负载

为了保证在某台逆变器发生故障时，列车仍能可靠运行，在负载分配上采取了以下措施：将整列车的辅助逆变器按其负载的性质分成二组供电系统，一组供电系统为整列车的空调提供电源，这组供电系统由整列车中的几台辅助逆变器并联组成，分别提供本单元每节车辆 1 台通风空调(每节车有 2 台通风空调系统)的电源，这样当 1 台逆变器发生故障时，能保证在每一节车辆上有 1 台通风空调系统能得电工作，从乘客的乘坐舒适性及必须的车厢通风考虑，这样负载分配方式是极其必要的。

另一组供电系统由存余的几台辅助逆变器组成，它为整列车的下列设备提供电源：

- 内部照明；

- 外部照明；
- 司机室设备(除空调)；
- 控制电子；
- 蓄电池；
- 通信系统；
- 维护及诊断系统；
- 监控/控制回路；
- 自动列车控制；
- 主要电气设备冷却通风。

在正常工作状态时，该组供电系统内的几台辅助逆变器各负担全列车一半的冷却通风负载。当有一台辅助逆变器发生故障后，该逆变器所承担的负载自动切换至另一台逆变器承担，以保证整列电动列车主要电气设备的冷却通风正常工作。

车辆的电气负载包括下列几个类型：

1. 照明电光源。新型客车主要采用交流荧光灯，特殊部位和事故灯采用白炽灯。光源的形状和规格很多，如棒形、椭圆形、球形、环形和U型等。对于AC 220/AC 380 V供电系统，荧光灯可以采用民用的启辉电路；对于DC 48 V供电系统，荧光灯则采用专门的逆变器点燃。照明电光源使用过程中，白炽灯为电阻性负载，荧光灯在低频工作时则为电感性负载。

2. 空气调节装置的电气设备。其中，主要是制冷压缩机、冷凝器排风扇和空调通风机的直流或交流电动机，取暖加热用的各种管式电热元件以及电磁控制元件等。由于制冷压缩机的电动机和电热元件所消耗的功率较大，因此，空气调节与制冷装置的电气设备成为车辆突出的电气负载。它不仅要求解决较大的供电容量，而且还要解决启动和保护问题。

3. 列车电视、播音和通信设备。其中，包括闭路电视，收、扩、录、放多用机，列车有线电话或无线电话等。这些设备需要电压和频率比较稳定的正弦交流电或平稳的直流电。为此，车上还设有专用的变流机或直流稳压电源。

4. 普通客车使用的电风扇与离心式水泵电动机、电煤两用炉以及燃油锅炉附属的各种电气设备。

5. 各种特殊用途的专用车辆所带有的专用电气设备，如接触网检查车用的不间断电源(UPS)等。在决定供电系统的总容量时，必须考虑电气负载的需要功率、效率、功率因数与功率利用系数。一般的电气设备，在其产品目录和说明书上都标有它的额定功率和效率。由电热元件构成的电气负载，其功率即需要功率；对于电动机，产品目录上所标有的功率，是指电动机在正常工作状态下，本身轴上所具有的有效机械功率。

## 4.2 辅助逆变器电路结构与工作原理

### 4.2.1 辅助逆变器主要部件

现代辅助供电系统主要有变压器隔离和变流两个功能部分。变压器隔离部分是为了安全必须将电网上的高压与低压用电设备,尤其是常需人工操作的控制电源的设备,在电气电位上实现隔离。通常采用变压器进行电气隔离,同时也可通过设计不同的匝比以满足电压值的需要;变流部分则是用来进行电能形式的转换,辅助用电设备大都需要三相 380 V、50 Hz 交流电源,因而要将波动的直流网压逆变为恒压恒频的三相交流电。

上述两部分构成完善的辅助逆变系统。现代辅助逆变系统主要有以下特点:

(1) 采用 IGBT 或 IPM 技术。早期的辅助逆变器采用的功率器件有晶闸管、功率晶体管和 GTO 等。IGBT 具有高开关频率、功率损耗低,自我保护能力强,电路结构简单,无需换流和吸收电路,取代和控制电路简单等优点,它的使用减少了输入与输出滤波器的体积和质量,减少了元件的数量,因而也增加了使用的可靠性。

(2) 模块化的设计,可以实现模块化和简单统化的目标,并且充分地利用既有空间,体积小,维护方便,成本较低,从而适应各种不同的地铁车辆,满足用户要求。

(3) 高质量的输出电压,使标准的工业电机与压缩机负载和其他设备在地铁车辆中得到可靠应用。

(4) 采用微机数字控制。随着计算机技术的发展,系统控制以高性能微机为基础,在以 PWM(脉宽调制)控制为中心的控制运算中心部分采用数字信号处理器 DSP,其强大功能促进了控制方式的不断发展,具有良好的稳定性、快速的动态响应性能,适应性不断得到提高和优化。

本书以庞巴迪公司(Bombardier Inc)生产的上海地铁一号线增购车辆配有的辅助变流器为例来予以说明,辅助变流器安装在 C 车的 PA 电气设备箱中,其辅助变流器的原理图见图 4.4 所示。说明如下:来自受电弓的 1 500 V 接触网电压经由 B 车 PH 电气设备箱中的高压设备送入 C 车的 PA 电气设备箱中,给牵引变流器(MCM)和辅助变流器(ACM)供电。进入到辅助变流器(ACM)中的直流线网高压首先经由 ACM 线路感应器(ACM LINE INDUCTOR)进行滤波,然后进入预充电电路(CHARGING CIRCUIT),预充电电路包括主接触器和预充电接触器,之后相对稳定的直流母线电压进入辅助逆变器单元进行逆变(AUXILIARY CON VERTER MODULE),将直流电逆变成幅值和频率固定的三相 380 V,50 Hz交流电。辅助逆变器出来的三相交流电还需要进行滤波和变压处理,即分别经过三相线路感应器和三相变压器(AUXILIARY FILTER AND TRANSFORMER),最后输出。三相输出配有电压检测设备(THREE－PHASE VOLTAGE MEASURING),以供辅助逆变器驱动控制单元(DCU)以及保护电路使用。

其中辅助逆变器模块、ACM线路感应器、ACM输出滤波器、ACM输出变压器的技术参数分别为:

- ACM线路感应器的技术参数为:

感应系数:　350A时最小5 mH (±5%);
电阻:　30 mΩ;
持续电流:　210 A;
最大电流:　350 A;
制冷:　自身对流(0 m/s)。

- ACM输出滤波器技术参数为:

三相线路感应器:
感应系数:　700 μH (±5%), 50 Hz;
持续电流:　205 A, 50 Hz;
最大电流:　250 A;
运行频率:　50 Hz;
制冷:　强制空气制冷;
电容器:
电容:　3×50μF (±5%);
额定:　AC 电压 AC 1 200 V;
运行频率:　50 Hz。

- ACM输出变压器:

一次电压:　660 V;
二次电压:　380 V;
运行频率:　50 Hz;
二次额定功率:　最大220 kV·A;
制冷:　强制空气制冷。

- 辅助逆变器模块:

输出电压:　3 ×380 V,50 Hz;
额定输出功率:　220 kV·A;
功率因数:　>0.8;
切换频率:　最大1 000 Hz;
总谐波畸变:　<10%。

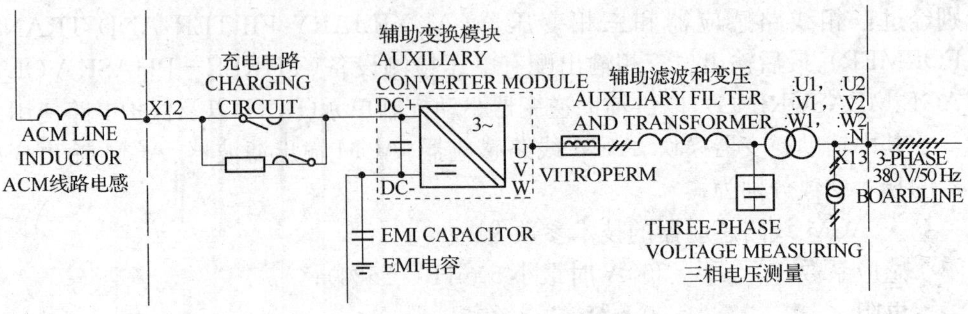


图 4.4 辅助变流器电路原理图

图 4.5 所示为 PA 电气设备箱(又称为牵引变流器—辅助变流器箱),包括一套牵引变流器(MCM)和一套变流辅助器(ACM),其布局见图 4.6 所示,分为 3 个部分,即辅助逆变器、牵引逆变器以及中间部分结构。

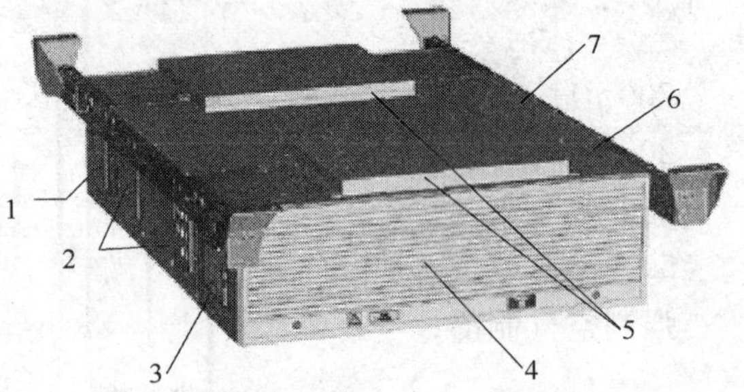


图 4.5 PA 电气设备箱结构

图注:1—信号电缆连接件;2— 电缆密封;3—信号电缆连接件;
4—ACM 部分前盖门;5—外部空气进气箱;6—ACM 部分;7—中间部分

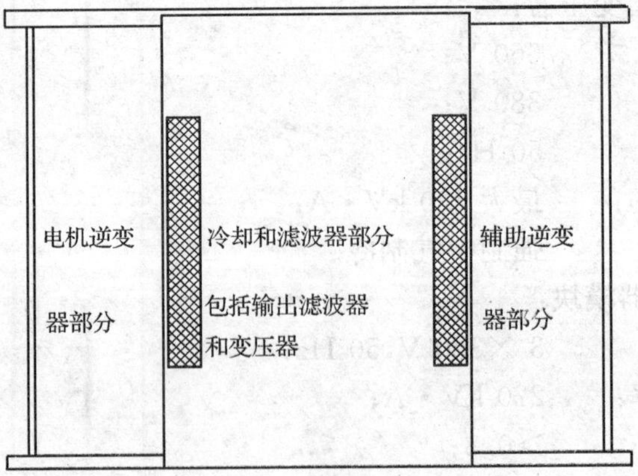


图 4.6 PA 电气设备布局

中间部分主要是电容器、三相线路感应器、三相变压器及散热设备等，见图4.7所示。图4.8为三相变压器实物图，图4.9为三相线路感应器实物图。

图4.7　PA电气设备箱中间部分的结构

图注：1—三相变压器；2—三相感应器；3—三相电容器；4—外部风扇；5—逆变器模块的冷却器

图4.8　三相变压器

图注：1—三相变压器；2—电缆；3—线排

图4.9　三相线路感应器

图注：1—三相感应器；2—线排

逆变器，又称为 ACM 系统（Auxiliary Converter Module），其结构示意图见图 4.10 所示，实物图见图 4.11 所示。逆变器模块是 ICON－M 类型（与 MCM 相同），是独立单元，包括：1 个 DC 链接电容器、3 个逆变器相、1 个过压斩波器相、1 个 DCU/A、1 个电源单元、IGBT 门极驱动单元、测量输出相电流的 2 个电流传感器、1 个 DC 链接电压传感器、放电电阻。辅助逆变器模块的设计与电机逆变器模块大体上相同，不同点在于它的 IGBT 参数不同，导致低感应总线的一个不同布局，并且有 1 个 IGBT 用于过压保护，代替 MCM 中的 2 个制动断路器。ACM 中没有关于电机温度、速度传感器和制动电阻风扇控制和监督的模拟和数字信号。

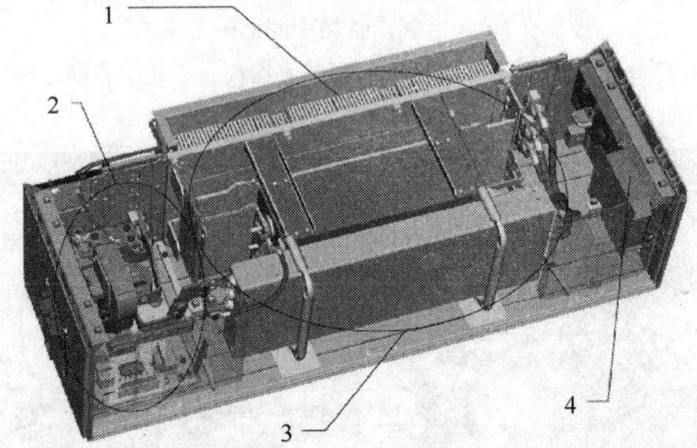


图 4.10 逆变器部分的结构

图注：1—朝向中间部分的冷却器；2—DC 接触器单元；3—逆变器模块（MCM 或 ACM）；4—外部风扇

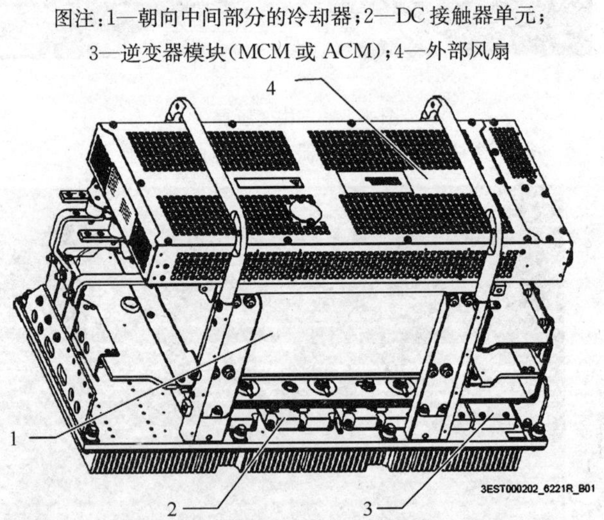


图 4.11 ACM 中的逆变器的外形图

图注：1—DC－链接电容器；2—逆变器 IGBT；3—OVP 电阻；4—电子箱组成

图4.12所示是ACM的一个简易电路图，其中三相线路感应器可以削弱所有逆变器中的谐波，因此总的谐波畸变少于基础频率50 Hz的10%。三相变压器将逆变器的输出电压转换成辅助系统的额定电压。它分别隔离高压系统和辅助系统。

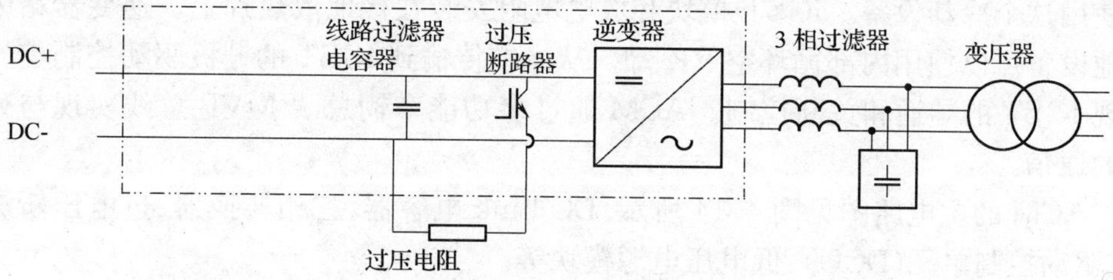


图4.12 一个ACM的简易电路图(包括输出滤波电抗和变压器)

PA逆变器箱中MCM的MCM线路感应器、ACM线路感应器和制动电阻应该分别单独安装在列车底架下面。DC接触器单元结构见图4.13所示，主要包括线路接触器(带有灭弧罩和接触器辅助触点)、预充电接触器、EMI电容器、电流传感器、小型断路器等部分。这部分输入是来自于线网的1 500 V直流高压，输入电压会有一定的波动。

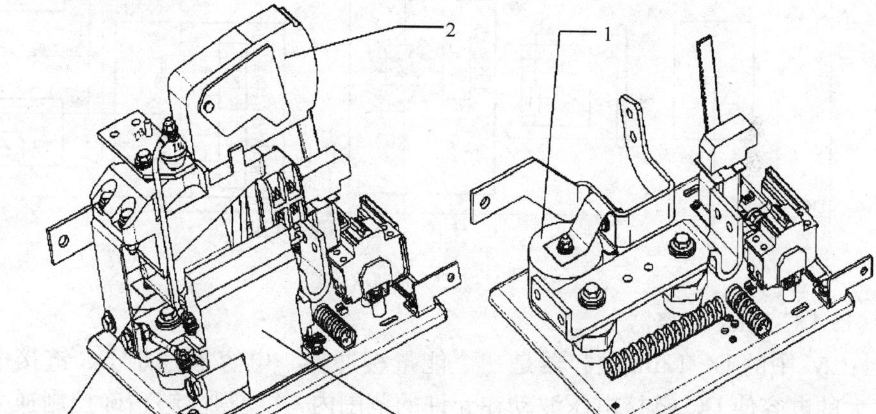


图4.13 DC接触器单元结构

1—EMI电容器；2—线路接触器；3—充电接触器

ACM是一个完整的转换模块，直接连接到直流母线。ACM由以下几部分组成：驱动控制单元(包括了DCU，DC/ DC转换器和接线盒)、控制系统的电源模块、门极驱动装置GDU、电压与电流互感器、IGBT构成的逆变器以及散热器，其中控制系统的电源模块由110 V蓄电池供电。为了控制和保护ACM，需要测量两相电流，同时也需要测量三相辅助电压和DC链接电压以及通过PT100传感器监控热量。ACM模块还包含一个OVP(过压保护)，OVP功能是消除线路中产生的或者当发生短路时产生的电压尖脉冲，保护设备不会被损坏。ACM设计时，在逆变器箱中安装了一个空气冷却模块。逆变器箱中的其他ICON－M模块可以共同使用这个冷却设备。IGBT模块和放电电阻安装在接地散热片上。逆变器箱中其他设备可以使用内部循环空气冷却。从光缆传输到IGBT的栅极驱动控制信号实现IGBT的导通和关断控制。ACM通过多功能车辆总线MVB总线实现与列车的通信。

ACM的主电路图见图4.14所示：DC-Link电容器、三相转换器、过电压斩波器、驱动控制单元(DCU)、低电压电源模块等。

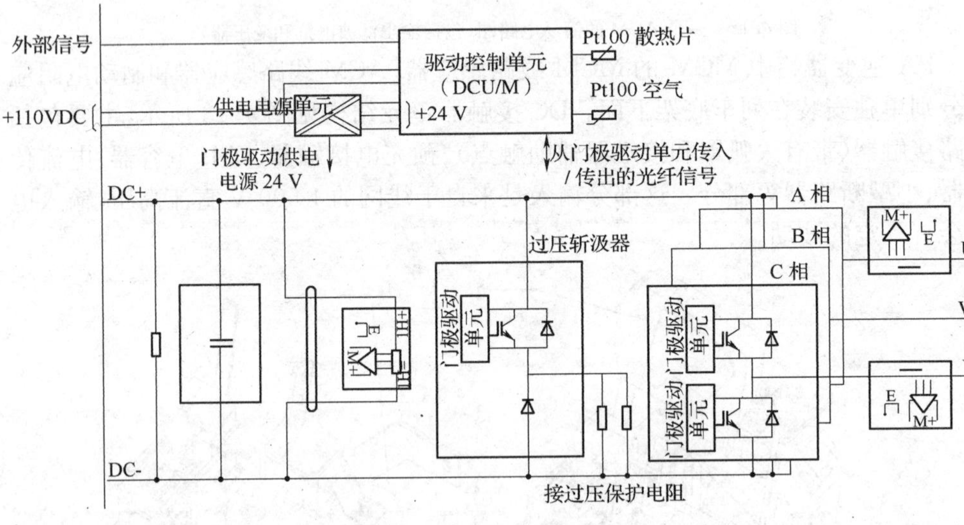


图4.14　ACM原理示意图

(1) DC-Link电容器

ACM中的DC-Link电容器是一个能量缓冲器。电容器稳定DC链接电压，足够大的电容使DC链接电压波动在允许的范围内，并使得能够精确控制逆变器。DC-Link电容器由两个并联的电容器组成，两个电容放在相同的外壳内，可以看成是一个电容器。

(2)放电电阻

两个放电电阻，与DC-Link电容器并联。如果正常放电出现故障，放电电阻将对DC-Link电容器放电，使DC-Link电容器电压在5 min内降到50 V以下。

(3)逆变器

ACM 逆变器由 6 个 IGBT 构成三相逆变桥结构，同一桥臂的上下两个 IGBT 构成一相，共有 3 个一样的逆变器相引脚，分别为 U、V 和 W 参见图 4.15。

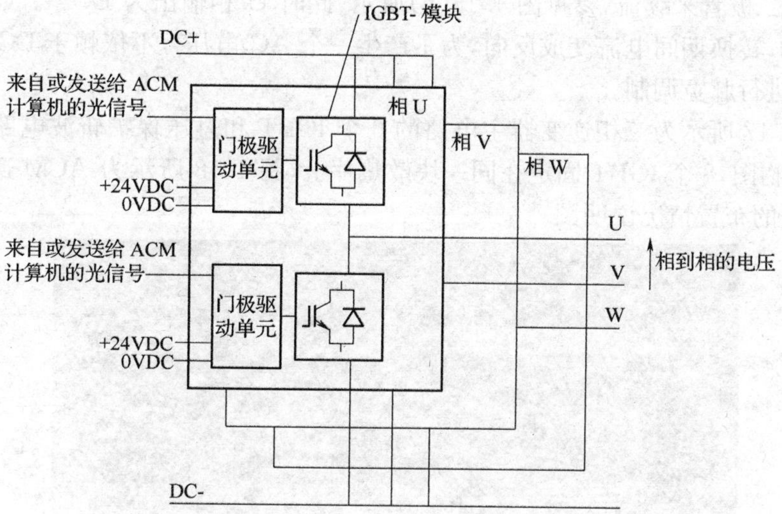


图 4.15 ACM 三相相引脚

(4) IGBT-模块

每个相引脚有两个 IGBT-模块。每个 IGBT 带有一个反向并联的二极管，通过 GDU 控制 IGBT 的打开和关闭。IGBT 的开通\断开使得相位(U、V 和 W)输出电压在 DC＋ 电压和 DC－ 电压之间变化，从而生成一个受控的交流相—相电压。见图 4.16(a)所示，当 U 相上部 IGBT(1) 打开和下部 IGBT (2)关闭时，U 相

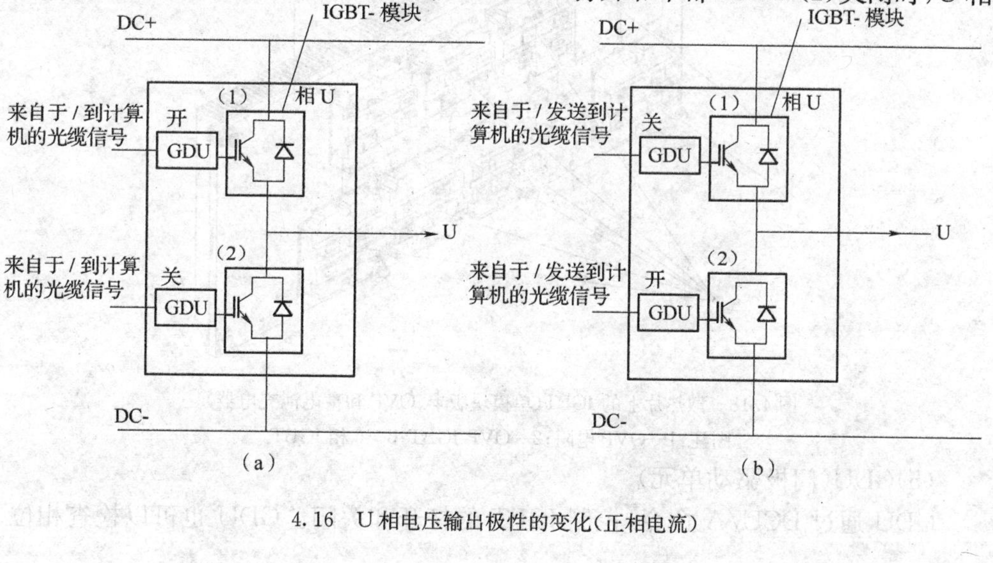


4.16 U 相电压输出极性的变化(正相电流)

的输出电压等于电压（DC+）；当U相输出设置低时，向上部IGBT（1）传送一个关闭命令，并且向低的IGBT（2）传送一个打开命令，相电流将通过较低的IGBT（2）中的二极管来续流，参见图4.16(b)所示，此时U相输出为DC−。如果相电流是负的，转换期间电流变成反向，为了产生一个AC电压，不依赖于DC链接电压，需要进行脉宽调制。

图4.17所示为三相逆变器主电路的6个IGBT和过压保护斩波电路的两个IGBT实物图，8个IGBT固定在同一块散热片上，图4.18所示为ACM逆变电路中IGBT的布置情况说明图。

图4.17 逆变器中的大功率开关(IGBT)

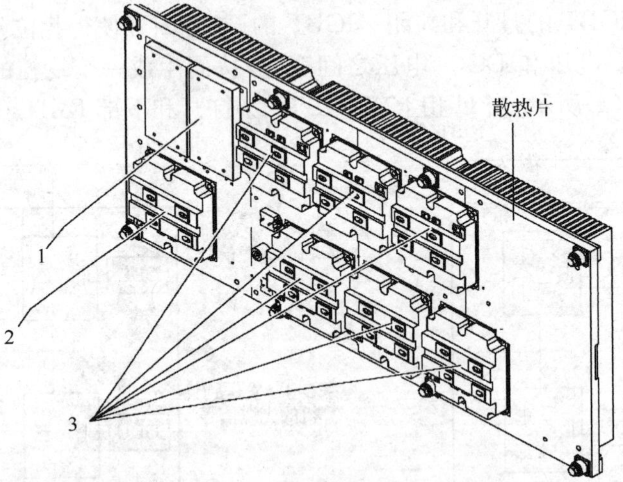


图4.18 散热片上的IGBT(单模块版本、OVP和蓄电池充电器)

图注：1—OVP电阻；2—OVP IGBT；3—6相IGBT

(5)GDU(门极驱动单元)

GDU通过DCU/A命令，控制IGBT的打开和关闭。GDU也可以检查相位短路。每个相引脚有两个 GDU,即每个 IGBT－模块一个。逆变器相引脚和过压斩波器上的 GDU 有相同的硬件,但是软件不同。

**表 4.1　LED 指示 GDU 的状态表**

| LED 颜色 | GDU 状态或者事件 | LED 情况 |
|---|---|---|
| 绿色 | 供电 OK | 当它不断闪 |
| 绿色 | IGBT ON | 闪烁,1 Hz |
| 红色 | 供电故障 | 当它不断闪 |
| 红色 | 门极发射器终端短路 | 当它不断闪 |
| 红色 | 主电路断路 | 闪烁,1 Hz |
| 红色 | 与 IGBT 错误连接 | 闪烁,1 Hz |
| 绿色和红色 | CPLD 没有被编程 | 两个 LED 不断闪 |
| 绿色和红色 | CPLD 编辑了测试程序 | LED 同时闪 |
| 绿色和红色 | 当 GDU 确认主电路短路或者与 IGBT 错误连接时接收到 IGBT ON 命令 | LED 交替闪烁 |
| 绿色和红色 | 供应 DC 24 V 消失 | 两个 LED 都是暗的 |
| 绿色和红色 | GDU 5 V 消失 | 两个 LED 都是暗的 |
| 绿色和红色 | 两个二极管都故障 | 两个 LED 都是暗的 |

从低压电源模块向 GDU 供电＋24 V。GDU 应尽可能与 IGBT 模块靠近,使门极和监控电缆尽量的短。IGBT 开关命令从 DCU/A 中,通过光缆传送。IGBT 模块电缆使用一个插销与 GDU 连接。使用环形端子把电缆连接到 IGBT 模块上。GDU 上的门极端子是短路验证。GDU 配有一个反馈。因此,DCU/A 将得到一个 GDU 和 IGBT 的状态的快速响应。在 DCU/A 中,反馈可以快速记录短路。两个 LED 指示 GDU 的状态，参见表 4.1。

(6)过压保护

ICON－M 包括一个可选择的过压保护相,由一个 IGBT 模块、与逆变器相同的 GDU 和一个电阻构成。IGBT 配有续流二极管。

过压保护 OVP 操作过程为:限制 DC 链接电压在一个允许值,防止发生快速增大电压,例如由于控制单元故障或者逆变器负载突然下降导致的 DC 链接电压突然增大。如果 DC 链接电压超出 OVP 等级,斩波器 IGBT 将立即打开,直到瞬时电压低于 OVP 关闭等级为止。

(7) 低电压电源

一个低电压电源向 DCU/A(ACM 的驱动控制单元)、电压测量传感器和电流测量传感器提供 DC±24 V,电源也向 GDU 提供 DC ＋24 V。

低电压电源的输入为列车蓄电池 110 V 电源，通过 DC/DC 变换，将输入电压转换成以上提及的输出电压，见图 4.19 所示。

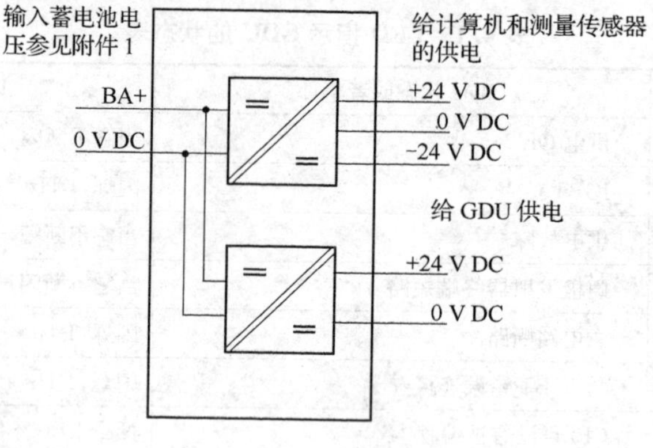


图 4.19 ACM 中低电压电源模块示意图

(8) DCU/A(驱动控制单元)

DCU/A 是 ACM 中的驱动控制单元，DCU/A 是一个分布式控制的微机。DCU/A 主要功能是控制和监控 ACM 中的所有设备，例如逆变器控制、电压和电流测量传感器、散热片温度传感器等等。DCU/A 组成包括：电路板、应用软件、光板以及操作系统 TRACSOS+，外形见图 4.20 所示。

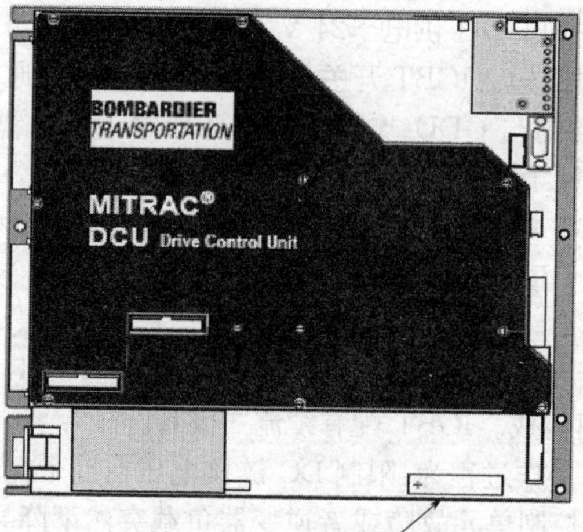


图 4.20 ACM 中 DCU/A(驱动控制单元)

(9) MVB 信号

通过控制板上 MVB 连接器与 VCU 通信，有两个 MVB 连接，非别连接 MVB 输入信号和 MVB 输出信号，见图 4.21 所示。

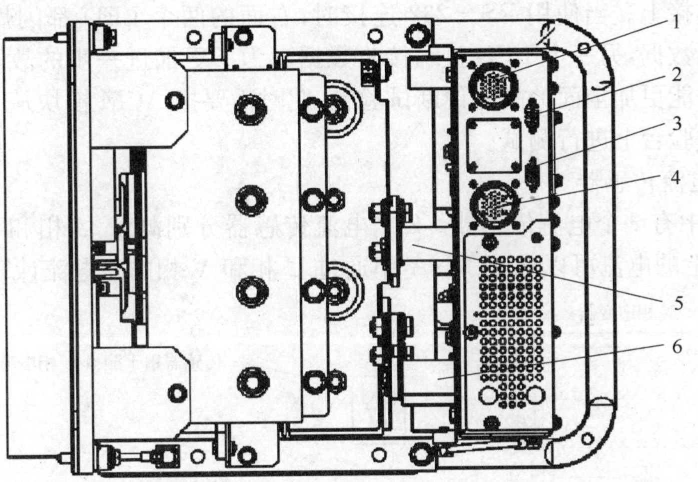


图 4.21 ACM 电源输入和信号连接

图注:1—X3,蓄电池供电;2—X1,MVB 输出信号;
3—X2,MVB 输入信号;4—X3,模拟和速度传感器输入;5—DC－;6—DC＋

(10) 光缆输入/输出

DCU/A 产生的 IGBT 控制脉冲信号(PWM 信号)需要通过 GDU(门极驱动单元)进行光电隔离和功率放大。在 GDU 的光纤板中,电压基本信号被转换成光信号(光脉冲),光缆传送光信号,在光缆的另一端,这些光信号被转换成电压信号,使用光缆的目的是为了隔离微机产生的弱控制信号,从而减少电源电路对这些弱控制信号的干扰。

(11) LED 指示器

DCU/A 有四个显示状态的 LED,其状态说明如表 4.2 所示。

**表 4.2 DCU/A 四个 LED 的状态说明**

| LED 标签 | 颜色 | 注释 | 功能 |
|---|---|---|---|
| POW | 绿色 | 由硬件控制 | 电源 OK |
| OK | 绿色 | 由 MCU 软件控制 | SW 运行 |
| ERR 故障 | 红色 | 由 MCU 软件控制 | 故障 |
| WARN 警告 | 黄色 | 由 MCU 软件控制 | 警告 |

(12) 便携式测试单元

为了确定逆变器故障位置,可以使用一个便携式 PC 与 ACM 中控制微机(DCU/A)相连。通过测试设备可以读取 ACM 的状态。另外一个模拟测试信号输出板可以与 DCU/A 连接,从而可以进行故障追踪。PC 被连接到控制微机的

RS－232 连接上。当使用 RS－232 连接时，右面的两个 LED 都闪烁，一个 LED 显示在传送数据，另一个 LED 显示接收数据。为了更加进一步的故障诊断，可以使用一个功能更加全面的故障诊断试验台，此时需要把 ACM 模块从列车上取出，并且放到试验台上进行测试。

(13) 电流传感器

ACM 中有 2 个电流传感器。2 个电流传感器分别测量 U 相和 V 相的相电流。相 W 上的电流可以在 DCU/A 中通过 U 相和 V 相的相电流计算获得。

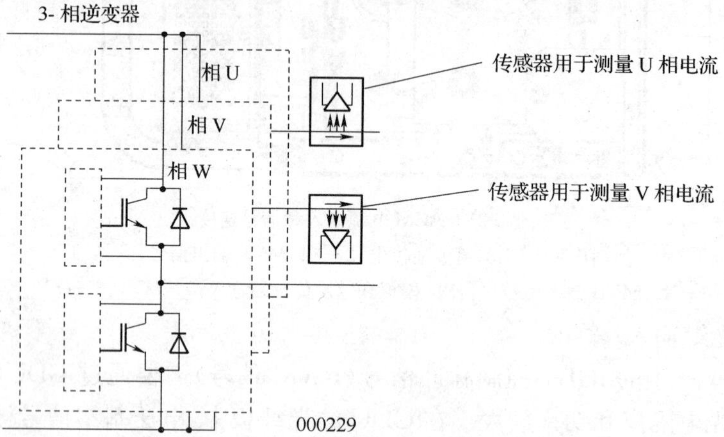


图 4.22　检测相电流的电流传感器

DCU/A 对相电流进行实时监控，如果相电流超出最大的允许值，电压输出暂时减小。DCU/A 为相电流传感器提供±24 V 电源，电流传感器检测的电流模拟信号送入 DCU/A 中的微机中进行判断处理，实现保护和牵引电机控制的功能。电流传感器用霍尔元件制成，因此它可以测量 AC 和 DC 电流。

(14) 电压传感器

DC 链接电容器的电压由一个电压传感器测量。电压传感器测量的 DC 链接电压实时送入 DCU/A 中进行判断和处理，实现过压保护功能，见图 4.23 所示。

(15)温度传感器

逆变器散热片温度由 DCU/A 中安装在散热片上的 PT100 温度传感器测量，见图 4.23 所示。DCU/A 使用信号控制逆变器箱中冷却系统，并且检测过温故障。如果传感器指示散热片高温，限制 ACM 输出电压，如果温度持续增加则封锁 ACM 逆变器，从而起到温度保护功能。传感器操作温度范围是－40 ℃到＋100 ℃。

(16)ACM 技术数据

输入电压、电流，如表 4.3 所示。

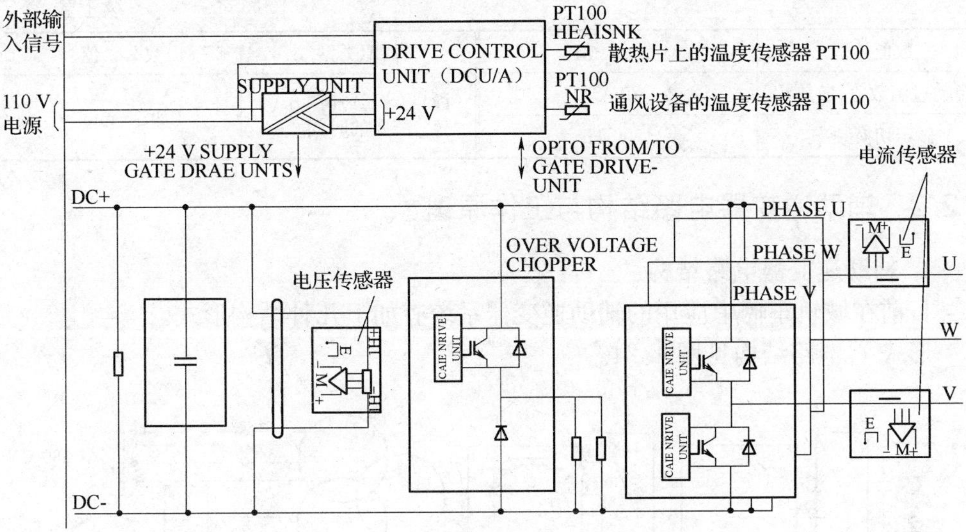


图 4.23　检测 DC 链接电压的电压传感器

**表 4.3　ACM 输入电压**

| 数值类型 | 数　值 | 数值类型 | 数　值 |
|---|---|---|---|
| 额定电压(V) | 1 500 | 蓄电池电压(V) | 110 |
| 最大电压(V) | 1 800 | 跳闸等级电压(V) | 2 000 |
| 最小电压(V) | 1 000 | DC 电流，持续最大(V) | 190 |

输出电压、电流，如表 4.4 所示。

**表 4.4　ACM 输出电压、电流**

| 数值类型 | 数　值 |
|---|---|
| 三相输出电压 | 680 V，AC，50 Hz |
| 相电流，持续最大 | 205 A(225 A 包括谐波) |

三相辅助变压器将 ACM 的输出电压减少到 AC 380 V，它不在 ACM 中，DC 链接电容器采用了薄膜电容器，参数为 4 mF，IGBT 选用型号为 IGBT FZ 800 R 33 KF2 ，参数为 800 A，3 300 V。其他参数如表 4.5 所示。

**表 4.5　ACM 其他参数**

| 数值类型 | 数　值 | 数值类型 | 数　值 |
|---|---|---|---|
| 高 × 长 × 深 | 400 mm×530 mm×890 mm | 冷却方法 | 强制空气冷却 |
| 质量 | 135 kg | 热变电阻散热片 | 40 K/kW |

续上表

| 数值类型 | 数　值 | 数值类型 | 数　值 |
|---|---|---|---|
| 启动过温数值，散热片 | 80 ℃ | DC—链接放电 50 V 需要的时间 | ＜5 min |
| 额定切换频率 | 1300 Hz | | |

## 4.2.2 辅助逆变器电路结构与工作原理

### 1. 辅助逆变器电路结构

目前在城轨车辆中应用的辅助逆变器系统有如下几种结构形式。

形式 1：电路结构见图 4.24。

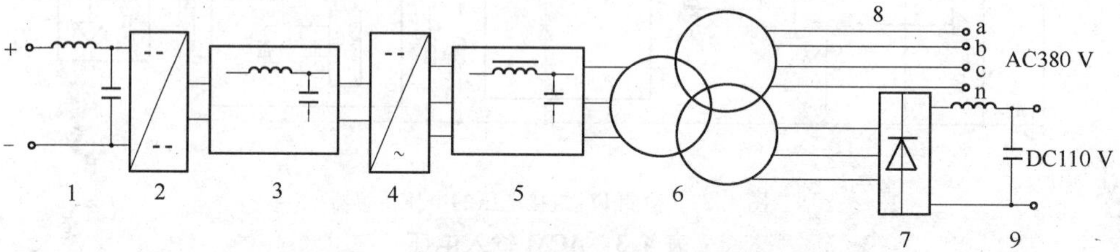


图 4.24　辅助逆变器与低压电源的电路结构图

图注：1—线路滤波器；2—升/降压斩波器；3—滤波器；4—逆变器；5—三相输出电抗器；6—隔离变压器；7—另一组次边绕组输出（带二极管整流桥）；8—隔离变压器一组次边绕组输出（带中点的 AC 380 V）；9—滤波器（输出 DC 110 V）

形式 2：电路结构见图 4.25。

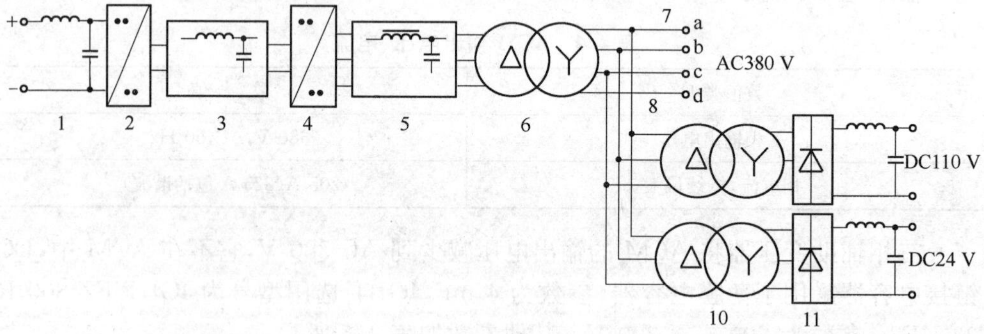


图 4.25　辅助逆变器与低压电源的电路结构图

图注：1—线路滤波器；2—降压斩波器；3—滤波器；4—逆变器；5—三相输出电抗器；6—隔离变压器；7— 隔离变压器一组次边绕组输出；8、10—降压变压器；9—二极管整流滤波（输出 DC 110 V）；11—二极管整流滤波（输出 DC 24 V）

形式 3:电路结构见图 4.26:

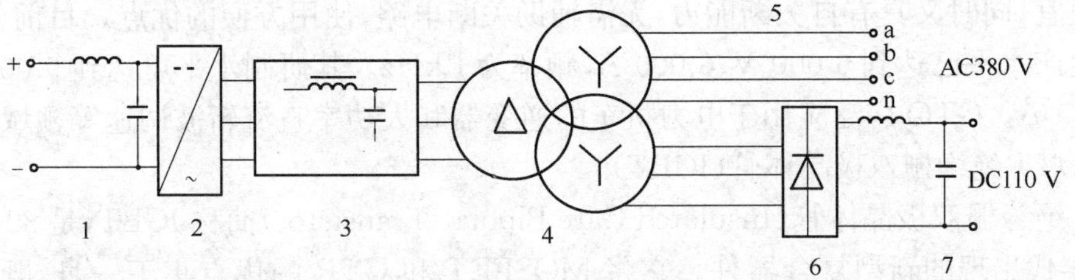


图 4.26　辅助逆变器与低压电源的电路结构图

图注:1—线路滤波器 ;2—逆变器 ;3—三相输出电抗器 ;4—隔离变压器 ;

5—隔离变压器的一组次边绕组输出(带中点的 AC 380 V);

6—另一组次边绕组输出((带二极管整流桥)) ;7—滤波器(输出 DC 110 V)

形式 4:电路结构见图 4.27:

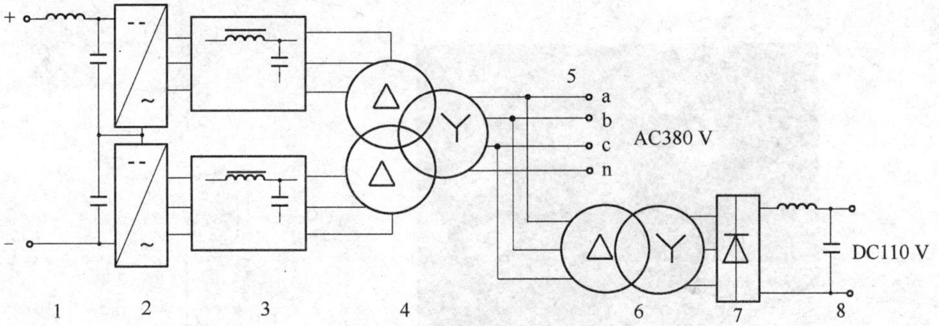


图 4.27　辅助逆变器与低压电源的电路结构图

图注:1—线路滤波器 ;2—两台串联的逆变器 ;3—两台独立的三相输出电抗器 ;

4—隔离变压器 ;5—隔离变压器的一组次边绕组输出(带中点的 AC 380 V);

6—另一组次边绕组经降压变压器 ;7—相控整流器 ;8—滤波器(输出 DC 110 V)

**2. 辅助逆变器电路工作原理**

分析章节 4.2.2.1 中的几种基本电路结构可见,尽管辅助逆变器的电路形式会略有不同,但存在有一个主体结构,即:辅助逆变器主电路主要由线路滤波、斩波器、中间电路、三相逆变器四部分构成。其中逆变器最主要部件是大功率半导体开关器件。早期的直流传动地铁车辆中,逆变器采用大功率 GTO 器件(门极可关断晶闸管),如上海地铁 DC－01 型列车使用 4 500 V/600 A 的 GTO。随着技术的进步,大功率的 IGBT(绝缘栅双极晶体管)及 IPM(智能型功率模块)问世,在新建的地铁或轻轨动车大部分都使用 IGBT 器件。

(1)门极可关断晶闸管(GTO)

门极可关断晶闸管(Gate Turn 0ff Thyristor)简称 GTO,是一种通过门极来控制器件导通和关断的电力半导体器件。GTO 耐压高，电流大，耐浪涌能力强，价格便宜，同时又具有自关断能力，无需辅助关断电路，使用方便的优点。目前 GTO 的生产水平已达到 6 000 V、6 000 A，频率为 1 kHz。其研制水平可达到 9 000 V、8 000 A。GTO 广泛应用于电力机车的逆变器和大功率直流斩波调速等领域。

(2) 绝缘栅双极晶体管(IGBT)

绝缘栅双极晶体管(Insulated Gate Bipolar Transistor)简称 IGBT，是 20 世纪 80 年代出现的新型复合器件。它将 MOSFET 和 GTR 的优点集于一身，既具有输入阻抗高、工作 速度快、热稳定性好和驱动电路简单的特点，又有通态电压低、耐压高和承受电流大等优点，因此发展很快。

目前，IGBT 的研制水平可达到 4 500 V、2 500 A。IGBT 未来的发展趋势是高电压、低损耗，并趋向于将控制和数控逻辑集成于一体，将散热器也引入功率模块。IGBT 的实物以及图形符号图见图 4.28 所示：

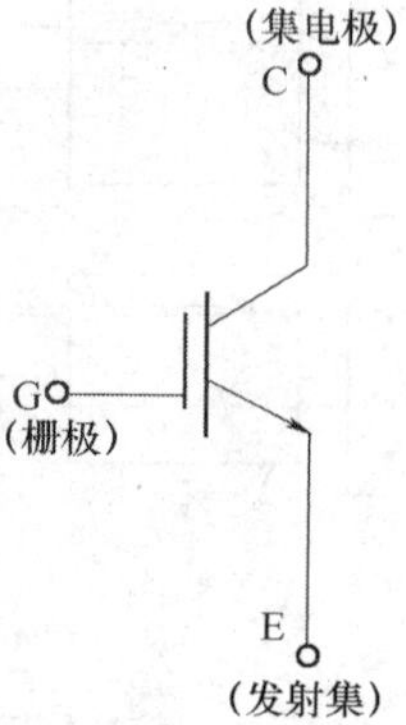


图 4.28 IGBT 的实物图与图形符号图

IGBT 的开通和关断是由栅极电压来控制的。栅极施以正电压时，给 PNP 晶体管提供基极电流，从而使 IGBT 导通。在栅极上施以负电压时，PNP 晶体管的基极电流被切断，IGBT 即为关断。

根据 IGBT 的特性，其对驱动电路的要求如下：

① 提供适当的正反向输出电压，使 IGBT 能可靠地开通和关断。当正偏压($+U_{GE}$)增大时，IGBT 通态压降和开通损耗均下降，但若 $U_{GE}$过大，则负载短路时其 Ic 随 $U_{GE}$增大而增大，对其安全不利，一般$+U_{GE}$选+12～+15 V 为最佳；负偏电压($-U_{GE}$)可防止由于关断时浪涌电流过大而使 IGBT 误导通，但其受 G、E 极间最大反向耐压限制，一般取-5～-10 V。

② IGBT 的开关时间应综合考虑。快速开通和关断有利于提高工作频率，减小开关损耗。但在大电感负载下，IGBT 的开关时间不宜过短，原因在于高速开通

和关断会产生很高的尖峰电压,极可能造成IGBT自身或其他元件击穿。

③ IGBT开通后,驱动电路应提供足够的电压、电流幅值,使IGBT在正常工作及过载情况下不至退出饱和而损坏。④驱动电路应具有较强的抗干扰能力及对IGBT的保护功能。IGBT为压控型器件,当集射极加高压很容易受外界干扰,使栅射电压超过$U_{GE}$引起器件误导通。为了提高抗干扰能力,除驱动IGBT的触发引线应尽量短且应采用双绞线或屏蔽线外,在栅射极间并联栅射电阻。信号控制电路与驱动电路之间应采取抗干扰能力强、传输时间短的高速光电耦合器件加以隔离。

**2. 智能型器件IPM**

IPM(Intelligent Power Module)是IGBT智能化功率模块,它将IGBT芯片、驱动电路、保护电路和箝位电路等封装在一个模块内,不但便于使用而且有利于装置的小型化、高性能化和高频化。

IPM设有过流和短路保护、欠电压保护,当工作不正常时,通过驱动电路封锁IGBT的栅极信号同时发出报警信号。过热保护是通过设置在IPM基板上的热敏器件检测IGBT芯片温度,当温升超过报警额定值时,通过驱动电路封锁栅极信号并报警。控制系统和IPM的接口一般采用光电耦合器隔离,为了防止干扰产生的误动作,模块还设有干扰滤波器。IPM的容量主要由模块中的IGBT决定的,目前IPM的电流容量可达到10～600 A,电压有600 V和1 200 V,能控制100 W到100 kW的电动机。由此可见,智能型器件IPM的优点是很明显的,而且已为越来越广泛的领域所采用。上海地铁AC—01和AC—02型电客列车的辅助逆变器已在多处使用了IPM模块。

**3. 线路滤波**

辅助逆变器是经过受电弓直接和线网相连的,线网上的电压波动及电流脉动分量都会对辅助逆变器的电源输入端产生影响,同时在辅助逆变器的电路中采用了开关频率很高的大功率电力电子器件,它们工作时会产生高次谐波,因此在辅助逆变器的电源输入端要接有线路滤波器。线路滤波器包括线路滤波电抗器和线路滤波电容器。

(1)线路滤波器的作用

① 滤平输入电压。

② 抑制电网侧发生的过电压对逆变器的影响。例如变电所的操作过电压、雷击过电压等。

③ 抑制逆变器因换流引起的尖峰过电压。

④ 抑制电网侧传输到逆变器直流环节的谐波电流,抑制逆变器产生的谐波电流对电网的影响。

⑤ 限制变流器的故障电流。

(2)线路滤波电抗器和线路滤波电容器

电抗器用于直流回路，为保证电感在任何电流值时均恒定，因此均采用空心线圈结构。

电抗器的电感量各生产厂家采用的值不同，须与线路电容器的电容量相匹配。电感与电容构成谐振电路。在确定这两个参数时，必须验算它们的谐振频率，要求谐振频率与信号系统的调制频率有一定的差值，以免造成对信号系统的影响。

对于网压为 DC 1 500 V 的城轨车辆，逆变器容量在 1 000 kVA 以上的系统来说，电感量一般为 5～8 mH。

线路滤波电容器是一种非常特殊的直流电容器。从功能上，由于它用于逆变系统的直流环节(DC-Link)，因此称作“支撑电容器”。从性质上，由于要求它能承受很大的谐波电流，因此称作“直流脉冲电容器”。

**4. 斩波器**

辅助逆变器的主电路通常采用先降压斩波后逆变，目的是为了使逆变器输入电压稳定，即使在负载变换时，也保证斩波器有稳定的输出电压，另外它的优点可使逆变器使用低电压的 IGBT 元件。

(1)斩波器的工作原理

基本斩波器的原理电路见图 4.29(a)所示，Q 为斩波开关，R 为负载。斩波开关可用普通晶闸管、可关断晶闸管或自关断器件来实现。若采用普通晶闸管，需设置使晶闸管关断的辅助电路；采用自关断器件，则省去了辅助电路，有利于提高斩波器的频率，这是斩波开关发展的方向。通过连续地接通和关断斩波开关，使直流电源电压间断地接到负载上。当开关 Q 合上时，直流电压加到 R 上并持续 $t_{on}$时间；当开关切断时，负载上电压为零并持续 $t_{off}$时间。斩波器的输出波形见图 4.29(b)所示，$T = t_{on} + t_{off}$为工作周期，$\alpha = t_{on}/T$ 定义为占空比，可以看出负载电压的平均值为：

$$u_o = (t_{on}/T)U_d = \alpha U_d$$

可见只要调节 $\alpha$ 就可以调节负载的平均电压。通常斩波器的工作方式有两种：

• 脉宽调制(PWM)——改变 $t_{on}$，维持 $T$ 不变；

• 频率调制(PFM) ——改变 $T$，维持 $t_{on}$不变。

其中脉宽调制工作方式应用较普遍。

在地铁列车辅助逆变器中一般采用降压式斩波电路和升压式变换电路，下面就这两种电路的原理进行说明。

① 降压式斩波电路(BUCK 电路)

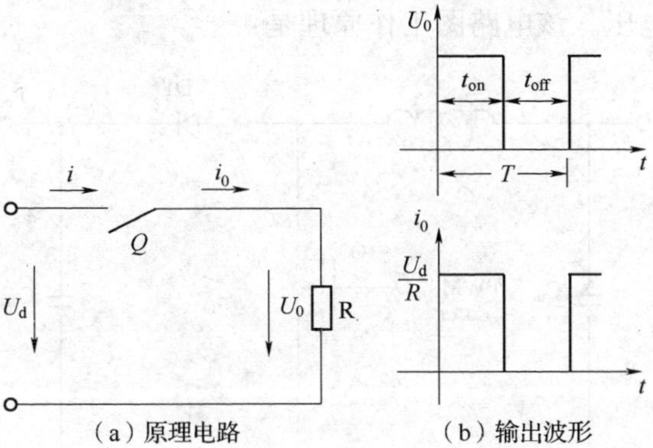


图 4.29　基本斩波器的原理

BUCK 电路见图 4.30 所示，因为其输出电压平均值总是小于或等于输入电压平均值，它是一种降压斩波电路。通过控制功率开关 Q 导通时间的占空比，可以在 0～ $V_{in}$之间控制输出电压。该电路图工作原理是：

• 当电晶体 Q 导通时，二极管 D1 的阴极电压约等于输入电压 $V_{in}$，二极管逆偏形成断路，输入电压经 Q 对电感充电并供应电压至电容 Cout 及负载，$i_L$ 增加，电感储能增加，如果电感足够大，电感电流连续。

• 当 Q 截止时，电感电流 $i_L$ 不能突变，故 $i_L$ 通过二极管 D1 续流，电感的电压极性反转，使二极管顺偏导通，电容 Cout 及电感均对负载放电，此时电感的电压为 $V_L = -(V_{D1} + V_{out})$，$i_L$ 降低，L 上储能减小。

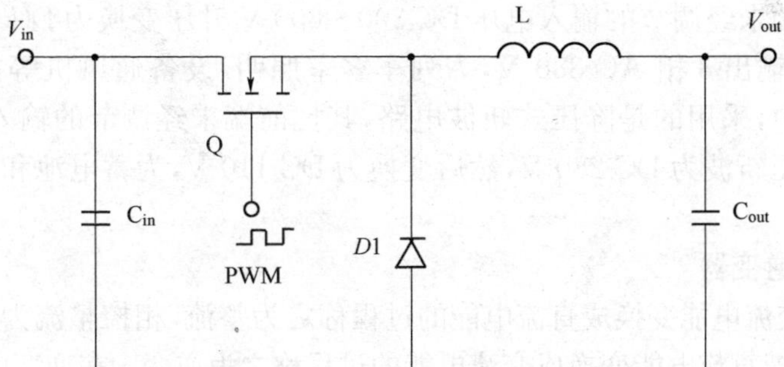


图 4.30　降压式斩波电路(BUCK 电路)基本拓扑

② 升压式变换电路(BOOST 电路)

BOOST 电路见图 4.31 所示，因为其输出电压平均值总是大于或等于输入电压 $U_d$，它是一种升压斩波电路。通过控制功率开关 Q 导通时间的占空比，可以在

$V_{in}$之上控制输出电压。该电路图工作原理是：

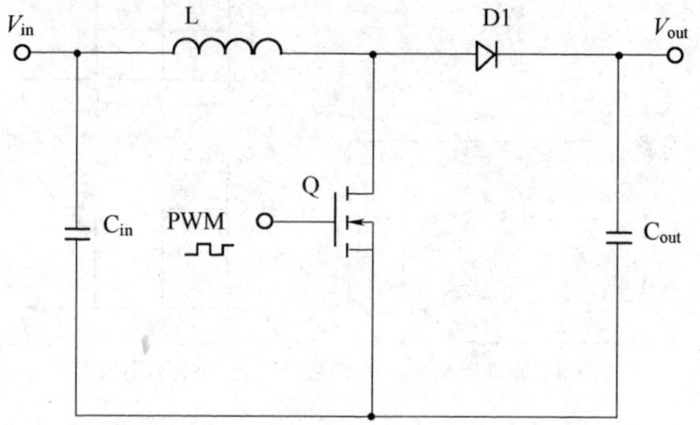


图 4.31 升压式变换电路(BOOST 电路)基本拓扑

VT 导通时，$U_L = U_d > 0$，$i_L$ 增加，电感储能增加，同时负载由 C 供电，负载电路与输入隔离，等效电路见图 4.18(b)所示。在电感足够大，电感电流连续条件下关断 VT，因电感电流不能突变，$i_L$ 通过 VD 向电容 C 和负载供电，电感上储存的能量传递到电容、负载侧，此时 $i_L$ 减小，L 上感应电势 $U_L < 0$，故 $U_0 > U_d$，等效电路见图 4.18(c)所示。

③ 降压式斩波电路和升压式变换电路的运用

在上海地铁 AC 01/02 型列车的辅助逆变器 DBUl5.1 中同时采用了降压式斩波电路和升压式变换电路。见图 4.32 所示，在 A14 的虚框中，采用的是典型的升压式变换电路。

其把前端未经调节的输入电压 DC 300～600 V 升压变换为 DC 620 V，然后经过三相逆变，输出 3 相 AC 380 V，为列车客室照明，设备通风机等提供电源。在 A13 的虚框中，采用的是降压式斩波电路，其把前端未经调节的输入电压 DC 300～600 V：降压斩波为 DC 280 V，然后变换为 DC 110 V，为蓄电池和低压电源等供电。

**5. 三相逆变器**

通常把交流电能变换成直流电能的过程称之为整流，相控整流为最常见的交直变换过程；而把直流电能变换成交流电能的过程称之为逆变。在逆变电路中，把直流电能经过直交变换，向交流电源反馈能量的变换电路称之为有源逆变电路，相应装置称为有源逆变器。相控角大于 90°的相控整流器为常见的有源逆变器。把直流电能变换到交流电能，再直接向非电源负载供电的电路，称之为无源逆变电路。

逆变器按直流侧的电源是电压源还是电流源可分为两种：

• 直流侧是电压源供电的(通常由可控整流输出接大电容滤波)称为电压型逆变器；

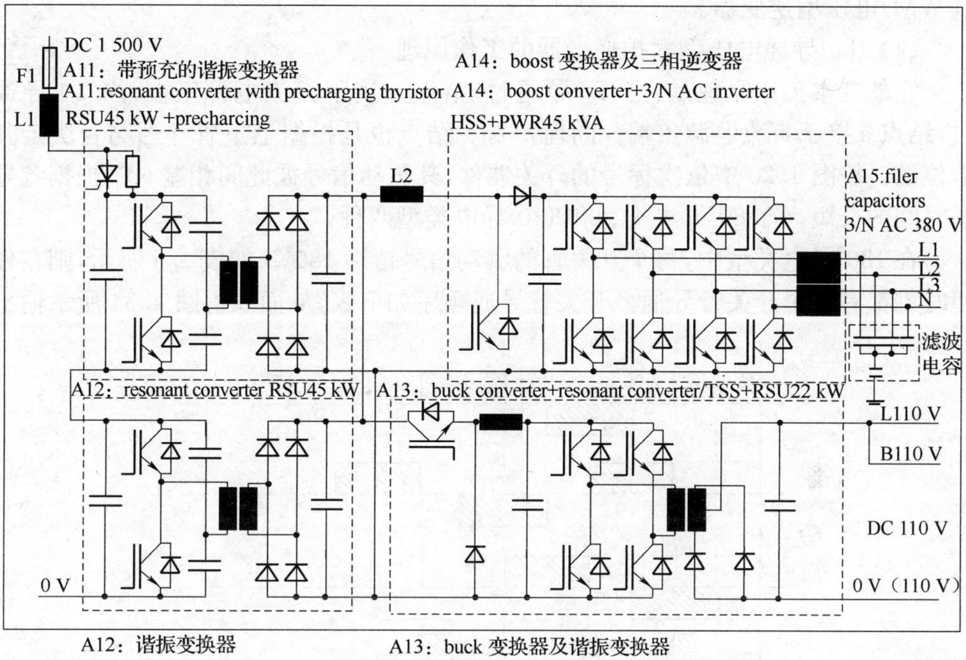


图 4.32　DBU 15.1 原理图

• 直流侧是电流源供电的(通常由可控整流输出经大电抗器 $L_d$ 对电流滤波)称为电流型逆变器。

电压型三相逆变器工作原理:电压型三相桥式逆变电路见图 4.33 所示,这是一种最基本的逆变电路。通常大功率的应用均采用三相逆变电路,当对波形有较高要求时,则采用此基本线路进行 PWM 控制方法,以抑制较大的高次谐波。地铁列车的辅助逆变器的三相逆变部分一般采用的是两点式(两电平)三相桥式的结构。其逆变电路的控制方式,一般可分为 180°导通电压型六拍逆变器和脉宽调制

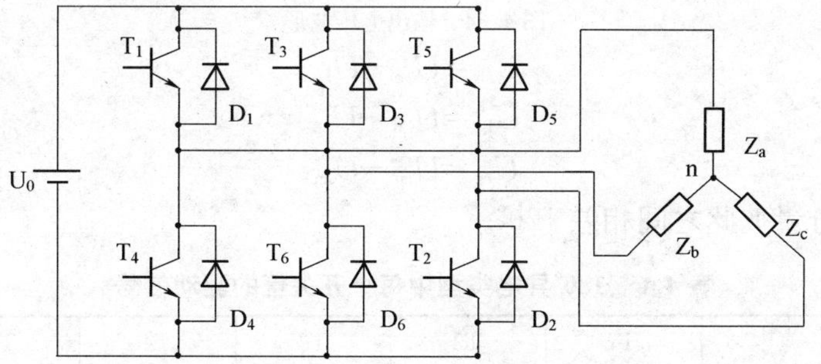


图 4.33　电压型三相桥式逆变电路

(PWM)电压型逆变器。

(1) 180°导通电压型六拍逆变器的工作原理

它的基本工作原理是：当 $T_1$ 导通时，结点 a 接于直流电源正端；当 T4 导通时，结点 a 接于直流电源负端。同理，$b$ 和 $c$ 结点也是根据上下管导通与否决定其电位的。按图 4.20 中依次标号的开关器件，其驱动信号彼此间相差 60°，根据各导通时间的长短，分 180°导电类型和 120°导电类型两种。

在 180°导电类型中，每个开关管的驱动信号持续 180°。如表 4.6 所示，则在任何时刻都有三个开关管导通。开关管导通顺序如下表，从而获得图 4.34 所示输出

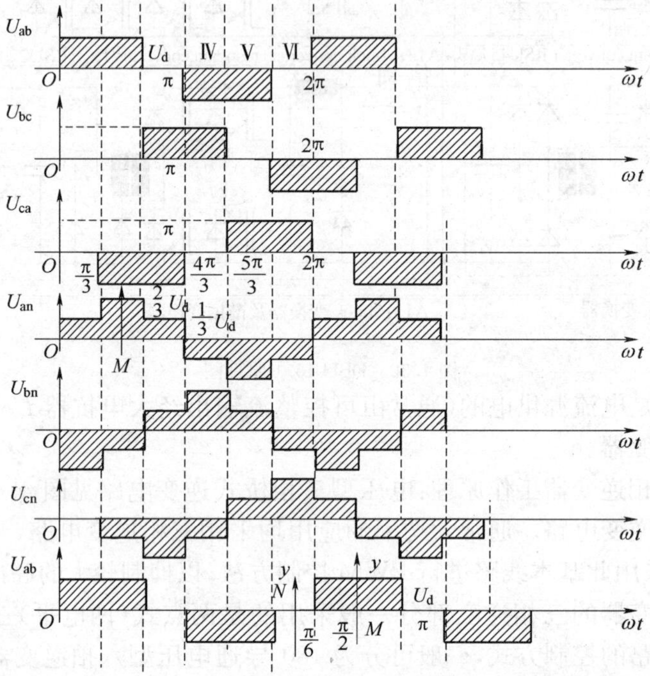


图 4.34 输出电压波形

电压波形：

$$U_{ab}=U_{an}-U_{bn}$$

$$U_{bc}=U_{bn}-U_{cn}$$

$$U_{ca}=U_{cn}-U_{an}$$

其基波分量彼此之间相差 120°。

**表 4.6 180°导电类型中每个开关管的驱动信号**

| $\omega t$ | T1 | T2 | T3 | T4 | T5 | T6 |
|---|---|---|---|---|---|---|
| 0 ～ π/3 | ● | | | | ● | ● |
| π/3 ～ 2π/3 | ● | ● | | | | ● |

续上表

| $\omega t$ | T1 | T2 | T3 | T4 | T5 | T6 |
|---|---|---|---|---|---|---|
| $2\pi/3 \sim \pi$ | ● | ● | ● | | | |
| $\pi \sim 4\pi/3$ | | ● | ● | ● | | |
| $4\pi/3 \sim 5\pi/3$ | | | ● | ● | ● | |
| $5\pi/3 \sim 2\pi$ | | | | ● | ● | ● |

逆变器的负载可以按星形或三角形连接。当负载为三角连接时，相电流根据负载的性质很容易求得，线电流由相电流计算而得。当负载为图 4.33 所示的星形接法时，须先求出负载的相电压，才能求出线电流。在 180°导电类型中，一周期有六种导电模式（开关状态），如表 4.7 所示。模式Ⅰ表明 T5、T6、T1 同时导通的情况，$Z_b$ 与电源负极接通，$Z_a$ 和 $Z_c$ 与电源正极接通；故 $U_{bn}=-2/3\ U_d$，$U_{an}=U_{cn}=1/3\ U_d$。模式Ⅱ表明 T6、T1、T2 同时导通的情况，$Z_a$ 与电源正极接通，$U_b$ 和 $U_c$ 与电源负极接通；故 $U_{an}=2/3U_d$，$U_{bn}=U_{cn}=-1/3U_d$。模式Ⅲ表明 T1、T2、T3 同时导通的情况，$Z_c$ 与电源负极接通，$Z_a$ 和 $Z_b$ 与电源正极接通，故 $U_{cn}=2/3U_d$，$U_{an}=U_{bn}=1/3U_d$。以此类推，每一种导电模式都对应着一个导电区间。不论负载为阻性、感性还是容性，相电压 $U_{an}\sim U_{cn}$ 在一个周期中每 60°就发生一次电平的变化，形成更加接近正弦的六阶梯波。

**表 4.7　180°导电类型中六种导电模式**

| 模式 | | Ⅰ<br>$0 \sim \pi/3$ | Ⅱ<br>$\pi/3 \sim 2\pi/3$ | Ⅲ<br>$2\pi/3 \sim \pi$ | Ⅳ<br>Ⅱ $\sim 4\pi/3$ | Ⅴ<br>$4\pi/3 \sim 5\pi/3$ | Ⅵ<br>$5\pi/3 \sim 2\pi$ |
|---|---|---|---|---|---|---|---|
| 导通管号 | | 5、6、1 | 6、1、2 | 1、2、3 | 2、3、4 | 3、4、5 | 4、5、6 |
| 等值电路 | | 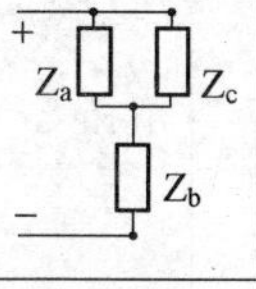 | 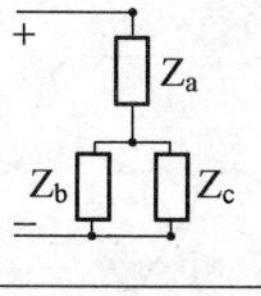 | 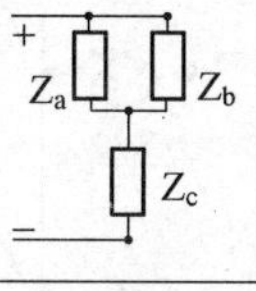 | 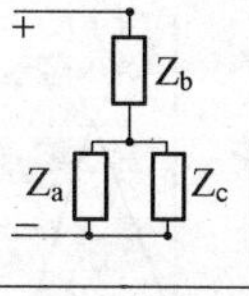 | 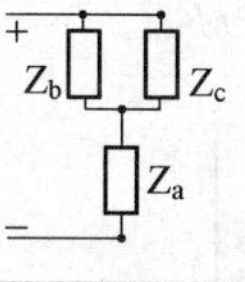 | 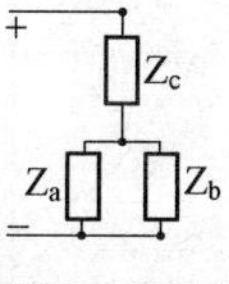 |
| 相电压 | $u_{ab}$ | $+U_d/3$ | $+2\ U_d/3$ | $+\ U_d/3$ | $-U_d/3$ | $-2\ U_d/3$ | $-U_d/3$ |
| | $u_{bc}$ | $-2\ U_d/3$ | $-U_d/3$ | $+\ U_d/3$ | $+2\ U_d/3$ | $+\ U_d/3$ | $-U_d/3$ |
| | $u_{ca}$ | $+\ U_d/3$ | $-U_d/3$ | $-2\ U_d/3$ | $-U_d/3$ | $+\ U_d/3$ | $+2\ U_d/3$ |
| 线电压 | $u_{an}$ | $+\ U_d$ | $+\ U_d$ | 0 | $-U_d$ | $-U_d$ | 0 |
| | $u_{bn}$ | $-U_d$ | 0 | $+\ U_d$ | $+\ U_d$ | 0 | $-U_d$ |
| | $u_{cn}$ | 0 | $-U_d$ | $-U_d$ | 0 | $+\ U_d$ | $+\ U_d$ |

（1）宽调制（PWM）电压型逆变器的工作原理

随着全控型高频率大功率的新型功率器件的不断出现和成熟以及微机控制的发展，为 PWM 型控制技术的发展创造了有利条件，现在大量应用的逆变电路中多数都是 PWM 型逆变电路，且多是电压型的。见图 4.35 所示，该电路图就是典型的辅助逆变器中的三相逆变部分，它的控制采用的是双极性 PWM 的控制方式。

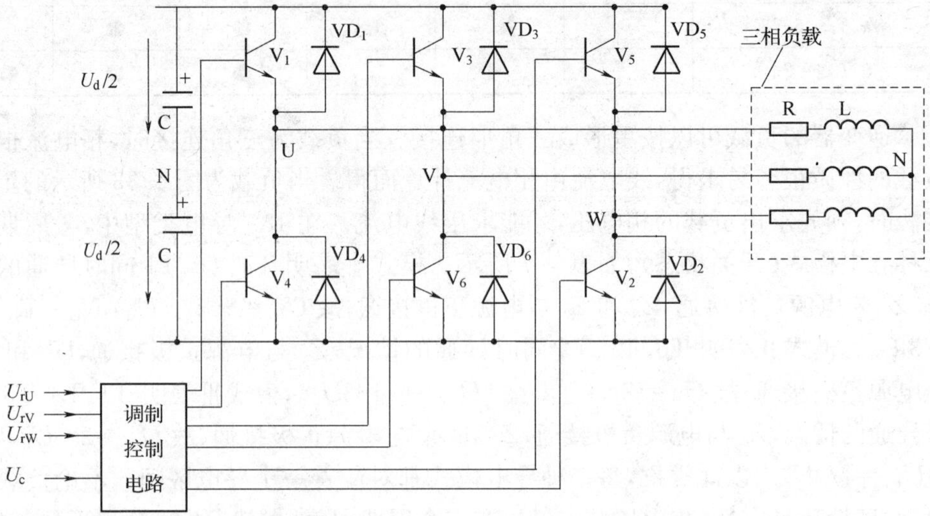


图 4.35 典型三相逆变原理图

PWM 型变频电路的基本原理

根据采样控制理论，冲量(脉冲面积)相等而形状不同的窄脉冲(见图 4.36 所示)分别加在具有惯性的环节上时，其输出相应波形基本相同，也就是说，尽管脉冲形状不同，但只要脉冲面积相等，其作用的效果基本相同。这就是 PWM 控制的重要理论依据。

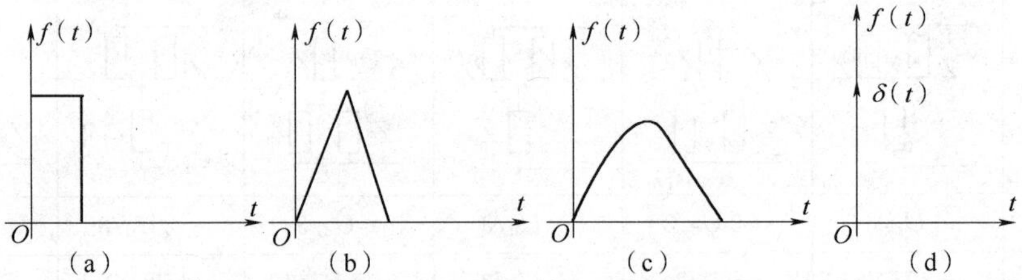


图 4.36 PWM 型变频电路的基本原理

见图 4.37 所示，将一个正弦半波划分成等宽的 6 块面积，然后用一列脉冲列来等效。该脉冲列的幅度相同，但宽度不一，面积与所对应的正弦半波面积相等，其作用效果基本相同；对于正弦负半波，用同样方法可得到 PWM 波形来取代正弦负半波。如果要获得不同的输出电压(即正弦波的幅值)，只要按同一比例改变脉冲的宽度即可。

• 单相桥式 PWM 变频电路工作原理

电路见图 4.38 所示。设负载为电感性，控制方法可以有单极性和双极性两种。

单极性 PWM 控制方式：

单极性 PWM 控制方式工作原理。按照 PWM 控制的基本原理，如果给定了正弦波频率、幅值和半个周期内的脉冲个数，PWM 波形各脉冲的宽度和间隔就可以准确地计算出来。依据计算结果来控制逆变电路中各开关器件的通断，就可以得到所需要的 PWM 波形。但是这种计算繁琐，较为实用的方法是采用调制控制，见图 4.38 所示，把希望输出的正弦波作为调制信号 $U_r$，把接受调制的等腰三角形作为载波信号 $U_c$。对逆变桥 $V_1$～$V_4$ 的控制方法如下：

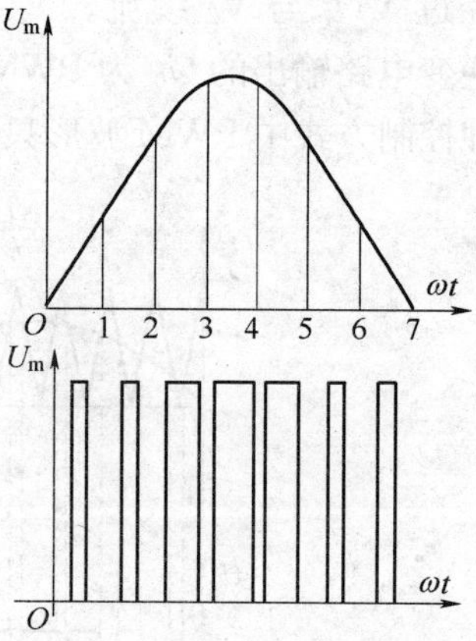

图 4.37 PWM 型变频电路的作用效果

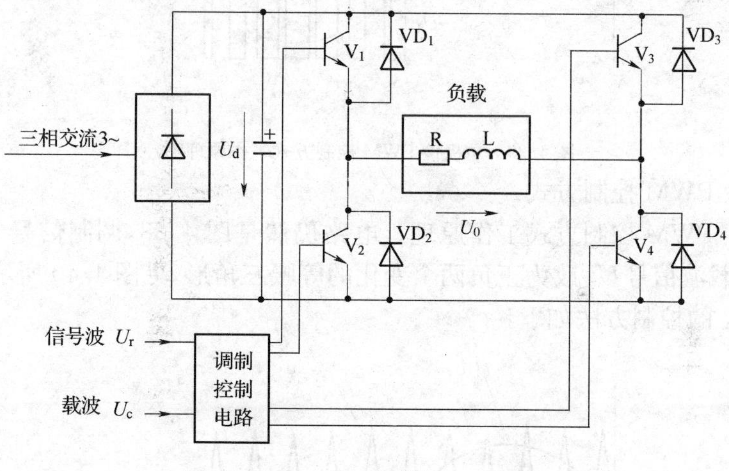

图 4.38 单相桥式 PWM 型变频电路

(1)当 $U_r$ 正半周时，让 $V_1$ 一直保持通态，$V_2$ 保持断态。在 $U_r$ 与 $U_c$ 正极性三角波交点处控制 $V_4$ 的通断，在 $U_r>U_c$ 各区间控制 $V_4$ 为通态，输出负载电压 $U_0=U_d$；在 $U_r<U_c$ 各区间控制 $V_4$ 为断态，输出负载电压 $U_0=0$，此时负载电流可以经过 $VD_3$ 与 $V_1$ 续流。

(2)当 $U_r$ 负半周时，让 $V_2$ 一直保持通态，$V_1$ 保持断态。在 $U_r$ 与 $U_c$ 负极性三角波交点处控制 $V_4$ 的通断，在 $U_r<U_c$ 各区间控制 $V_3$ 为通态，输出负载电压 $U_0=-U_d$；在 $U_r>U_c$ 各区间控制 $V_3$ 为断态，输出负载电压 $U_0=0$，此时负载电流

可以经过 $VD_4$ 与 $V_2$ 续流。

逆变电路输出的$U_0$为 PWM 波形,见图 4.39 所示,$U_{of}$为$U_0$的基波分量。由于在这种控制方式中 PWM 波形只能在一个方向变化,故称为单极性 PWM 控制方式。

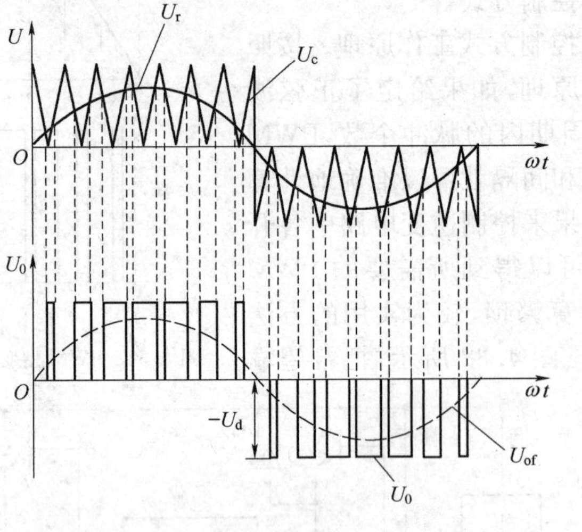


图 4.39 单极性 PWM 控制方式工作原理图

双极性 PWM 控制方式:

双极性 PWM 控制方式工作原理。电路仍然是图 4.38,调制信号$U_r$仍然是正弦波,而载波信号$U_c$改为正负两个变化的等腰三角形,见图 4.40 所示。对逆变桥 $V_1 \sim V_4$ 的控制方法如下:

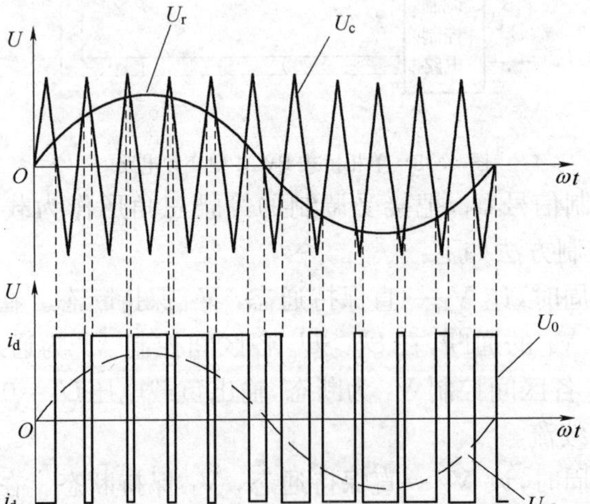


图 4.40 逆变电路输出的 PWM 波形

在 $U_r$ 正半周，当 $U_r > U_c$ 的各区间，给 $V_1$ 和 $V_4$ 导通信号，而给 $V_2$ 和 $V_3$ 关断信号，输出负载电压 $U_0 = U_d$；在 $U_r < U_c$ 的各区间，给 $V_2$ 和 $V_3$ 导通信号，给 $V_1$ 和 $V_4$ 关断信号，输出负载电压 $U_0 = -U_d$：这样逆变电路输出的 $U_0$ 为两个方向变化等幅不等宽的脉冲列。

在 $U_r$ 负半周，当 $U_r < U_c$ 的各区间，给 $V_2$ 和 $V_3$ 导通信号，而给 $V_1$ 和 $V_2$ 关断信号，输出负载电压 $U_0 = -U_d$；在 $U_r > U_c$ 的各区间，给 $V_1$ 和 $V_2$ 导通信号，给 $V_2$ 和 $V_3$ 关断信号，输出负载电压 $U_0 = -U_d$。

双极性 PWM 控制的输出 $U_0$ 的波形见图 4.40 所示，它为两个方向变化等幅不等宽的脉冲列。这种控制方式特点是：①同一半桥上下两个桥臂晶体管的驱动信号极性恰好相反，处于互补工作方式；②电感性负载时，若 $V_1$ 和 $V_4$ 处于通态，给 $V_1$ 和 $V_4$ 关断信号，则 $V_1$ 和 $V_4$ 立即关断，而给 $V_2$ 和 $V_3$ 以导通信号，由于电感性负载电流不能突变，电流减小感生的电动势使 $V_2$ 和 $V_3$ 不可能立即导通，而是二级管 $VD_2$ 和 $VD_3$ 导通续流，如果续流能维持到下一次 $V_1$ 和 $V_4$ 重新导通，负载电流方向始终没有变，$V_2$ 和 $V_3$ 始终未导通。只有在负载电流较小无法连续续流情况下，在负载电流下降至零，$VD_2$ 和 $VD_3$ 续流完毕，$V_2$ 和 $V_3$ 导通，负载电流才反向流过负载。

• 三相桥式 PWM 变频电路的工作原理

电路图见图 4.35 所示。三相调制信号 $U_{ru}$、$U_{rv}$、和 $U_{rw}$ 为相位依次相差 120° 的正弦波，而三相载波信号是共用一个正负方向变化的三角形波 $U_c$，见图 4.41 所

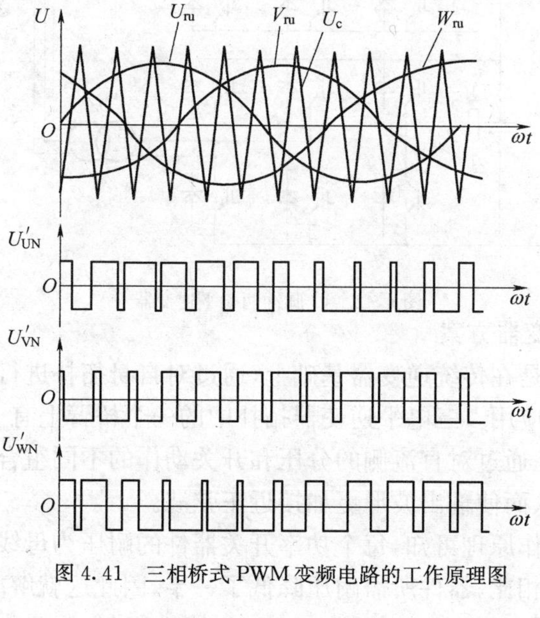


图 4.41　三相桥式 PWM 变频电路的工作原理图

示。U、V 和 W 相自关断开关器件的控制方法相同，以 U 相为例：在 $U_{ru}>U_c$ 的各区间，给上桥臂电力晶体管 $V_1$ 以导通驱动信号，而给下桥臂 $V_4$ 以关断信号，于是 U 相输出电压相对直流电源 $U_d$ 中性点 N′为 $U'_{un}=U_d/2$。在 $U_{ru}<U_c$ 的各区间，给 $V_1$ 以关断信号，$V_4$ 为导通信号，输出电压 $U'_{un}$ 波形就是三相桥式 PWM 逆变电路 U 相输出的波形(相对 N′点)。V 相和 W 相的控制方式和 U 相相同。

**3. 辅助逆变系统电路拓扑**

(1) 12 脉冲方案

两路逆变加变压器构成的 12 脉冲方案电路拓扑见图 4.42 所示。以 1 500 V 供电为例，其 IGBT 的电压等级为 1 700 V，工作时开关频率低，波形质量好，串入小型滤波器就可获得满意的输出波形，而且可降低噪声。但这种方案所用开关器件是其两电平方案的两倍，成本高，目前，香港地铁、北京国产化地铁、南京国产化地铁车辆用辅助逆变器均是采用 12 脉冲控制技术，尽管该技术有上述所说的开关频率低、波形质量好、损耗小等优点，但是主电路复杂、功率器件多，特别是变压器设计制造复杂，单位功率体积质量大，在功率较大和输入电压变化范围大的场合，这一缺点更加突出，目前，不趋向于采用此方案。

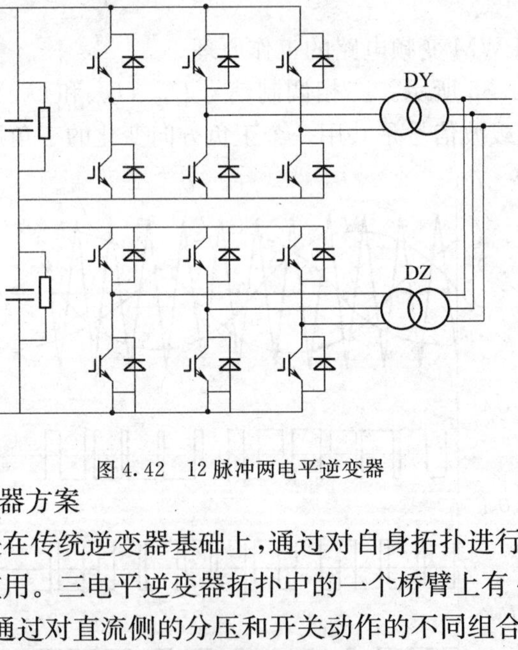


图 4.42 12 脉冲两电平逆变器

(2) 三电平逆变器方案

三电平逆变器是在传统逆变器基础上，通过对自身拓扑进行的改进，用来实现高压大功率场合的应用。三电平逆变器拓扑中的一个桥臂上有 4 个电力半导体器件，见图 4.43 所示，通过对直流侧的分压和开关动作的不同组合，可以实现桥臂电压的多电平输出，从而使输出波形更加接近正弦波。

从三电平的工作原理可知，每个功率开关器件的耐压为母线电压的一半，与传统的两电平逆变器相比，器件所需耐压降低了一半，因此这就解决了功率开关器件

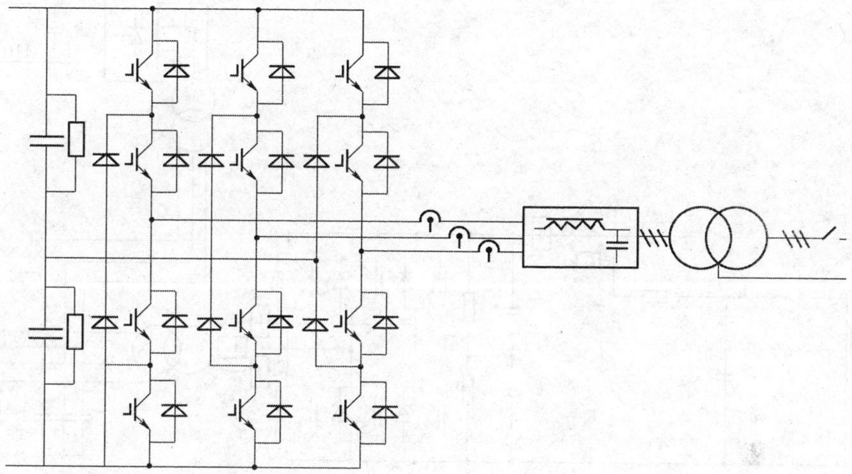

图 4.43　二极管中点钳位式二电平逆变器

对高压大功率能量变换的限制障碍。

此外，三电平逆变器较之两电平逆变器还具有：输出波形谐波更小、减少输出电压波形畸变(THD)、减小输出滤波电抗器体积、开关频率降低、开关损耗小等诸多优点。

但是，这种方案同 12 脉冲方案类似，所用开关器件是其他方案的两倍，成本高，由于功率器件的增加，也增加了三电平逆变器的控制难度，考虑到器件数量的多少以及体积质量等因素，也不趋向于采用此方案。

(3)工频变压器隔离方案

此方案采用的是两点式逆变器直接逆变，逆变之后采用的是工频变压器进行隔离，110 V 控制电源亦是通过工频变压器隔离后整流滤波得到，电路拓扑见图 4.44 所示。

逆变器加滤波器直接逆变与工频变压器隔离，以 1 500 V 供电为例，如采用直接二点式逆变器方案，就要求采用电压等级 3 300 V 的 IGBT，逆变器输出经过三相滤波后，同时三相交流电压经变压器和整流后，可实现电源的多路直流输出。这种方案主电路简洁，只有 6 个高压 IGBT(或 IPM)构成逆变部分，这种电路的特点是电路结构简单、元器件使用数量少、控制方便。缺点是逆变器电源输出电压容易受电网输入电压的波动影响，输出的电压品质因数差、谐波含量大、负载使用效率低，为提高供电质量，满足规定的总谐波畸变系数，改善输出波形，必须在直流侧以及变压器原边串入较高要求、较重的滤波器，滤波器质量体积大同时也是噪声源。

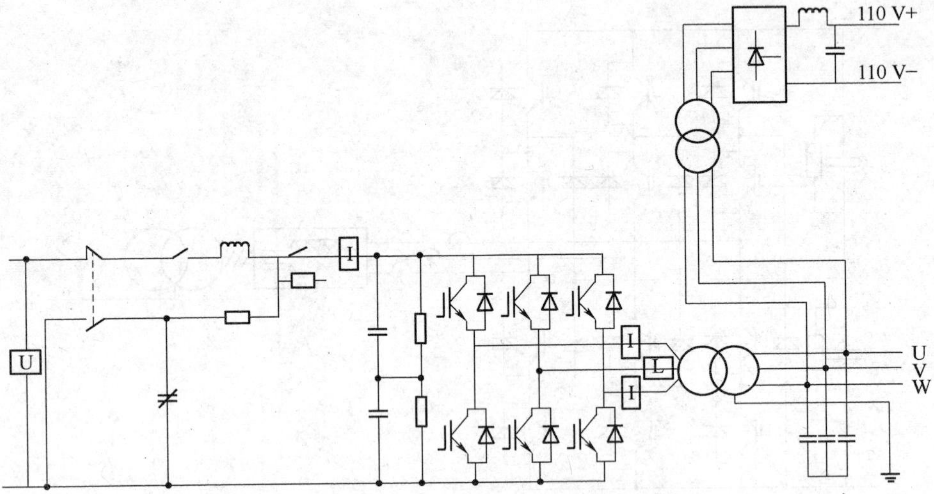


图 4.44 直接逆变与工频变压器隔离方案

(4)高频变压器隔离方案

高频变压器隔离方案电路拓扑结构见图 4.45 所示。

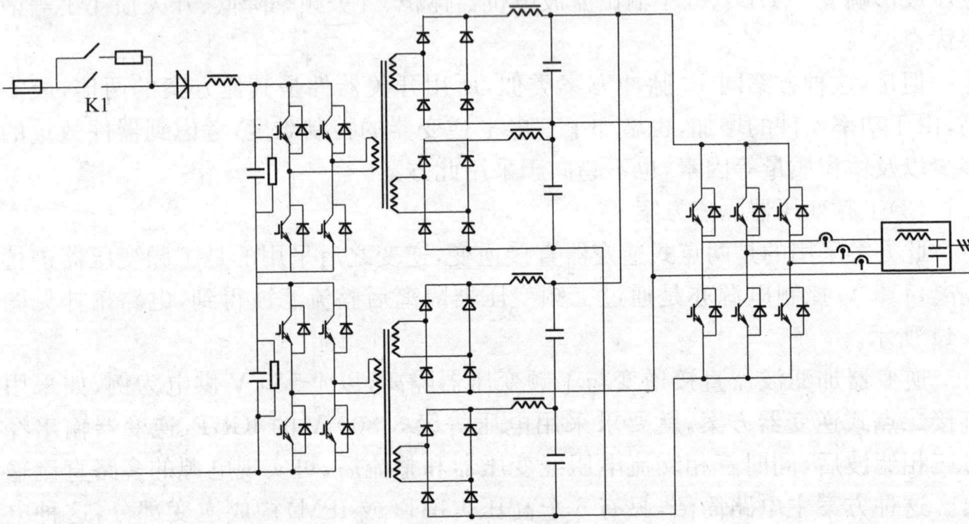


图 4.45 高频变压器隔离方案

直—直变换和高频变压器隔离方案，从减轻质量角度看，是较为理想的。此方案在逆变器直流输入侧加入带高频变压器隔离的 DC/DC 变换电路，直流 DC 110 V控制电源，也采用直—直变换器来实现，独立于 AC 380 V 变换电路，输出电压不仅稳压精确，纹波度都达到很高要求，而且可靠性不依赖于 AC 380 V 变换电路,与静止辅助逆变器无关,也就不受逆变器故障的影响,有一定的好处。其缺点是可靠性较前两种方案要差。如上海地铁2号线车辆静止辅助逆变系统,采用高频变压器与逆变器方案,开关频率为6.20 kHz,虽然输出波形很好地接近正弦波,但由于开关频率高,开关损耗大大增加,致使寿命下降。目前上海地铁2号线交流传动车辆上这类辅助逆变器经常出现故障。为此,若采用12脉冲波形,如上海地铁一号线直流传动车辆上的辅助逆变器采用的是12脉冲方案,其开关频率可大为下降,输出波形也已接近正弦波,然而开关损耗大为下降,模块寿命显著提高,尽管已使用了近10年,其故障率仍然很低。

## 4.3 上海地铁AC01/AC02型电动列车辅助逆变器介绍

AC01/AC02型电动列车辅助逆变器采用的是DBU15静态逆变器,主要分为DBU15.1和DBU15.2。

辅助逆变器DBU15.1将接触网供给的DC 1 500 V电压转变为三相电压(3/N 50 Hz,AC 380/220 V)和充电电压。2个DBU15.1独立对2个三相四线电源系统供电。照明系统、插头等均与这2个电源连接。如1个DBU15.1故障,另一个逆变器为所有用电器供电(电压受限)。DBU15.1还产生DC 110 V电源,用于对车载蓄电池充电并作为其他车载DC负载供电。该逆变器安装在A车上。

辅助逆变器DBU15.2将接触网电压转变为三相AC 380 V电压。DBU15.2各自形成3相供电网络(50 Hz 380 V),负责对空调系统供电。其中B车提供本单元每节车Ⅱ位端空调机组供电,C车提供本单元每节车Ⅰ位端空调机组供电。该逆变器安装在B、C车上。

DBU15.1和DBU15.2的机械设计是相同的,两种类型逆变器装载的模块是有区别的。DBU15.2没有应急电池(A16)和电感器(L2)。他们的共同点是:模块净重75 kg;散热器和一些元件(如:电容和电磁元件)均安装在标准架上;逆变器采用整体化设计,便于更换。箱体有便于运输的吊装块。

逆变器采用强迫对流冷却方式。外部空气通过维修盖进入箱中。水分离器是盖板的一个组成部分,防止水和雨滴进入逆变器箱。空气流经模块的散热器,各模块同时进行冷却。空气流经模块后,进入中心风道。风道中装有线路电感和升压变换器电感。风扇E1将空气从箱体后部排出。逆变器内部元件是密封的,只有热交换器、模块的电磁部件和风道是与外部空气接触的。为了尽可能延长应急电池(A16,只安装在DBU15.1中)的使用寿命,电池安放在箱的底部,采用外部空气冷却。辅助逆变器箱的表面温度在规定冷却条件(散热片除外)下不应超过60 ℃。

1 500 V 网压与 A11、A12 通过箱体后部的接头连接。DBU15.1 的 A13 与 110 V 电池连接。为了防止模块的误装，对所有的模块都进行了编码。

## 4.3.1 A 车辅助逆变器高压回路(DBU15.1)

静止逆变器 DBU15.1 产生三相四线 AC 380 V、50 Hz 电压和 DC 110 V 电压。

DC 1 500 V 通过输入滤波器输入 2 个谐振变换器(A11，A12)，谐振变换器与外界绝缘。

谐振变换器的输出电压 UD1X 是未经调节的：

UD1X 由 A14 的升压变换器进行调节，并作为 DC 电压 UD2X。调节后的电压给 A14 的脉冲控制逆变器供电；

UD1X 由 A13 的降压变换器进行调节，作为 DC 电压 UD3X。调节后的电压为蓄电池提供 DC 110 V，并与另一个谐振变换器绝缘。

主回路的重要部件参照结构见图 4.46。

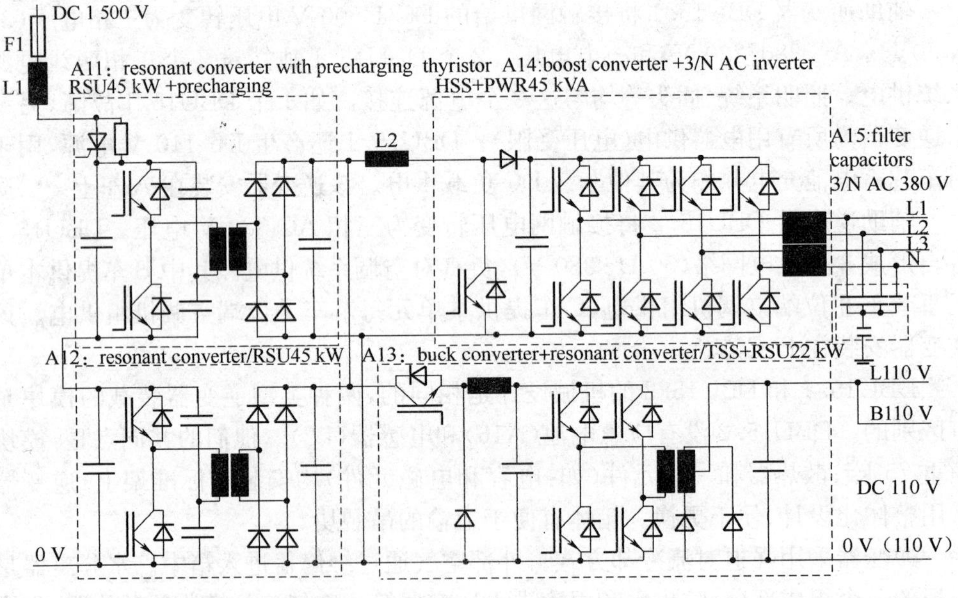


图 4.46 DBU15.1 电路拓扑结构

### 1. 谐振变换器 A11，A12

• A11：45 kW 谐振变换器，预充电；

谐振变换器带有预充电设备(预充电电阻和晶闸管)；

• A12：45 kW 谐振变换器；

• 2个变换器(A11,A12)串联连接;
• 模块装有变换器和线路电容(0.8 mF);
• 开关频率:20 kHz;
• 获得未经调节的输出电压UD1X:DC 300～600 V;
• 软开关,开关损耗小。

**2. 降压变换器与谐振变换器A13**

降压变换器

• 未经调节的输入电压:DC 300～600 V;
• 调节后的DC电压:约DC 280 V;
• 开关频率:约5 kHz;
• 模块上装有DC电抗器。

谐振变换器

• 输出电压:DC 124 V;
• 额定电压下的输出功率:22 kW;
• 10 min短时功率:30 kW;
• 调节后的输入电压:约DC 280 V;
• 模块上装有变换器;
• 开关频率:20 kHz;
• 软开关,开关损耗小。

输出电流

• DC 180 A持续输出;
• DC 240 A 10 min输出。

**3. 升压变换器和脉冲控制逆变器A14**

升压变换器

• 未经调节的输入电压:DC 300～600 V;
• DC电压经过调节:DC 620 V;
• 开关频率:5 kHz;
• 升压变换器的电感位于冷却风道内。

脉冲控制逆变器3/N AC 380 V,三相四线变换器

• 调节后的输入电压:DC 620 V;
• 输出电压:3/N AC 380 V;
• 正弦波形;
• 开关频率:约6 kHz;
• 模块上装有四相滤波电感。

**4. 应急电池 A16**

每个 DBU15.1 均有 1 组应急电池，以备蓄电池亏电时启动。这组电池由 9 个 12 V 蓄电池构成。这组电池通过 R1 充电，通过二极管 V1 供电。这个回路布置在控制单元(A101)的背面。插头 X3 是控制单元的接头，插头 X1 是单元的外部插头。输出端 NS110 V 向用电器供电，包括逆变器控制单元在内总输出功率不超过 150 W。

当蓄电池发生故障时也能启动逆变器，而不需依赖于邻车的帮助，应急电池完全自动地达到这样的程度：当蓄电池没有足够的功率来启动系统，由一个独立的应急电池 A16 "自举"受电弓，直到低压电源装置能输出足够的控制功率来取代自举电源，但是这个自举功能的时间在低压电源装置输出保持在低位时不得超过 1 min。

**5. 其他部件**

- A15：子系统滤波电容；
- A17，U1：电流传感器用于车载电池充电监控；
- A18，U1：输入电压传感器；
- A101：逆变器控制单元；
- E1：单元风扇；
- F1：160 A 主熔路器；
- L1：5 mH 线路电感；
- L2：升压变换器电感(只用于 DBU15.1)。

### 4.3.2 B 车辅助逆变器高压回路(DBU15.2)

静止逆变器 DBU15.2 产生三相 AC 380 V，50 Hz。

DC 1 500 V 经过输入滤波器，与 2 个谐振变换器(A11，A12)连接。谐振变换器相互绝缘。谐振变换器的输出电压 UD1X 未经调节，由 A13 的升压变换器调节为 DC 电压 UD2X。调节后的电压输入到脉冲控制逆变器(A14)。

主回路的拓扑结构如图 4.47 所示。

DBU15.2 未装有应急电池(A16)，并省略了升压变换器的电感器 L2。

**1. 谐振变换器 A11，A12**

- A11：45 kW 谐振变换器，预充电；

谐振变换器带有预充电设备(预充电电阻和晶闸管)；

- A12：45 kW 谐振变换器；
- 2 个变换器(A11，A12)串联连接；
- 模块装有变换器和线路电容(0.8 mF)；

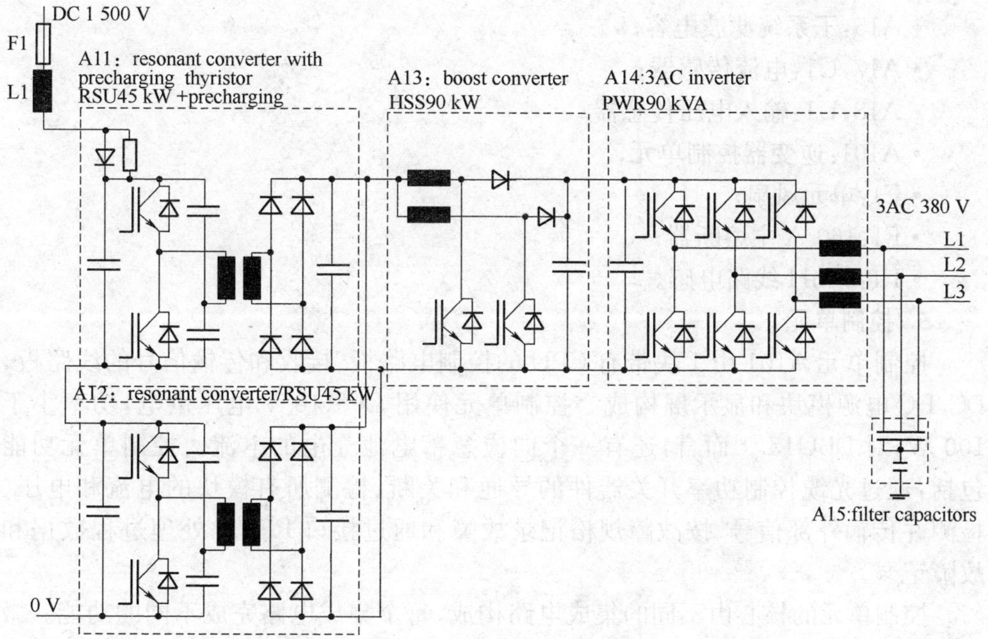


图 4.47　DBU15.2 结构

- 开关频率：20 kHz；
- 未经调节的输出电压：DC 300～600 V；
- 软开关，开关损耗小。

**2. 升压变换器 A13(90 kW)**

- 2 个并联的升压变换器；
- 未经调节的输入电压：DC 300～600 V；
- 经过调节的 DC 电压：DC 620 V；
- 开关频率：5 kHz；
- 升压变换器装有电感。

**3. 脉冲控制逆变器 A14(90 kV·A)**

- 脉冲控制逆变器 3/N AC 380 V，三相四线逆变器；
- 调节后的输入电压：DC 620 V；
- 输出电压：3/N AC 380 V；
- 正弦波形；
- 开关频率：约 6 kHz；
- 模块上装有 3 相滤波电感。

**4. 其他部件**

- A15:子系统滤波电容;
- A17,U1:电流传感器;
- A18,U1:输入电压传感器;
- A101:逆变器控制单元;
- E1:单元风扇;
- F1:160 A 主熔断器;
- L1:5 mH 线路电感。

**5. 控制单元**

控制单元A101由1块带有CPU的控制电路板、接收和传输信号的线路板、DC/DC电源模块和显示屏构成。控制单元使用DC 110 V电压供电,功率小于100 W,对DBU15.1而言,还有一个向应急蓄电池充电的电流。控制单元功能包括:通过光缆控制功率开关器件的导通和关断、检测所有模块的电流和电压、检测并传输外部信号、按故障规格记录故障和通过接口RS232处理过程数据和故障记录。

控制单元的核心由不同的集成电路构成,每个集成电路完成不同的功能。微控制器80C167控制静止逆变器的工作,限定调节的数值,记录过程数据并产生三相变换器的控制信号。逻辑网络序列(LCA)可提供快速保护并产生谐振变换器的控制信号。数字信号处理器(DSP)对升压和降压变换器进行调节。软件可以下载到相应的快速存储器内。

控制单元具有以下接口:

- 6个彼此绝缘的数字量输入通道;
- 6个不绝缘的数字量输入通道;
- 4个彼此绝缘的数字量输出通道(继电器);
- 4个不绝缘的数字量输入通道;
- 24个由光缆控制的数字量输出通道;
- 14个电流和电压传感器的输入通道。

**1. DBU软件**

DBU15.1和DBU15.2的控制单元的部件和应用软件是相同的。启动时控制单元检测DBU的X1插头是否有信号。"H"表示选择与输入信号对应的DBU;"H"和"L"同时输入会导致1个持续性故障。

DBU15.1与DBU15.2的软件在LCA程序和80C167的程序结构上有差别,参见表4.8所示。

表 4.8　结构差别

| 设　备 | 信　号 | 控制脚 |
|---|---|---|
| DBU15.1 | DBU15－1 | X2:A24 |
| DBU15.2 | DBU15－2 | X2:A26 |

**2. DBU 与列车控制的信号**

列车控制和联络系统通过信号线联接。

信号线主要传输以下信号，参见表 4.9 所示。

表 4.9　信号线主要传输以下信号

| 类　型 | 名　称 | 含　义 | 控制输入脚 | 备　注 |
|---|---|---|---|---|
| 输入 | ON | DBU 运行 | X3:C02 | |
| 输出 | /MSTOE | 故障信号 | X3:A10/A12 | |
| 输出 | MLF | 可以加载信号 | X3:A06/A08 | |
| 输出 | /BSTOE | 电池故障 | X3:A14/A16 | 只用于 DBU15.1 |

(1)启动(Command On)指令

Command On 指令为"H"时，控制器得电。当控制器得电并且内部启动过程完成，控制器释放，单元平稳启动。

信号一旦发生中断，升压变换器的输入谐振变换器、降压变换器和电池谐振变换器的控制脉冲就都被屏蔽，DBU 就被关闭。而 3 相 AC 变换器将继续工作以降低 DC 线路的电压，只有当 UD2X 低于 UD2_M1N 时，脉冲控制逆变器才会被切断。

DBU 切断 4 s 后，内部监控功能才会回复到初始状态，启动信号才会被接受。

如启动信号是"H"，那么 DBU 就启动。如启动信号是"L"，那么 DBU 就会关闭。

(2)信息

信号含义如下：

/MSTOE:DBU 产生了一个连续性故障就会发出这个信号。同时逆变器前部的控制灯 H1 会熄灭，控制单元 A101 的线脚 X1:E24 中断。

过程:正常操作时:继电器触头闭合;故障时:继电器粘滞。

MLF:脉冲控制逆变器完成启动过程后，得到可以加载信号。当电压 UD2X 低于 UD2－MLF－AUS，MLF 关闭。

过程:当电压超过 UD2－MLF－AUS 时，继电器动作。

/BSTOE:任何与蓄电池充电器 A13 有关的故障，均可引发此信号。

过程:正常操作时:继电器触头闭合;故障时:继电器粘滞。

(3)命令和信号的处理过程

在不同的操作状态、指令和命令(/MSTOE,MLF,ON )下,系统的描述也是不相同的。当系统没有故障时,继电器触头/MSTOE 和/BSTOE 闭合,这样就可以检测电路是否中断。电池故障信号/BSTOE 没有显示,因为/MSTOE 时,控制单元开启后,故障信号切换到"H",表明系统没有故障(见图 4.48)。

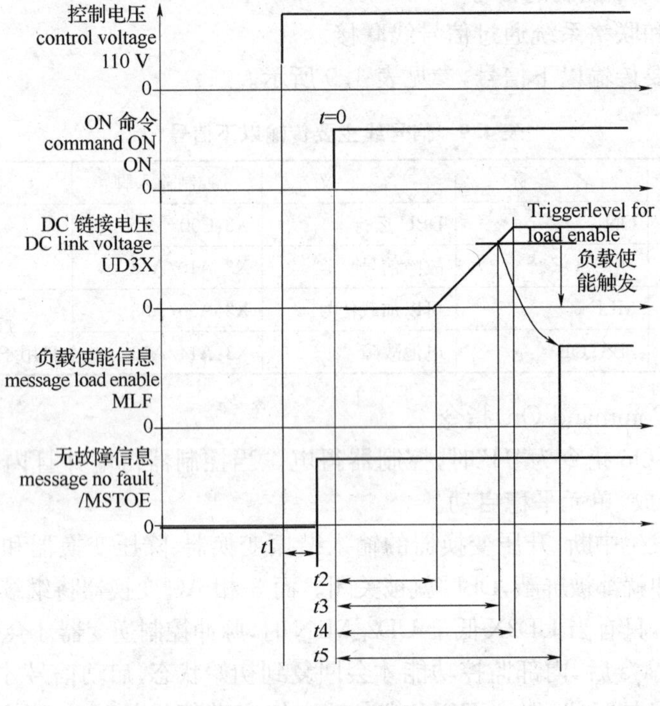


图 4.48 DBU 的打开和启动

时间段说明:

• $t1$:DBU 控制器初始化。DBU 处理所有的内部过程,清除或处理故障信号。$t1$ 时间段后,信号"ON"输出。

• $t2$:DBU 开始输出电压。

• $t3$:3 相输出电压达到触发值。

• $t4$:DBU 的启动过程完成。

• $t5$:UD3X 达到触发值,延时继电器动作,MLF 触点闭合。

• $t6$:逆变器延时关闭。

DBU 故障导致连续性故障,继电器/MSTOE 释放(见图 4.49 所示)。

指令 ON 与 DBU 110 V 控制电源切断的时间差,是 DC 电路放电时间。$T6$ 与负载有关(见图 4.50 所示)。

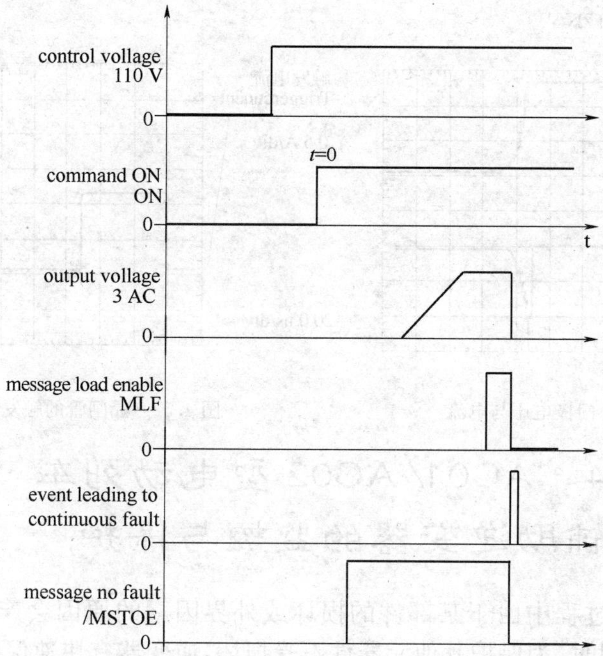


图 4.49　出现故障信号时 DBU 的打开和启动

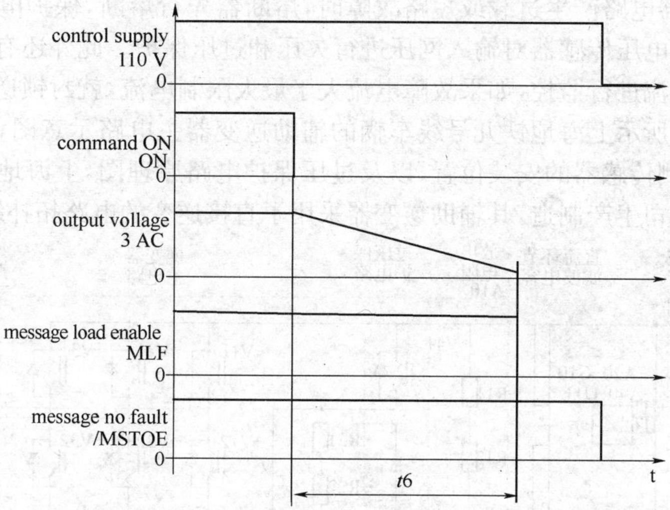


图 4.50　DBU 的关断

### 3. IGBT 与晶闸管的控制信号

控制信号用于控制 IGBT（A11、A12 的 V1 和 V2）和 A11 的晶闸管 V3，见

图 4.51～图 4.52 所示.

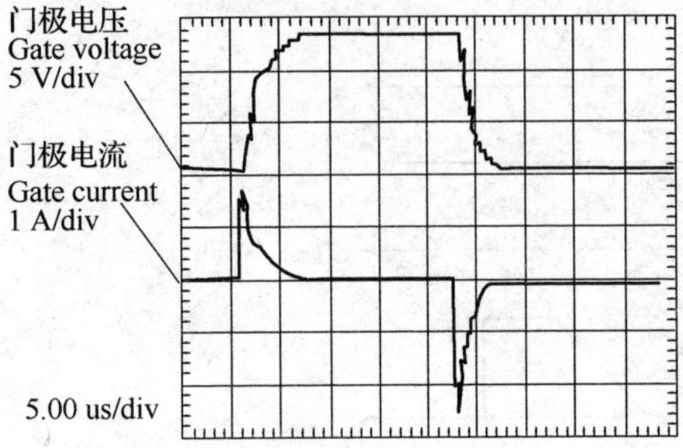


图 4.51　IGBT 门极电压与电流

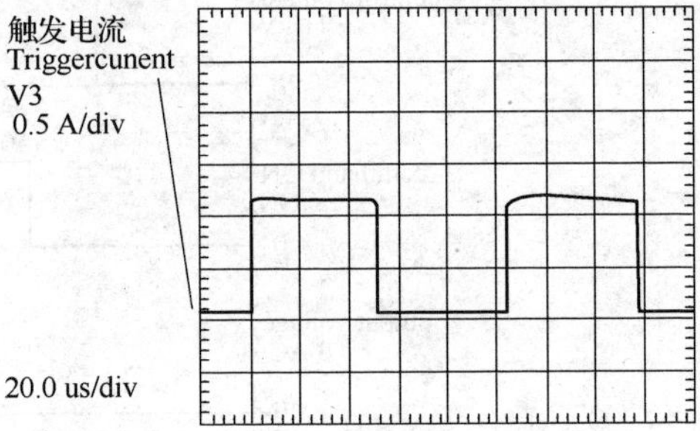


图 4.52　晶闸管的触发电流

## 4.4　AC01/AC02 型电动列车辅助逆变器的监控与保护

逆变器在运行过程中由于某部件的损坏或外界因素的原因会产生一系列故障，在故障产生的同时，为保护其他元器件不受损坏，逆变器有快速保护功能，将整个逆变器系统全面封锁，使逆变器的损坏程度降到最低。如在电网输入端接有熔断器，当逆变器电路产生过载或短路故障时，熔断器先行熔断，保护电路和电气元件。还可通过电压传感器对输入网压进行欠压和过压保护。此外还有霍尔电流传感器对输出电流进行监控，如果故障电流大于最大限制电流，就封锁逆变器进行保护，见图 4.53 所示上海地铁九号线车辆的辅助逆变器主电路示意图，图中给出了电压、电流检测传感器的安装位置，以及过压保护电路原理图，上海地铁九号线车辆为庞巴迪公司生产制造，其辅助逆变器采用了直接逆变的电路拓扑结构，上海地

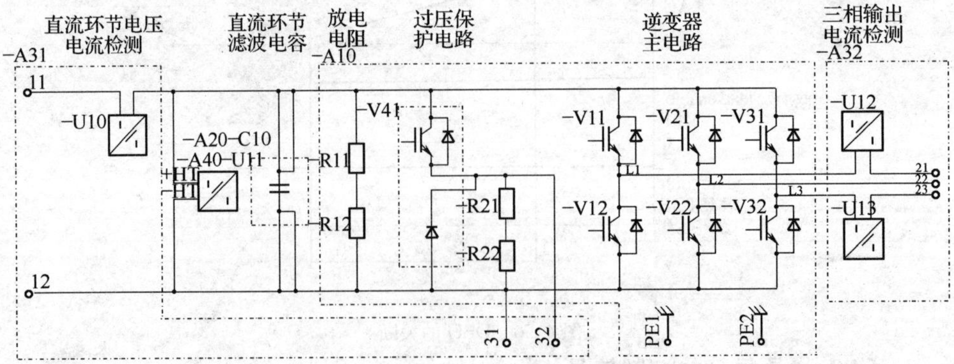


图 4.53　上海地铁九号线 ACM 主电路示意图

铁 AC01/AC02 车辆辅助逆变器采用的拓扑结构为高频变压器隔离结构，本书此处以上海地铁 AC01/AC02 车辆辅助逆变器为例进行辅助逆变器监控和保护措施的分析。

### 4.4.1　信号和变量

表 4.8 给出字母的含义列表，表 4.9 给出信号与变量的说明。

**表 4.8　字母的含义**

| 首位字母 | 第二位字母 | 其　他 | 含　义 |
|---|---|---|---|
| B | B | | 电池 |
| I | | | 电流 |
| M | | | 信号 |
| N | | | 变量 |
| T | | | 时间 |
| U | | | 电压 |
| | E | | 输入 |
| | H | | 升压变换器 |
| | T | | 降压变换器 |
| | TR | | 变换器 |
| | | MAX | 上限 |
| | | MAX－MAX | 上限，上公差 |
| | | MAX－MIN | 上限，下公差 |
| | | MIN | 下限 |
| | | MIN－MAX | 下限，上公差 |
| | | MIN－MIN | 下限，下公差 |
| | | W | 需要的数值 |
| | | X | 实际数值 |

**表 4.9　信号与变量的说明**

| 名　称 | 含　义 |
|---|---|
| /BSTOE | 电池故障 |
| /MSTOE | 信号故障 |

续上表

| 名　称 | 含　义 |
| --- | --- |
| DelUd2Ud1 | UD2 与 UD1 的允许偏差 |
| DelUd3Ub | UD3 与 UB 在不同变换比率下的允许偏差 |
| DelUeUd1 | UE 与 UD1 在不同变换比率下的允许偏差 |
| F1 | 保险丝 F1 |
| H1 | 信号二极管 |
| IB—MAX—DA | 电池最大持续电流 |
| IB—MAX—KZ | 电池最大短时电流 |
| IESX | 电流接地故障监控实际数值 |
| IH—MAX1 | 升压变换器最大电流，由控制器限制 |
| IH—MAX2 | 升压变换器峰值电流 |
| IH—MAX3 | DBU15.2 的升压变换器最大持续电流 |
| IHX | 升压变换器的实际电流 |
| IT—MAX—DA | 降压变换器的最大持续电流 |
| IT—MAX—KZ | 降压变换器短时最大电流 |
| IT—MAX2 | 峰值电流 |
| IT—MAX3 | 降压变换器最大电流，持续性电流监控 |
| ITR—MAX1 | 工作时，变换器最大电流 |
| ITR—MAX2 | 启动时，变换器最大电流 |
| ITR1X | 谐振变换器 1 的实际电流 |
| ITR2X | 谐振变换器 2 的实际电流 |
| ITX | 降压变换器的实际电流 |
| MLF | 信号可以载入 |
| N—IH—MAX2 | 升压变换器电流计算故障 |
| N—IT—MAX2 | 降压变换器电流计算故障 |
| N—ITR—MAX | 变换器电流计算故障 |
| T—IH—MAX2 | 峰值电流持续时间 |
| T—IH—MAX3 | DBU15.2 升压变换器固定电流持续时间 |
| T—IPM—AC | AC 脚的 IPM 故障持续时间 |
| T—IPM—DC | DC 脚的 IPM 故障持续时间 |
| T—IT—MAX1 | 电池充电时间限制 |
| T—IT—MAX2 | 峰值电流持续时间 |

续上表

| 名　称 | 含　义 |
|---|---|
| T—IT—MAX3 | 过流时间限制 |
| T—ITR—MAX | 峰值电流持续时间 |
| T—TH | A11 的晶闸管触发延时 |
| T—UB—MIN1 | 蓄电池电压限制 1 的最大时间偏差 |
| T—UB—MIN2 | 蓄电池电压限制 2 的最大时间偏差 |
| T—UD1—MAX | UD1 电压限制的最大时间偏差 |
| T—UD2—MAX | UD2 电压限制的最大时间偏差 |
| T—UD3—MAX | UD3 电压限制的最大时间偏差 |
| TA11 | 模块 A11 的温度开关 |
| TA12 | 模块 A12 的温度开关 |
| UB—MIN1 | 蓄电池电压低于电压限制 1 |
| UB—MIN2 | 蓄电池电压低于电压限制 2 |
| UB W | 需要的蓄电池电压 |
| UD1—MAX | UD1 电压过高 |
| UD1—MIN | UD1 电压过低 |
| UDIX | DC 线路 1 的实际电压 |
| UD2—MAX | UD2 电压过高 |
| UD2—MIN | UD2 电压过低 |
| UD2—MLF—AUS | MLFUD2 电压 |
| UD2—MLF—EIN | MLF 关闭的电压限制 UD2 |
| UD2 W | UD2 需要达到的电压 |
| UD2X | DC 线路 2 的实际电压 |
| UD3—MAX | UD3 过压限制 |
| UD3X | UD 线路 3 实际电压 |
| UE—MAX—MAX | 电压 UE 的最大值，关闭 |
| UE—MAX—MIN | 电压 UE 的最大值，运行 |
| UE—MIN—MAX | 电压 UE 的最小值，运行 |
| UE—MIN—MIN | 电压 UE 的最小值，关闭 |

### 4.4.2 预充电电阻的监控

线路电容通过充电电阻充电，这样与电路连接时，就可以防止线路电压过高造成损坏。充电完成后，充电电阻被晶闸管短接。充电电阻的短接控制取决于充电电压和时间。当电压处于允许范围内，T－TH 时间段后晶闸管就会触发。这样就可以产生输入谐振变换器的触发脉冲。

### 4.4.3 输入电压监控

电压传感器监控输入电压，以确保处于允许范围，否则，逆变器所有功率开关器件都会被屏蔽。在逆变器与高压线路和控制电压断开 5 min 内，所有电压降至 50 V 以下，参见表 4.10 所示。

输入电压过低：输入电压低于 1 000 V 时逆变器停机。当接触网电压恢复到至少 1 100 V 且持续 3 s 后，逆变器自动恢复工作。

输入过压保护：应能检测超过 DC 1 900 V 的输入电压（可能在 DC 1 850～2 000 V之间，通过换元件将值调节在这个范围内。当接触网电压降压至 DC 1 620 V并持续 3 s 后，逆变器自动恢复工作。

输入电压 UEX 满足以下条件，逆变器自动启动：

- TUEX－MIN 内，超过限定值 UE－MIN－MAX；
- TUEX－MAX 内，低于限定值 UE－MAX－MIN。

输入电压 UEX 满足以下条件，逆变器自动关闭：

- 低于限定值 UE－MIN－MIN＝MUKE－50；
- DBU15.2 中，T－UEX－MIN－B 内，低于限定值 UE－MIN－MAX－B；
- 高于限定值 UE－MAX－MAX＝MUEG＋50；
- 故障代码 E110　UEX 过压。

**表 4.10　输入电压监控变化**

| | |
|---|---|
| 欠压关闭 | UEX＜UE－MIN－MIN |
| DBU15.1 工作 | UEX ＞UE－MIN－MAX－A |
| DBU15.2 工作 | UEX ＞UE－MIN－MAX－B |
| 过压关闭 | UEX ＞UE－MAX－MAX |
| 过压工作 | UEX ＞UE－MAX－MIN |

### 4.4.4 输入谐振变换器的保护

静止逆变器的启动阶段，IGBT 触发信号的脉宽缓慢加宽，以平稳启动。否则由于电压 UD1 过低，会使得电流增大。

为了减小线路干扰，A12 的 IGBT 触发信号与 A11 的相差 90°。

A11/A12 的初级变换电流 ITR1X 和 ITR2X 由电流传感器测量。当电流超过 ITR－MAX 限定值，静止逆变器就会被屏蔽。而后系统自动重新启动。如果在时间 T－ITR－MAX 内重启次数超过 N－ITR－MAX，所有半导体被屏蔽，系统必须重启。

- 故障代码 E112 谐振变换器 1 过流；
- 故障代码 E113 谐振变换器 2 过流。

### 4.4.5 三相交流输出的监控与保护

如果 3 相 AC 逆变器或升压变换器的监控系统有响应，DBU15.1 的 DC 输出不会立即被影响。只有发生 1 个持续性故障，静止逆变器才会完全被屏蔽。

### 4.4.6 升压变换器的监控与保护

**1. 过流监控**

升压变换器的输入电流（DBU15.1 的 IHX；DBU15.2 的 IH1X 和 IH2X）由电流传感器监控。如果电流在 2 ms 内有 6 次超过 IH－MAX2，升压变换器会屏蔽 100 ms。如果电流在 T－IH－MAX2 时间段内发生次数超过 N－IH－MAX2，所有半导体元件会被屏蔽，直到控制单元重启。

当 T－IH－MAX3 时间段内，电流 IH1X 或 IH2X（不是 DBU15.1 的 IHX）超过 IH－MAX3，所有的半导体屏蔽，直到控制单元重启。

- 故障代码 E123　　IHX 过流（DBU15.2 的 IH1X）；
- 故障代码 E124　　IH2X 过流（DBU15.2）；
- 故障代码 E125　　IH1X 持续过流（DBU15.2）；
- 故障代码 E126　　IH2X 持续过流（DBU15.2）。

**2. 过压监控**

升压谐振变换器的输入电压 UD1X 由电压传感器监控。监控系统会显示 UD1X 是否高于 UD1－MAX。如果发生故障，2 个输入谐振变换器的控制脉冲会中断 100 ms。如果在 T－UD1－MAX 时间段内故障发生次数超过 N－UD1－MAX，所有半导体元件将被屏蔽，控制单元需要重新启动。

升压谐振器变换器的输出电压 UD2X 由电压传感器监控。监控系统会显示 UD2X 是否高于 UD2－MAX。如果发生故障，2 个输入谐振变换器的控制脉冲会中断 100 ms。如果在 T－UD2－MAX 时间段内故障发生次数超过 N－UD2－MAX，所有半导体元件将被屏蔽，控制单元需要重新启动。

- 故障代码 E114　　UD1X 电压过高；
- 故障代码 E115　　UD2X 电压过高。

### 4.4.7 直流输出的监控与保护

只有 DBU15.1 才具有 DC 输出的监控功能。

如果降压变换器或电池谐振变换器监控系统有响应,3 相 AC 输出不会立即受到影响。只有发生一个持续性故障,静止逆变器才会完全被屏蔽。

**1. 降压变换器的保护功能**

(1)过流监控

降压变换器的输出电流 ITX 由传感器探测。如电流在 2 ms 内 6 次超过 IT—MAX2;降压变换器的控制脉冲将屏蔽 100 ms。如在 T—IT—MAX2 内这种屏蔽发生次数超过 N—IT—MAX2,所有半导体元件被屏蔽,单元需要重启。

(2)过压监控

降压变换器的输出电压 UD3X 由传感器探测。监控系统会显示 UD3X 是否超过 UD3—MAX,如果发生该故障,降压变换器的控制脉冲将屏蔽 100 ms。如在 T—UD3—MAX 内这种屏蔽发生次数超过 3 次,所有半导体元件被屏蔽,单元需要重启。

故障代码 E119　　UD3X 电压过高。

**2. 电池的保护功能**

(1)电池充电压过低

电流传感器检测电池充电电流 IBX,监控系统判断 IBX 值是否超过最大充电电流 IB—MAX(参照 5.1.1.8“控制与调节过程”的“降压变换器的控制与调节过程”)。如果电池的充电电压大于 IB—MAX,充电时间超过 T—UB—MIN1,但电池电压没有达到 UB—MIN1,电池谐振变换器将被屏蔽,充电过程中断,逆变器需要重启。

电压传感器检测充电电压 UBX 在 T—UB—MIN2 后,是否低于 UB—MIN。如果发生这种情况,所有半导体元件被屏蔽,变换器需要重启。

故障代码 E131　　充电电压 UBX 过低。

(2)DC 输出全部电流

降压变换器输出端的电流传感器监控输出电流 1TX 在 T—IT—MAX3 内是否超过 IT—MAX3。如果发生这种情况,降压变换器将被屏蔽 10 s。如果120 s内这种屏蔽发生的次数超过 N—IT—MAX3,所有半导体元件将被屏蔽,控制单元需要重启。

故障代码 E130　　1TX 持续过流。

### 4.4.8　大功率开关器件的监控与保护

静止逆变器中的大功率开关器件指的是 IGBT 或 IPM。IPM 自身具有保护功能，而 IGBT 的保护功能由相应的门极控制单元执行。半导体元件发生故障将强行关闭辅助逆变器单元。

IGBT 和 IPM 的门极控制单元均向控制器传输 110 kHz 的信号。如果发生故障，信号将被中断。不同类型的故障采用不同波特率的中断，这样控制单元将可以检测到发生故障的半导体。

**1. IGBT 的监控**

输入谐振变换器(A11 和 A12)均装有 IGBT。IGBT 具有以下监控功能：

• 过电流监控；

• 供电电压监控。

监控系统的任何响应，IGBT 均会屏蔽相应的半导体元件，并中断校验返回信号。

如果有上述信号发生，所有的半导体元件被屏蔽，直到控制单元重启。

故障代码 E192 到 E195　　谐振变换器故障 AXX：Vx。

**2. IPM 的监控**

模块 A13 和 A14 上的升压变换器、3 相 AC 逆变器、降压变换器和电池谐振变换器都装有 IPM。IPM 具有以下监控功能：

• 过电流监控(校验返回信号中断时间 1 ms＜t＜2 ms)；

• 温度监控(校验返回信号中断时间 ＞2 ms)；

• 供电电压监控(校验返回信号中断时间 ＞2 ms)；

• 如果任何监控功能有响应，相应的半导体元件就会自动屏蔽。

如果升压变换器或 3 相 AC 逆变器发出上述信号，该逆变器就会被切断。5 s 后重启。如果信号不能重新设定或在 T－IPM－AC 内这种屏蔽发生的次数大于 N－IPM－AC，所有的半导体都被屏蔽，控制单元需要重启。

如果降压变换器或电池谐振变换器发出上述信号，该逆变器就会被切断。5 s 后重启。如果信号不能重新设定或在 T－IPM－DC 内这种屏蔽发生的次数大于 N－IPM－DC，所有的半导体都被屏蔽，控制单元需要重启。

故障代码 E150～E191　　(DBU15.1)；

故障代码 E160～E185　　(DBU15.1)。

### 4.4.9　辅助系统的冷却保护

**1. 辅助逆变器的冷却保护**

辅助逆变器主电路及控制单元中半导体元器件在工作中会产生热量，引起逆变器箱内的温度升高到逆变器设计时的最高温度时，为了保护逆变器中的元器件，逆变器将自动关断。

为了使逆变器能正常、可靠工作，在逆变器箱的设计时，充分考虑了通风冷却、通风风道的布置及冷却风扇的控制，使其工作在允许的工作温度中。

逆变器的冷却是采用冷却风扇进行强迫对流冷却方式，外部空气通过进风口进入箱中，水分离器是进风口的一个组成部分，防止水和雨滴进入逆变器箱。空气流经模块的散热器各模块同时进行冷却，空气流经模块后，进入中心风道，风扇将空气从箱体后部排出。

逆变器内部元件是密封的，只有热交换模块的电磁部件和风道是与外部空气接触、散热元件安装在散热器表面，电磁元件由流经的空气冷却，这样保证了逆变器内元器件的冷却，同时又保证了内部元件的清洁。

逆变器冷却风扇的工作电源为三相 AC 380 V，50 Hz。

**2. 制动电阻通风风扇**

制动电阻通风风扇的作用是降低制动电阻箱内的温度，使制动电阻在制动电阻风扇强迫通风方式下正常工作。在每节动车上各有一只制动电阻箱及制动电阻风扇。

制动电阻风扇的工作电源为三相 AC 380 V。

制动电阻通风风扇的监控是由风量监控压力传感器和制动电阻出口温度监控传感器组成。

风量监控压力传感器、监控通风风扇的进风口与出风口间压差来确认风扇的工作状态是否正常。当压差小于设定值时，本车 TCU(牵引控制单元)被封锁。通风风扇的故障产生的原因可能是由于灰尘挡住了风口或是由于风扇电机转速未达到额定状态。

电阻出口温度监控传感器监控制动电阻箱的出口温度，以确认风扇的工作状态是否正常。当检测到出风口温度大于设定值时，TCU 被封锁。

## 4.5 列车照明系统

列车照明系统是指地铁电动列车完成正常运行全过程所必须的车辆照明系统。该系统应包括列车运行必须的外部照明系统、客室照明系统及列车操作过程所必须的工作照明系统。它们应具备列车运行全过程及检修过程所需的所有照明功能。按照列车照明功能的要求，它们又分为正常照明及应急照明两部分。其中，正常照明是指列车在供电接触网受流的情况下，由列车辅助逆变器提供全部照明电源。应急照明是在列车辅助逆变器无法正常工作时，由列车主蓄电池提供必须的照明电源。

### 4.5.1 外部照明系统

外部照明系统由头灯、尾灯、运营灯及侧墙信息灯等构成。这些外部照明是列车正常运行中至关重要的照明灯具，它显示列车的车次、目的地、前进、后退、停放、ATC运行方式、制动施加等重要信息，是列车安全、正点运行的保证。

**1. 头灯**

(1)头灯的作用及一般要求

头灯是用于列车运行过程中前进方向的前进照明，便于驾驶人员对前方路况及信息进行观察。头灯安装于列车前端的端墙下方左右两侧对称的位置。头灯应能提供“亮”和“暗”两种照明强度。其中，要求在“亮”照明强度工况下，在距离列车215 m处照度达到1.6lx(该照度的外界条件是视觉清晰的天气情况下，且无其他外界照明)。这是因为当列车在最高时速(80 km/h)时，其紧急制动的正常制动距离为190 m±5%。这样215 m的照度距离保证了司机在操作时，一旦发生异常情况能有效采取紧急制动措施，确保列车运行安全，避免对列车或阻挡物(人、设备等)造成损坏。

(2)头灯灯具

头灯灯具由三部分组成：

① TVG型电子镇流器：TVG型电子镇流器是头灯工作的电源部分。它是由列车110 V直流电源供电，首先通过TVG型电子镇流器的逆变部分将直流逆变为交流，通过交流变压器变压后再通过整流滤波得到一个稳定的24 V直流电源作为头灯灯泡的电源。

② 灯具：由于头灯的特殊工作情况要求，头灯应具备下列功能：体积小、聚光能力强，具有防眩光作用。这就对灯具提出了特殊的要求。首先，反光板的设计应满足聚光要求。其次，玻璃外罩材料必须是防眩光材料(即偏正玻璃)且具有辅助聚光的作用。

③ 灯泡：地铁列车头灯照明要求高，这就决定了功率相应较大，且应具有“亮”和“暗”两组灯丝。同时为了加强聚光能力，该灯泡的灯丝应配有球型反光镜。

**2. 尾灯**

(1)尾灯的作用

尾灯的作用是显示列车尾部所在位置，尾灯安装于头灯相邻位置，其形状大小与头灯类似，照度要求在215 m处能见到尾灯亮，尾灯以红色显示。

(2)尾灯灯具和灯泡

尾灯灯具形状大小及安装位置与头灯接近，灯罩为红色，灯泡为25～60 W的白炽灯。

**3. 运行灯**

(1)运行灯的作用:地铁列车的运行灯是用来显示列车运行状态的指示灯,其显示方式与头、尾灯相似。红色灯亮表示本车为列车尾端或本车反向行驶。白色灯亮表示本车为列车前进方向或为主控制室端。

(2)运行灯灯具和灯泡:运行灯由两组不同颜色的聚光灯组成,分别安装于列车前后端墙上近车顶的左右两侧。一般两组灯具的颜色分别为红色和白色,且红色灯安装在外侧,白色灯安装于内侧。

## 4.5.2 客室照明设备

列车的客室照明是用于列车在运营过程中为乘客提供舒适的视觉照明。客室照明系统应具有正常及应急照明两种功能。

**1. 客室照明系统的电源配置**

为保证正常照明和应急照明两部分功能的要求,相应配以 220 V 交流电源和 110 V 直流电源。在正常情况下列车客室照明电源由列车 A 车的辅助逆变器及低压电源装置提供(包括 220 V 交流电源及 110 V 直流电源)。而在紧急情况下(即 A 车逆变器无法正常工作)则由两节 A 车的主蓄电池提供列车客室所必需的应急照明。

由于列车 A 车的辅助逆变器是通过线路接触网提供 1 500 V 直流电源,经过辅助逆变器输出交流三相 380 V 电源并采用中线抽头的方式获得 220 V 交流电源。这里就有一个三相之间负载平衡的问题。列车在设计中即考虑了这个问题,使客室照明负载平衡地分别连接到辅助逆变器的三相电源上。并使每一相所接照明负载间隔分布,当电源缺相时,使客室照度仍能相对均匀。同时也考虑了由两节 A 车逆变器分别负担全列车客室的一半交流电照明。这样,一旦有一节 A 车逆变器不工作的话,车厢至少保持有 1/2 以上照明。

A 车辅助逆变器在输出三相 380 V 交流电的同时,通过三相整流器输出 110 V直流电源用于列车正常低压照明、低压控制用电及向主蓄电池充电。即客室的紧急照明灯具在正常情况下是由辅助逆变器输出的 110 V 直流电源供电,在紧急情况下自动转为 A 车主蓄电池供电。

**2. 客室照明灯具——镇流器**

照明用荧光灯管的工作电源一般是通过镇流器获得的,而通常使用的电感式镇流器对电网及车辆的控制、监控、辅助设施等会产生一定的干扰,又由于车载辅助电源的功率配置局限性使电感式镇流器这一功率因数相对较低部件对荧光灯管起辉不稳定,故不能适用于车载运行。所以,列车客室照明用镇流器均为电子式镇流器。

### 4.5.3 工作照明设备

列车配备了供司机及维修人员作业过程所必需的工作照明系统。它们包括：司机室照明、司机阅读灯、设备柜照明及信息照明等。

**1. 司机室照明**

该照明灯具位于司机室中央顶部，为双管荧光灯具，电源系统为110 V直流电源，镇流器为EVG110 V/18 W。该灯具在列车启动阶段、列车停车期间、车辆维修时使用。列车正常运行过程中不开启，以免影响司机正常瞭望。

**2. 司机阅读灯**

该照明灯具位于司机室驾驶台上，为低压24 V/5 W白炽灯。一般阅读灯用于列车运行过程中，司机对驾驶台面板的观察及在特殊情况下填写各类报表。

**3. 设备柜照明**

该照明灯具位于车辆各设备柜内，为110 V/25 W磨砂白炽灯。其主要功能为方便司机和维修人员的操作与作业。

**4. 信息照明**

该照明灯具位于司机室前上方两侧，灯具为110 V/13 W荧光灯。其主要用途是向乘客及站台工作人员提供列车的目的地及车次等信息。

## 4.6 空调系统

地铁列车每辆车上都设有两个集中式空调单元，分别安装在车顶的两端。为了使列车的外型轮廓不超出列车静态限界，特在车顶两端设计了两个专用于安装空调单元的凹坑，并在安装空调单元的机座上衬垫减振橡胶以减小相互间的振动影响。

每个空调单元的监控都由设在每辆车的电气柜中的空调控制单元实施自动控制、自动调节及整列车的制冷压缩机的顺序起动，以免多台压缩机同时起动，因起动电流过大而造成事故。

另外，每节车还设有一台应急逆变器，用于在1 500 V直流供电中断时，将列车蓄电池直流电源逆变成三相交流电，以供紧急通风使用。

以AC01/AC02车型为例介绍空调机组。

### 4.6.1 空调单元组成

**1. 司机室通风单元**

空调单元处理后的空气通过两旁的风道供给司机室的通风单元。通风单元保证对司机室供给足够的循环空气。调节通风格栅可以改变送风角度。

司机室通风单元由以下部件组成：外壳、电气接头、托架、通风格栅、送风风道接口、供风风扇、电加热器。

**2. 空调单元**

空调单元包括空气处理区、框架和压缩冷凝区。

(1)空气处理区。空气处理区包括以下部件：供风风机、循环空气挡板、蒸发器、混合空气过滤器、新风过滤器、分离格栅、变压器。

空气处理单元内有两台供风风扇。新风进口的滤尘网固定在框架上。蒸发器位于进风口和隔板之间。混合空气过滤器放置在蒸发器的前面。

(2)框架。框架的周围有4个起吊孔，用于单元的安装。压缩/冷凝机组采用十字焊接梁，以放置螺杆式压缩机。框架四周和顶部的开口，以满足冷凝器所需的通风量。

(3)压缩/冷凝单元。压缩/冷凝单元包括以下部件：螺杆式压缩机、冷凝风扇、冷凝器、电气盒、制冷剂管路。

螺杆式压缩机位于两台冷凝风扇中间。压缩机的机壳内有截止阀、过溢阀、油分离器和输出调节机构。压缩机通过绕组内的温度传感器、旋转磁场传感器和多个压力恒压器调节压缩机的运行。

**3. 数字式控制器FPC20/2**

车辆空调所有的控制和调节功能是通过数字式控制器FPC20/2实现的。FPC20/2通过机组的控制回路对机组进行控制。

FPC20/2是由微机控制的数字式控制器。处理并计算所有控制和调节参数，如开关状态、温度等。当前运行模式、要求的安全系数均包括在计算中。

每节车辆均有1台FPC20/2控制器。FPC20/2是客室环境的中央控制和调节单元(包括司机室)，具有大量的输入及输出通道。为便于实现系统的各种控制功能，控制器采用DC 110 V的工作电压。通过数字式控制器的输入输出信号实现对机组的控制与调节。

(1)NTC温度传感器。

FPC20/2控制器有10组模拟量输入通道，用于NTC温度传感器。另外，还包括20组2进制输入通道。

(2)发光二极管。

2个发光二极管显示控制器当前的工作状态。通过串行口RS232C可以实现与计算机进行数据交换。

### 4.6.2 空调单元功能

**1. 制冷循环**

压缩机可同时对该单元的两台蒸发器供液。压缩机将制冷剂气体压缩，使该压力下制冷剂冷凝温度大于环境温度。高温高压气体可以在冷凝器盘管内壁液化。制冷剂液化时放出的热量，通过翅片管传给冷凝风机吸入的空气，使得冷凝过程可以持续进行。吸收热量后的空气向上排出。两台冷凝电机同时启动。

(1)过冷。制冷剂在冷凝器液化时应有3K的过冷度，以防止液体在到达蒸发器前蒸发，减少制冷量的损失。系统内充注着足够多的制冷剂，因此在冷凝器的底部管路内存在液态制冷剂，一部分液体蒸发使得周围温度下降，以满足所要求的过冷度。冷凝器出口的电磁阀，在压缩机停机时会关断。

(2)视液镜。液体流经干燥过滤器，以除去水分和杂质，防止系统管路和阀被污堵或腐蚀。液管上装有带含湿量指示器的视液镜。

(3)干燥过滤器。制冷剂流经干燥过滤器后，同时对两台蒸发器供液。

(4)热力膨胀阀。热力膨胀阀用来控制向对应的蒸发器供给足够多的液态制冷剂，以保证在给定的热力工况下有10 K的过热度。热力控制阀降低制冷剂压力，使得该压力下的蒸发温度低于环境温度。制冷剂蒸发时吸收大量的热，空气通过翅片式热交换器时被冷却，使蒸发过程得以完成。

**2. 数字式控制器**

(1)中央处理器和软件。FPC20/2的核心是中央处理单元(CPU)，用于执行标准软件。该标准适用于所有控制器、控制及管理特殊工程软件。

FPC数字控制器的标准软件记录系统的数字及模拟输入量，并执行应用软件处理数据。它根据应用软件的要求执行系统输出。标准软件其他任务还包括：用户接口、故障存储、系统启动及操作过程中执行控制器的自检。

(2)系统监控。系统监控主回路监控系统运行时的供电电压。当电压降到设定值时，系统将重新启动，并断开所有吸合的触点。系统CPU和辅助监控系统交换代码，每次接收的代码被检查更改。系统和监控系统相互比较，如果一个代码有误，系统将关停，因此关停的系统只有通过系统重启才可以重新运行(重启是切断电源再恢复供电)。

RS232串行接口板通过两个发光二极管显示系统状态。系统运行正常，二极管脉冲显示绿色。系统发生故障，另一个二极管呈红色。

(3)供电。直流变换器直接对计算机供电，计算机与车辆供电系统隔离。

(4)模拟量输入。数字量控制器FPC20/2有10个模拟量输入通道用于测量温度。输入通道与NTC温度传感器相连接。模拟量输入通道与数字量输入输出通道绝缘。

NTC 数值由微处理器计算得出。模拟量的偏差根据参考测量值进行补偿。另外,微控制器可以检测传感器线路的短路或开路,并向系统 CPU 报告。

(5)数字量输入。20 个数字量输入通道用于数字量信号。这 20 个通道与计算机绝缘。它们被分成 3 个彼此独立的功能组。每一组的反馈信号通过插入式终端与外界联系。每一个输入通道的状态通过发光二极管显示。

(6)模拟量输入(4~20 mA)。有两个输入通道用于模拟量的计算。控制器将模拟传感信号变化成相应的数字量。两个测量通道与数字部件采用电隔离。两个测量通道都可以抗瞬间加载和高频干扰。

(7)开关输出。外围设备通过 20 个开关输出触发,开关输出与计算机核心之间为电隔离。20 个开关输出形式为继电器形式。通过数字控制器可以切换到不同电压,最高可以到 250 V。为在相同的数字控制器上实现切换不同的电压,开关输出被分隔为 4 组电气隔离组,每组开关输出一个电压。每组包括 5 个输出通道,通过推入式终端簧片,与外围反馈回路相连。

(8)模拟输入。一个模拟量用于控制外围设备(如:逆变器)。控制电压可以通过 D/A 转换器设定为 0~10 V。

(9)用户接口。数字式控制器 FPC 支持 RS232 接口进行数据交换。在调用系统特别地址后,可以进行数据交换,供计算机屏幕上调用或显示。在用户模式下开关控制器,可以控制数字信号在开/关状态,用于测试目的。串行口用来更改程序,对控制器进行升级。

## 4.7 辅助逆变器控制器的诊断功能与维修技巧

辅助电气系统的主要故障有蓄电池低电位、应急电池失效、空气开关失效等。

引起蓄电池低电位的原因有很多,最主要的原因是充电线路故障。充电电流过大、整流器过热以及接触器烧损都会引起充电线路故障。蓄电池组连接板接触不良和个别蓄电池因污染漏电造成蓄电池低电位,也是主要原因之一。

应急电池是用于辅助逆变器失电后紧急启动的电源。由于电池的寿命有限,往往会在紧急使用时发生电力不足而失效。因此必须经常检查应急电池,测量其电压,保证紧急使用时有效。

空气开关是有触点电器,触点烧熔是失效的主要原因。

## 思考与习题

1. 在轨道交通车辆中辅助逆变器(变流器)的作用是什么?

2. 辅助逆变器(变流器)的交流负载和直流负载有哪些?

3. 辅助系统供电网络中的中压总线和低压总线指的是什么?

4. 说明线路滤波器的作用及组成。

5. 说明辅助逆变器(变流器)中过压保护(OVP)电路拓扑结构及操作过程。

6. 现代辅助供电系统主要有变压器隔离和变流两个功能部分,其中变压器隔离部分的作用是什么?

7. 阐述图4.4所示辅助变流器电路的工作原理。

8. 阐述辅助系统的冷却保护措施。

9. 为使电路工作稳定,对IGBT的驱动电路有哪些要求?

10. 辅助逆变器中被监控部件主要有哪些?

# 第 5 章　综合线路图

## 5.1　列车主回路电路的识读

城市轨道交通车辆的主回路是将“电力传动车辆”产生牵引力和制动力的各种电器、电机、电子设备连成一个电系统，实现电动车辆的功率传输，它是电动列车最重要的组成部分之一。上海地铁 1 号线 DC01 型列车的主回路使用的是直—直传动装置，采用斩波器调压的控制方法，它和传统变阻调压比较，具有节能、容易维修和连续、平滑可调的特点。上海地铁 AC01/02 型列车采用直一交传动装置，它和直流传动装置相比，具有很大的技术上的先进性。

主回路应满足车辆启动、调速和制动三种基本工作状态的要求。启动、调速及制动三种基本工作状态是通过车辆主回路、控制电路和辅助系统共同作用实现的。它是车辆传动系统必须达到的基本任务，尤其是调速更是三种运行工况的共同基础，因为车辆牵引时需根据不同的运行条件来调节车辆的速度，为了充分发挥车辆的功率，就要求车辆能在不同的线路和荷载条件下改变牵引力，因此车辆主回路必须保证牵引电动机的转矩和转速都可进行调节，且有宽广的调节范围。

### 5.1.1　直流传动装置主回路电器配置与工作原理

**1. 直流传动装置的主回路**

上海地铁 DC01 型列车主回路(见图 5.1)是由架空线网通过装在“B”车上的受电弓(Q1)得到 DC 1 500 V 电源正极，由轮对通过钢轨回到电源负极：它的构成主要有 3 个部分：

(1)线路滤波部分

线路滤波部分主要由线路电抗器 L1 和线路电容器 C1 组成(见图 5.1)，其中 Q3 高速开关，F1 避雷器，K15 是线路接触器，F2 电容充电保险丝，R1 电容充电限流电阻，V1 隔离二极管 K16 电容接触器，C1/R1 过电压保护电阻，U1 差动电流传感器，K17 放电接触器，R2 放电电阻，Q4～Q7 接地装置。线路滤波部分作用是减少外界因素和接触网电压波动突跳等对主回路的影响，使主回路得到一个平稳的电源电压，同时也是为了减少由于电压、电流波动对周围通信、信号等设施的干扰。

(2)主回路部分

主电路部分主要是由二串二并四个直流牵引电机 M1～M4 组成(见图 5.1)。

其中K1～K8是方向接触器，K9～K10是牵引接触器，K11是制动接触器，K12是预励磁接触器，K13、K14是磁场削弱接触器，A2是预励磁装置，R3～R6是磁场削弱电阻，R7和R8是制动串联降压电阻，R9是主制动电阻，U3和U4是电流传感器，L3平波电抗器。它的作用是建立牵引工况、制动工况和设定电机的转动方向。

(3)斩波器控制部分。

斩波器A1的简图(图5.1)，它主要由主晶闸管V1、V2 GT0大功率可关断晶闸管，V3、V4电阻制动晶闸管，V5续流二极管，V10短路晶闸管，V7、V8短接串联降压电阻晶闸管，V9接通串联降压电阻二极管组成。

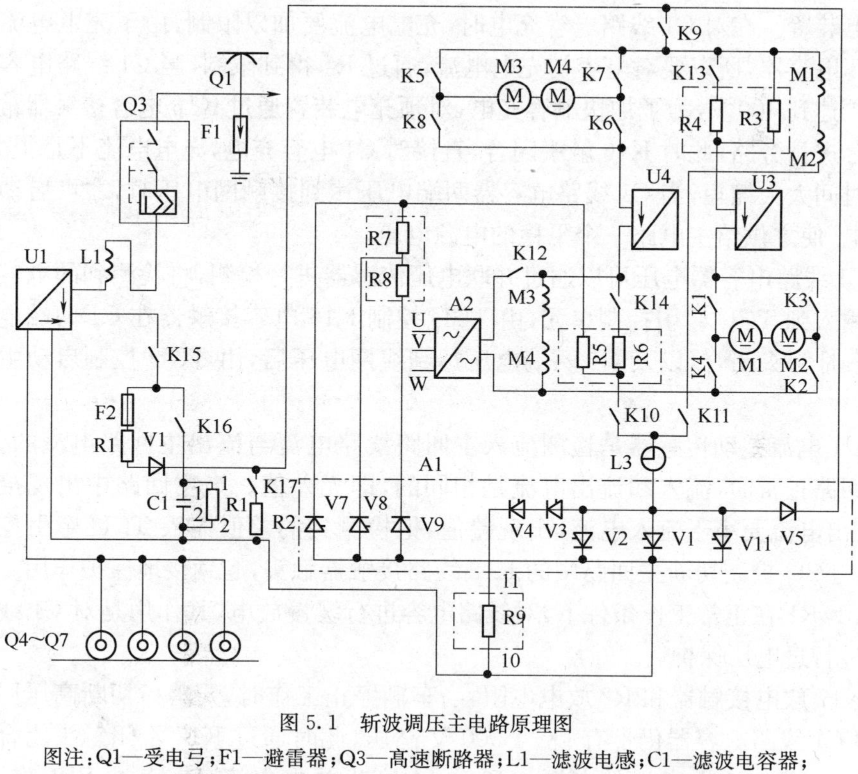


图5.1　斩波调压主电路原理图

图注：Q1—受电弓；F1—避雷器；Q3—高速断路器；L1—滤波电感；C1—滤波电容器；
U1—差动电流继电器；Q4～Q7—接地装置；F2—熔断器；R1—限流电阻；
R2—放电电阻R；K1～K17—接触器；U3～U4—电流互感器；A2—预励磁装置；
M1～M4—牵引电动机；R3～R6—磁场削弱电阻；L3—平波电抗器；R7~R9—制动电阻；
A1—斩波器；V1、V2—GT0大功率可关断晶闸管、V3、V4—制动晶闸管；
V7、V8—晶闸管；V5—续流二极管；V9—二极管；V11—保护晶闸管

斩波器作用是在电机启动时，调节电机两端电压来满足电机电流恒流启动要求，在电制动时，能实施再生反馈制动或电阻制动。

其工作电流流向为：当“B”车的受电弓升起与接触网接通时，车辆从牵引变电所，通过接触网得到DC1 500 V(＋)电源。通过L1线路电抗器与C1线路电容器构成线路滤波电路，为主回路输入一个平稳电源电压，流出电流经钢轨回到牵引变电所负极。

列车通过“B”车上的受电弓从电网取得正极(＋)，供给“B”、“C”车主回路用电以及提供一个单元“A”“B”“C”三节车辅助系统高压电源，其主要负载是“A”“B”“C”车辅助逆变器及“C”车空压机组。则受电弓上的电流 $I_{总}=I_{B}+I_{C}+I_{辅A}+I_{辅B}+I_{辅C}$“($I_{B}$ 为B车主回路电流，$I_{C}$ 为“C”车主回路电流，$I_{辅A}$、$I_{辅B}$、$I_{辅C}$ 为各车辆高压辅助系统用电电流)。F2熔断器、R1预充电限流电阻、V1隔离二极管组成电容预充电装置。在对C1线路电容充电时，充电电流要加以限制，由于充电电流过大会损坏电容器，所以要对电容初充电电流，通过R1得到限制，当C1线路电容器两端电压达到400 V，为了加快电容充电，对预充电装置通过K16电容接触器常开触头闭合进行旁路，此时K16触头闭合，直接对C1电容充电，充电电流不是很大，但充电时间大大缩短，当C1线路电容器两端电压达到接触网电压时，才可启动主电路用电，使之供给主电路一个平稳的电源电压。

C1线路电容器电压可以通过并联电压传感器进行检测，将检测到的电容电压信息输入到TCU牵引控制单元，由TCU控制K16电容接触器在C1两端电压达400 V时触头闭合，以及C1两端电压达到线网电压后，由TCU控制启动主电路工作。

U1电流差动传感器是检测流入主回路线路电流与流出主回路电流的差值，当主回路正常时，流入和流出电流是相同的，即无差值。当主回路中出现接地现象，流出电流要小于流入电流，出现差值，把检测到的差值输入TCU牵引控制单元，由TCU控制切断主回路中的K15线路接触器触头，起到接地保护作用。

C1/R1在正常工作条件下，对线路电容进行缓慢放电，其作用是对C1线路电容器进行过电压保护。

K17放电接触器和R2放电电阻，当车辆停止工作时，要落弓切断高压回路电源，但C1线路电容器仍带有DC 1 500 V高压，此时通过K17常闭触头闭合接通R2放电电阻，C1电容上的电压加到R2上产生放电电流，使C1电压下降，经过1 min后，C1上的电容电压应小于60 V，使检修人员免受高电压的伤害。

Q4～Q7为接地装置，接地装置是装在每根车轴上，因车轴是转动的，流出电流通过碳刷(静止)与接地装置接触，使流出电流通过车轴—轮对—钢轨回到牵引变电所负极。

当列车需要启动、牵引时，首先要操纵主控制器的方式方向手柄：是选择自动驾驶还是人工驾驶。若是ATC自动驾驶，列车运行方向只能向前，若是人工驾驶，那就可选择列车运行方向是向前或向后；在选择向前运行则方向接触器lK1、1K2、1K5、1K6控制线圈得电，常开主触头闭合；选择向后运行，则方向接触器lK3、1K4、1K7、1K8控制线圈得电，常开主触头闭合。确定运行方向之后再操纵主手柄推向牵引位，一是给出车辆牵引所需指令，即牵引指令常用制动非指令，紧急制动非指令到每节动车车辆TCU牵引控制单元和每节车辆的BCU制动电子制动控制单元：再由TCU牵引控制单元发出指令，使牵引接触器1K9、1K10的控制线圈得电，常开主触头闭合，使之建立牵引电路。二是主手柄（或ATO）发出指令经2A5脉宽调制器（基准值发生器）给出不同的脉宽信息（即不同基值）输入到TCU牵引控制单元；与此同时电机电流的信息经1U1、1U2电流检测装置也输入到TCU牵引控制单元，经TCU运算之后，由TCU来控制斩波器中V1、V2（GTO可关断晶闸管）的导通比α。使电机端电压值受到控制，从而控制电机电流值满足基准值所提要求。

向前牵引电路的确认

当确定了运行方向，且主手柄在牵引位，经与TCU牵引控制单元可建立起牵引电路，设运行向前位时，牵引工况电路建立和电流流向。此时K1、K2、K5、K6方向接触器主触头闭合。K9、K10牵引接触器主触头闭合。线路电流的轨迹见图5.2所示。

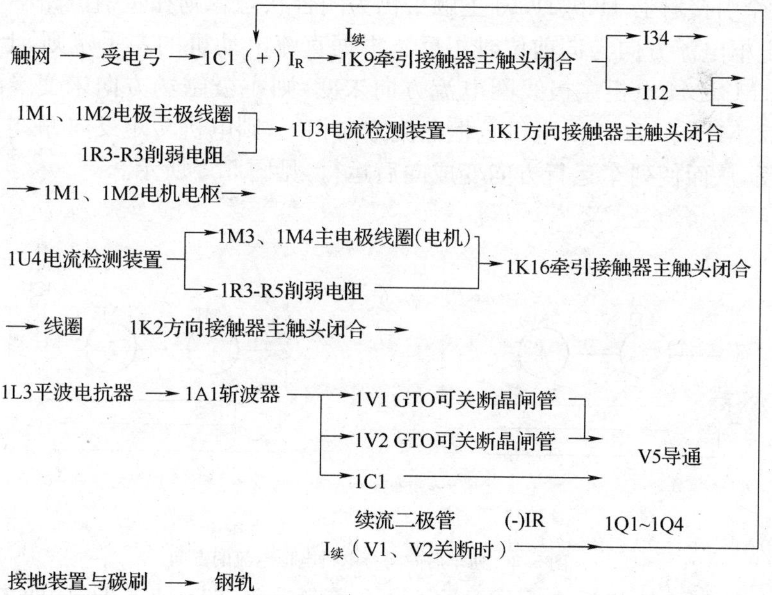


图5.2 列车前向运行线路电流的轨迹

此时牵引电路为每二台牵引电机串联之后再并联，构成二串二并的向前牵引工况电路，通过 A1 斩波器中的 V1、V2(GT0 可关断晶闸管)导通比的控制，来启动牵引电机按列车向前运行方向转动。

当 V1 或 V2 导通时，电机由接触网得到 DC 1 500 V(+)经 V1 或 V2 可关断晶闸管，电流由 Q4～Q7 接地装置与碳刷到钢轨；与此同时，L3 平波电抗器亦得到相同电流而产生电感电势；当 V1、V2 管均关断时，通过 L3 上的电感电势经过 V5 续流二极管给四台牵引电机电流续流，起到平滑四只电机电流作用，由于 L3 和续流二极管的存在，则 V1、V2 管进行导通比 $\alpha$ 控制的开通和关断时，电机不会出现断电流引起车辆冲撞现象。

在正常牵引工况下，分流电阻 R3 和 R5 分别并联在电机励磁绕组 M3、M4 和 M1、M2 旁，形成一个 93% 的磁场削弱。由于受电机特性的限制，当速度达到 36 km/h左右时，此刻斩波器导通比 $\alpha=0.95$，速度再上升车辆功率将下降，无法满足车辆正常运行的需求，此时磁场削弱接触器 K13 和 K14 受车辆控制单元 TCU 控制吸合，将磁场削弱电阻 R4、R6 并入磁场绕组，形成 50% 的磁场削弱，从而使电机反电势减小，电机电流增加，车辆的功率和牵引力也随之增加，转速 $n$ 增加，以满足列车运行的要求。

当运行方向改为向后运行时，方向接触器改为 1K3、1K4、1K7、1K8 主触头闭合，此时牵引接触器 1K9、1K10 主触头仍为闭合状态。则在牵引电路中，四个牵引电机的电枢电流方向与向前位时相反。根据直流电动机的左手定则，上述电路中 M1、M2、M3、M4 电机主极线圈电流方向未变，则主极磁场方向未变。即 N、S 极未变，M2、M1 与 M4、M3 电机电枢电流方向相反，则电机转矩反向，故电枢的转动方向相反，从而使列车运行方向变成向后运行，见图 5.3 所示。

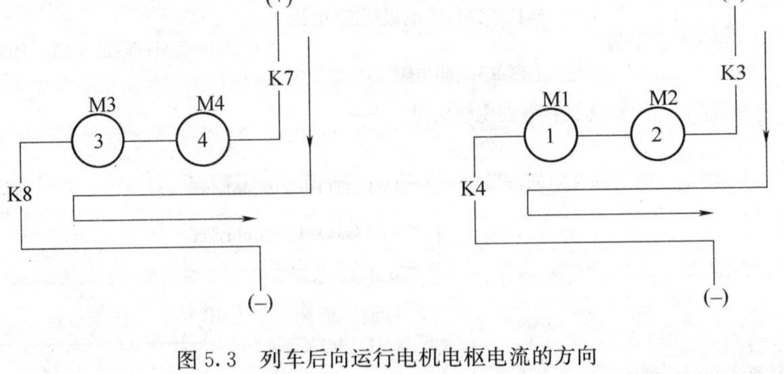


图 5.3　列车后向运行电机电枢电流的方向

从电路中可看出 1K1、1K2、1K5、1K6 方向接触器与 1K3、1K4、1K7、1K8 方向接触器的主触头不能同时闭合，只要任一组中有另一方面接触器主触头闭合就会发生短路现象，所以对二组方向接触器的控制一定要具有电气上的互联锁。以保证不会出现同时闭合。

当列车在惰行时，由于运行方向与牵引方向是一致的，则列车若是向前进行惰行时，其方向接触器 K1、K2 与、K5、K6 的主触头一直处在闭合状态。而牵引接触时 K9、K10 和制动接触器 K11 的主触头都处在断开状态。由于列车惰行时牵引电机的电枢被动车车轮带动而转动，此时电机的主极线圈无电流流过。据电机的磁化曲线可知此时只有剩磁 Φ。则在 M2、M1 和 M4、M3 的电机电枢上，产生一个很小的电势，按右手定则可确定其正极或负极。形成 M2、M1 和 M4、M3 2 台串联之后再并联的发电机工况电路，但没有接通负载，而不会形成电制动工况电路。所以列车运行处在既无牵引力、又无制动力的惰行状态。

当列车在惰行中需要制动时，通过主控制器 2A1 中主手柄的指令，由牵引控制单元 TCU 使 K11 制动接触器的主触头闭合。K13、K14 磁场削弱接触器主触头闭合。使并联供电的发电机经 L3 平波电抗器和 A1 斩波器中的 V1、V2(GT0 可关断晶闸管)，V3、V4 制动电阻晶闸管与 R9 制动电阻，V9 隔离二极管、V7、V8 短接降压电阻晶闸管，R7、R8 降压电阻构成一个可调 R9 的电阻制动工况主电路。此时牵引电机工作在发电机工况下。从图中可看出，在各台牵引电机的主极线圈电流方向和电机电枢转动方向不变的情况下，按右手定则可确定各电机的电枢电势方向。当与外接负载接通之后就会产生一个与牵引工况相反的电流对外并联供电电路。电流流向轨迹见图 5.4 所示。

从上述电流追踪可看出，M1、M2 主极线圈电流由 M3、M4 的电枢电流供给，而 M3、M4 主极线圈的电流由 M2、M1 电枢电流供给，这样形成一个二组电机交叉励磁电路。当二组电机电流出现不平衡时，若 I34 电流大，会使 M1、M2 的主极产生磁通增加，从而引起 M3、M4 电机电枢电势增加，使 I12 电流也要增大。而 I12 电流小时会使 M3、M4 主极产生磁通减小，从而引起 M3、M4 的电机电势减小，这样 4 台牵引电机在电制动时达到电的平衡。即电流 I12 和 I34 一直被调整到处在相等的状态下工作。那么四台牵引电机产生反力矩也被调整到相等状态下工作。

电制动时，电机由惰行状态转为发电机工况，依靠剩磁所建立很低电机电势，虽接通负载，但其制动功率是很小的，起不到列车实施有效制动减速目的。这就需要加快建立起电机的电势电压，因此在 M3、M4 主极线圈上通过 A2 预励磁装置经 K12 预励磁接触器主触头的闭合得到一个预励磁电流。使 M3、M4 电枢电势很快地建立起来向外供电。由于 M1、M2 主极线圈电流是由 M4、M3 电枢供电的。从而使 M2、M1 的电机电枢电势被建立起来，在 M4、M3 和 M2、M1 电枢电势建立之后，电机所需要的励磁电流可由电机电枢产生的电流进行交叉励磁来提供。此时不需要再外加预励磁给 M3、M4 主极线圈电流，在最多过 2 s 后，A2 预励磁装置被

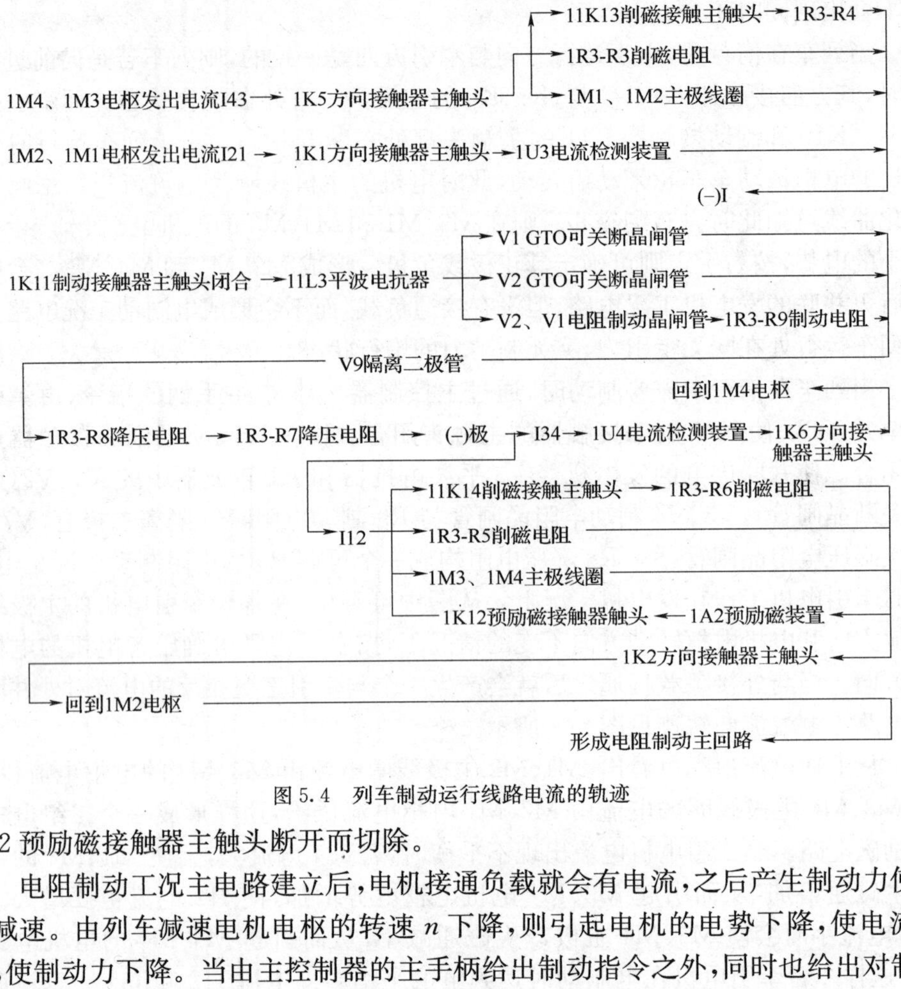


图 5.4　列车制动运行线路电流的轨迹

K12 预励磁接触器主触头断开而切除。

电阻制动工况主电路建立后，电机接通负载就会有电流，之后产生制动力使列车减速。由列车减速电机电枢的转速 $n$ 下降，则引起电机的电势下降，使电流下降，使制动力下降。当由主控制器的主手柄给出制动指令之外，同时也给出对制动电流的要求。即有一个基准值的指令。要求在电制动过程中电机产生电流，无论在什么速度情况都应达到基准值要求。则通过对 U3、U4 电流检测装置实测二回路的电机电流与基准值要求，经 TCU 牵引控制单元对 A1 斩波器中的 V1、V2、V3、V4 的控制来调节 R9 制动电阻值；当列车减速时，通过 V1、V2 的导通比控制和 V3、V4 导通的控制，从而使 R9 制动电阻值减小。虽然列车减速引起电机电势 E 的下降，但 R9 制动电阻值也相应减小来维持电机电流值达到基准值所提出的要求。当 R9 调到很小值时，由 TCU 牵引控制单元对 V8 晶闸管发出正脉冲信息使 V8 晶闸管导通。R8 降压电阻被短接。由此同时 R9 制动电阻经 TCU 控制 V1、V2、V3、V4 使得 R9 电阻值重新被提高。即 R8 被短接电阻值等于 R9 提高电阻值。（这样不会引起 R8 被短接所引起电机电流突跳，而产生列车的撞击）再由

TCU 控制 V1、V2、V3、V4 随着列车减速对 R9 电阻值进行调节，继续保持电机电流达到基准值所提出的要求。当 R9 电阻被调到很小时，由 TCU 控制 V7 晶闸管导通 R7 被短接。R9 电阻值又被重新提高，其工况同 V8 晶闸管导通 R8 被短接后的工况。

上述工况电阻制动可以从高速一直到很低速度都可以实施电制动，但当列车速度很低时，其制动功率是较低的，则制动效果也下降。为了保持低速制动效果，在列车速度低于 10km/h 时，把电制动切除，改由空气制动系统实施摩擦制动来停车。当列车惰行速度在中速或低速时实施电阻制动时，可由 TCU 直接控制 V8 或 V7 晶闸管导通。使 R8 或 R8、R7 降压电阻被短接，经 V1、V2、V3、V4 元件调节 R9 电阻值，实施电阻制动，达到列车减速目的。

要实施再生制动，必须满足以下 2 个条件：

1. 回馈给接触网的电压 $U_{反}$ 必须大于接触网上的电压 $U_{H}$，即 $U_{反} \geqslant U_{H}$；

2. 一定要有其他列车吸收电能，此条件不能由本车车辆承担，而取决于外界运行条件；

再生制动工况主电路，除了负载和由 TCU 控制的斩波器中的一些元件有变化外，其他都同电阻制动工况主电路。与电阻制动工况主电路相比较：在负载方面由于 V3、V4 制动电阻晶闸管处在关断状态，则 R9 制动电则是被切除了。R9 留下来的负载值，被其他列车用电作负载来替代。即回馈电流轨迹是经 V5 续流二极管→C1(＋)→Q1 受电弓→接触网→其他列车用电→钢轨→Q4～Q7→V1、V2(GTO 晶闸管的负极)。

从上述来看二组电机成交叉励磁电路，削磁系数为 $\beta=50\%$，A2 预励磁装置经 K12 预励磁接触器主触头关断，为了帮助建立电机电枢电势电压，R7、R8 降压电阻经 V7、V8 晶闸管可被短接工况是与电阻制动工况完全相同。所不同的是，L3 平波电抗器和 R8、R7 降压电阻所起的作用及 V1、V2GTO 晶闸管与其他列车吸收电能的工况。

其工况如下：当 V1 或 V2GTO 晶闸管导通时，由(＋)极点出发电流 I 及经 L3 平波电抗器→V1 或 V2GTO 晶闸管→V9 隔离二极管→R8、R7 降压电阻→(－)极点，产生制动力。L3 平波电抗器就会有一电感电势 E1L3；当 V1、V2GTO 晶闸管关断时，由(＋)点出发 $I_{反}$ 电流经 V5 续流二极管→其他列车吸收电能→V9 隔离二极管→R8、R7 降压电阻→(－)极点，产生制动力。这时，$U_{反}=E+E1L3-I_{反}(R7+R8)\geqslant 1\ 850$ V；$U_{反}$——反馈给接触上的电压；E——二串二并的电机电枢电压；$I_{反}$——反馈接触网电流 R7、R8 降压电阻；E1L3——电感电势。

随着制动力产生列车要减速、电机转速 n 要下降，则 E 亦随着下降，$U_{反}$ 就要下降。为了确保≥1 850 V；把 E1L3 电感电势进行提高，它可通过 V1 或 V2GTO

晶闸管、$\alpha$ 导通比的控制来实现。即 $\alpha$ 导通比大，E1L3 电势也大；当 $\alpha$ 导通比调到 0.95 时，可通过 V8 晶闸管的导通短接 R8 降压电阻。为了不使反馈电压 $U_{反}$ 突升，此时 V1、V2GTO 晶闸管 $\alpha$ 导通比调小，使 E1L3 减小。但仍维持 $U_{反}=E+E1L3-IR7\geqslant 1\ 850$ V。列车进一步减速使 E 下降，则使 $\alpha$ 导通比加大，E1L3 得到提高，来维持 $U_{反}\geqslant 1\ 850$ V。列车速度进一步降低，则可通过 V7 晶闸管把 R7 降压电阻短接，再对 V1、V2GTO 晶闸管的 $\alpha$ 导通比来控制 $U_{反}\geqslant 1\ 850$ V，直至停车电机转速 $n$ 为 0 而结束。

从上述情况可得出，$L3$ 平波电抗器产生 $E1L3$ 电势，是与电机电势叠加在一起经 $V1$、$V2$GTO 晶闸管控制，使之反馈电压 $U_{反}$ 大于接触网电压 UH，满足再生制动所提出的条件。R8、R7 降压电阻是为了在列车高速进行再生制动时，电机电势电压太高而来采取降压作用，使反馈电压 $U_{反}$ 不要太高。

上海地铁电动客车的电制动是再生制动优先，其次是电阻制动。因此在外界有吸收时车辆将优先进行再生制动；当外界无吸收时，列车电制动将从再生转换到电阻制动，只要使 V3、V4 电阻晶闸管导通，R9 制动电阻接入来代替外界的吸收实施制动。

上述 V1、V2GTO 晶闸管、V7、V8 短接电阻晶闸管，V3、V4 电阻制动晶闸管都由 TCU 牵引控制单元来进行控制。

### 5.1.2 交流传动装置主回路电器配置与工作原理

**1. 庞巴迪生产上海地铁一号线增购车辆的交流传动主电路**

目前上海地铁车辆除去少量的 DC01 型列车外，其他线车辆均采用了交流传动装置，即采用交流电机（交流感应电机或永磁同步电机）作为牵引电机，相应的牵引控制系统称为主牵引变流器（图 5.5 所示为上海地铁一号线增购车辆的交流传动主电路，生产厂家为庞巴迪）。

在图 5.5 中，车辆通过受电弓将 1 500 V 接触网直流电能引入车辆中的 PH 电气设备箱和 PA 电气设备箱中，见图 5.5 中虚线框所示，其中 PH 电气设备箱（又称为牵引变流器－高压箱），包括高压电路和牵引变流器两部分，PA 电气设备箱（又称为牵引变流器－辅助变流器箱），包括一套牵引变流器和一套辅助变流器。可见无论是在 PH 电气设备箱还是在 PA 电气设备箱中，都配有一套牵引变流器，称为 MCM 系统（Motor Converter Module），其实物图见图 5.6 所示。MCM 的技术数据为：

- 额定输入电压：DC 1 500 V；
- 输入电压范围：DC 1 000～1 800 V；
- 输出电压：三相 AC 0～1 400 V；

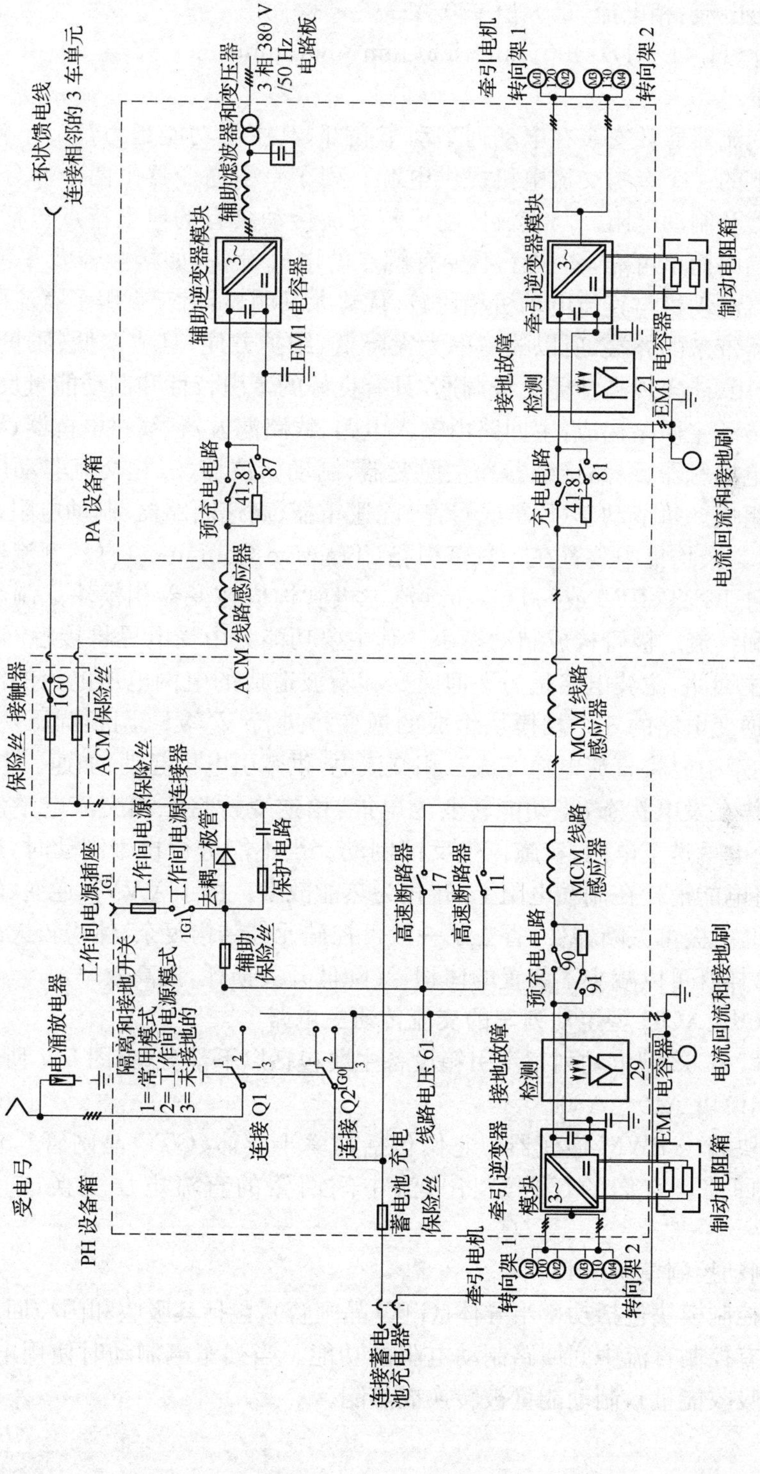


图 5.5　上海地铁一号线增购车辆的交流传动主电路(庞巴迪)

- 输出电流：相电流，最大值 990 A；
- 尺寸(H×L×D)：400 mm×530 mm×890 mm；
- 质量：145 kg。

牵引变流器通常安装在电动列车动车底部，其主要功能是为每节车辆两个动车转向架上的 4 个牵引交流电机提供电源。列车牵引逆变器由两个部分组成：主牵引变流器及制动电阻。与直流传动比较交流传动具有的典型特点包括：交流传动主回路趋向简单可靠，省去了不少有触点的电气设备，如接触器及平波电抗器等。且交流电动机与直流电动机相比较，优势尤其明显：由于克服了直流电动机机械式换向器带来的弊端，所以故障率大大降低，维护方便，且成本低、质量轻、体积小、可靠耐用，能实现高性能无级调速，具有良好的牵引特性和制动能量反馈。

交流传动主回路构成：主回路由输入电路、线路滤波器(线路电抗器、线路电容器)、预充电接触器、线路接触器和主逆变器、制动斩波器、三相交流驱动电机和保护装置等组成。每节动车(B 车或 C 车)除避雷器、高速断路器、制动电阻器和牵引电动机外，其余均集中装置在一只牵引箱(Traction Container)内。变流器由大功率开关器件 IGBT(IPM 或 GTO)和续流二极管构成逆变器相模块。制动斩波器的 IGBT 和续流二极管构成制动模块。其主要功能为由受电弓将接触网 1 500 V 电源引入主回路，滤波电路是为平抑逆变和斩波造成的电网电压电流的波动和减少谐波。逆变电路的 3 个相模块组成的逆变桥进行 VVVF(调频调压)变换或矢量控制，在牵引时将直流电逆变成三相交流电，供牵引电机起动、加速。电制动时，电动机工作在发电状态，将动能转变为电能，由逆变桥将三相交流电整流为直流电，通过受电弓送至电网，实施再生反馈制动。当不能进行再生制动时，通过制动斩波器，将电能消耗在制动电阻上，转化为热能散发。由于 VVVF 逆变、斩波部分采用 IGBT 门极可关断器件，省去了一般可控硅元件结构复杂、体积较大的强迫换流电路，这样既可以减小了装置的体积，又降低开关损耗，提高效率。

**2. AC01、AC02 型电动列车的交流传动主电路**

AC01、AC02 型电动列车牵引箱设备主要包括以下部分(见图 5.7 所示)：

(1)相模块 A10～A30

相模块属于 PWM 逆变器。它们包括功率半导体(GTO 晶闸管)，包括其吸收和门控回路。它们的任务是将直流中间回路的直流电压变换成三相交流电压。

(2)制动控制模块 A40

制动控制模块包括功率半导体(GTO 晶闸管)，包括其吸收和门控回路。制动控制模块有控制直流中间回路制动电阻的功能。当列车电制动时使用电阻(如果线网不能吸收能量)，制动能量被转换成热能。

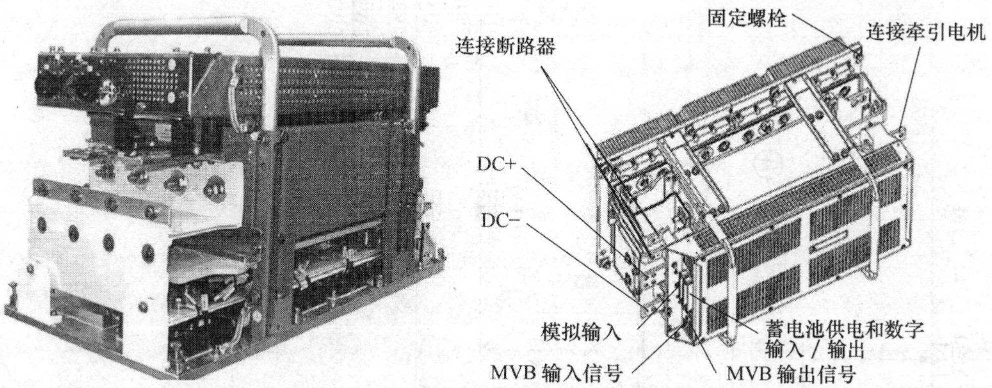


图 5.6 庞巴迪公司的 MCM 系统实物图

(3)保护触发模块 A50

保护触发模块在直流中间回路过压时起保护 PWM 逆变器的作用。如果直流中间回路电压达到规定的门槛值,保护触发模块的断路晶闸管被触发。释放的能量通过制动电阻片消散(制动电阻的分接头)。流过短路分支的电流通过电流传感器测得并送到牵引控制单元。

(4)牵引控制单元 A100

这部分将在列车微机与信息监控系统中进行介绍。

(5)门极驱动的供电单元 A130

门极驱动的供电单元用于为几个门极驱动单元(GTO 门极驱动电路)供电。在输入端,该单元和车载蓄电池连接。

(6)电阻单元 A200

电阻单元包括连续放电电阻和吸收电阻。连续放电电阻,基于安全考虑,有确保直流中间电容始终放电的功能,当线网被切除或断开,或者线路接触器和预充电接触器断开,1 min 后电容电压降到≤50 V。

吸收电阻是相模块和制动控制模块功率半导体(GTO 晶闸管)的吸收回路的一部分。

(7)直流中间电容 C100,C200

该电容是直流中间回路的能量储存装置。它们吸收大部分在直流中间回路出现,由 GTO 晶闸管时钟引起的交流分量。并和线路电抗器一起形成线路滤波器。

(8)设备风扇 E100

设备风扇作为基本配置,为相模块和制动控制模块的冷却风道,直流中间电容,线路电抗器和电阻单元提供冷却空气。

(9)PT100 电阻 F200

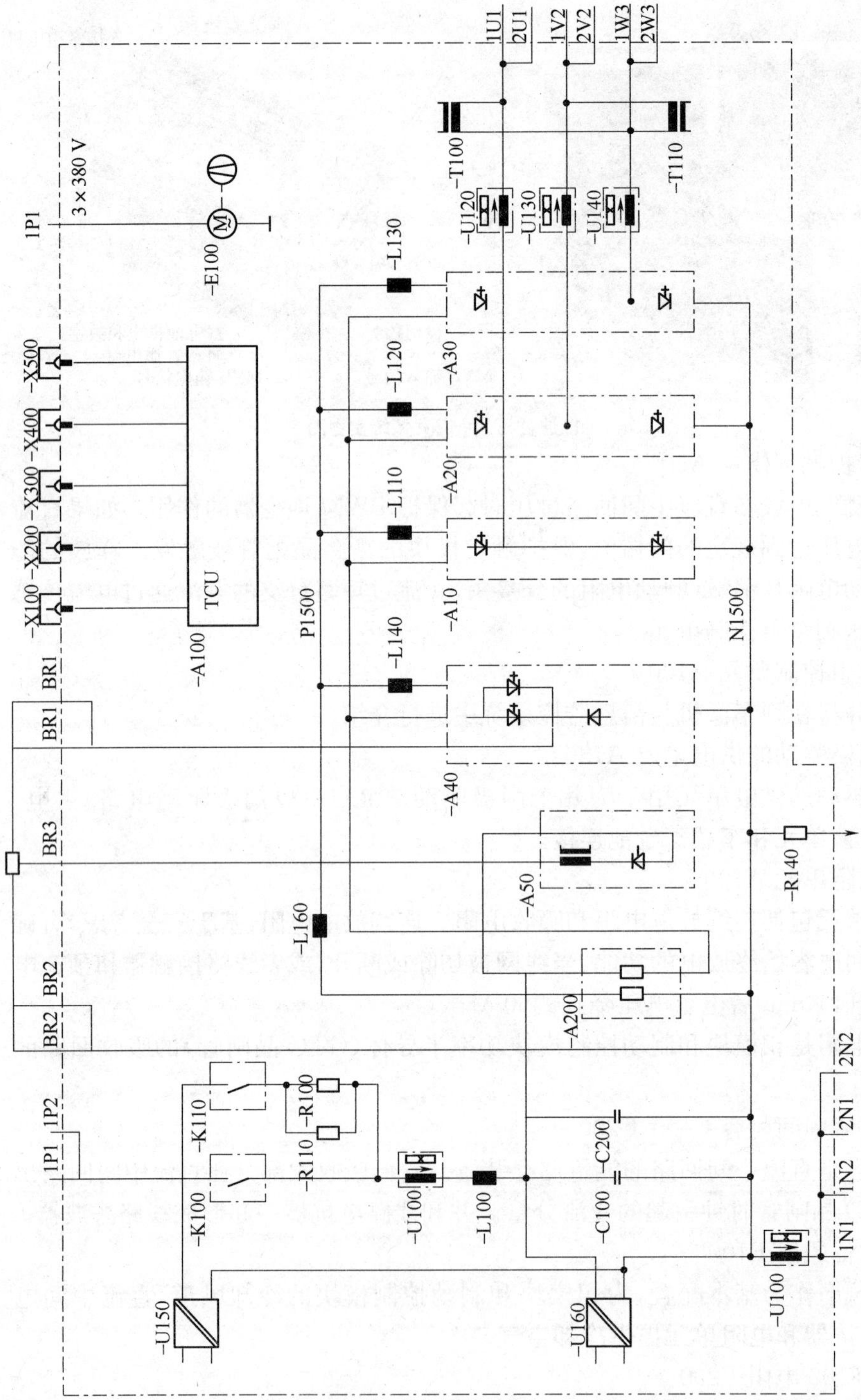


图 5.7 AC01、AC02 型电动列车牵引箱设备结构简图

电阻的温度传感器 PT100 测量进风口的温度。

(10)线路接触器 K100

线路接触器隔离牵引转换器和电源或接通电源。

(11)预充电接触器 K110

预充电接触器通过予充电电阻接通直流中间电容和线网。直流中间电容被充电。如果直流中间回路电压达到线网电压的 90%,线路接触器被接通并且予充电接触器被关断。

(12)线路电抗器 L100

线路电抗器和直流中间电容一起隔离由反馈过程而产生的交流分量对供电网的干扰。另外,如果供电网或 PWM 逆变器产生短路电流,线路电抗器将限制短路电流,和直流中间电容一起形成线路滤波器。

(13)基本装配 L110—L140

基本装配是电感(电抗器),由单独的圈状铁芯构成。当 GTO 晶闸管变换方向时限制电流上升率。

(14)缓冲电感 L160

缓冲电感是由单独电缆构成的电感。当直流中间回路发生短路时它限制 GTO 晶闸管的浪涌电流。

(15)预充电电阻 R100,R110

预充电电阻缓冲直流中间电容的充电过程。它限制充电电流和防止电压突变。

(16)接地电阻 R140

在 N 端电缆和转向架接地刷之间错误连接的情况下,接地电阻有连接箱体和定义电位(地)的作用。

(17)匹配电阻 R150

匹配电阻作为保护模块(BOD)的吸收电阻。

(18)电机电压传感器 T100,T110

电机电压传感器是带隔离的传输型的电压传感器。它检测 PWM 逆变器输出端相与相之间的交流电压。

(19)线路电流传感器 U100

线路电流传感器检测 PWM 逆变器的输入电流,能检测直流电流。

(20)用于接地故障检测的线路电流传感器 U110

线路电流传感器检测 PWM 逆变器的输出电流,能检测直流电流。

(21)电机电流传感器 U120～U140

它作为电机电流传感器,为了校正直流部分的输出电流。

(22)线路电压传感器 U150

线路电压传感器检测 PWM 逆变器的输入电压。它是电绝缘的灵敏的传感器，能检测直流电压。

(23)直流中间回路电压传感器 U160

直流中间回路电压传感器检测直流连接电路电压。它是电绝缘的灵敏的传感器，能检测直流电压。

(24)TCU 滤波器 Z100

TCU 滤波器被用为 DC 110 V 蓄电池电压的 AMC 滤波器。

(25)DC 110 V 直流线路滤波器 Z110

DC 110 V 线路滤波器被用为 DC 110 V 蓄电池电压的 AMC 滤波器。

其中，AC01、AC02 型电动列车牵引箱设备采用的控制方法为 VVVF 控制，现在将以此为例介绍一下 VVVF 系统的保护系统，其他 VVVF 系统的保护与此类似。

**1. 和控制无关的保护装置**

下列保护装置在牵引箱中提供，但独立于牵引控制单元：

(1)当电压突变或短路时，用线路电抗器限制线路电流的上升率；

(2)线路滤波器平滑瞬间线网过压(线路电抗器和中间电路电容)；

(3)PWM 逆变器的过压保护用一块一体化的保护触发模块来实现(通常是短路、断路保护器在图中为 A50)。该保护触发模块在大于 2 390 V 电压时触发完整的放电电阻，确保中间电路电容器在线路接触器和预充电接触器打开时始终放电。每扇维修盖都通过 2 个机械插销确保可靠接地。

**2. 和控制相关的保护装置**

下列重要保护功能由牵引控制单元实现：

(1)电压监控

① 在中间连接回路的电压有两个可用的阶段来保护转换器过压。

② 中间回路电压＞2 100 V，制动控制器被触发并限制电压。

③ 中间回路电压＞2 200 V，当达到 2 200 V 时，所有 PWM 逆变器触发脉冲被禁止。牵引控制单元触发保护触发模块并断开主线路接触器(主线路接触器打开)。此时 PWM 逆变器和线网隔离且中间回路被放电。

(2)电流监控

① 处理闭环电流控制器，牵引控制单元包含有一块模块，它提供三阶段过流保护，与软件无关。

② 如果 GTO 晶闸管的电流达到第一个限制值，它的触发脉冲被封锁。如果电流 F 降到一个低一级的限制值，GTO 晶闸管马上再次开通。

③ 如果 GTO 晶闸管的电流达到第二个限制值，GTO 晶闸管被关断，整个 PWM 逆变器的触发脉冲被封锁。如果电流下降到低一级的限制值 PWM 逆变器脉冲再次触发。

④ 如果电流超过第三个限制值，整个 PWM 逆变器被切除且线路接触器被分断。

(3)温度监控

PT100 温度传感器用于监控温度。牵引控制单元对被测值和设定限制值进行比较，如果达到，则作下述反应：

| 温度测量设备的位置 | 过温反应 |
| --- | --- |
| 相模块 A10、A20、A30 | 第一阶段：系统输出功率降低 |
| | 第二阶段：PWM 逆变器关闭，直到温度恢复到许可温度后，逆变器再次启动 |
| 制动模块 | 制动模块封锁，在温度恢复到允许温度后，再次启动 |
| 电阻单元 | PWM 逆变器关闭，直到温度恢复到许可温度后，逆变器再次启动 |

(4)牵引箱中设备风扇监控

牵引控制单元(A100)检查下列数据以确认设备风扇是否故障：

① 设备风扇的电源电压是否正常。

② 空气进口处 PT100(F200)和电阻单元(A200)连续放电装置的 PT100 的温度是否在允许范围内。如果风扇发生故障，牵引控制单元封锁 PWM 逆变器。

## 5.2 车辆控制线路的识读

城市轨道交通车辆的控制线路主要是用来控制车辆的主回路，主要由继电器、接触器和各种微机控制单元组成，其主要作用为接受司机操作发出的指令，使控制电路中相关的继电器得电或失电，并将这些动作转化为控制信号，使得相对应的主回路接触器动作，最终控制牵引电机的运转，从而控制列车牵引、制动等工况。另外，控制线路中还包括许多监控回路，检测列车各工况下的参数，根据所检测到的故障参数，及时发出指令，控制继电器动作，切断主回路中相关的触点，起到保护作用，本节将以上海地铁一号线 AC01 型列车控制电路为例进行介绍。

### 5.2.1 列车和车辆控制启动继电器

列车控制启动线路图见图 5.8 所示，牵引/制动控制系统的各种功能只有当司

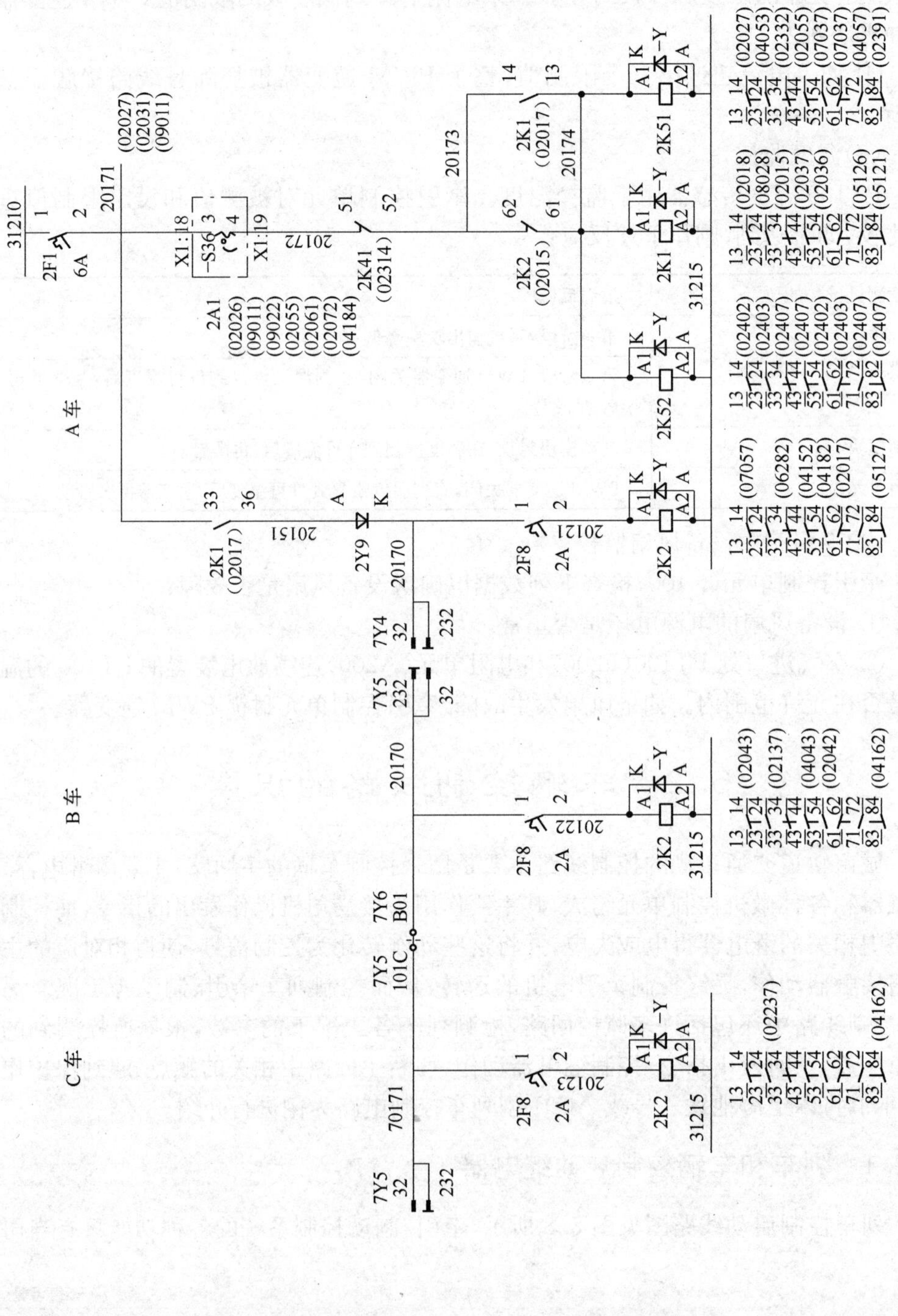


图 5.8　列车控制启动线路图

机在司机台上打开钥匙开关 2A1－S36 以后，由列车电源线正极 31210 提供的 DC 110 V经过列车控制空气自动开关(MCB)2F1、联挂牵引继电器 2K41 的常闭触点 51－52、车辆控制接通继电器 2K2 的常闭触点 61－62，使得列车控制启动继电器 2K1、2K51 和 2K52 得电。

通过 2K1 的常开触点 33－34 使得 A1 的 2K2 得电，并且电压传输到列车控制总线 20120 并通过车钩电气连接器使以后各节车辆控制接通继电器 2K2 吸合。2K2 的控制保护由空气自动开关(MCB)2F8 来实现。

当司机在一端司机室已打开了钥匙开关 2A1－S36，控制的 A 车的 2K2 的常闭触点 61－62 被 2K1 的常开触点旁路，列车控制启动继电器 2K1、2K51 和 2K52 处于自保和吸合状态。此时在另一端司机室，钥匙开关 2A1－S36 的作用无效，此时即使钥匙开关 2A1－S36 闭合，由于 2K2 已吸合，其常闭触点 61－62 断开，各列车控制启动继电器 2K1、2K51 和 2K52 等不能得电。这样通过线路连锁设计保证了列车两端司机室不能同时使用。只允许一端司机室可得电操作，否则将引起电气动作紊乱，使列车安全失去保障。

### 5.2.2 高速断路器控制线路

高速电路断路器控制回路由蓄电池供电。从综合线路图 5.9 中我们可以看到从蓄电池电源引出接头(A19)开始到车钩 71－Y4 为止，电路上依次连接有以下电器元件：电路输入空气开关(21－F01)，司机室控制继电器(22－K01)，紧急停车继电器(22－K08)，高速电路断路器断开按钮(21－S01)和高速电路断路器接通按钮(21－S02)。

**1. 接通高速电路断路器继电器(21－K01)线圈得电**

由综合线路图 5.9 上我们可以看出如果要使接通高速电路断路器继电器(21－K01)的线圈得电，那么必须满足以下条件：

(1)电路输入空气开关(21－F01)必须闭合；

(2)司机室控制继电器(22－K01)的线圈必须得电，从而使得其常开触点 53－54 处于闭合状态；

(3)紧急停车继电器(22－K08)的线圈必须得电，从而使得其常开触点 13－14 处于闭合状态；

(4)高速电路断路器断开按钮(21－S01)不能被按下，从而使得它的常闭触点 21－22 处于闭合状态；

(5)高速电路断路器接通按钮(21－S02)必须被按下，从而使得它的常开触点 13－14 处于闭合状态；

(6)接通高速电路断路器的空气开关(21－F04)必须闭合。

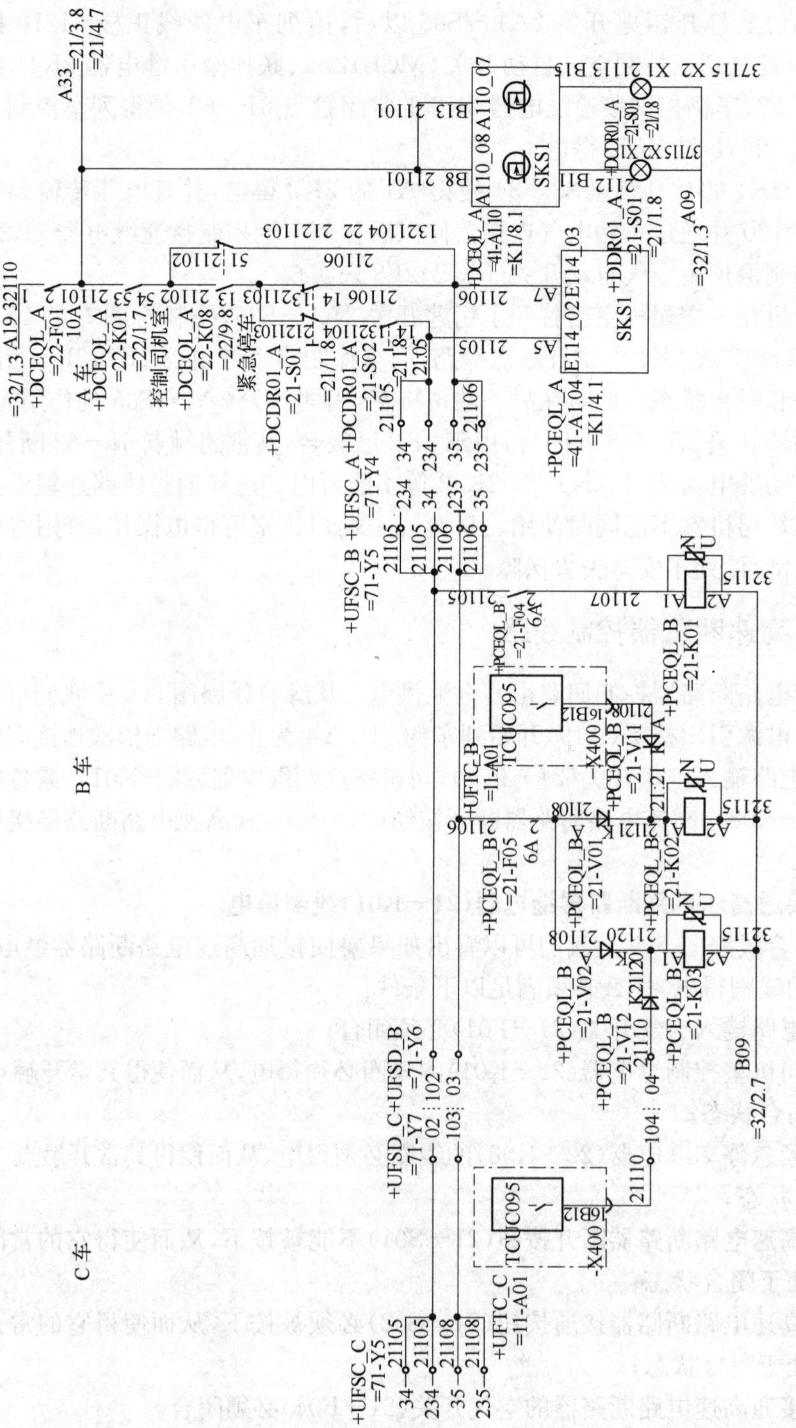


图 5.9 高速断路器接通与断开控制电路

在正常情况下，空气开关(21－F01)一直处于闭合位置，只有当电路出现异常情况(如短路等)，可能要损坏高速电路断路器时，电路输入空气开关(21－F01)才会自动断开，以起到保护高速电路断路器的目的。

司机室控制继电器(22－K01)线圈的得电情况，是根据哪个单元作为控制单元(获得列车控制权)的情况来决定的，假设一单元作为控制单元(司机用行车钥匙打开司机控制台)，那么处于一单元A车上的列车控制接通继电器(22－K01)线圈就得电，类似的，如果二单元作为控制单元(司机用行车钥匙打开司机控制台)，那么处于二单元A车上的列车控制接通继电器(22－K01)线圈就得电。

紧急停车继电器(22－K08)线圈的得电情况，则是由列车是否进行紧急制动来决定的，如果列车进行了紧急制动，那么紧急停车继电器(22－K08)线圈就会失电。

由以上介绍我们可以得出以下结论：当列车处于正常状态时，任意一个单元作为控制单元，获得列车控制权，我们只要按下高速电路断路器接通按钮(21－S02)，同时保持高速电路断路器断开按钮(21－S01)位置状态不变，那么接通高速电路断路器继电器(21－K01)的线圈就会得电。

当控制单元司机室控制继电器(22－K01)的线圈得电，其常开触点53－54处于闭合状态，从蓄电池供给的电源都通过车钩传输给另一个单元的接通高速电路断路器继电器(21－K01)的线圈，使其得电。

在接通高速电路断路器继电器(21－K01)线圈得电的同时，SIBAS KLIP分站1(41－A1.04)检测到A5引脚上高速电路断路器接通按钮(21－S02)已经按下，于是SIBAS KLIP分站1(41－A1.10)从B11引脚上输出一个高电平，使得高速电路断路器接通按钮(21－S02)的内置灯泡发光，提示司机按钮已被按下，接通高速电路断路器继电器供电线路已经接通。

为了便于读者阅读理解，对图5.9进行简化处理，处理后的电路线路图见图5.10所示，读者可以对照图5.9和图5.10进行参考分析。

**2. 断开高速电路断路器继电器(21－K02，21－K03)线圈得电**

由综合线图5.9让我们可以看出如果要使B车断开高速电路断路器继电器(21－K02)和C车断开高速电路断路器继电器(21－K03)的线圈得电，那么应该符合以下条件：

(1)电路输入空气开关(21－F01)必须闭合；

(2)司机室控制继电器(22－K01)的线圈必须得电，从而使得其常开触点53－54处于闭合状态；

(3)紧急停车继电器(22－K08)的线圈不得电，从而使得其常闭触点51－52

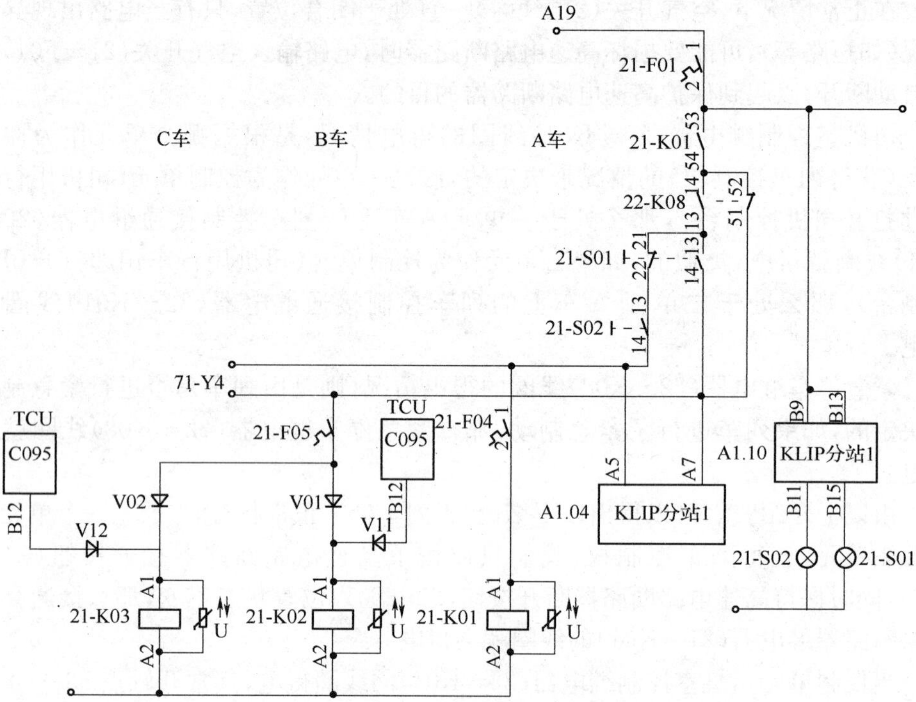


图 5.10 高速断路器控制电路(简图)

处于闭合状态;

(4)紧急停车继电器(22－K08)的线圈得电时,高速电路断路器断开按钮(21－S01)被按下,从而使得它的常开触点 13－14 处于闭合状态;

(5)断开高速电路断路器的空气开关(21－F04)必须闭合;

(6)B 车 TCU C095 板卡 B12 引脚输出高电平将会使断开 B 车高速电路断路器继电器(21－K02)线圈得电;

(7)C 车 TCU C095 板卡 B12 引脚输出高电平将会使断开 C 车高速电路断路器继电器(21－K03)线圈得电。

由此可以得到以下结论:

(1)列车紧急停车时,所有断开 B 车高速电路断路器继电器(21－K02)和所有断开 C 车高速电路断路器继电器(21－K03)的线圈将会得电,使各动车高速断路器分断。

(2)正常状态下,按下高速电路断路器断开按钮(21－S01),断开 B 车高速电路断路器继电器(21－K02)和断开 C 车高速电路断路器继电器(21－K03)的线圈得电,使各动车高速断路器分断。

(3)B车TCU C095板卡B12引脚或C车TCU C095板卡B12引脚输出高电平,使相应的断开高速电路断路器继电器的线圈得电,使各动车高速断路器分断。

在断开高速电路断路器继电器(21-K02,21-K03)线圈得电的同时,SIBAS KLIP分站1(41-A1.04)检测到A7引脚上高速电路断路器断开按钮(21-S01)已经按下,于是SIBAS KLIP分站1(41-A1.10)从B15引脚上输出一个高电平,使得高速电路断路器断开按钮(21-S01)的内置灯泡发光,提示司机按钮已被按下,断开高速电路断路器继电器供电线路已经接通。

**3. 高速电路断路器闭合过程**

控制电路线路图见图5.11所示,以B车为例,为了使高速电路断路器接通,必须满足以下条件:

(1)列车控制接通继电器(72-K02)的线圈得电;

(2)升弓继电器(21-K10)的线圈得电;

(3)B车断开高速电路断路器继电器(21-K02)的线圈失电;

(4)接通高速电路断路器继电器(21-K01)的线圈得电;

(5)控制B车高速电路断路器的空气开关处于闭合状态。

控制电路的电源由蓄电池提供。

当满足以上条件以后,接通B车高速电路断路器接触器1(21-K08)的线圈得电,由于在该接触器线圈上的电流较大,当线圈得电后,立刻将该接触器的常闭触点31-32断开,同时将该接触器的常开触点13-14闭合,这样该接触器线圈的供电线路中串接了一个限流电阻,减小了电流,保证该线圈可以长时间地安全工作。同时也保证了司机不必一直按着高速电路断路器接通按钮(21-S02)。

在接通B车高速电路断路器接触器1(21-K08)线圈得电的同时,B车高速电路断路器延时吸合继电器(21-K07)的线圈也将得电。由于它是延时吸合(延时0.5~1 s),在延时时间内其常闭触点15-16依然处于闭合状态,这样在这段时间内B车高速电路断路器接触器2(21-K09)线圈也因此而得电。

从上面的叙述中可以知道在B车高速电路断路器延时吸合继电器21-K07的延时吸合时间内,高速电路断路器接触器1(21-K08)和高速电路断路器接触器2(21-K09)的线圈都得电,这样21-K08的常开触点1-2和3-4,21-K09的常开触点1-2和3-4都处于闭合状态,B车高速电路断路器(11-Q01)的主线圈的S、R都得电,高速电路断路器触点就处于接通状态。同时由于主线圈S-R得电,吸引内部机械装置移动到导通位置,高速电路断路器就处于导通状态。

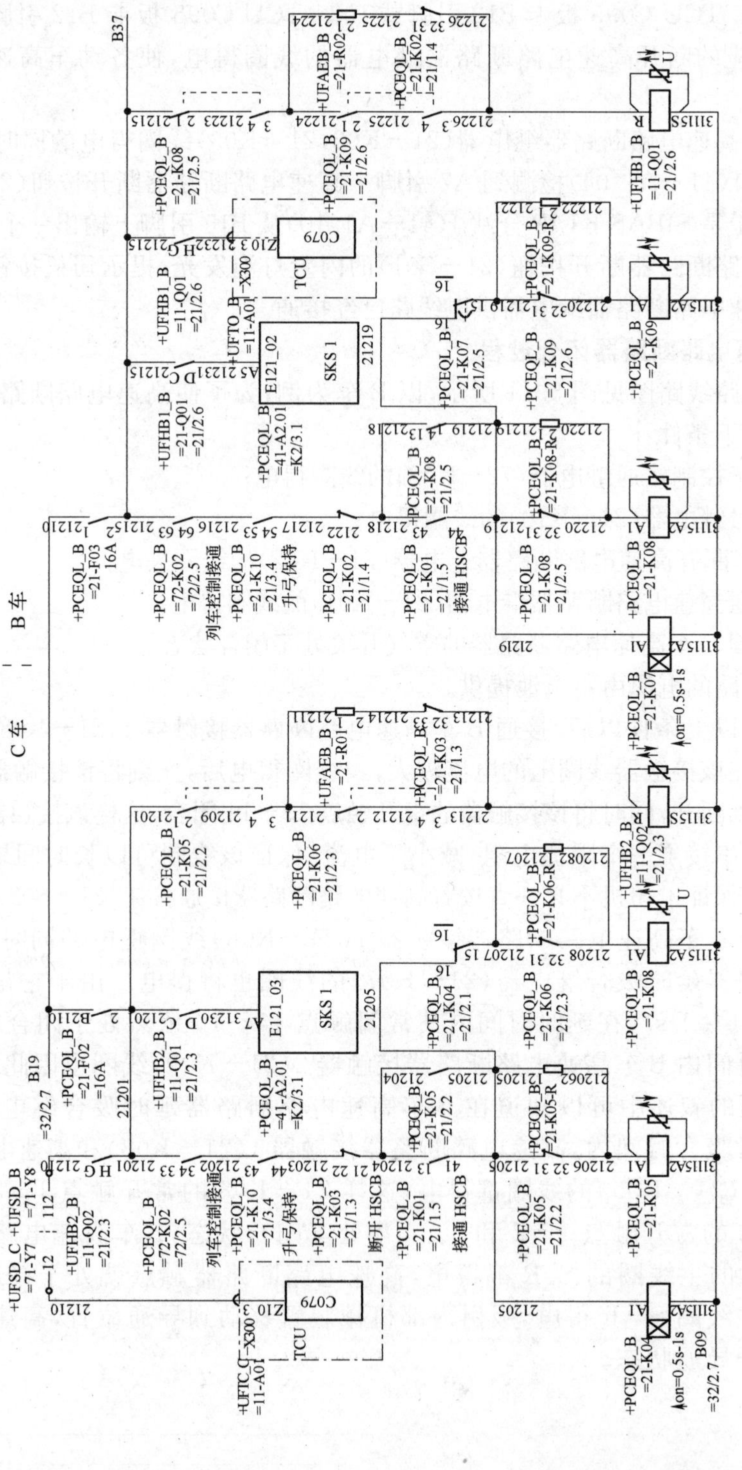


图 5.11 高速断路器接通与断开

当B车高速电路断路器延时吸合继电器(21－K07)的延时吸合时间到了以后，21－K07的常闭触点15－16将会断开，高速电路断路器接触器2(21－K09)的线圈因而失电，21－K09的常开触点1－2和3－4随之断开。此时由于高速电路断路器断开按钮(21－S01)未被按下，B车断开高速电路断路器继电器(21－K02)线圈保持失电。这样即使21－K09的常开触点1－2和3－4处于断开，B车高速电路断路器(11－Q01)的主线圈S－R依然能够经B车高速电路断路器限流电阻(21－R02)，B车断开高速电路断路器继电器(21－K02)的常闭触点31－32保持得电状态。之所以要设置这些定时装置的原因，主要是为了对流经B车高速电路断路器(11－Q01)的主线圈S－R的保持电流进行限流，以免长时间大电流流过线圈导致线圈损坏。

当B车高速电路断路器(11－Q01)的主线圈S－R处于得电状态后，B车高速电路断路器(11－Q01)的常开触点D－C和H－G随之闭合，这样SIBAS KLIP分站1(41－A2.01)的引脚A5和TCU的C079板卡的引脚Z10将收到高速电路断路器已经合上的信息。

C车高速电路断路器接通过程与B车一致。图5.12为对图5.11进行简化处理后的电路线路图，读者可以对照图5.11和图5.12进行参考分析。

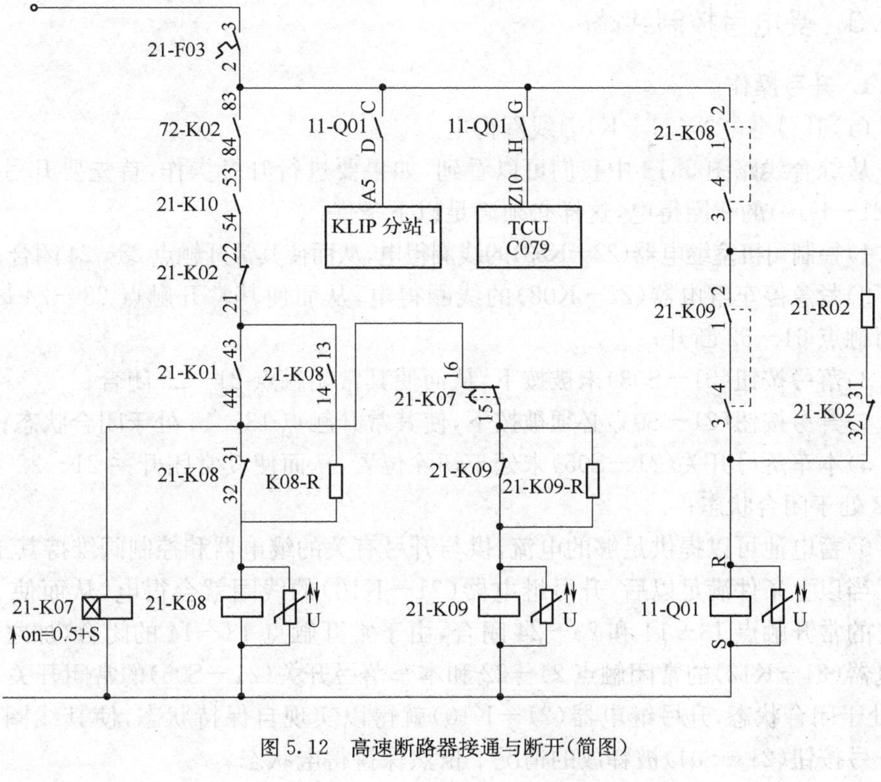


图5.12　高速断路器接通与断开(简图)

**4. 高速电路断路器断开过程**

当B车断开高速电路断路器继电器(21－K02)线圈得电以后,其常闭触点21－22和31－32就会断开,从而导致接通B车高速电路断路器接触器1(21－K08)线圈和B车高速电路断路器(11－Q01)的主线圈S－R失电,这样B车高速电路断路器就被分断了。由于此时B车高速电路断路器接触器1(21－K08)的常开触点13－14和高速电路断路器继电器(21－K01)的常开触点已经处于断开状态,所以即使此时司机放开高速电路断路器断开按钮(21－S01),使其常闭触点21－22闭合,由于高速电路断路器接通按钮21－S02未被按下,则接通B车高速电路断路器接触器1(21－K08)线圈和B车高速电路断路器(11－Q01)的主线圈S－R处于失电状态,这就保证了司机不必一直按着高速电路断路器断开按钮(21－S01)。

当B车高速电路断路器(11－Q01)的主线圈S－R处于失电状态后,B车高速电路断路器(11－Q01)的常开触点D－C和H－G随之断开,这样SIBAS KLIP分站1(41－A2.01)的引脚A5和TCU的C079板卡的引脚Z10将收到高速电路断路器已经断开的信息。

C车高速电路断路器断开过程与B车一致,不再重复介绍。

### 5.2.3 受电弓控制线路

**1. 升弓操作**

(1)升弓继电器(21－K10)线圈得电

从综合线路图5.13中我们可以看到,如果要进行升弓操作,首先要升弓继电器(21－K10)的线圈得电,这样必须满足以下条件:

1)控制司机室继电器(22－K53)的线圈得电,从而使其常开触点23－24闭合;

2)紧急停车继电器(22－K08)的线圈得电,从而使其常开触点23－24闭合,常闭触点61－62断开;

3)落弓按钮(21－S03)未被按下,从而使其常闭触点21－22闭合;

4)升弓按钮(21－S04)必须被按下,使其常开触点13－14处于闭合状态;

5)本车落弓开关(21－S05)未处于切除位置,从而使其常闭开关21－22和31－32处于闭合状态;

6)蓄电池可以提供足够的电流,供与升弓有关的继电器和控制阀维持其工作。

当以上条件满足以后,升弓继电器(21－K10)的线圈就会得电,从而使21－K10的常开触点13－14和23－24闭合,由于常开触点13－14的闭合,加之落弓继电器(21－K12)的常闭触点21－22和本车落弓开关(21－S05)的常闭开关21－22处于闭合状态,升弓继电器(21－K10)就得以实现自保持状态,使其线圈可以在升弓按钮(21－S04)被释放的情况下依然保持得电状态。

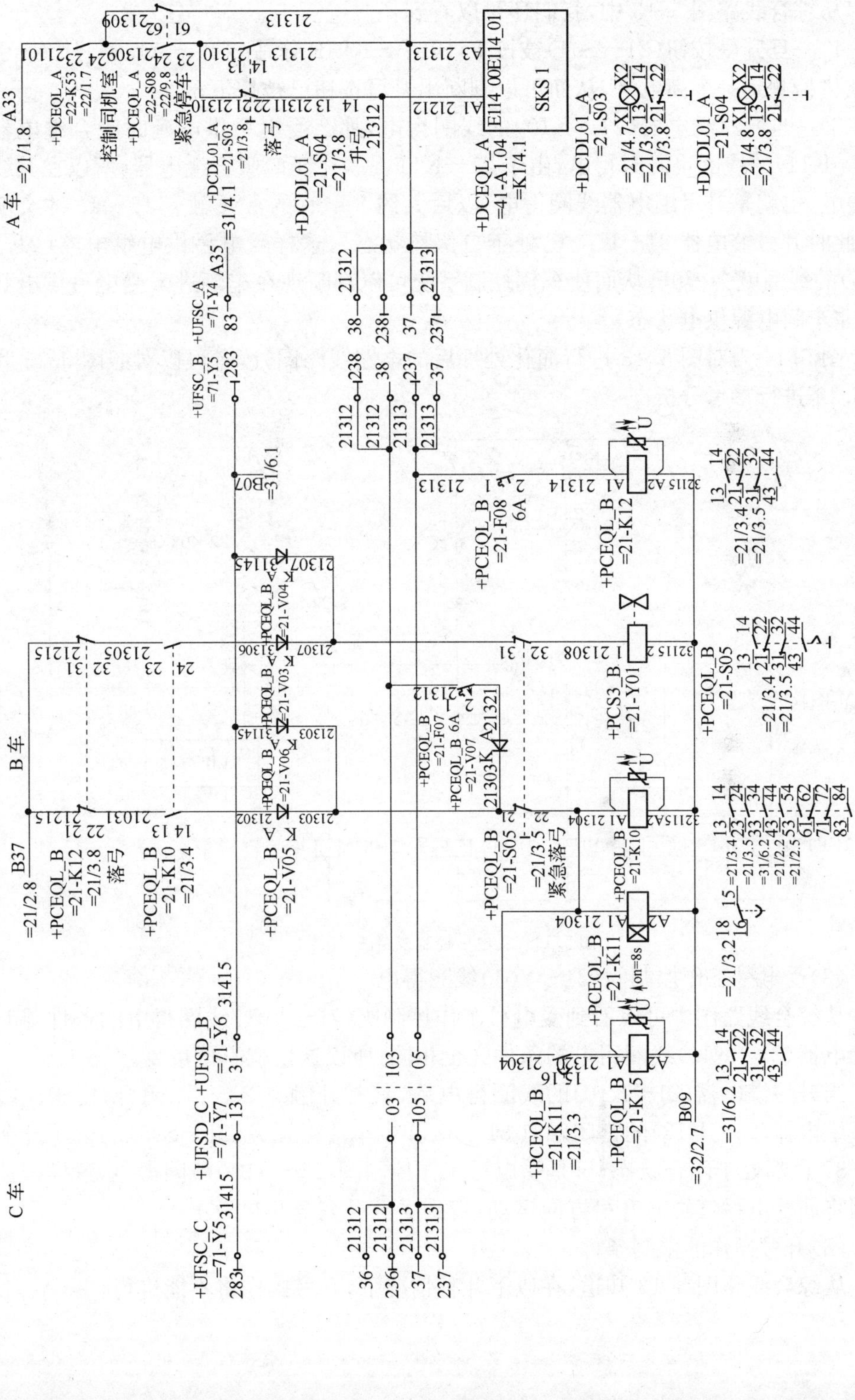


图 5.13　控制电路—受电弓的工作控制

从综合线路图 5.13 中，我们还可以看到：

1）一旦升弓按钮(21－S04)被按下，SIBAS KLIP 分站 1(41－A1.04)从 A1 引脚上将检测到一个高电平，从而可以判断出升弓按钮已被按下；

2）一旦升弓继电器(21－K10)的线圈得电，那么受电弓供电延时吸合继电器(21－K11)的线圈也同时得电，由于 21－K11 是一个延时吸合继电器，所以在其线圈得电(也就是升弓继电器线圈得电)以后大约 8 s，它的常开触点 15～18 才会闭合(此时升弓继电器 21－K10 已处于自保持状态)，这样受电弓供电继电器(21－K15)的线圈就会得电，从而使车辆控制系统可以判断现在车辆进入受电弓供电状态(非车间电源供电状态)。

图 5.14 为对图 5.13 进行简化处理后的电路线路图，读者可以对照图 5.13 和图 5.14 进行参考分析。

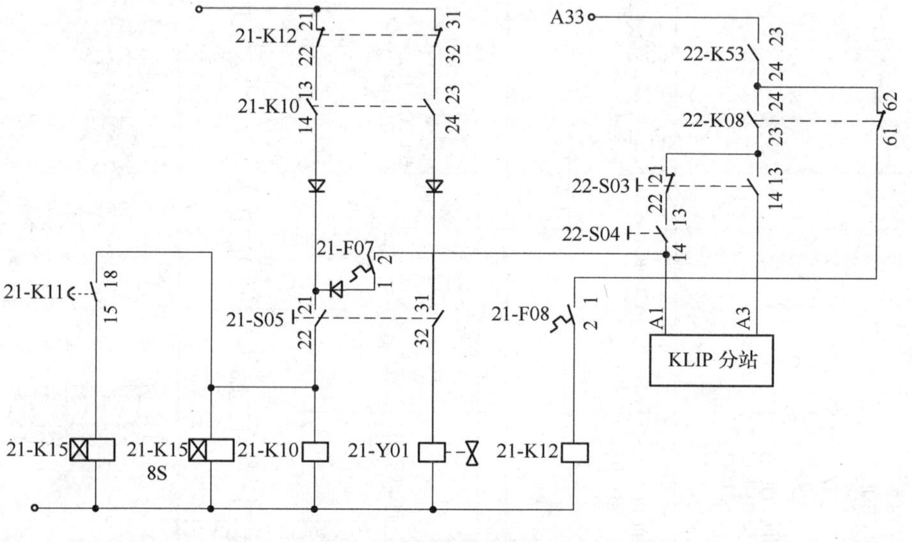


图 5.14 受电弓控制线路图(简图)

(2)受电弓工作控制阀(21－Y01)线圈得电

从综合线路图中可以看到受电弓工作控制阀(21－Y01)线圈得电的条件与升弓继电器(21－K10)线圈得电的条件完全相同，所以这里就不再重复。

当升弓继电器(21－K10)的线圈得电后，其常开触点 23－24 闭合，由于此时落弓继电器(21－K12)的常闭触点 31－32 和本车落弓开关(21－S05)的常闭开关 31－32 也都处于闭合状态，于是受电弓工作控制阀(21－Y01)线圈得电，这样该控制阀将使受电弓气缸向升弓方向运动，直到受电弓完全升起为止。

(3)升弓操作的限制条件

从综合线路图 5.13 知道，在以下几种情况下，升弓操作将不能进行。

1)电池不能提供足够的电流,使升弓所须的继电器和控制阀的线圈保持在得电状态,直到受电弓完全升起(改由逆变器供电);

2)落弓按钮被按下。

3)本车落弓开关被拨到切除位置。

4)车辆处于紧急停车状态。

5)本单元不是受控单元。

**2. 落弓操作**

从综合线路图 5.13 可以发现,如果要使车辆进行落弓操作一般有两种方法:按落弓按钮(21－S03)以及切换本车落弓开关(21－S05)到切除状态。这两种方法的原理基本相似:使升弓继电器(21－K10)和受电弓工作控制阀(21－Y01)的线圈失电。下面将分别介绍这两种方法。

(1)按落弓按钮进行落弓操作

要使用按落弓按钮来实现落弓操作,必须具备以下几点条件:

1)控制司机室继电器(22－K53)的线圈得电,从而使其常开触点 23－24 闭合;

2)紧急停车继电器(22－K08)的线圈得电,从而使其常开触点 23－24 闭合;

3)落弓继电器保护空气开关(21－F08)闭合

当满足以上条件以后,司机只要按下落弓按钮,马上就会构成一条从蓄电池电源输出点 A33,经过控制司机室继电器(22－K53)的常开触点 23－24,紧急停车继电器(22－K08)的常开触点 23－24,落弓按钮(21－S03)的常开触点 13－14,落弓继电器保护空气开关(21－F08),直到落弓继电器(21－K12)线圈的供电回路。于是落弓继电器(21－K12)线圈得电,其常闭触点 21－22 和 31－32 失电断开,于是升弓继电器(21－K10)线圈和受电弓工作控制阀(21－Y01)线圈的供电线路被切断,变为失电状态,由受电弓工作控制阀(21－Y01)控制的受电弓气缸向落弓方向运动,直到受电弓完全落下为止。

同时,当司机按下落弓按钮(21－S03)时,SIBAS KLIP 分站 1(41－A1.04)从 A3 引脚上将检测到一个高电平,从而可以判断出落弓按钮已被按下。

(2)将本车落弓开关切换到切除状态

这个操作的实现方式十分直接:通过切换本车落弓开关(21－S05)到切除状态,从而使其常闭触点 21－22 和 31－32 处于断开位置,这样便切断了升弓继电器(21－K10)线圈和受电弓工作控制阀(21－Y01)线圈的供电线路,于是这两个线圈失电,由受电弓工作控制阀(21－Y01)控制的受电弓气缸向落弓方向运动,直到受电弓完全落下为止。

另外，还有几点需要注意：

1）紧急停车操作也会导致落弓，其方法基本与按落弓按钮相同。

2）落弓一般总是通过在司机室按落弓按钮来实现的，而切换本车落弓开关仅用以在发生故障时切除本车受电弓。

**3. 受电弓状态监视**

（1）受电弓升弓状态

由综合线路图 5.15 列车判断所有受电弓升起的条件为：所有 B 车的本车弓落到位的位置传感器（11－X11－S1）未被压下，处于断开位置。这样 SIBAS KLIP 分站 2（41－A2.02）从 A7 引脚上将检测到一个高电平，从而可以判断该受电弓已经处于升起状态。当列车控制系统发现所有受电弓都处于升起状态，就会在 SIBAS KLIP 分站 1（41－A1.10）从 A13 引脚上输出一个高电平，使升弓按钮（21－S04）的内置灯泡发光，告诉操作者所有受电弓都已处于升起状态。

（2）受电弓落弓状态

从综合线路图 5.15 列车判断所有受电弓落下的条件为：

1）单元列车控制继电器 2（72－K09）的线圈处于得电状态，常开触点 13－14 闭合，常闭触点 61－62 断开。

2）所有 B 车的本车弓落到位的位置传感器（11－X11－S1）被压下，处于闭合位置。

3）某些 B 车末端继电器 1（72－K04）的线圈得电，其常开触点 83－84 闭合。

4）某些 C 车末端继电器 1（72－K04）的线圈得电，其常开触点 83－84 闭合。

5）当某个受电弓落到位以后，本车弓落到位的位置传感器（11－X11－S1）被压下，处于闭合位置，这样本车弓落到位继电器（21－K13）的线圈得电，于是相应的常开触点 13－14 闭合，常闭触点 21－22 断开。当所有受电弓都落到位以后，所有 21－K13 的常开触点 13－14 都闭合，这样就形成了一条经过受控单元列车控制继电器 2（72－K09）的常开触点 13－14，所有 21－K13 的常开触点 13－14，非受控单元车控制继电器 2（72－K09）的常闭触点 61－62 经过车钩线最终流向受控单元落弓按钮（31－S03）内置灯泡的回路，这样在所有弓都落下时，落弓按钮亮起，告诉操作者所有弓都已落下。当然这条回路还使所有弓落下继电器（21－K14）的线圈得电。

前面提到当某个受电弓落到位时，对应的本车弓落到位继电器（21－K13）的线圈的常闭触点 21－22 将会断开，这样 SIBAS KLIP 分站 2（41－A2.02）从 A7 引脚上将检测到一个低电平，从而可以判断该受电弓已经处于落下状态。

从综合线路图5.15还可以看到，当B、C车末端继电器1(72－K04)的线圈得电，其常开触点83－84闭合时，落弓按钮(21－S03)也会亮起。

### 5.2.4　牵引控制线路

该控制电路起始工作电源由蓄电池供电。

**1. 列车非紧急工作状态**(列车紧急工作旋钮开关22－S05未拨到紧急工作位置)

从综合线路图5.16中可以看出，如果要使列车接通控制继电器(22－K01、22－K51、22－K52、22－K53)的线圈得电，必须满足以下条件：

1)列车控制的空气开关(22－F01)闭合；

2)用司机钥匙打开主控制器钥匙开关(22－A01－S01)，使其X2的常开触点1－2闭合；

3)联挂牵引继电器(22－K41)的线圈未得电，常闭开关21－21处于闭合状态；

4)控制列车紧急继电器(22－K03)的线圈未得电，常闭开关61－62处于闭合状态；

5)车辆控制接通继电器(22－K02)的线圈未得电，常闭开关(71－72)处于闭合状态。

当列车接通控制继电器(22－K01)线圈得电后，其常开触点23－24和13－14闭合，其中常开触点13－14闭合使22－K01处于导通自保持状态。而常开触点23－24的闭合使车辆控制接通继电器(22－K02)的线圈获得了得电的条件(B车、C车的22－K02线圈供电线路中包括车钩)。

当用司机钥匙打开主控制器钥匙开关，SIBAS KLIP分站1(41－A1.03)从A1引脚上将检测到一个高电平，从而可以判断出主控制器钥匙开关已被打开。

当车辆控制接通继电器(22－K02)的线圈得电，SIBAS KLIP分站1(41－A1.03)从A3引脚上将检测到一个高电平，从而可以判断出22－K02线圈得电，列车处于非紧急工作状态。

**2. 列车紧急工作状态**(列车紧急工作旋钮开关22－S05拨到紧急工作位置)

处于这个状态时，列车接通控制继电器(22－K01、22－K51、22－K52、22－K53)的线圈得电的条件与前面介绍的一样，只是由于列车紧急工作旋钮开关22－S05拨到紧急工作位置，从而使其常开触点13－14处于闭合状态，而常闭触点23－24处于断开状态，这样车辆控制接通继电器(22－K02)的线圈失去了得电的条件，而列车接通控制继电器(22－K01)常开触点23－24的闭合却使控制列车紧急工作继电器(22－K03)的线圈得电(B车、C车的22－K03线圈供电线路中包括车钩)。在A车上，控制列车紧急工作继电器2(22－K04)的线圈将同时得电。

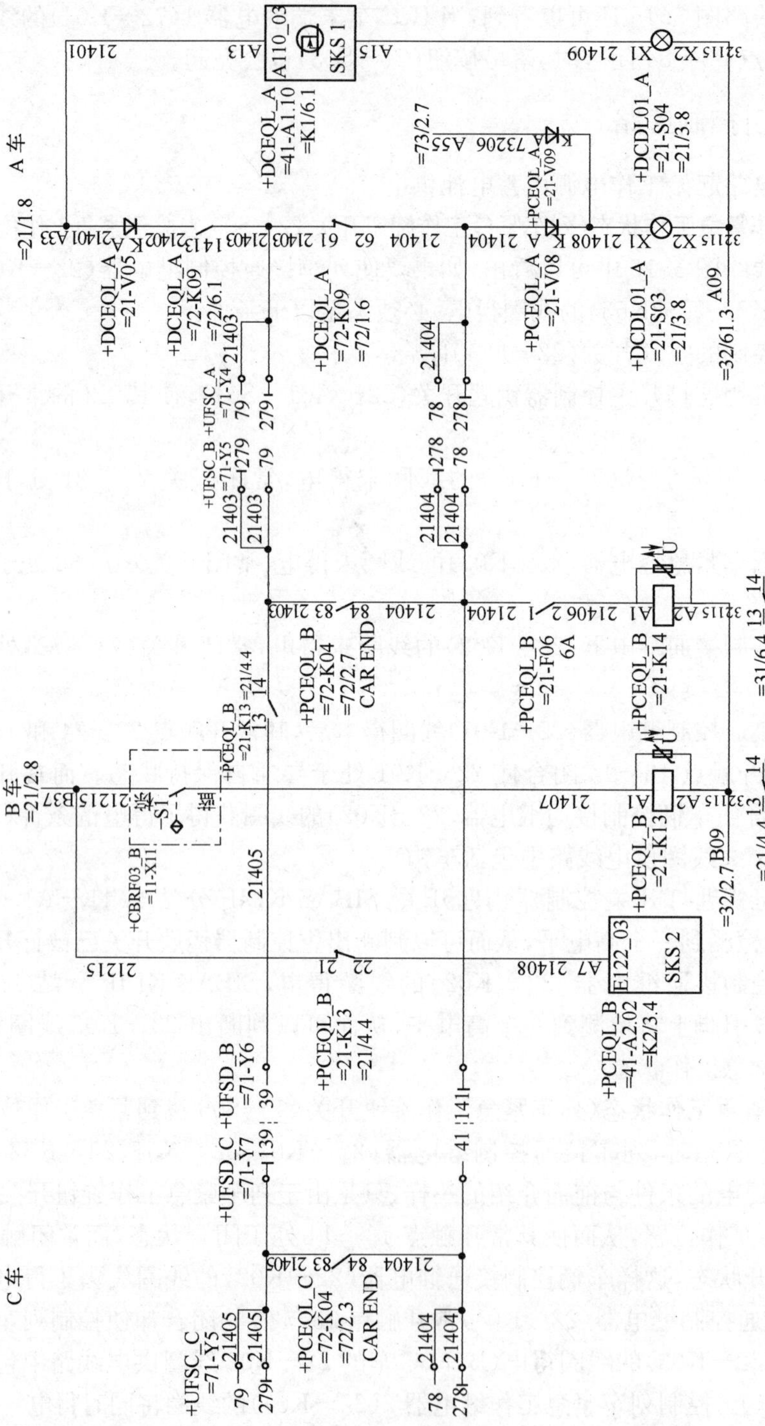


图5.15 受电弓状态监控线路图

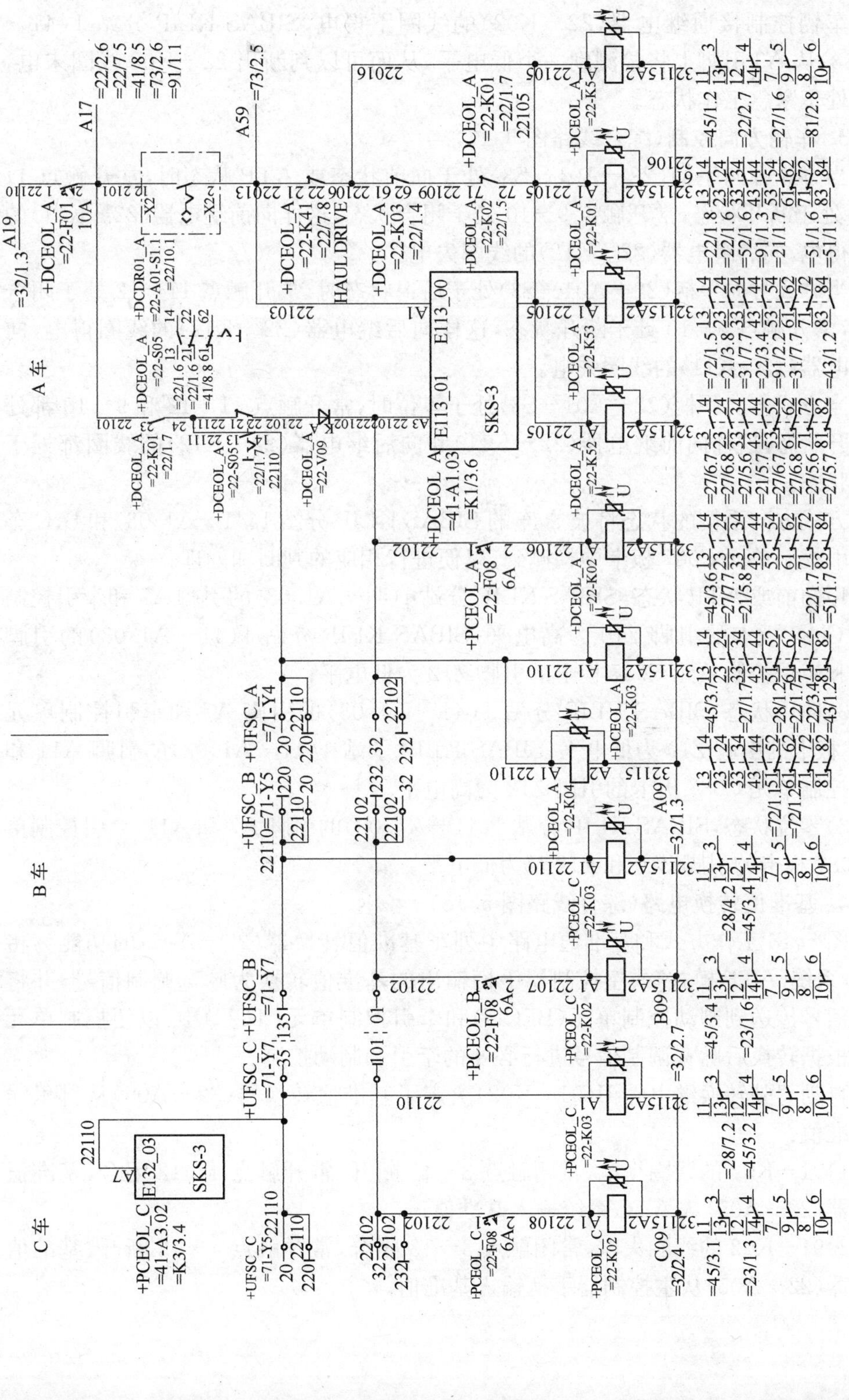


图5.16 列车控制电路

车辆控制接通继电器(22－K02)的线圈不得电,SIBAS KLIP 分站 1(41－A1.03)从 A3 引脚上将检测到一个低电平,从而可以判断出 22－K02 线圈未电,列车处于紧急工作状态。

**3. 车辆方向控制**(综合线路图 5.17)

当方式方向手柄(22－A01－S3)处于向前状态或 ATP 状态时,常开触点 11－12 处于断开状态,常开触点 9－10 处于闭合状态,这样向前继电器(22－K11)的线圈得电,向后继电器(22－K12)的线圈失电。

当方式方向手柄(22－A01－S3)处于后退状态时,常开触点 11－12 处于闭合状态,常开触点 9－10 处于断开状态,这样向后继电器(22－K12)的线圈得电,向前继电器(22－K11)的线圈失电。

当方式方向手柄(22－A01－S3)处于零位时,常开触点 11－12 和 9－10 都处于断开状态,这样向前继电器(22－K11)和向后继电器(22－K12)的线圈都处于失电状态。

方式方向手柄的状态将被 A 车的 SIBAS KLIP 分站 1(41－A1.03)和 B,C 车的牵引控制单元 C087 板卡中检测到,以便进行相应的判断和处理。

1)向前或 ATP 状态,SIBAS KLIP 分站 1(41－A1.03)的引脚 A7 和牵引控制单元 C087 板卡的引脚 Z10 为高电平;SIBAS KLIP 分站 1(41－A1.03)的引脚 A11 和牵引控制单元 C087 板卡的引脚 Z12 为低电平;

2)向后状态,SIBAS KLIP 分站 1(41－A1.03)的引脚 A7 和牵引控制单元 C087 板卡的引脚 Z10 为低电平;SIBAS KLIP 子站 1(41－A1.03)的引脚 A11 和牵引控制单元 C087 板卡的引脚 Z12 为高电平;

3)零位状态,SIBAS KLIP 分站 1(41－A1.03)的引脚 A7 和 A11,牵引控制单元 C087 板卡的引脚 Z10 和 Z12 都为低电平。

**4. 基准值转换电路**(综合线路图 5.18)

图 5.18 工作方式和基准值电路中列车基准值转换器(22－A05)的功能为将 ATC 系统(ATP 模式)或主控制器手柄输出的基准值转换为脉宽调制信号,并将这些信号传送到制动控制单元(BECU)和牵引控制单元(TCU)中,以便控制单元可以根据转换后脉宽调制信号进行必要的牵引和制动控制。

自动驾驶转换继电器 II(91－K02)决定了基准值转换器(22－A05)从哪里输入基准值:

1)91－K02 的线圈得电,常闭触点 3－13 断开,常开触点 4－12 闭合,基准值转换器(22－A05)从 ATC 系统输入基准值;

2)91－K02 的线圈失电,常闭触点 3－13 闭合,常开触点 4－12 断开,基准值转换器(22－A05)从主控制器手柄输入基准值。

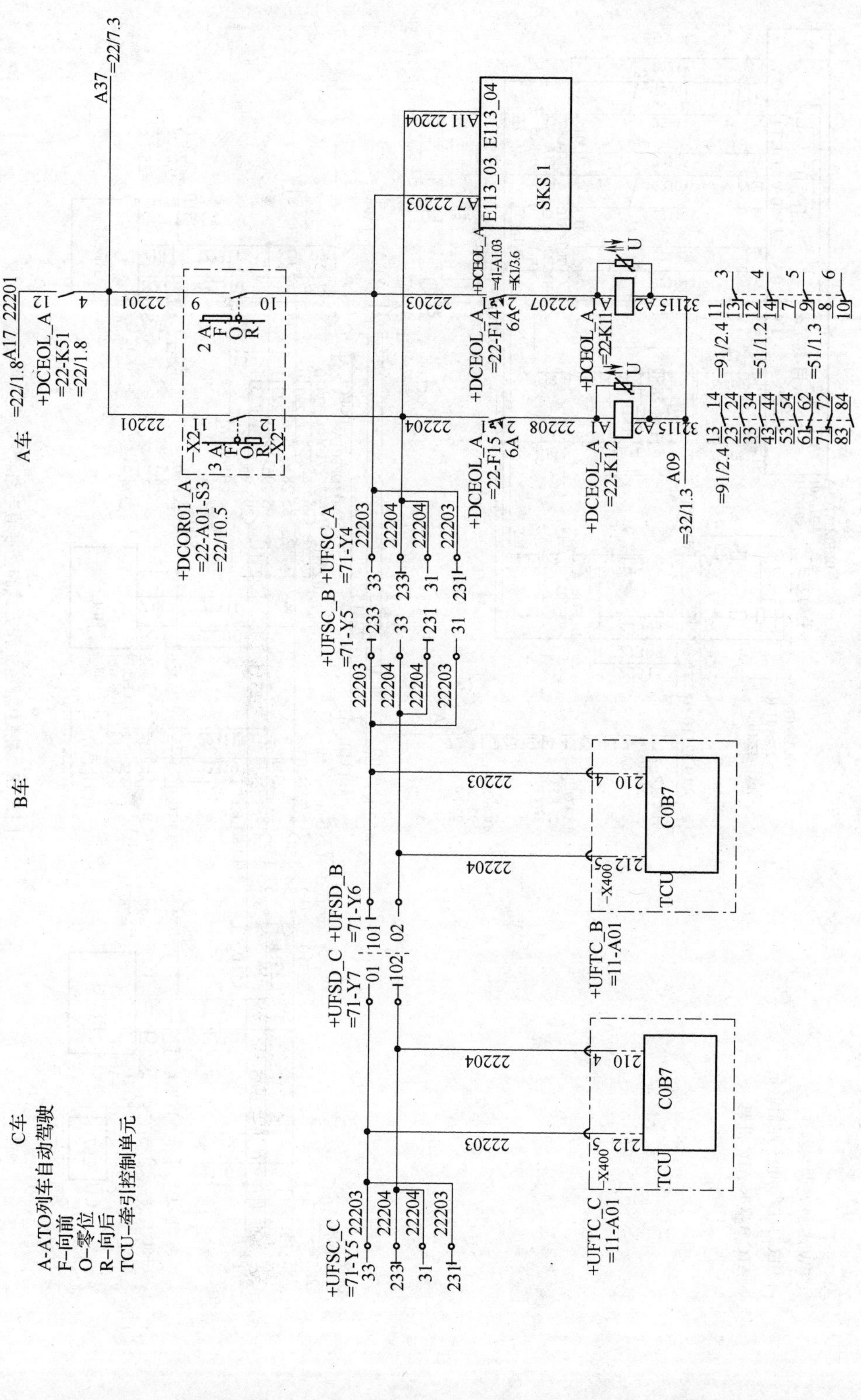


图 5.17　列车牵引方向控制电路

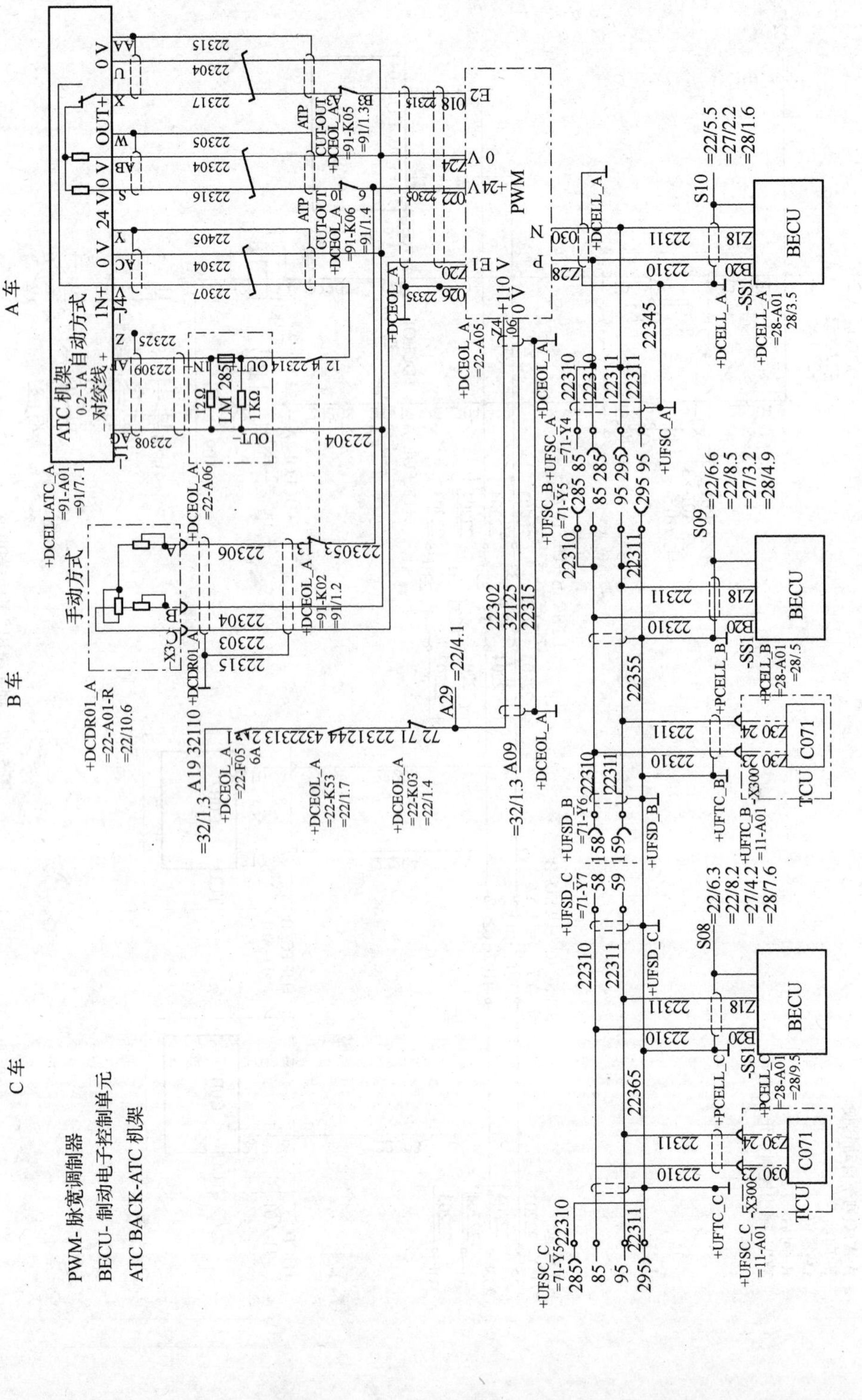


图 5.18 控制电路:工作方式和基准值电路

PWM-脉宽调制器

BECU-制动电子控制单元

ATC BACK-ATC 机架

**5. 列车牵引、制动控制电路**(综合线路图 5.19,5.20,5.21)

(1)禁止牵引继电器(22-K13)线圈得电的条件为:

1)非车间电源继电器(31-K03)线圈得电,常开触点 13-14 闭合;

2)所有停车制动释放继电器(27-K08)线圈得电,常开触点 13-14 闭合;

3)主风缸压力可用继电器(27-K09)线圈得电,常开触点 13-14 闭合;

4)安全疏散门锁好继电器(86-K01)线圈得电,常开触点 13-14 闭合。

当非车间电源供电方式、所有停车制动都处于释放状态、主风缸压力可用和安全疏散门锁好这些条件都满足的情况下,电动列车才允许牵引。

(2)快速制动的条件为:

1)方式方向手柄(22-A01-S3)处于 ATO,前进或后退位置,常开触点 15-16 闭合;

2)主手柄(22-A01-S4)处于快速制动位置,常开触点 29-30 和 31-32 处于闭合位置。

(3)警惕按钮继电器得电条件:

现在讨论警惕按钮继电器的得电情况,假设方式方向手柄处于前进位置,同时警惕按钮(22-A01-S2)被司机按下。

(a)在车辆静止的情况下,警惕按钮继电器Ⅰ(22-K09)线圈得电条件为:

1)方式方向手柄(22-A01-S3)在前进位置,常开触点 17-18 闭合;

2)警惕按钮(22-A01-S2)被按下,常开触点 5-6 闭合;

3)主控制器(22-A01-S4)在 0 位,常闭触点 21-22 闭合;

4)速度>继电器 1(22-K18)线圈失电,常闭触点 81-82 闭合;

5)速度>继电器 2(22-K19)线圈失电,常闭触点 81-82 闭合。

(b)在车辆处于手动牵引的情况下,警惕按钮继电器Ⅱ(22-K10)线圈得电条件为:

1)方式方向手柄(22-A01-S3)在前进位置,常开触点 17-18 闭合;

2)主控制器(22-A01-S4)在牵引位,常开触点 23-24 闭合;

3)警惕按钮继电器 I(22-K09)线圈得电。

当警惕按钮(22-A01-S2)未被按下,其常开触点 5-6 断开,警惕按钮继电器Ⅱ(22-K10)将进入延时断开状态,在 4 s 后,其常开触点将断开,于是紧急制动继电器(22-K25)的线圈失电,这时车辆马上进行紧急制动。

(4)车辆进行手动牵引的条件为:

1)方式方向手柄(22-A01-S3)在前进位置,常开触点 17-18 闭合;

2)警惕按钮(22-A01-S2)被按下,常开触点 5-6 闭合;

3)主控制器(22-A01-S4)在牵引位,常开触点 23-24 闭合;

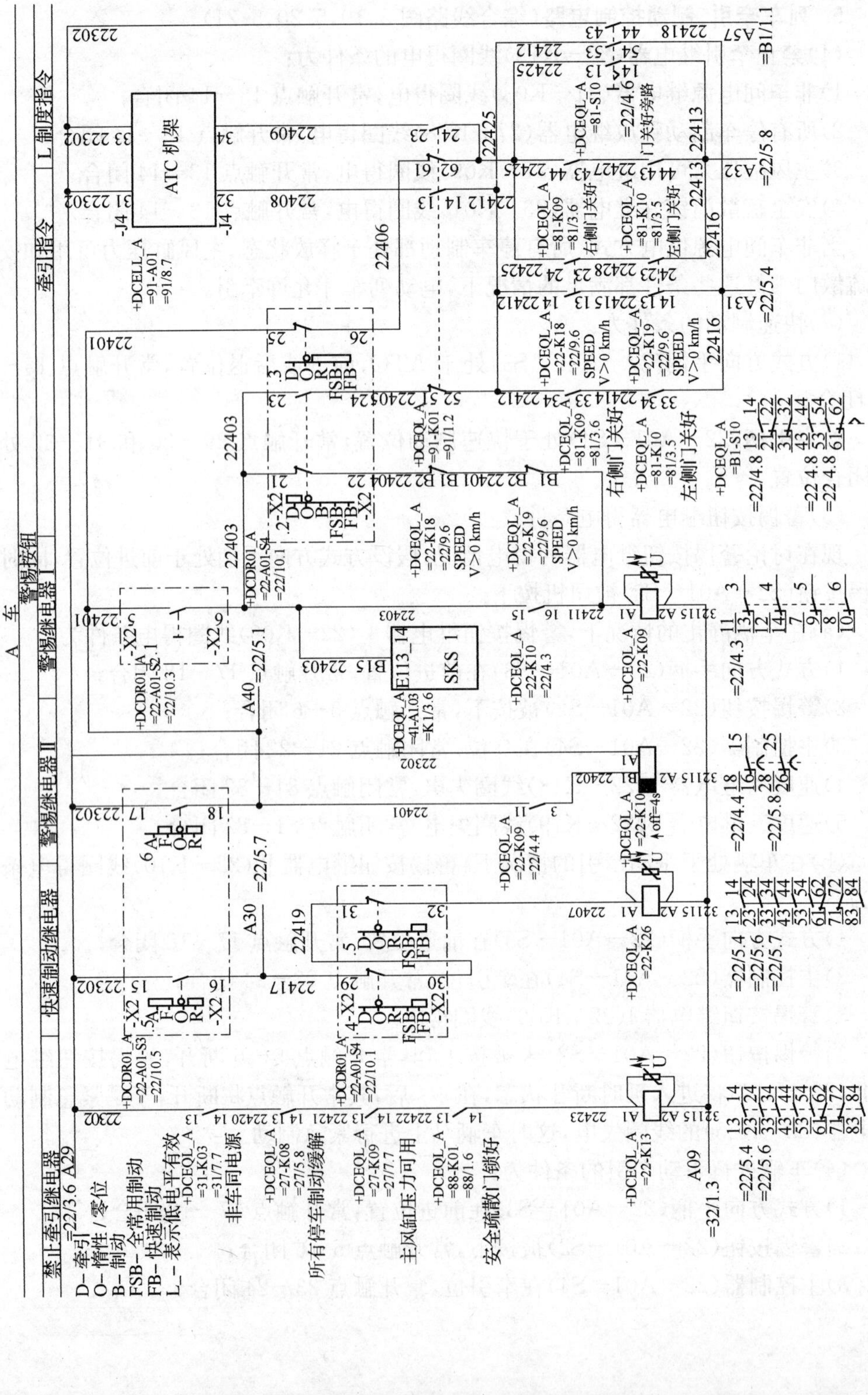


图 5.19 控制电路—控制列车牵引/制动电路图

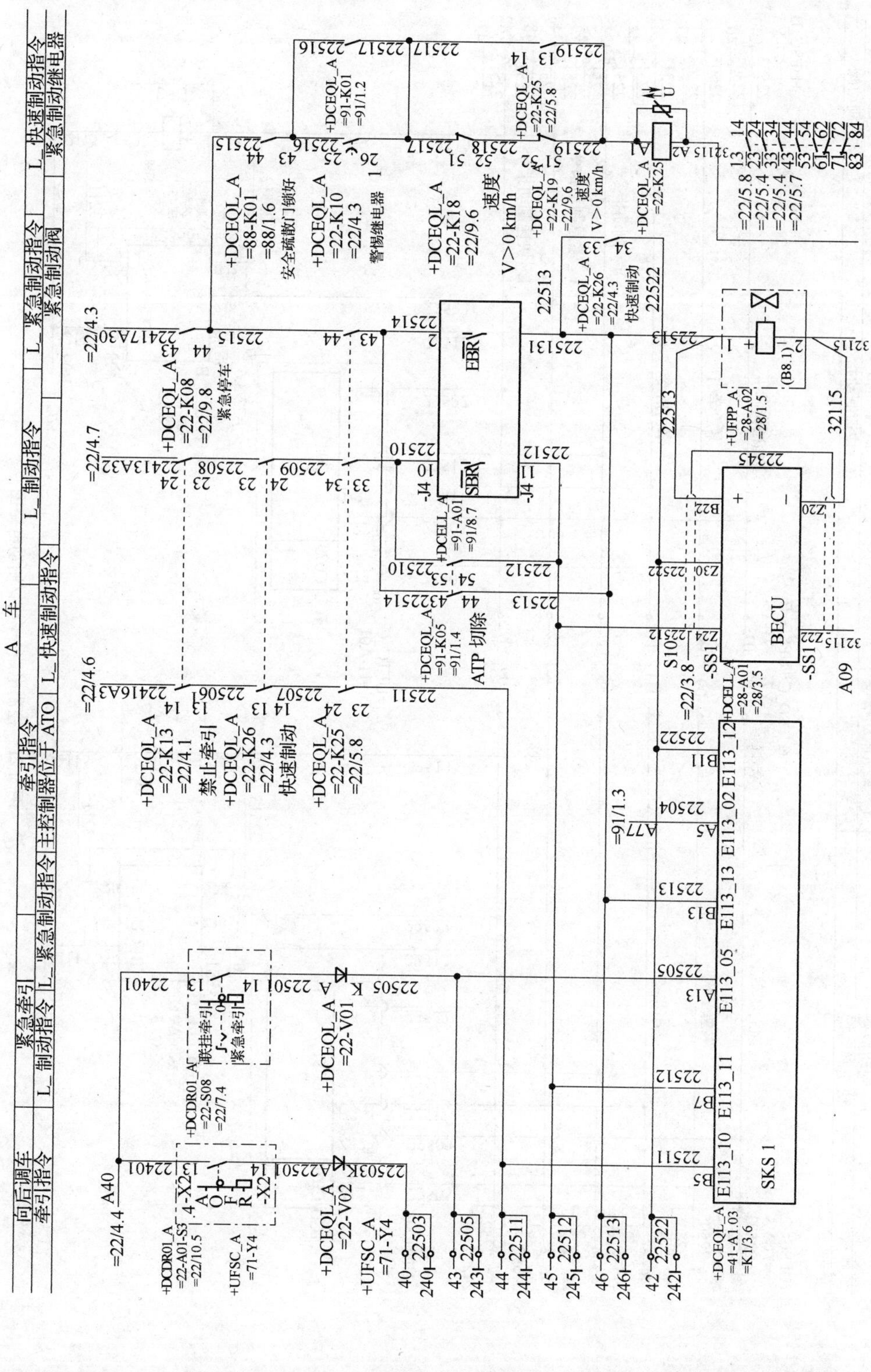


图 5.20　控制电路—牵引制动电路图

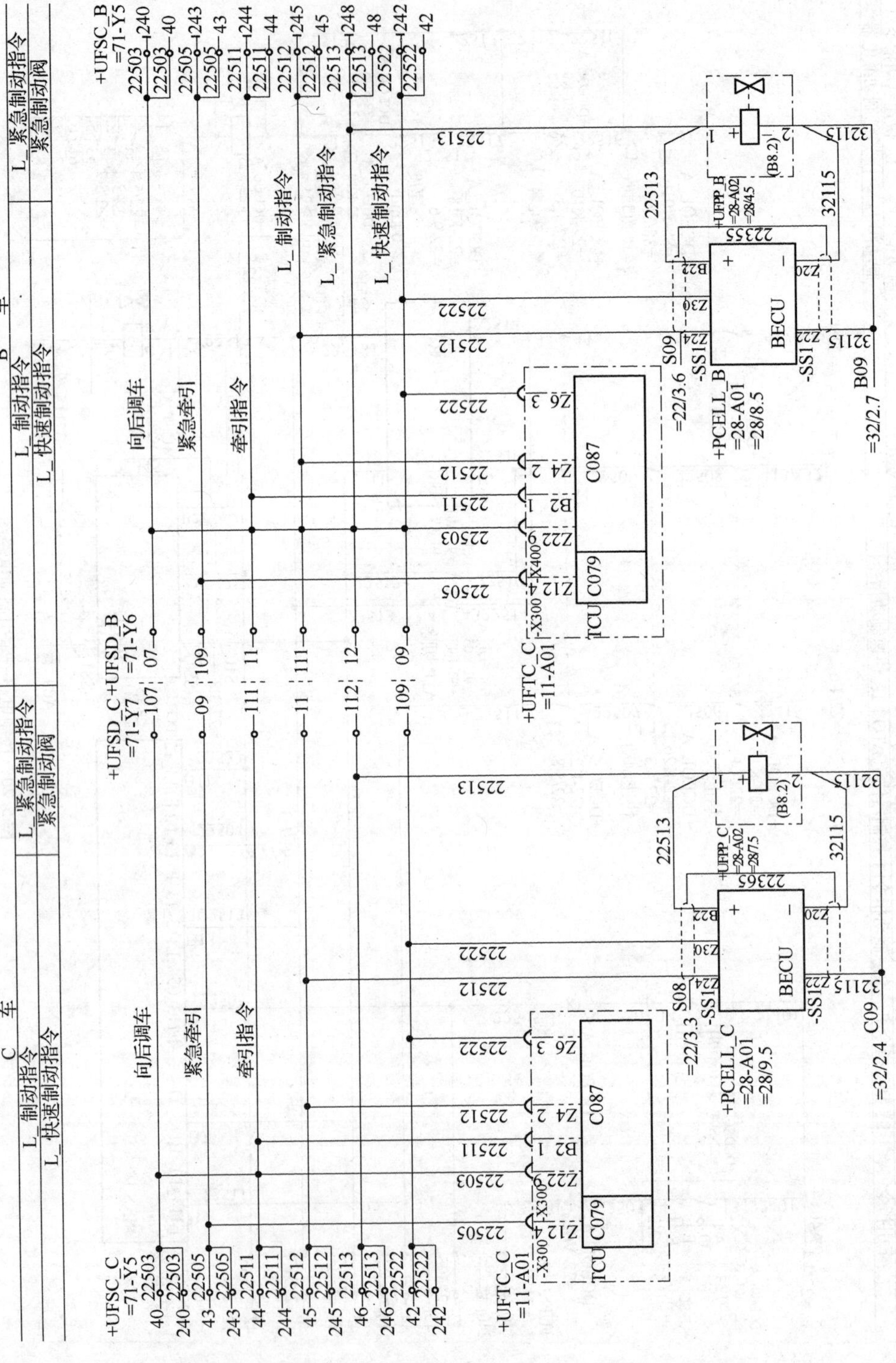


图 5.21　控制电路—牵引/制动电路图

4)自动驾驶转换继电器Ⅱ的线圈失电,常闭触点 51—52 闭合;

5)禁止牵引继电器(22—K13)的线圈得电,常开触点 13—14 闭合;

6)快速制动继电器(22—K26)的线圈得电,常开触点 13—14 闭合;

7)紧急制动继电器(22—K25)的线圈得电,常开触点 23—24 闭合;

8)当车辆运行时,速度>继电器(22—K18,22—K19)的线圈得电,常开触点 23—24 闭合;

9)当车辆静止时,所有车辆左门关好继电器(81—K09)和所有车辆右门关好继电器(81—K10)的线圈都得电,常开触点 33—34 闭合;

10)当车门出现故障时,所有车门关好旁路开关(81—S10)处于旁路位置,常开触点 13—14 闭合。

车辆是否进行手动牵引的状态将输入 SIBAS KLIP 子站 1(41—A1.03)的 E113_10(引脚 B5)

(5)车辆进行自动牵引指令的条件为:

参看综合线路图 5.19 和图 5.20(ATO 状态)

1)自动驾驶转换继电器Ⅰ(91—K01)线圈得电,常开触点 13—14 闭合;

2)禁止牵引继电器(22—K13)的线圈得电,常开触点 13—14 闭合;

3)快速制动继电器(22—K26)的线圈得电,常开触点 13—14 闭合;

4)紧急制动继电器(22—K25)的线圈得电,常开触点 23—24 闭合;

5)当车辆运行时,速度>0,继电器(22—K18,22—K19)的线圈得电,常开触点 23—24 闭合;

6)当车辆静止时,所有车辆左门关好继电器(81—K09)和所有车辆右门关好继电器(81—K10)的线圈都得电,常开触点 33—34 闭合;

7)当车门出现故障时,所有车门关好旁路开关(81—S10)处于旁路位置,常开触点 13—14 闭合。

车辆是否进行自动牵引的状态将输入 SIBAS KLIP 子站 1(41—A1.03)的 E113_10(引脚 B5)

(6)车辆进行全常用制动指令(低电平)的条件为以下任意一个:

1)主控制器手柄(22—A01—S4)处于制动和快速制动位置;

2)所有车辆右门关好继电器(81—K09)的线圈失电,常开触点 43—44 闭合;

3)所有车辆左门关好继电器(81—K10)的线圈失电,常开触点 43—44 闭合;

4)禁止牵引继电器(22—K13)的线圈得电,常开触点 23—24 闭合;

5)快速制动继电器(22—K26)的线圈得电,常开触点 23—24 闭合;

6)紧急制动继电器(22—K25)的线圈得电,常开触点 33—34 闭合。

ATP(91—A01)监视全常用制动指令,并将指令发送到 BECU(28—A01)和

SIBAS KLIP 子站 1(41—A1.03)的 E113_11(引脚 B7)。

当 ATP 出现故障之后,ATP 可以被一个旋转开关所切除。这样继电器 ATP 切除继电器(91—K05)的线圈将会得电,其常开触点 53—54 闭合,这样全常用制动指令绕过 ATP 直接发送给 BECU 和 SIBAS KLIP 子站 1(41—A1.03)的 E113_11(引脚 B7)。

(7)车辆进行紧急制动指令(低电平)的条件为以下任意一个情况发生使紧急制动继电器(22—K25)的线圈失电:

1)当牵引时,用方式方向手柄(22—A01—S03)改变车辆的牵引方向;

2)紧急停车继电器(22—K08)线圈失电,常开触点 43—44 断开;

3)安全疏散门继电器(86—K01)线圈失电,常开触点 43—44 断开;

4)警惕按钮继电器 II(22—K10)线圈失电,常开触点 25—28 断开;

5)紧急制动继电器(22—K25)的线圈失电,常开触点 13—14 闭合。

ATP(91—A01)监视紧急制动指令,并将指令发送到 BECU(28—A01)和 SIBAS KLIP 子站 1(41—A1.03)的 E113_13(引脚 B13)。

当 ATP 出现故障之后,ATP 可以被一个旋转开关所切除。这样继电器 ATP 切除继电器(91—K05)的线圈将会得电,其常开触点 43—44 闭合,这样紧急制动指令绕过 ATP 直接发送给制动控制阀(28—A02)和 SIBAS KLIP 子站 1(41—A1.03)的 E113_13(引脚 B13)。

(8)车辆进行快速制动指令(低电平)的条件:

主控制器手柄(22—A01—S4)处于快速制动位置,常闭触点 29—30 断开。与此同时快速制动继电器(22—K26)的常开触点 13—14 的闭合禁止牵引指令,而其常开触点 33—34 的闭合则将允许制动指令。ATP(91—A01)监视快速制动指令,并将指令发送到 BECU(28—A01)和 SIBAS KLIP 子站 1(41—A1.03)的 E113_12(引脚 B11)。

当 ATP 出现故障之后,ATP 可以被一个旋转开关所切除。这样继电器 ATP 切除继电器(91—K05)的线圈将会得电,其常开触点 43—44 闭合,这样全常用制动指令绕过 ATP 直接发送给 BECU 和 SIBAS KLIP 子站 1(41—A1.03)的 E113_12(引脚 B11)。

(9)车辆后退运行的条件为:

方式方向手柄处于后退位置。后退指令将在所有车上被执行。后退,紧急牵引和正常牵引指令将被 TCU 接受和执行。

全常用制动和快速制动指令将被 TCU 和 BECU 接受和执行。而紧急制动指令将被制动控制阀(28—A02)接受和执行。

(10)联挂牵引/零位/紧急牵引旋钮开关

联挂牵引/零位/紧急牵引旋钮开关(22—S08)(参看综合线路图 5.22)处于联挂牵引位置,车辆将旁路被牵引车辆的控制同时增大牵引力。

联挂牵引/零位/紧急牵引旋钮开关处于零位时，车辆处于正常操作状态。

联挂牵引/零位/紧急牵引旋钮开关处于紧急牵引时，车辆将进入/紧急牵引状态，旁路CCU同时对车辆的操作将被限制。

**6. 限制线路电流，联挂牵引，慢行**(清洗/旋轮)**牵引**(综合线路图5.22)

当把限制线路电流旋钮开关(22－S04)转到限流位置，SIBAS KLIP子站1(41－A1.03)的引脚B3将检测到一个高电平，从而可以判断出限制线路电流按钮处于限流位置。

当按下慢行(清洗/旋轮)牵引按钮(22－S13)，SIBAS KLIP子站1(41－A1.03)的引脚A15将检测到一个高电平，从而可以判断出慢行(清洗/旋轮)牵引按钮已被按下。

当把联挂牵引旋钮开关(22－S08)转到联挂位置，SIBAS KLIP子站1(41－A1.03)的引脚A17将检测到一个高电平，从而可以判断出联挂牵引旋钮开关处于联挂位置。

当列车联挂到位，列车联挂好指示灯(73－S01)得电发光；同时列车不联挂继电器(22－K41)线圈得电，它的常闭开关21－22断开，于是车载ATC设备可以判断出列车现在已经完成联挂。

**7. 零速检测和紧急停车检测**(综合线路图5.23)

当车辆处于静止状态时，B车和C车牵引控制单元C103模块的引脚B16输出低电平，这样速度>0 km/h继电器(22－K18，22－K19)的线圈失电；而当车辆运动时，B车和C车牵引控制单元C103模块输出高电平，这样速度>0 km/h继电器(22－K18、22－K19)的线圈得电。

当任意一个紧急停车蘑菇按钮被按下，就将使紧急停车继电器(22－K08)的线圈得电，同时SIBAS KLIP子站1(41－A1.03)的引脚B17也将检测到一个高电平，从而可以判断出紧急停车蘑菇按钮已被按下。

### 5.2.5　TCU控制

从综合线路图5.24中可以看到门控单元和TCU是由蓄电池直接供电的。而TCU工作的条件是车辆控制接通继电器(22－K02)的线圈得电，其常闭触点4－12闭合。

从图5.25中可以看到电机速度传感器(23－B01到23－B04)的输入端是接在TCU的G071模块上的。

从图5.26中可以看到制动电阻箱(11－R01)的冷却风量是由一个压力开关来监测，这个压力开关的输出值直接输入到TCUC087模块的Z32引脚上。而制动电阻箱的温度是由一个热敏电阻来测定的，热敏电阻的两端直接接到TCU的C071模块上。

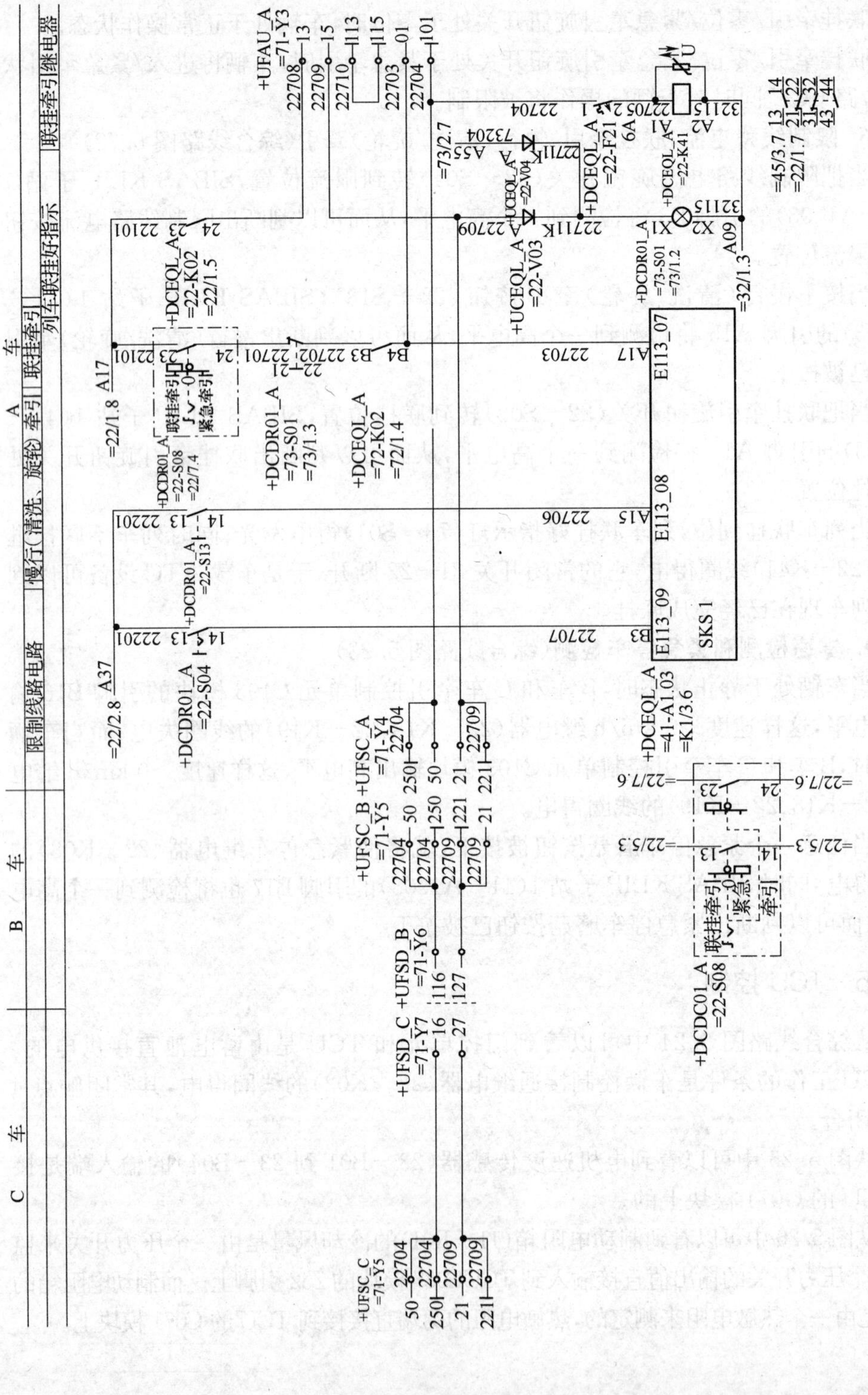


图 5.22 控制电路—限制线路电流,联挂牵引,慢行(清洗/旋轮)牵引

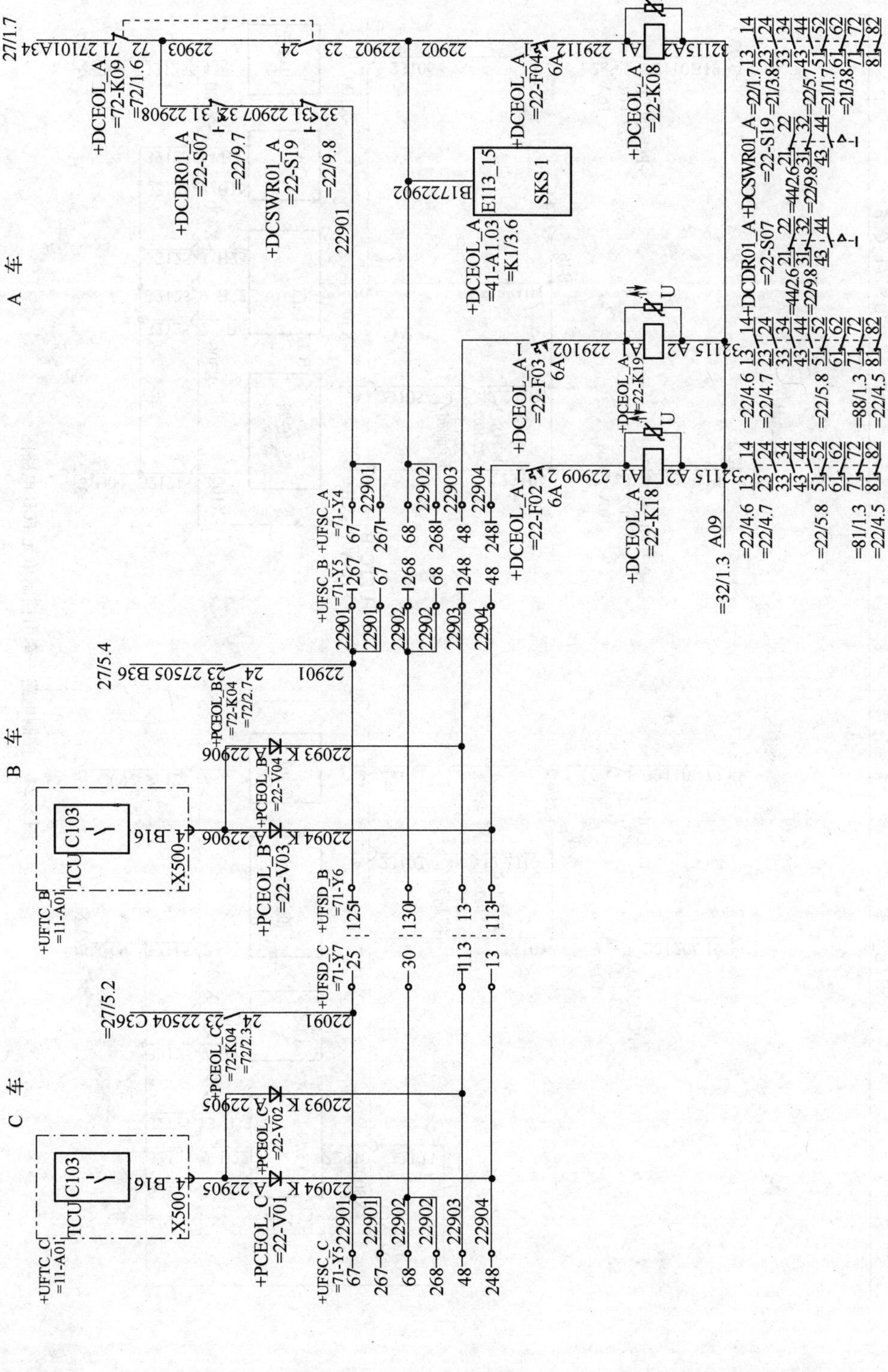


图 5.23　AC01 列车速度 >0 km/h 和紧急停车电路图

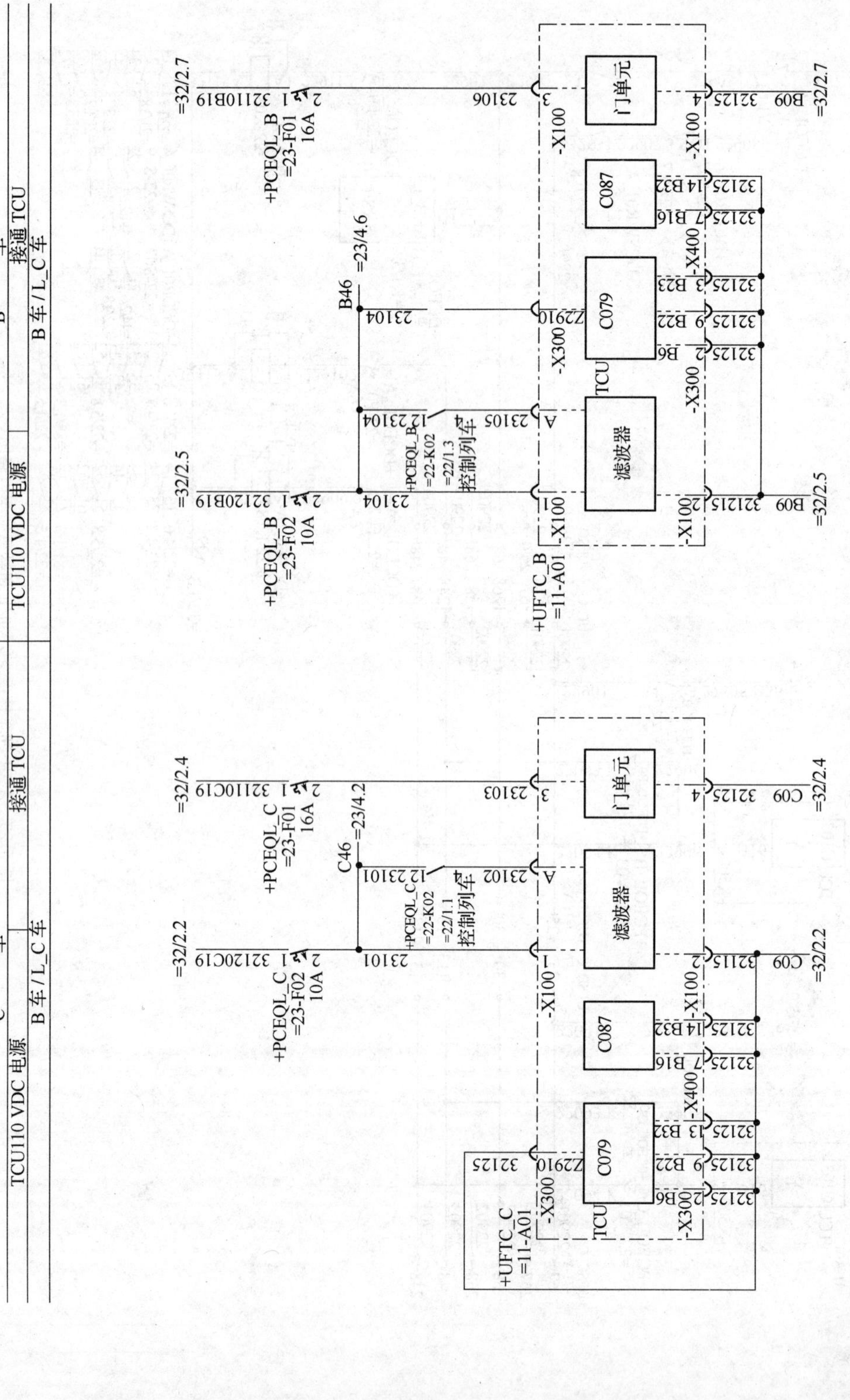


图 5.24 控制电路—牵引控制单元 TCU 电路图

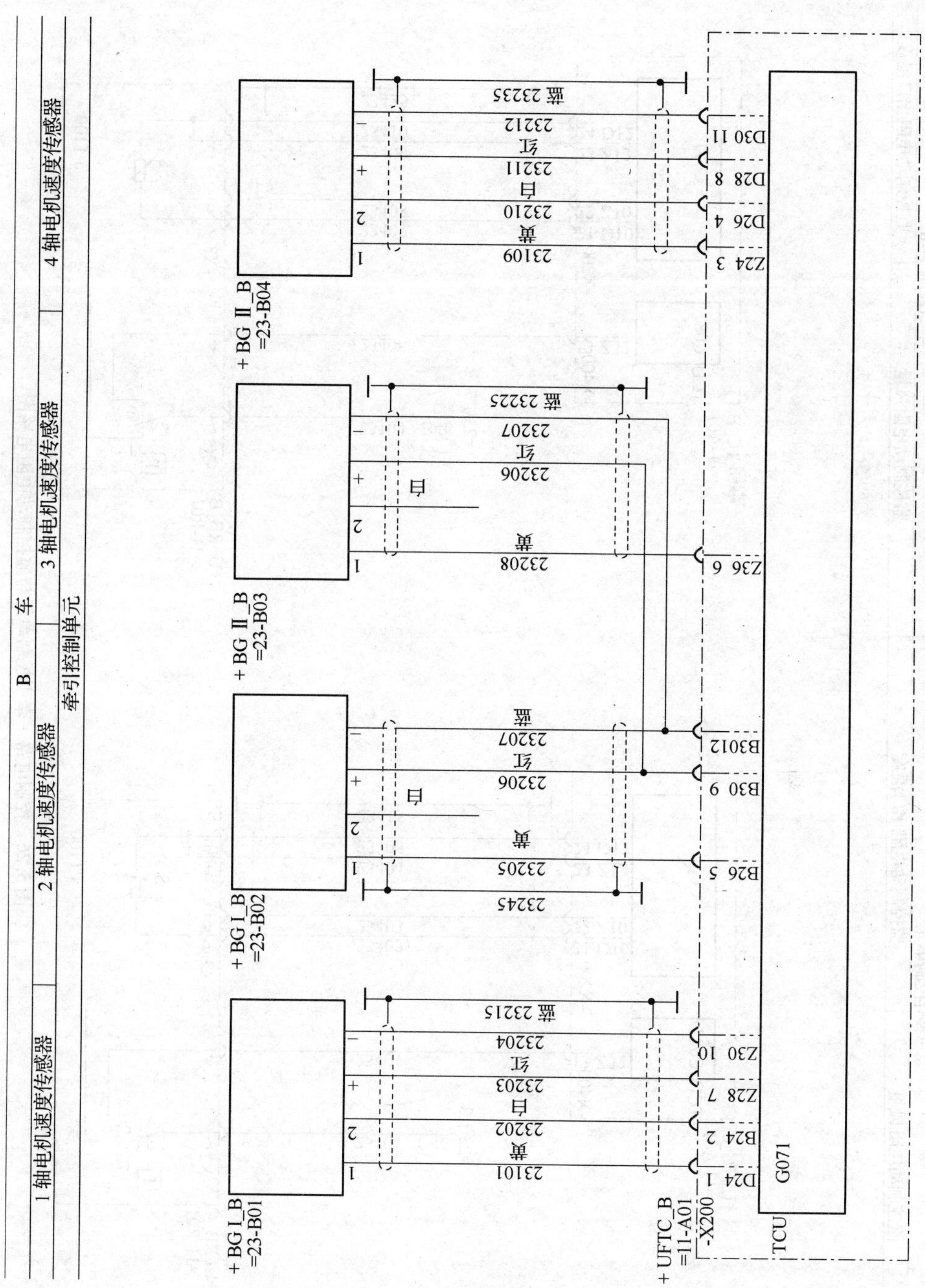


图 5.25　控制电路—牵引控制单元与速度传感器电路图

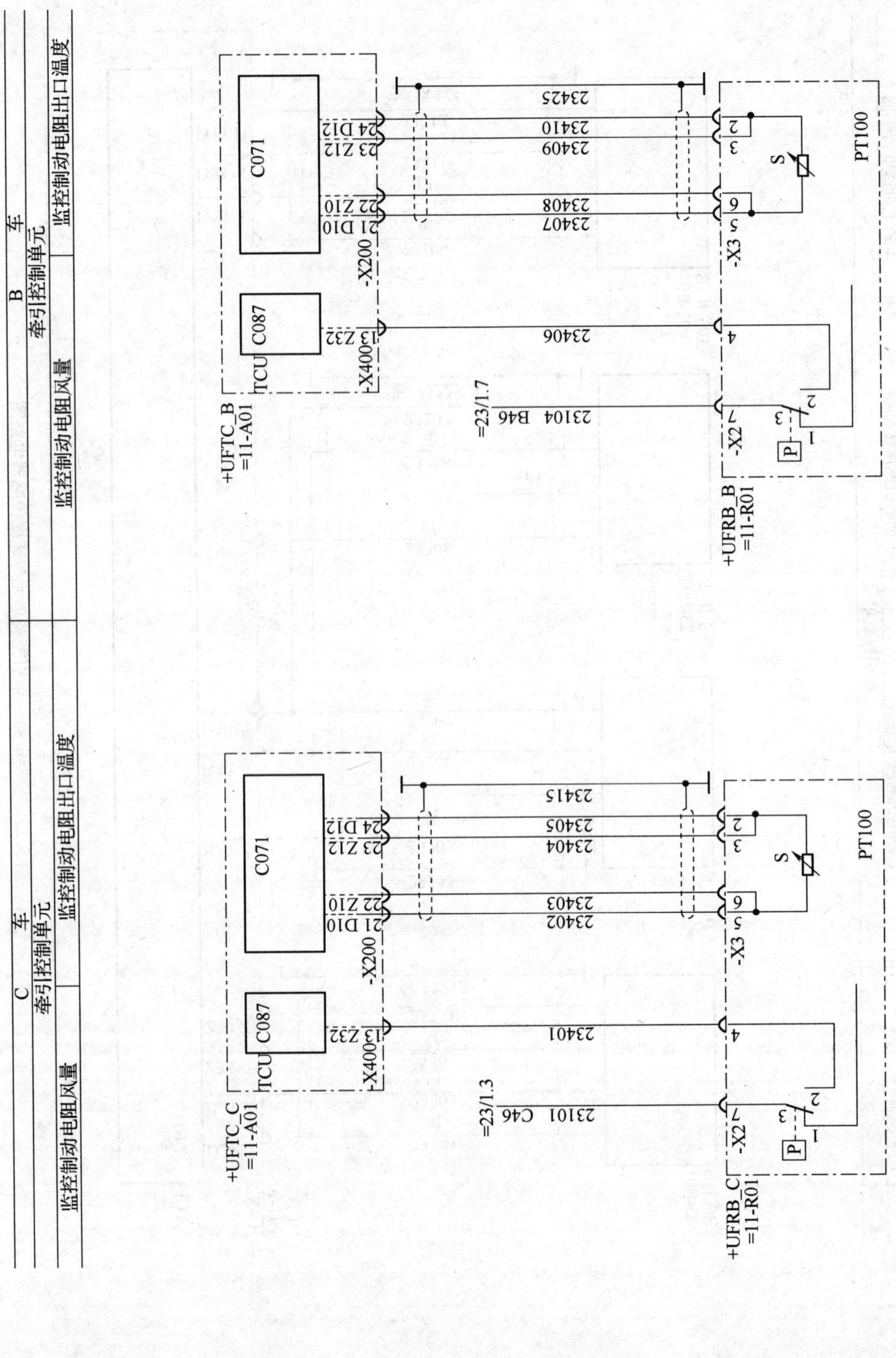


图 5.26 控制电路—牵引控制单元与监控制动电阻电路图

### 5.2.6 制动控制线路

**1. 列车停放制动**(综合线路图5.27)

(1)要进行列车停放制动施加,必须要使停放制动施加脉冲电磁阀(27－A01－Y01)的线圈得电,需满足以下两个条件:

1)列车接通控制继电器22－K51的线圈得电,常开触点5－7闭合;

2)停放制动施加按钮(27－S01)被按下,使其常开触点13－14闭合。

一旦列车停放制动施加操作在控制单元A车进行以后,工作电平将通过车钩传遍其余所有车辆,于是所有车辆都将施加停放制动。

(2)要进行列车停放制动缓解,必须要使停放制动释放脉冲电磁阀(27－A01－Y02)的线圈得电,需满足以下条件:

1)列车接通控制继电器22－K51的线圈得电,常开触点5－7闭合;

2)停放制动施加按钮(27－S01)未被按下,使其常闭触点21－22闭合;

3)停放制动缓解按钮(27－S02)被按下,使其常开触点13－14闭合,闭触点21－22断开。

一旦列车停放制动缓解操作在控制单元A车进行以后,工作电平将通过车钩传遍其余所有车辆,于是所有车辆都将缓解停放制动。

**2. 主风缸压力、摩擦制动、停放制动监测电路**(综合线路图5.28)

主风缸压力可用信号由主风缸压力传感器(27－A01－B01)检测,如果主风缸压力可用(>7 bar,1 bar=0.1 MPa),那么这个信号将通过车钩传遍整列车,最终使位于A车的主风缸压力可用继电器(27－K09)的线圈得电;相反主风缸压力不可用(压力<6 bar),将输入BECU。

本车停放制动施加信号由停放制动压力传感器(27－A01－B02)检测,如果本节车的停放制动已被施加(压力>4.5 bar),停放制动施加继电器(27－K02)的线圈得电;如果本节车的停放制动已被缓解(压力<3.5 bar),停放制动缓解继电器(27－K03)的线圈得电。停放制动施加和主风缸压力可用信号,都被接入BECU。停放制动缓解信号被接入SIBAS KLIP分站的E111_04端子。

当转向架1的摩擦制动被缓解(压力<0.8 bar),摩擦制动缓解继电器(27－K04)的线圈得电,常开触点13－14闭合,如果此时转向架2的摩擦制动也被缓解(压力<0.8 bar),那么所有摩擦制动缓解继电器(27－K07)的线圈得电,说明本车所有摩擦制动缓解。转向架1的摩擦制动缓解信号同时还输入SIBAS KLIP分站的E111_05端子,转向架2的摩擦制动缓解的信号输入SIBAS KLIP分站的E111_06端子。

在本车所有摩擦制动缓解时,如果本车停放制动缓解,使得27－K03的常开

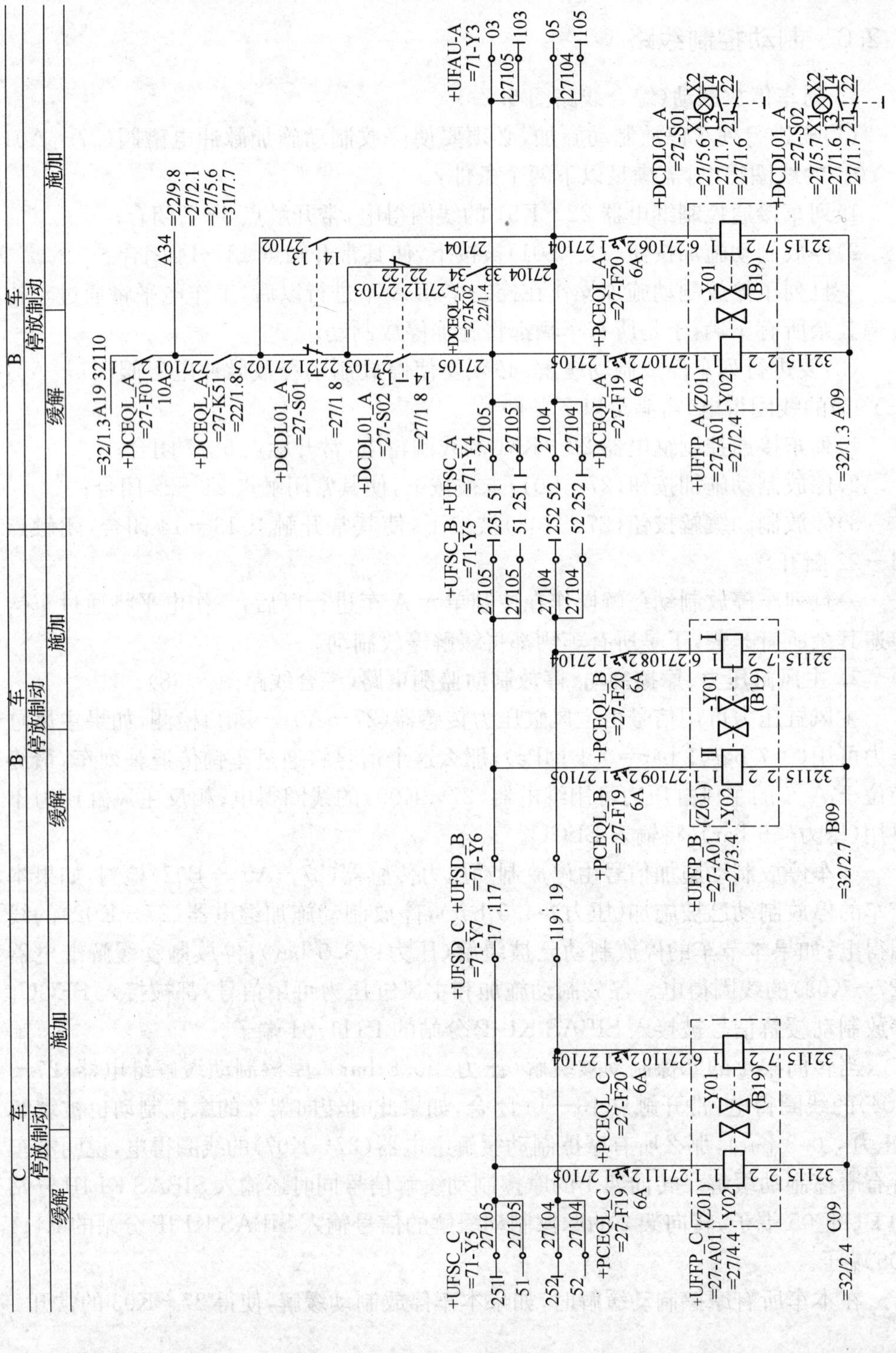


图 5.27 控制电路—列车停放制动控制电路图

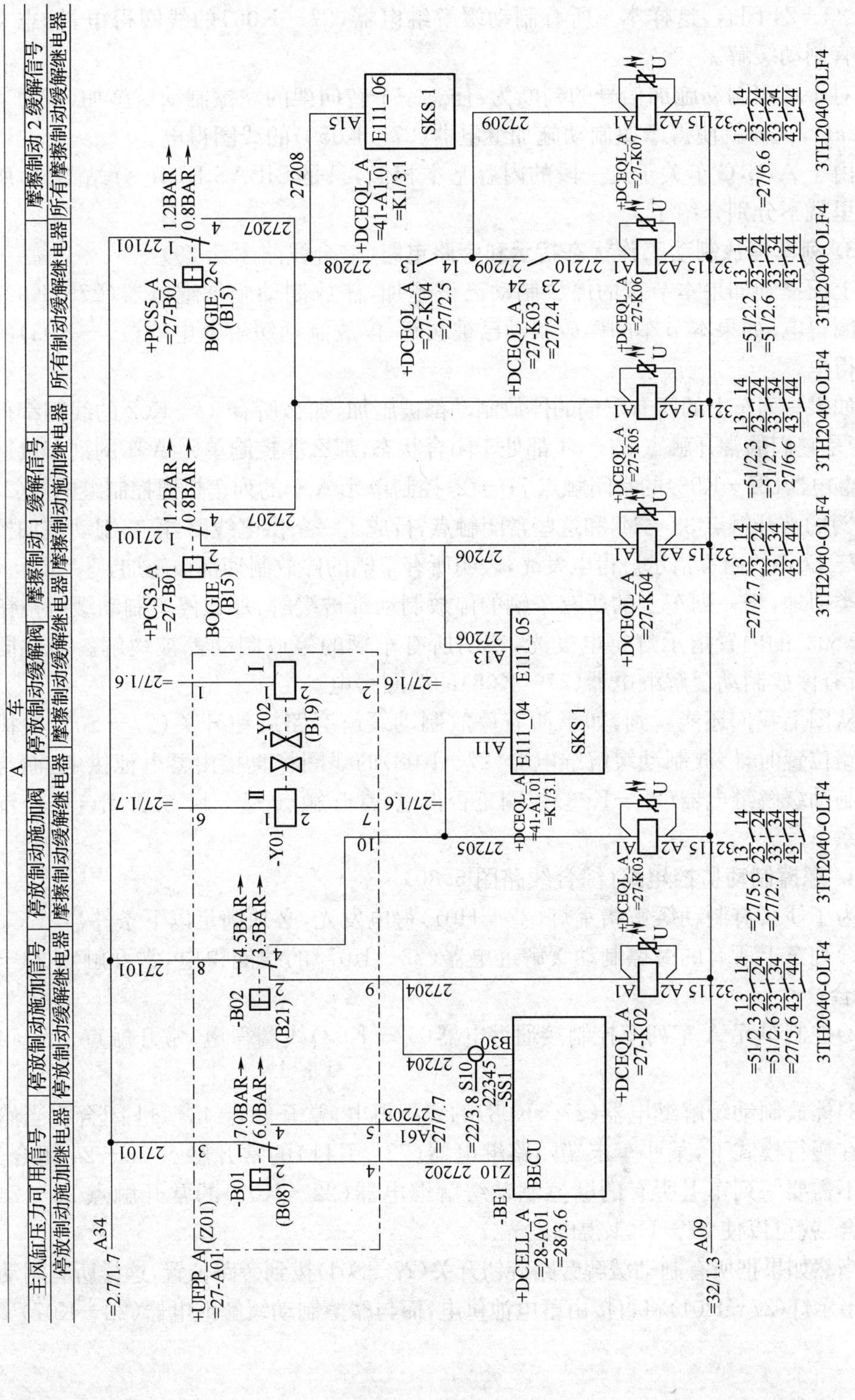


图 5.28　控制电路—主风缸压力、摩擦制动、停放制动监测电路图

触点 23－24 闭合，这样本车所有制动缓解继电器(27－K06)的线圈得电，标志本车所有制动缓解。

对于摩擦制动施加信号的判断为：任意一个转向架的摩擦制动被施加(压力＞1.2 bar)，这样就使得摩擦制动施加继电器(27－K050)的线圈得电。

由于 A,B,C 车关于这一段的内容基本相似，只是 SIBAS KLIP 分站不同，所以这里就不分别介绍了。

**3. 列车停放制动工作状态指示和旁路电路**(综合线路图 5.29)

上面提到如果本节车的停放制动已被施加，停放制动施加继电器(27－K02)的线圈得电；如果本节车的停放制动已被缓解，停放制动缓解继电器(27－K03)的线圈得电。

如果一列车上的所有车辆的停放制动都被施加，那么所有 27－K02 的线圈都得电，于是它们的常开触点 33－34 都处于闭合状态，那么非控制单元 A 车的列车接通控制继电器(22－K52)的常闭触点 71－72，控制单元 A 车的列车接通控制继电器(22－K52)的常开触点 33－34，和这些常闭触点，行成了一条供电线路，停车制动施加按钮(27－S01)的内置指示灯得电发光，表明所有车辆的停放制动都被施加。

类似地，当一列车上的所有车辆的停放制动都被缓解，那么停车制动缓解按钮(27－S02)的内置指示灯得电发光，表明所有车辆的停放制动都被缓解。与此同时，所有停放制动缓解继电器(27－K08)的线圈得电。

从图上我们还能看到，如果所有停放制动缓解旁路旋钮开关(27－S03)被拨到旁路位置时，停放制动缓解继电器(27－K08)的线圈将直接由蓄电池供电，而与停放制动缓解继电器(27－K03)线圈是否得电，常开触点 13－14 是否闭合已经没有关系了。

**4. 摩擦制动监控电路**(综合线路图 5.30)

为了使所有制动缓解指示灯(27－H01)得电发光，必须满足以下条件：

1)列车上所有的摩擦制动缓解继电器(22－K07)的线圈得电，常开触点 23－24 闭合；

2)控制单元 A 车列车控制接通继电器(22－K52)线圈得电，常开触点 13－14 闭合；

3)停放制动缓解继电器(27－K08)的线圈得电，常开触点 43－44 闭合。当然如果在慢行模式下，某些车末端回路继电器(72－K11)的常开触点 23－24 闭合，那么不需要一列车上所有的摩擦制动缓解继电器(22－K07)的常开触点 23－24 都闭合，就可以使 27－H01 得电发光。

当然如果把所有制动缓解旁路旋钮开关(27－S04)拨到旁路位置，这样所有制动缓解指示灯(27－H01)将直接由蓄电池供电，而与摩擦制动缓解继电器(22－K07)

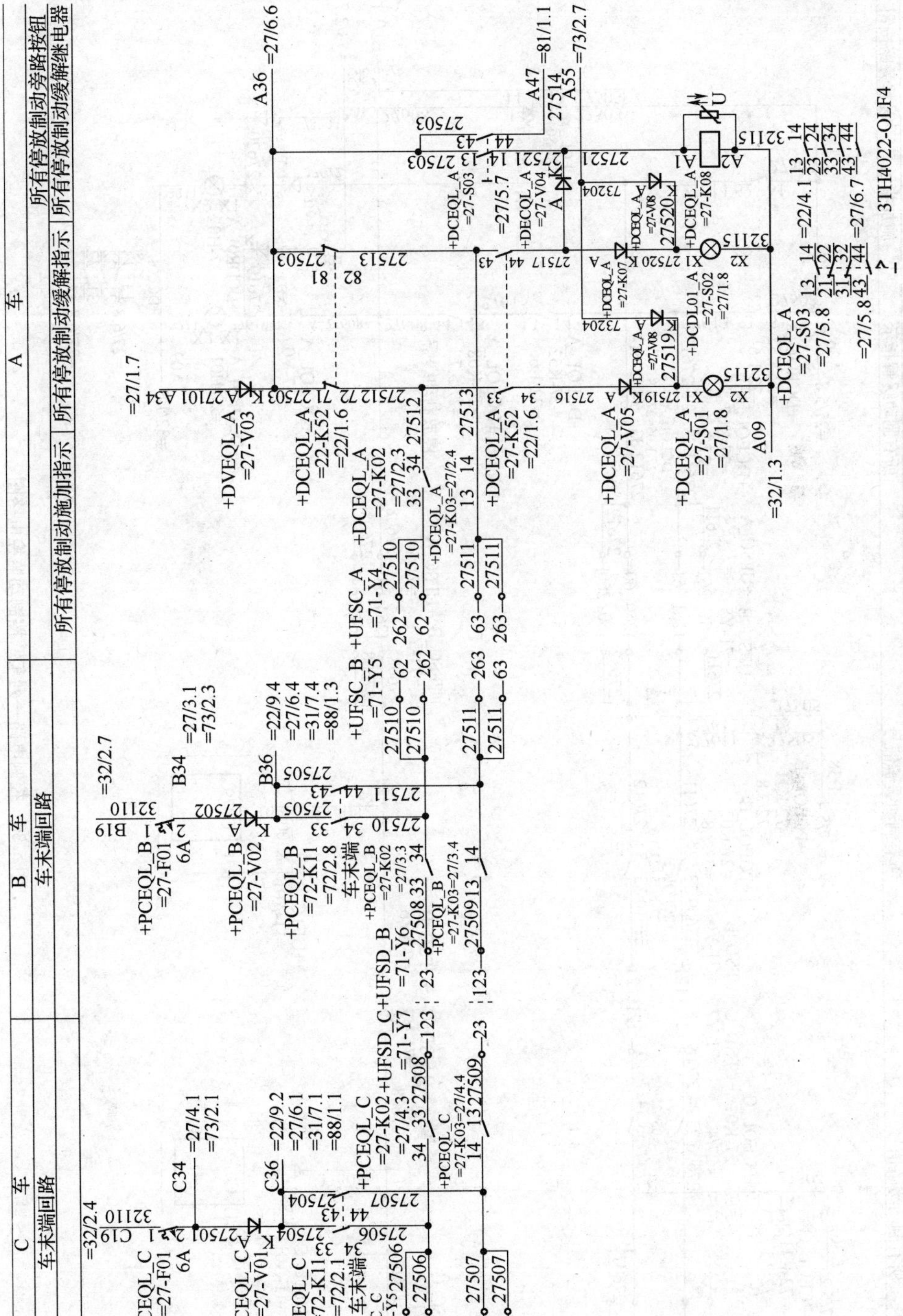


图 5.29　控制电路—列车停放制动工作状态指示和旁路电路图

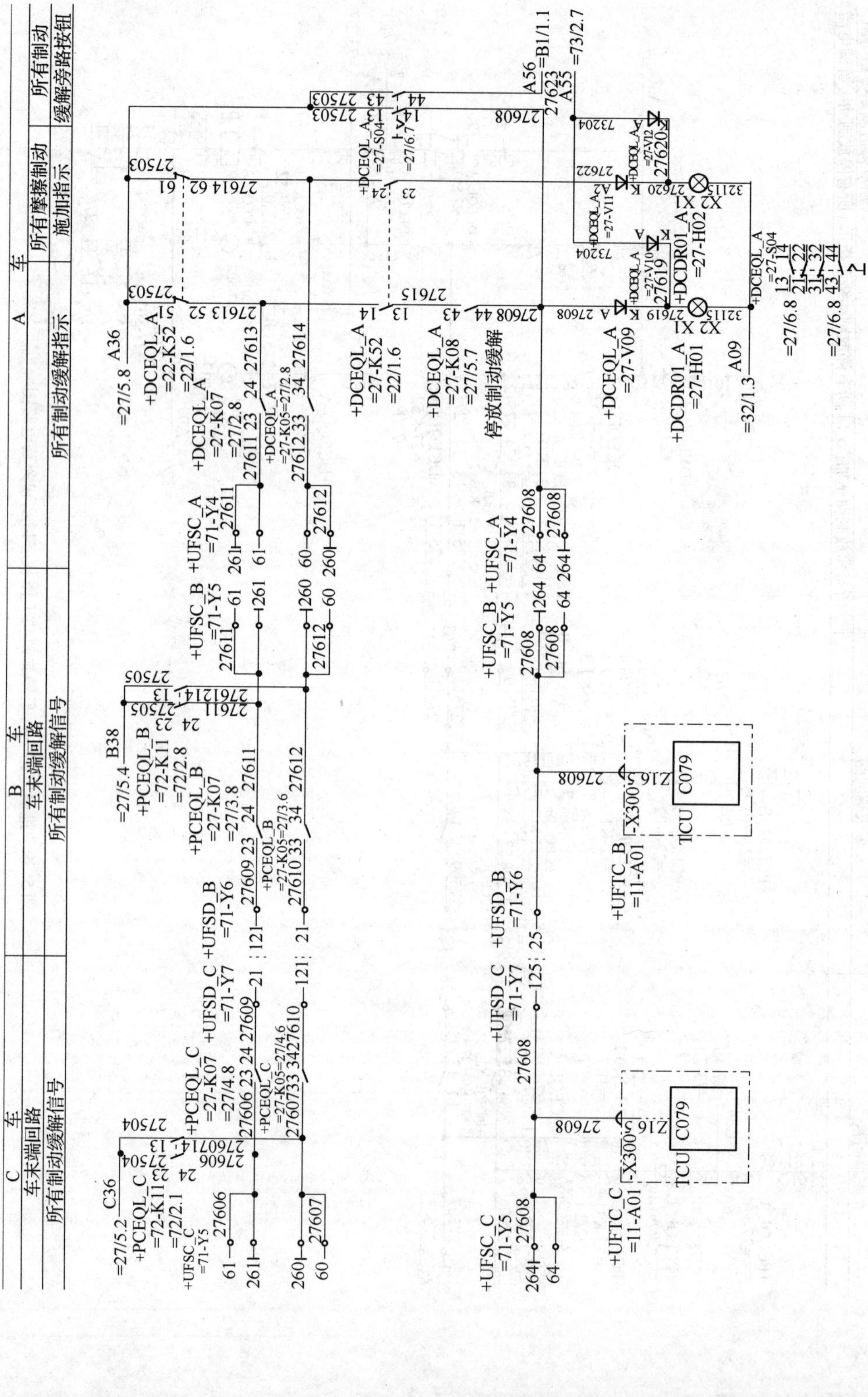

图 5.30 控制电路—列车摩擦制动监控电路图

常开触点23—24是否闭合无关了。

当27—H01得电发光的同时，这个电平通过车钩传递信号，输入到车上所有的TCU模块C079中。

为了使所有摩擦制动施加指示灯(27—H02)得电发光，必须满足以下条件：

1)列车上全部所有摩擦制动施加继电器(27—K05)的线圈得电，常开触点33—34闭合；

2)控制单元A车列车控制接通继电器(22—K52)线圈得电，常开触点33—34闭合。

当然如果在慢行模式下，某些车末端回路继电器(72—K11)的常开触点13—14闭合，那么不需要一列车上全部所有摩擦制动施加继电器(27—K05)的常开触点23—24都闭合，就可以使所有摩擦制动施加指示灯(27—H02)得电发光。

## 5.3 辅助系统线路的识读

### 5.3.1 逆变器电路

对于AC01型电动列车，其每节车辆都有一个辅助逆变器，每个逆变器输出380V三相交流电，用以供给那些需要交流电的负载。A车逆变器比B、C车逆变器多了一个蓄电池充电器。

逆变器一共有两种供电方式：受电弓供电和车间电源供电，见图5.31所示。

当使用受电弓供电方式时，受电弓供辅助电源的熔丝(31—A02—F01)必须完好；受电弓供电接触器(31—A02—K01)的线圈必须得电，常开触点1—2闭合。

当使用车间电源供电方式时，车间电源供辅助电源的熔丝(31—A02—F02)必须完好；车间电源供电接触器(31—A02—K02)的线圈必须得电，常开触点1—2闭合。

### 5.3.2 照明、空调配电线路图

只有当A车的逆变器三相输出接触器(31—K02)的线圈得电，常开触点1—2、3—4和5—6闭合，所有车辆的客室照明电路才获得电源。每节A车的辅助逆变器负责一半客室照明的供电。

方便插头输出为220V交流电，见图5.32和图5.33所示。

只有当B,C车的逆变器三相输出接触器(31—K02)的线圈得电，常开触点1—2、3—4和5—6闭合，所有车辆的空调电路才获得电源。每节B车、C车负责半数空调的供电。

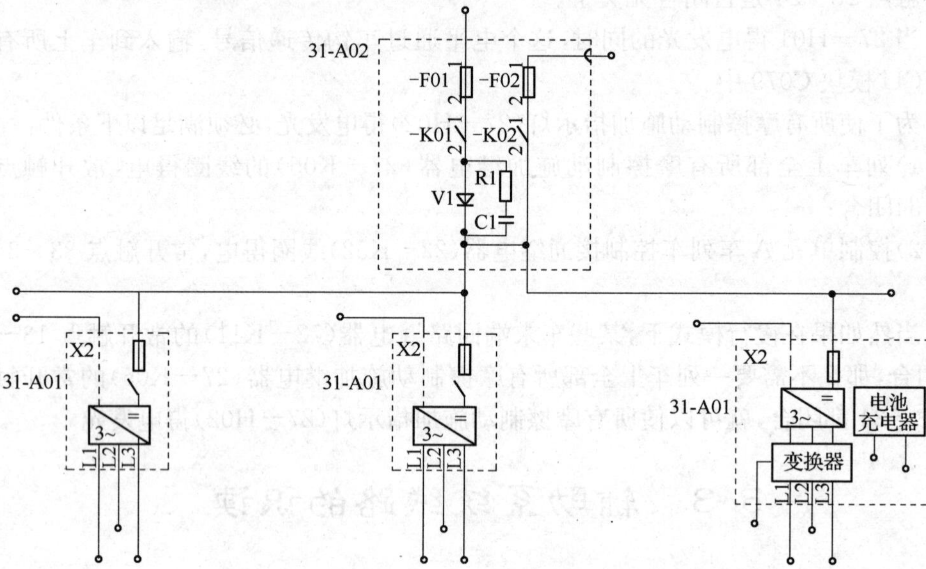


图 5.31 辅助系统逆变器电路

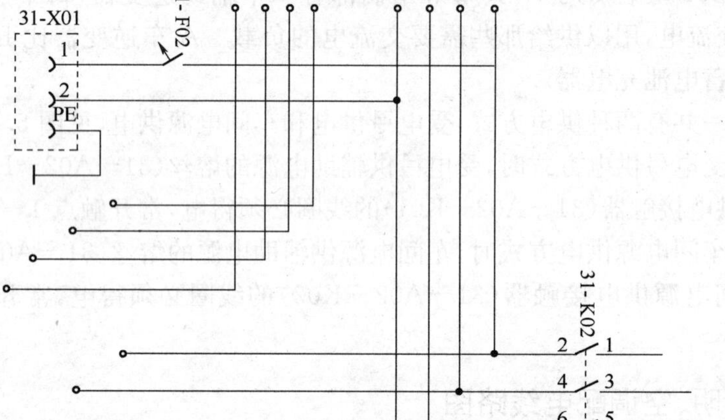


图 5.32 辅助系统照明配电图

**1. A 车逆变器启动、故障和交流输出电路**

A 车逆变器有两种启动方式:正常启动和应急启动,见图 5.34 所示。

1)正常启动需要以下条件(DC 1 500 V 高压正常供电条件下):

(1)列车控制接通继电器(72－K02)线圈得电,常开触点 13－14 闭合;

(2)本车逆变器切除旋钮开关 31－S01 未处于切除位置,常闭触点 21－22

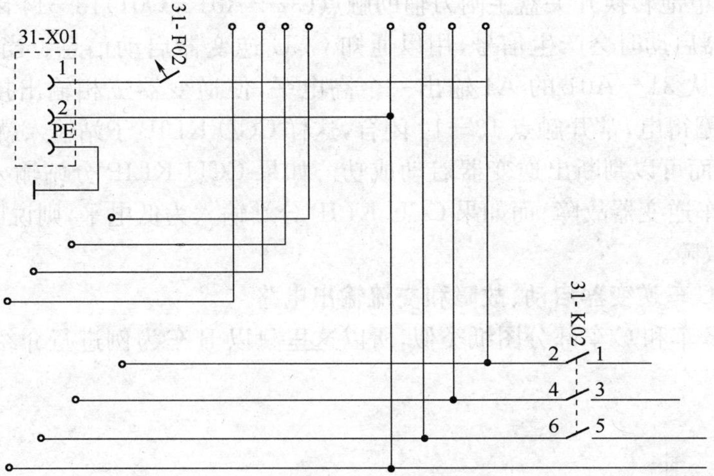


图 5.33 辅助系统空调配电图

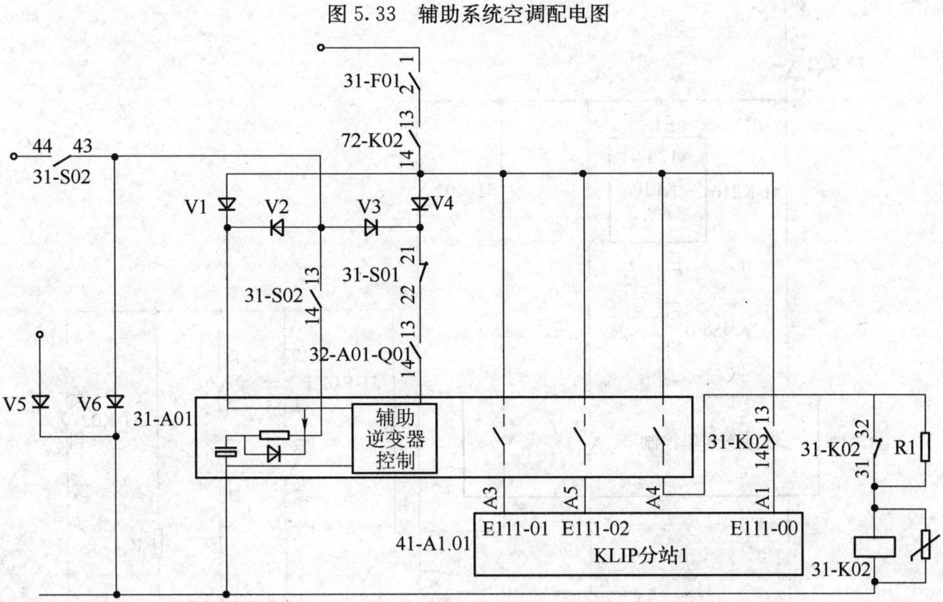


图 5.34 辅助系统—A车逆变器启动、故障和交流输出电路

闭合；

(3)主电池转换开关盒主闸刀辅助触点(32—A01—Q01)13—14闭合。

2)应急启动需要以下条件(DC 1 500 V高压正常供电条件下)：

(1)逆变器紧急启动按钮(31—S02)被按下，常开触点13—14和43—44闭合；

(2)本车逆变器切除旋钮开关31—S01未处于切除位置，常闭触点21—22闭合；

(3)主电池转换开关盒主闸刀辅助触点(32－A01－Q01)13－14 闭合。

逆变器启动时会产生信号,用以通知 CCU 逆变器启动信息。当逆变器启动成功,它会从 31－A01 的 A4 输出一个高电平,使逆变器三相输出接触器(31－K02)的线圈得电,常开触点 13－14 闭合,这样 CCU KLIP 子站输入就检测到一个高电平,从而可以判断出逆变器启动成功。如果 CCU KLIP 分站输入为低电平,则说明 A 车逆变器故障;而如果 CCU KLIP 分站输入为低电平,则说明电池充电/电池负载故障。

**2. B、C 车逆变器启动,故障和交流输出电路**

由于 B 车和 C 车部分图纸类似,所以这里只以 B 车为例进行介绍,见图 5.35 所示。

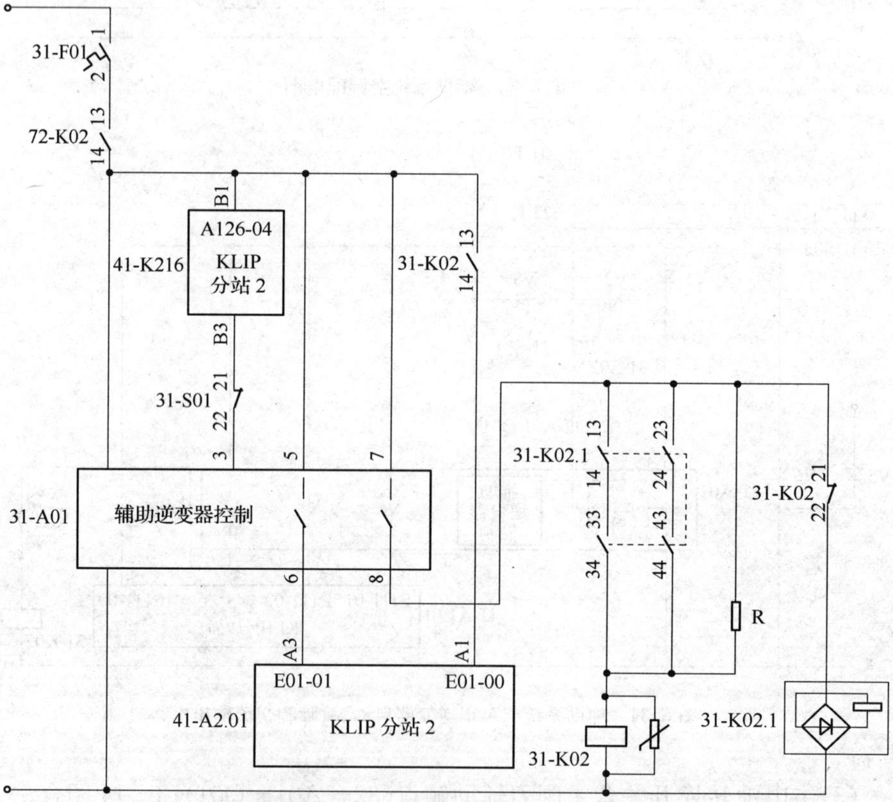


图 5.35 辅助系统－B 车逆变器启动、故障和交流输出电路

B 车逆变器启动的条件(DC 1 500 V 高压正常供电条件下):

(1)列车控制接通继电器(72－K02)线圈得电,常开触点 13－14 闭合;

(2)本车逆变器切除旋钮开关 31－S01 未处于切除位置，常闭触点 21－22 闭合。

和 A 车不同，B 车逆变器启动信号的建立还要靠 SIBAS KLIP 分站的输出一个高电平起到输出驱动的作用。一旦逆变器启动成功，就会从输出 8 输出一个高电平，用以驱动接触器工作控制辅助继电器(31－K02.1)的线圈得电，其常开触点 13－14、23－24、33－34 和 43－44 闭合，这样逆变器三相输出接触器(31－K02)的线圈得电，常开触点 13－14 闭合，SIBAS KLIP 分站 2 的输入 A1(B 车逆变器允许接通负载)就会检测到一个高电平，从而可以判断出逆变器启动是否成功。如果 CCU KLIP 分站输入 A1 为低电平，则说明 B 车逆变器故障。

**3. 1 500 V 直流供电接触器**

相对于两种供电方式，供电接触器的工作条件也有两种，见图 5.36 所示。

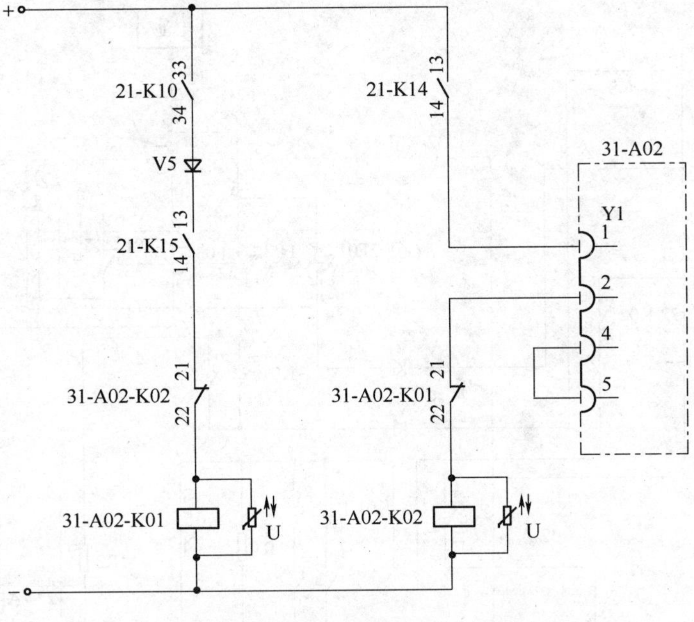


图 5.36　辅助系统—供电接触器电路

1)受电弓供电方式

(1)受电弓供电继电器(21－K15)的线圈得电，常开触点 13－14 闭合；

(2)升弓继电器(21－K10)线圈得电，常开触点 33－34 闭合；

(3)车间电源供电接触器(31－A02－K02)的线圈未得电，常闭触点 21－22 闭合。

从以上条件可以看出，要使列车处于受电弓供电方式，那么当前不能是车间电源供电方式。

2)车间电源供电方式

(1)所有弓落下继电器(21－K14)的线圈得电，常开触点 13－14 闭合；

(2)受电弓供电接触器(31－A02－K01)的线圈未得电，常闭触点 21－22 闭合；

从以上条件可以看出，要使列车处于车间电源供电方式，那么当前不能是受电弓供电方式。所有受电弓都要降落到位。

## 5.3.3 蓄电池和直流 110 V 配电线路图

一旦用户合上主蓄电池主闸刀(32－A01－Q01)，主蓄电池就通过主电池正极主熔丝 224 A(32－A01－QO1－F3)和电子电源熔丝 63A(32－A01－Q01－F1)向 110 V 电池电源负载供电，见图 5.37 所示。

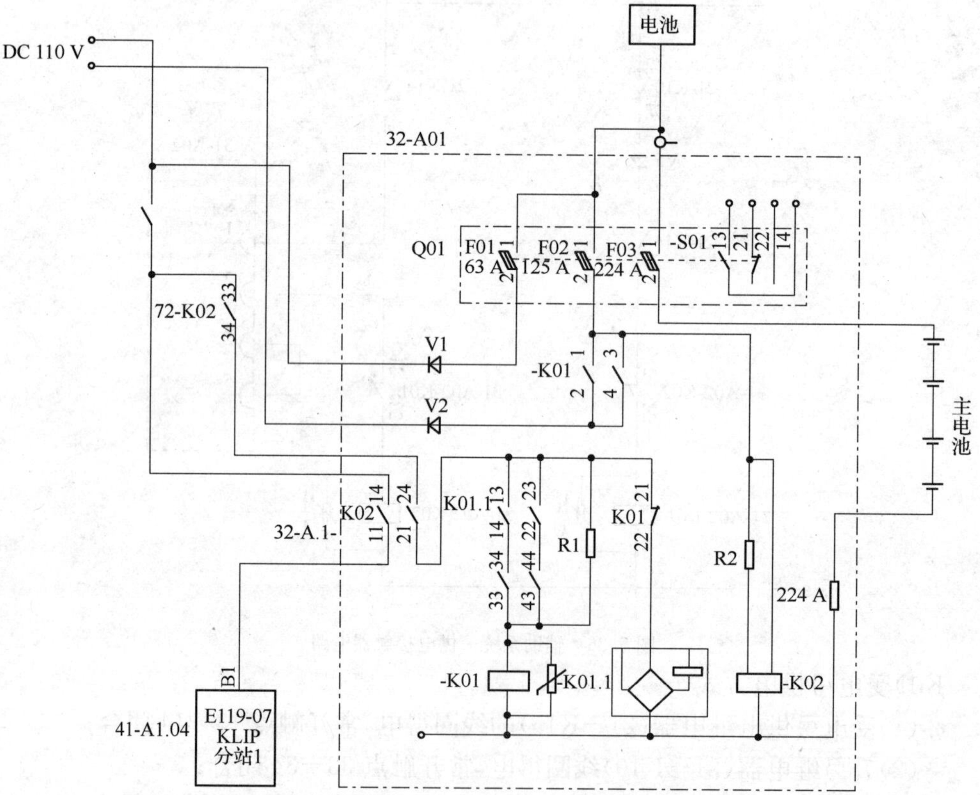


图 5.37 辅助系统—蓄电池和直流 110 V 配电线路图

而当列车控制接通继电器(72－K02)的线圈得电，其常开触点 33－34 闭合以后，电池 110 V 直流输出接触器(32－A01－K01)线圈就会得电，常开触点 1－2 和

3－4 就会接通,从而主蓄电池通过电池电源熔丝 125A(32－A01－Q01－F2)向电池电源负载供电。

32－A01－K01 线圈的得电过程如下:

72－K02 的 33－34 闭合 → 32－A01－K02 线圈得电 → 32－A01－K02 的常开触点 21－24 闭合 → 32－A01－K01.1 线圈得电 → 32－A01－K01.1 常开触点 13－14、23－24、33－34 和 43－44 闭合 → 32－A01－K01 线圈得电(然后主要由 32－A01－K01.R 维持工作电流)。

由于 32－A01－K02 的常开触点 11－14 闭合,一旦主蓄电池向电池电源负载开始供电,那么 SIBAS KLIP 分站 1 的输入 B1 将会检测到一个高电平。

如果电池电压低于 84V,那么 32－A01－K02 线圈不会得电,主蓄电池不会向电池电源负载供电,SIBAS KLIP 分站 1 的输入 B1 将不会检测到高电平。

### 5.3.4 辅助控制线路

制动电阻/牵引箱风扇供电控制电路(见图 5.38),由于 B 车和 C 车这部分电路类似,所以这里只以 B 车为例.

通风风扇供电转换控制继电器(33－K03)负责检测优先供电电路是否供电正常,如果供电正常,那么它的线圈得电,其常开触点 13－14 闭合,常闭触点 21－22 断开,这样通风风扇优先供电继电器(33－K02)的线圈得电,其常开触点 13－14 闭合,常闭触点 21－22 断开;通风风扇自动转换供电继电器(33－K01)的线圈失电,常开触点 13－14 断开。于是制动电阻风扇优先供电接触器(33－K07)的线圈和牵引箱通风风扇优先供电接触器(33－K06)的线圈得电,常开触点 1－2、3－4 和 5－6 闭合,这样制动电阻风扇电机和牵引箱通风风扇电机就从优先供电线路上得到了工作电源。

当优先供电辅助逆变器出现故障不能正常供电,这时通风风扇供电转换控制继电器(33－K03)的线圈就会失电,其常开触点 13－14 断开,常闭触点 21－22 闭合,这样通风风扇优先供电继电器(33－K02)的线圈失电,其常开触点 13－14 断开;如果此时另一台辅助逆变器工作正常,那么通风风扇自动转换供电继电器(33－K01)的线圈得电,常开触点 13－14 闭合。于是制动电阻风扇优先自动转换供电接触器(33－K05)的线圈和牵引箱通风风扇优先自动转换供电接触器(33－K04)的线圈得电,常开触点 1－2、3－4 和 5－6 闭合,这样制动电阻风扇电机和牵引箱通风风扇电机就自动转换到另一台逆变器的供电线路,以获得工作电源。

这里的牵引箱通风风扇和制动电阻风扇的转动信号都由 TCU(牵引控制单元)发出来,前者是 C095 模块发出的,后者是 C103 模块发出的。

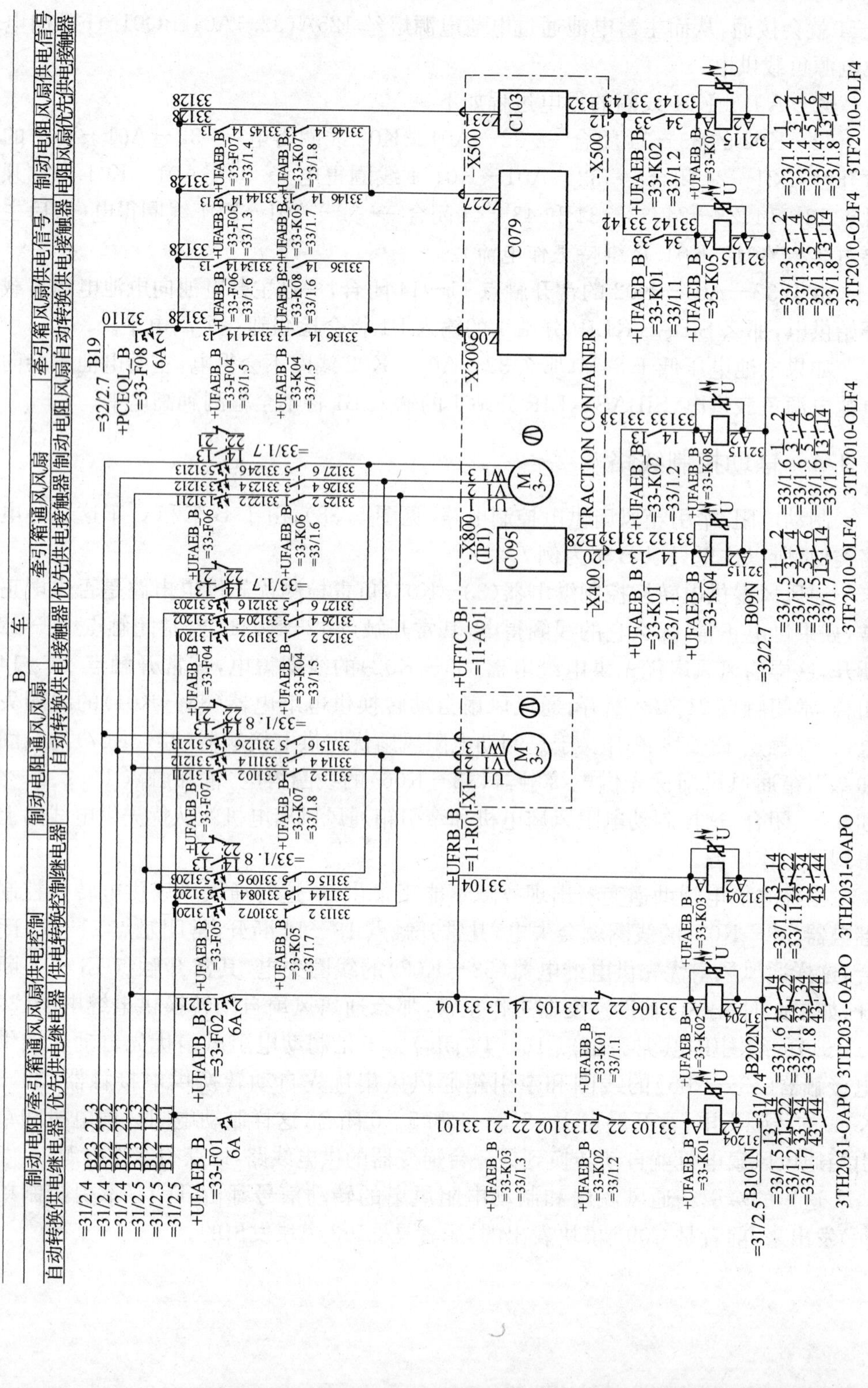


图 5.38 辅助系统—制动电阻/牵引箱风扇供电控制电路

同时，TCU C079 模块还检测牵引箱通风风扇和制动电阻风扇的供电情况，一旦发现某台风扇的供电存在问题，TCU 将封锁车辆的牵引系统，用以保护牵引箱设备和制动电阻，当然此时列车就会限速，并有故障信息提示。

## 5.3.5 空调系统监控电路图

列车所有空调系统的控制均由 CCU 通过总线 KLIP 分站控制，见图 5.39 所示。

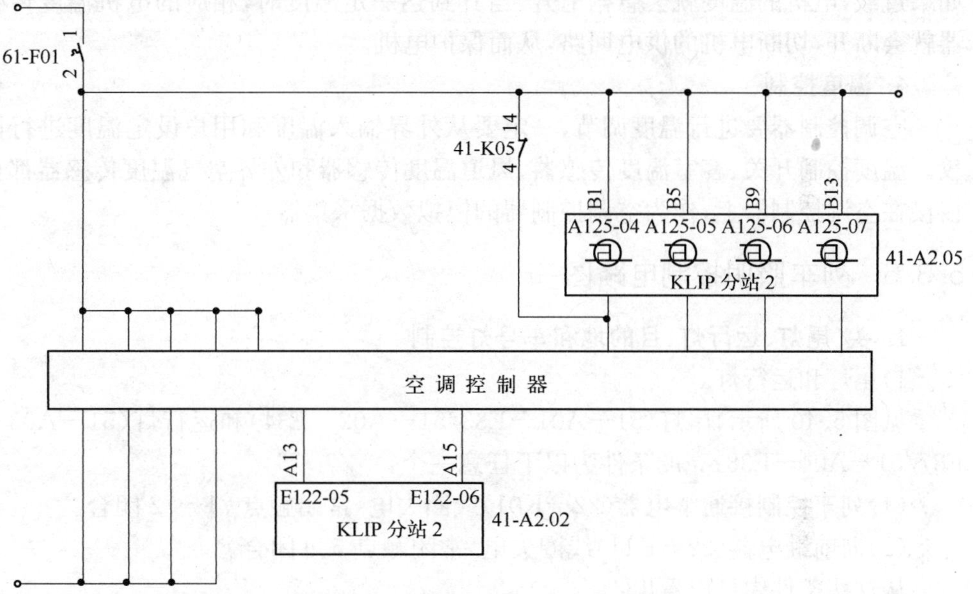


图 5.39 空调控制电路图

### 1. B 车空调控制

SIABS KLIP 分站 2 输出 A125_04 列车接通 B 车空调的信息。

SIABS KLIP 分站 2 输出 A125_05 输出 B 车逆变器是否允许负载信息。

SIABS KLIP 分站 2 输出 A125_06 输出 C 车逆变器是否允许负载信息。

SIABS KLIP 分站 2 输出 A125_07 输出同步时钟。

SIABS KLIP 分站 2 输入 E122_05 监测 B 车空调单元 1 是否存在故障。

SIABS KLIP 分站 2 输入 E122_06 监测 B 车空调单元 2 是否存在故障。

### 2. 空调压缩机控制

正常工作状态下，控制线路中的两个压力保护开关闭合，这样空调压缩机的保护接通继电器线圈得电，常开触点闭合，由于此时保护单元处于正常工作状态，所以保护接触器的线圈得电，其常开触点闭合，压缩机电机的电源被接通，开始工作。

当空调系统内的压力大于 2.25 MPa 或者小于 50 kPa 时控制系统会断开电路。这时压缩机电机的电源被断开，停止工作。

当压缩机电机过载或电机电源缺相，压缩机电机保护单元就会使线路断开，压缩机电机的电源被断开，停止工作。

**3. 空调冷凝风扇控制**

为了使冷凝器风扇电机工作，空调控制器使冷凝风扇接通继电器的线圈得电，接通电源，冷凝器风扇电机开始工作。同时向空调控制器提供工作的反馈信息。如果过载，电机的温度就会急剧上升，当其到达一定温度时，相应的电机温度传感器就会断开，切断电机的供电回路，从而保护电机。

**4. 温度控制**

空调控制器要进行温度调节，一定要从外界输入温度和用户设定温度进行比较。温度控制开关、客室温度传感器、风道温度传感器和外界空气温度传感器都直接接在空调控制器上，作为空调控制器的模拟数据采集器。

## 5.3.6 列车照明控制电路图

**1. 头/尾灯、运行灯、目的地和车号灯控制**

1)尾灯和运行灯

见图 5.40 所示，尾灯(51－A01－E33/51－A02－E34)和运行灯(51－A03－E37/51－A04－E38)亮的条件为以下任意一个：

(1)列车控制接通继电器(22－K01)线圈失电，常闭触点 71－72 闭合。

(2)向前继电器(22－K11)线圈失电，常闭触点 5、9 闭合。

从这些条件中可以看出：

(1)非受控单元 A 车的 22－K01 的线圈失电，于是该 A 车的尾灯亮。

(2)如果某节 A 车的方向和列车的前进方向相反，那么这节 A 车的向前继电器(22－K11)线圈失电，于是尾灯亮。

2)头灯

头灯(51－A01－E31/51－A02－E32)发光的条件以下任意一个：

(1)列车控制接通继电器(22－K01)线圈得电，常开触点 83－84 闭合。

(2)向前继电器(22－K11)线圈得电，常开触点 4－12 闭合。

从这些条件中可以看出：

(1)受控单元 A 车的 22－K01 的线圈得电，于是该 A 车的头灯亮。

(2)如果某节 A 车的方向和列车的前进方向相同，那么这节 A、车的向前继电器(22－K11)线圈得电，于是头灯亮。

(3)头灯的近光和远光选择由头灯亮/暗旋钮(51－S01)控制。

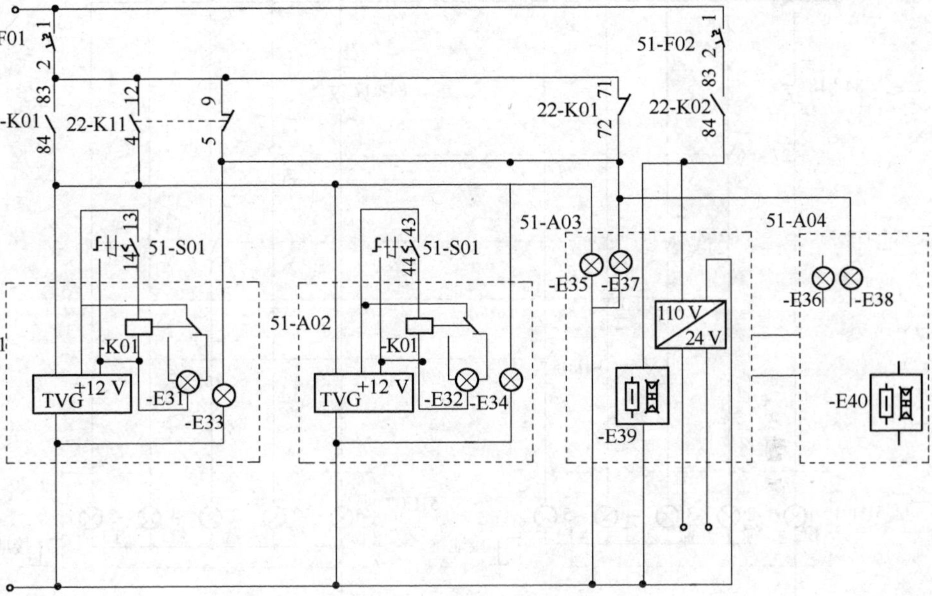


图 5.40　头/尾灯、运行灯、目的地灯控制

3)目的地灯

目的地灯(51－A03－E39)发光的条件是列车控制继电器(22－K02)的线圈得电,常开触点 83－84 闭合。

4)车辆两侧指示灯

A 车和 B 车、C 车的车辆两侧指示灯基本相似,只是 A 车比 B 车、C 车的车辆两侧各多了一个 ATC 切除指示灯(51－H01－5)。因此这里就只介绍 A 车两侧指示灯,见图 5.41 所示。

当所有左门关好继电器(84－K18)的线圈失电,常闭触点 31－32 闭合,于是左侧墙门未关好指示灯(51－H01－1)发光。

当所有右门关好继电器(84－K17)的线圈失电,常闭触点 31－32 闭合,于是右侧墙门未关好指示灯(51－H02－1)发光。

当所有制动缓解继电器(27－K06)的线圈得电,常开触点 13－14 和 23－24 闭合,于是左侧墙所有制动缓解指示灯(51－H01－2)和右侧墙所有制动缓解指示灯(51－H02－2)发光。

当所有停车制动施加继电器(27－K02)的线圈得电,常开触点 13－14 和 23－24 闭合,于是左侧墙停车制动施加指示灯(51－H01－3)和右侧墙停车制动施加指示灯(51－H02－3)发光。

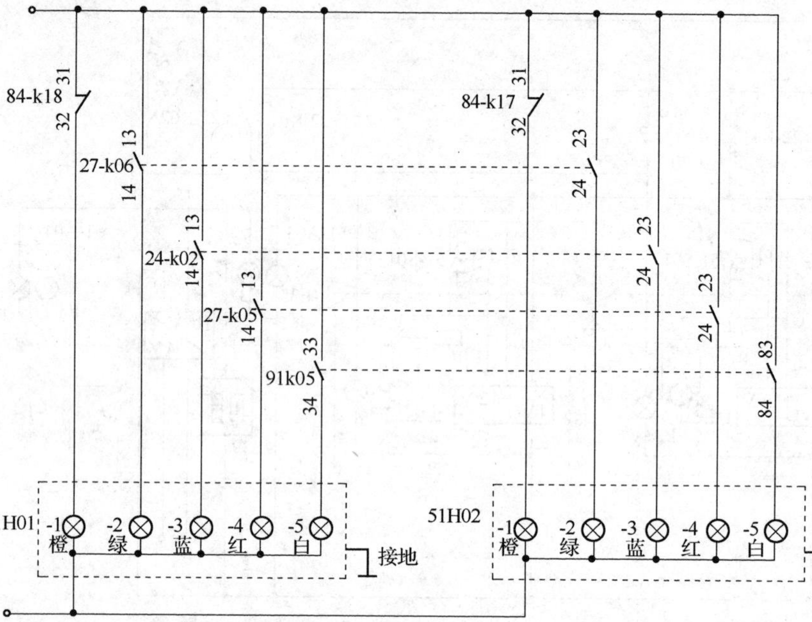


图 5.41　车辆两侧指示灯控制

当所有摩擦制动施加继电器(27－K05)的线圈得电,常开触点 13－14 和 23－24 闭合,于是左侧墙摩擦制动施加指示灯(51－H01－4)和右侧墙摩擦制动施加指示灯(51－H02－4)发光。

当 ATC 切除继电器(91－K05)的线圈得电,常开触点 33－34 和 83－84 闭合,于是左侧墙 ATC 切除指示灯(51－H01－5)和右侧墙 ATC 切除指示灯(51－H02－5)发光。

**2. 客室照明控制**

(1)客室照明的接通

司机把客室照明开关转到接通位置,A 车 KLIP 分站 1 的照明接通信号为高电平,CCU 系统判断出司机希望接通客室照明,于是通过 KLIP 分站 1 的客室照明接通/断开输出端和 KLIP 分站 2 的客室照明接通/断开输出端及 KLIP 分站 3 的客室照明接通/断开输出端分别向 A 车、B 车和 C 车的客室照明 1 组接触器和客室照明 2 组接触器的线圈输出高电平,使这些线圈得电,于是其常开触点闭合,所有客室照明的电路被接通。

(2)客室照明的断开

司机把客室照明开关转到断开位置,A 车 KLIP 分站 1 的照明接通信号为高电平,CCU 系统判断出司机希望断开客室照明,于是通过 KLIP 分站 1 的客室照明接通/断开输出端、KLIP分站2的客室照明接通/断开输出端和KLIP分站3的客室照明接通/断开输出端分别向A车、B车和C车的客室照明1组接触器和客室照明2组接触器的线圈输出低电平，使这些线圈失电，于是其常开触点断开，所有客室照明的电源被断开了。

## 思考与习题

1. 高速电路断路器控制回路由蓄电池供电。从高速断路器接通与断开控制电路(图5.9)中我们可以看到从蓄电池电源引出接头(A19)开始到车钩71—Y4为止，电路上依次连接有以下电器元件：电路输入空气开关(21—F01)，司机室控制继电器(22—K01)，紧急停车继电器(22—K08)，高速电路断路器断开按钮(21—S01)和高速电路断路器接通按钮(21—S02)。试对高速断路器接通与断开控制线路图进行分析，描述接通高速电路断路器继电器(21—K01)线圈得电过程。

2. 试分析断开高速断路器继电器(21—K02,21—K03)线圈得电的条件是什么(请参照图5.9)？

3. 试分析高速断路器闭合过程(请参照图5.11)？

4. 试分析高速断路器断开过程(请参照图5.11)？

5. 试分析升弓继电器(21—K10)线圈得电的条件是什么(请参照图5.13)？

6. 使用落弓按钮来实现落弓操作，必须具备的条件是什么(请参照图5.13)？

7. 列车非紧急工作状态要使列车接通控制继电器(22—K01、22—K51、22—K52、22—K53)的线圈得电，必须满足哪些条件(请参照图5.16)？

8. 列车进行手动牵引的条件有哪些(请参照图5.19,5—20,5—21)？

9. A车逆变器正常启动需要哪些条件(请参照图5.34)？

# 第 6 章　电气故障案例

## 列车运营过程中出现故障时应急处理应遵循以下原则

1. 运行途中列车出现故障时，司机应沉着冷静，首先根据微机显示屏、状态指示灯的显示，列车运行状态及随乘司机的检查汇报，大致区分、判断机车故障的严重程度，立即采取断电、降弓、停车、调速手柄回 0 位，换向手柄回 0 位等不同措施后再做后续处理。如：

(1)发生弓网事故、机车火灾，应首先采取断电、降弓、立即停车、调速手柄回 0 位、取出机车电钥匙的措施。

(2)需要打开控制电器柜进行检查处理时，应首先采取断电、降弓，调速手柄回 0 位的措施，再拔出制动控制柜钥匙，插入高压接地开关锁孔，将高压接地开关置接地位后，再打开控制电器柜门锁进行检查处理。

2. 故障处理过程中遇下列情况可能会使机车产生惩罚制动：

(1)机车电钥匙置 0 位；

(2)闭合控制电器柜“微机控制”自动开关；

(3)断开控制电器柜“司机控制”自动开关；

(4)断开控制电器柜“机车控制”自动开关；

(5)断开控制电器柜“电控制动”自动开关；

(6)断开控制电器柜“蓄电池”自动开关。

3. 运行途中，机车出现微机控制、机车保护、制动控制等方面故障，按常规处理办法处理后，若故障仍无法消除时，可在停车、断电降弓的情况下，断开机车控制电器柜“蓄电池”自动开关 60 s 后再闭合，以使机车保护恢复、微机复位、重新启动而消除故障。

4. 运行途中，处理机车故障需要断开控制电器柜“蓄电池”自动开关前，司机一定要考虑到该操作一定会导致列车停车，且恢复运行前，可能还需对“运记”重新进行设定；还需根据牵引质量、线路纵断面、天气综合考虑其对列车再启动时的影响。慎重选择断开控制电器柜“蓄电池”自动开关的时机，最好将故障机车维持运行到站内，再进行此项操作。

5. 运行途中，机车发生故障，司机应根据线路纵断面、牵引重量，选择合理的处理时机及方法，尽可能维持运行。例如一台受电弓故障，可换升另外一台受电弓维持运行。

6. 运行途中，机车发生故障，若难以处理或处理后也难以维持运行时，应尽量维持到前方站，若确实无法维持运行时，应及时请求救援。

## 电动列车故障排除基本技巧

列车故障是影响列车正常运行秩序的主要原因之一，随着车辆设备的老化以及原有设计的不合理等诸多因素，列车在载客运营中发生因故障吊线、清客、救援的现象不断发生，给正常的运营组织带来混乱。列车故障形成的原因主要包括以下几种情况：设备老化、欠修、维修保养不当、司机操作不当、人为损坏等。

为了减少列车故障发生的频率，除了按时作好维修保养之外，作为操作人员一定要规范驾驶列车，合理使用各项功能，最重要的是掌握各种车型的故障排除技能，一旦发生列车故障能及时快速处理，恢复运行秩序。通常列车故障发生后，都有其一定的表象，司机可根据表象来判断故障原因和部位，从而快速的、高效的处理，判断故障可以使用下列方法：

(1)故障恢复法：

通过司机室显示屏或仪表指示灯显示内容，确定故障发生部位并检查相关设备有无异常。如空气断路器落下、供气阀门关闭等，可恢复其功能以达到排除故障的目的。

(2)故障切除法

有些设备故障发生会直接影响列车的驾驶性能及安全性能，因此列车在电路设计中对重要部件安装了监控系统，该设备一旦发生故障，遵循设备故障导向安全这一设计原则，车辆控制系统会采取限速运行或停止运行等手段来确保列车的安全。司机必须通过故障现象准确查找故障原因，通过切除故障设备不让其工作的方法来维持列车运行，以减少故障状态下对运营的影响。比如，车门发生关闭不到位时，司机可以采取切除该车门的方法继续载客运行。

(3)旁路法

在车辆监控系统发生故障时，也会影响列车的驾驶性能，导致列车无法牵引。此时司机必须按故障情况严格区分故障发生的成因，也就是区分是否是监控系统本身原因发生的故障。在这种情况下司机可尝试使用旁路相关监控设备，维持列车运行。比如，监测列车空气制动是否缓解的压力传感器发生故障时，会导致全列车无牵引的现象，司机必须先确定列车制动已真正缓解后再使用旁路制动监控电路的方法排除故障。使用此方法，司机必须对列车安全承担责任。

(4)重启法

上世纪 90 年代末引进的列车基本采用计算机控制，在控制信号或通信信号发生误差时会造成信息显示紊乱，严重的会影响列车某些设备的正常使用(或造成死机)。在这种情况下最好采用重新启动列车或重新启动相关设备的方法，激活故障设备，恢复列车功能。

## 6.1 牵引系统常见故障案例分析

变流器故障比较复杂，包括逆变电路中大功率开关器件 IGBT 的故障，IGBT 驱动电路故障，电流、电压及温度检测电路故障，变流器工作电源故障等，最为复杂的是电机驱动控制算法和整个系统软件固化于变流器电子箱中的 CPU 中，软件往往为厂家垄断，因此很多系统故障不透明，一旦控制电路板发生故障，故障定位比较困难，一般情况下只能更换控制电路板，导致成本高，而且随着使用年限的增长，一些产品停产将会使成本进一步增加。

### 6.1.1 过流故障诊断与分析

对于 AC01/AC02 型列车由于过流导致的列车故障代码请参考表 6.1，本书中列举以下几个案例予以详细分析。

**案例 1:**

**故障现象:**

2004 年 12 月 12 日，203 列车回库时发生牵引中级故障。

**故障代码:**

TCU:32、51、71、222。

TCU:51(全部封锁无法重新初始化，全部封锁后五次之内不能重新初始化)、222(DC 中间回路预充电监控)。

**故障结论:**

制动斩波器 A40 损坏。

**分析处理:**

根据故障代码与相关技术资料，我们首先检查 U150(线网电压传感器)、U160(中间电路电压传感器)、线路接触器、预充电接触器、预充电电阻均正常。接着我们又将 C055(逆变器监控模块)、G055(电压/频率变换器)与其他列车进行对换，故障依旧存在与原位置。接着我们再次读取长记录，发现故障发生时制动斩波器电压达到 1 900 V，根据相关技术资料，判断可能是 A40(制动模块/制动斩波器)

**表 6.1 过流导致的列车故障代码**

| 代码 | 代码名称 | 含 义 | 可能原因 | 排除方法 | 最可能原因 |
|---|---|---|---|---|---|
| 32 | SPU:过流 | SPU 认为电机电流值大于设计值；导致 VSI 短时被封锁 | • 某一电机匝间短路或接地故障。<br>• DC 中间回路电压突然变化。<br>• 实际值检测故障(电流、电压、速度) | • 检查所有电机。<br>• 通常该故障自我排除。如果故障重复出现通知 Siemens | 电机绕组短路 |
| 37 | SPU:电流合计不为零 | 电机电流 L1,L2,L3 合计不为零 | • 电机电流传感器 I3,I4,I5 中的一个故障。<br>• 信道联机故障。<br>• 某一个电流传感器 I3,I4 或 I5 接线不正确(极性搞错)。<br>• 如果同时有故障“40”,IVF 模块 G055 故障。<br>• SPU C019 故障 | • 检查电机电流传感器 I3,I4,I5。<br>• 检查信道的联机。<br>• 检查电流传感器 I3,I4,I5 接线的极性是否正确。<br>• 更换 IVF 模块 G055。<br>• 更换 SPU C019 | • 电机绕组短路或不平衡 |
| 42 | SPU:相电流不平衡 | 电流逆相序的幅度大于限制值且无 U/f 转换器故障显示。VSI 被永久封锁 | • 某一电机匝间短路或接地故障。<br>• 某一电机电缆断掉。<br>• 某一半导体器件没被门控单元关断。<br>• 因电机电流实际值故障,“42”在脉冲封锁前被显示 | 检查所有电机。<br>检查相应的电机电缆。<br>通过用户程序测试输出信号测试配件的控制。<br>检查门控单元如有必要进行更换。<br>检查电机电流的实际值。参见:37,39,41 | • 电机绕组短路或不平衡 |
| 66 | 全部封锁:线路过流 | 线路电流由硬件监控(限制比较器在 ABIF)。如果超过允许的最大线路电流。HSCB 被断开且全部封锁由 INVM 模块 C055 触发 | • 主回路故障,如:DC 中间回路短路。<br>• 得到的线路电流实际值出错 | • 参见该故障的其他诊断信息;检查主回路。<br>• 检查线路电流传感器和相应的接线;检查 IOA 模块 G071,如有必要进行更换 | • U160 故障 |
| 71 | 全部封锁:L1 相过流 | 尽管 TCU 试图通过 PCM 排除电机控制回路的故障,电机 L1 相电流超过最大限制。VSI 由 INVM 模块 C055 封锁 | • SPU C019 控制故障。<br>• 逆变器中频率变化 df/dt 触发设置过高。<br>• IVF 模块 G055 故障。<br>• INVM 模块 C055 故障。<br>• VSI 中电流或电压转感器故障。<br>• 速度转感器出错。<br>• 牵引电机接地故障或绕组故障 | • 如果故障重复出现,应优化软件。通知 Siemens。<br>• 检查相应模块前部接插件是否插好。<br>• 检查相应模块或部件。<br>• 检查电流/电压/速度的测得实际值。<br>• 检查电机绕组有无短路 | • 电机绕组短路或不平衡<br>• A40 故障 |

续上表

| 代码 | 代码名称 | 含　义 | 可能原因 | 排除方法 | 最可能原因 |
|---|---|---|---|---|---|
| 72 | 全部封锁：L3相过流 | 尽管TCU试图通过PCM排除电机控制回路的故障，电机L3相电流超过最大限制。VSI由INVM模块C055封锁 | • SPU C019控制故障。<br>• 逆变器中频率变化df/dt触发设置过高。<br>• IVF模块G055故障。<br>• INVM模块C055故障。<br>• VSI中电流或电压转感器故障。<br>• 速度转感器出错。<br>• 牵引电机接地故障或绕组故障 | • 如果故障重复出现，应优化软件。通知Siemens。<br>• 检查相应模块前部接插件是否插好。<br>• 检查相应模块或部件。<br>• 检查电流/电压/速度的测得实际值。<br>• 检查电机绕组有无短路 | • 电机绕组短路或不平衡<br>• A40故障 |
| 73 | 全部封锁：L2相过流 | 尽管TCU试图通过PCM排除电机控制回路的故障，电机L2相电流超过最大限制。VSI由INVM模块C055封锁 | 同上 | 同上 | • 电机绕组短路或不平衡<br>• A40故障 |
| 74 | 全部封锁：短路断路器控制故障 | DC中间回路有一个最大允许限制值以保护牵引设备。尽管TCU试图通过PCM排除DC中间回路故障，DC中间回路电压超过最大限制。VSI由INVM模块C055封锁且保护晶闸管被TCU硬件触发。同时HSCB被断开 | • 外部线路过压如雷击(运营状态)。<br>• INVM模块C055(限制比较器)故障。<br>• 制动斩波器故障。同时应显示"59"，"60"故障。<br>• 相应门极单元故障。同时应显示"59"，"60"故障。<br>• 制动电阻烧坏。可能显示"180"故障。<br>• 实际值检测故障(电流、电压、速度) | 如果故障重复出现：<br>• 检查故障周围情况尤其是全部封锁信号以及其他和本故障一致的故障。<br>• 用用户程序测试输出信号，测试制动斩波器。<br>• 检查主回路(制动斩波器，制动电阻)。<br>• 检查INVM模块C055。<br>• 检查得到的实际值 | • C055故障<br>• A40故障 |

损坏。为此我们使用 Monitor 32 对牵引逆变器进行静态测试，发现 A40 不工作，为此可以断定其已经损坏，更换后恢复正常。

**案例 2：**

**故障现象：**

2005 年 3 月 17 日，206＃车下行牵引中级故障，限速 60 km/h，在张江退出运营。

**故障代码：**

TCU：51×1，72×21；

TCU：51(全部封锁无法重新初始化，全部封锁后五次之内不能重新初始化)。

**故障结论：**

3 轴牵引电机绕组对地短路。

**分析处理：**

根据故障代码，造成该故障的原因可能是 TCU 的 C055(逆变器监控模块)、G055(电压/频率变换器)损坏，或者是 A30 模块损坏，相电流传感器损坏，电机速度传感器损坏，相电压传感器损坏、同时也可能是牵引电机损坏。我们首先将 C055、G055 分别与其他车辆进行对换，施加牵引指令，该车牵引系统立即进入封锁状态。为此我们再次读取了故障的长记录，发现依旧为 L3 相过流，且该电流达两千安左右，而其他两相电流却比较小，因此说明可能是 L3 相电流传感器损坏或者负载存在短路现象。因此我们接着将 L3 相电流传感器 U140 与其他车辆进行对换，再次施加牵引指令，故障依旧存在，这说明该传感器并未损坏，造成该故障的原因极有可能是负载存在短路现象。而牵引箱的负载是四台牵引电机，为此我们分别检查这四台牵引电机，发现 3 轴牵引电机绕组存在对地短路现象，更换该牵引电机后，试车正常。根据该故障原因分析，当电机绕组发生短路后，将造成相电流过大，此时 TCU 将封锁整个牵引箱，保护牵引逆变器，防止故障继续扩大。

### 6.1.2　DC 中间回路过压故障诊断与分析

DC 中间回路安装有电压检测电路用来检测 DC 中间回路的电压，当 DC 中间回路的电压超过设定的阈值时，就会引发保护措施。在某些特殊的情况下，如电子元器件损坏、接线接错、接插头接触不良等原因出现不仅会导致保护措施，而且会引发一系列故障报错，进而导致列车不能正常运营。下面列举几例与 DC 中间回路过压导致的故障案例(针对 AC01/AC02 车型)，表 6.2 为对应的故障代码列表。

**案例1：**

**故障现象：**

120#列车Ⅰ单元C车99153牵引故障。

**故障代码：**

TCU：175、176、206；

TCU：175（气制动要求太频繁）、176（牵引重新初始化封锁）。

**故障结论：**

牵引箱内电压传感器U150故障。

**分析处理：**

查看故障记录，发现除206瞬时故障外，无其他故障。查看德方提供的关于TCU的资料，可判断176故障应为175故障引起，所以175故障应为主要故障。查看175故障记录，发现线路接触器处于断开状态，DC链接电压近似于零，考虑到曾发生过206瞬时故障，所以怀疑可能为牵引箱内电压传感器U150故障，和B车牵引箱内电压传感器U150对换后上正线跑高峰，B车出现175，176故障，C车无故障，证实确为U150故障，更换U150后故障消失。

**案例2：**

**故障现象：**

2004年4月9日220车于世纪公园下行，列车在牵引工况下，一单元B车高速开关跳闸且重合高速开关失败，显示屏显示高速开关严重故障、牵引中级故障，列车限速60 km/h，运营至张江空车回库。

**故障代码：**

TCU：175、176、177、179、208。

**故障结论：**

中间电路电压传感器U160损坏。

**分析处理：**

列车回库后读取故障，根据故障代码与西门子公司提供的技术资料，可能是制动回路或监控环节出现问题，分别互换检查A40模块、G055、C055、C071板子，上试车线时还出现与正线同样故障。为此我们再次读取详细的故障信息，发现在发生故障时，中间回路电压高达2 500 V，为此我们判定可能是中间电路电压传感器损坏，为验证我们的判断，我们在列车施加停车制动，高速开关闭合前提下，将方式方向手柄置于牵引位置，施加牵引指令，使用Monitor32进行模拟跟踪测试，发现故障再次发生时检测到的中间回路电压多次超过2 500 V，线路电流超过2 000 A，为此可以断定 U160 可能已经损坏，更换后恢复正常，试车正常。

此处中间电路电压传感器 U160 损坏后，造成 TCU 检测到中间回路电压超过理论值，此时 TCU 判定电路存在故障，于是 TCU 触发保护晶闸管 A50，电路对地短路放电，此时线路电流特别巨大，高速断路器跳闸，牵引严重故障，直接导致列车下线。

建议：今后发生类似故障，应及时读取 TCU 详细记录或专家系统。

**案例 3：**

**故障现象：**

8 月 3 日 16:19 龙阳下行 22201 次 222# 车二单元 C 车牵引中级故障，16:21 世纪公园下行该车出现 ATO 故障，张江停运。在当日更换预充电接触器主触头后故障消失，后故障再次出现。

**故障代码：**

TCU:222（中间回路预充电故障）。

**故障结论：**

中间电路电压传感器 U160 损坏。

**分析处理：**

根据故障代码与相关的检修经验，造成该故障的原因主要是因为预充电接触器故障，为此我们使用 SIBAS 32 用户监视器 Monitor 32 对预充电接触器进行了吸合、关断测试，结果正常，接着我们对预充电接触器的主触头进行检查，发现接触面略有粗糙，为此我们将主触头进行更换，故障暂时消失。

后故障再次出现，说明故障的原因未真正查明，根据西门子的相关技术资料，造成该故障的原因有线路电容器、预充电接触器、线路电压传感器、中间电路电压传感器与其他相关部件损坏。

为此我们首先将相关的模拟输入输出模块 G071、电压频率变换器 G055 与其他列车进行对换，故障依旧在原位置，这样便可以排除模/数转换的故障。接着我们再次读取 TCU 故障的长记录，发现中间回路电压大大低于线路电压，为此我们认定极有可能是中间回路电压传感器损坏。为了验证判断的正确性，将中间回路电压传感器与其他列车进行更换，故障立即转移，为此可以证明其已经损坏，更换新件后故障消失。

为何中间电路电压传感器损坏后会引起 TCU 222 故障，根据 SIBAS 控制逻辑，当 TCU 检测到的中间回路电压与线路电压（网压）偏差的绝对值长时间超过 180 V 时或静态测试失败时，便可能造成 TCU 222 故障（预充电监控故障）。

### 6.1.3 电机速度太高或太低故障分析

作为牵引电机，需要对其速度进行控制，因此每个牵引电机都需要安装速度传感器，对电机的运行速度进行监控，如果电机的运行速度不正常或者速度传感器出现故障将会导致牵引系统报错甚至不能实现牵引任务，列车运行过程中电机速度异常导致的故障也是多发故障之一。下面列举几例由于电机速度异常导致的故障案例（针对 AC01/AC02 车型），表 6.3 为对应的故障代码列表。

**案例 1：**

**故障现象：**

213＃列车 01061DDU（司机显示屏）工作异常。

**故障代码：**

01042 车辆 CCU：27（A 车 BECU 联络失败）。

TCU：110（到另一 TCU 车辆总线故障）、111（到 BECU A 车辆总线故障）；

01053 车辆 TCU：111（到 BECU A 车辆总线故障）、245（车辆总线传输监控）。

**故障结论：**

01042 车 41－A06 继电器性能不良。

**分析处理：**

根据故障代码与西门子的相关技术资料，造成该故障的原因是 RS485 模块 C039 不能输送信号。为此，分别检查本单元所有 TCU 的 C039、CCU 的 C047、BECU 的 BK 模块，全部正常工作，为此可以排除车辆总线传输模块的故障，这样说明故障存在于总线上，为此，分别检查其他相关元件，发现 B 车 41－K06 继电器（与 A 车连挂好继电器）性能略不良，更换后恢复正常。为何该继电器性能不良会引起总线传输故障？根据综合线路图与其他相关资料，该继电器的作用是识别 B、C 车的位端是否与 A 车相连接，若与 A 车相连接时，41－A06 动作，这样将构成了一个完整的车辆总线。当 41－A06 不良时，车辆总线的通信将可能出现瞬间中断，导致故障发生。同样若电阻 41－R01（车辆总线终端电阻）损坏也将可能导致故障发生，这点在检修中应特别注意。

**案例 2：**

**故障现象：**

126＃II 单元 B 车牵引故障，列车牵引时有冲动现象，切除该节动车后列车冲动现象消失。

**故障代码：**

TCU：117、118、119、121、122、124、125、127、128。

**故障结论：**

1,4 轴电机速度传感器坏。

**分析处理：**

查看故障记录，发现故障发生时，防滑/防空转保护装置未工作。

根据德方提供的 TCU 排故手册，引起 117 故障发生的原因是至少有 1 只速度传感器的实际输出方向与列车 ATC 系统或者主控制器设定的方向不同，这时发生故障的车辆将被闭锁。使用用户监控软件 MONITOR 32 检查传感器信号，发现列车牵引时电机转与其他车相反，下车观察发现 4 轴轮对存在被抬离轨面现象，疑似电机反转。对换两列 B 车 TCU 单元的 G071 模块，冲动现象未消失。更换 1，4 轴电机速度传感器，冲动现象消失。

在本案例中可能是由于 1、4 轴电机速度传感器方向不一致导致 TCU 控制软件发生混乱未能锁闭本节车，同时输出错误指令，使该节动车电机电源的相位发生错误，导致电机反转，从而引发冲动现象。

**案例 3：**

**故障现象：**

203＃列车 00202 车牵引中级故障，限速 60 km/h。

**故障代码：**

TCU：222（中间回路预充电故障）。

**故障结论：**

门极电源 A130 损坏。

**分析处理：**

读取列车长故障，发现故障发生时中间电压为 0 V，判断为中间回路未能够正常充电。通常造成该故障的原因是中间电压传感器 U160、预充电接触器 K110、预充电电阻 R100、R110 故障引起，检查均正常，说明牵引箱预充电回路正常，故障点可能发生在中间电路和 PWM 逆变电路中。接着测量中间电压传感器 U160 的初级的 2 个端子（线号为 1005、1010）之间的电阻，发现电阻值接近 0Ω，说明牵引箱中间电路或 PWM 逆变电路存在短路现象。然后检查中间电容 C100、C200（将电容连接铜排整体拆除）无对地短路和击穿现象。接着检查预充电放电电阻 A200－R2 和缓冲电阻 A200－R1 均正常，无对地短路现象，说明中间电路正常，短路点在 PWM 逆变电路中。断开滤波电抗器（L110、L120、L130、L140）的 2 个接线端子，分别检查滤波电抗器（L110、L120、L130）、L140、3 个相模块（A10、A20、A30）、制动斩波器（A40），发现制动斩波器（A40）2、3 端子之间电阻接近 0Ω，说明 GTO 已经击穿，更换 A40 模块后列车恢复正常。制动斩波器（A40）内 GTO 击穿后，中间电容器 C100、C200 的 P 点对地（即中间电路对地）电阻很小（仅为制动电阻阻值），当预充电接触器吸合后，预充电过程开始，由于 PWM 逆变电路存在短路，此时中间电容两端电压一直为零，无法正常充电，因此导致此次故障发生。

**案例 4：**

**故障现象：**

219＃车在静安寺上行时报列车牵引中级故障，限速 60 km/h，并有 ATO 故障，司机改 ATP 手动驾驶运行至张江高科站后退出运营。

**故障代码：**

01413 车 TCU：121。

**故障结论：**

Ⅱ轴电机速度传感器短路。

**分析处理：**

列车回库后读取故障发现 01402 CCU：2621（通往 C 车 TCU 联络中断），01413 车 TCU 不工作。根据综合线路图可知 TCU 工作的前提条件是列车控制继电器 22－K02 吸合，TCU 电源保护 MCB 23－F02 闭合，为此首先检查了该继电器与 MCB，发现均正常，这样排除了供电的问题。接着检查 TCU 电源滤波器，发现也正常，这样便排除了 TCU 的供电环节的故障。于是采用对换法，将 01413 车 TCU 系统的主电源 C119 与 01402 车对换，发现故障仍然存在于 01413 车，因此排除了 C119 故障的可能；然后我们又将其他电源模块分别与 01402 车进行对换，故障同样还是存在于 01413 车，为此因为电源故障造成 TCU 故障的全部可疑点得到了排除。通常在牵引系统发生故障时，TCU 会记录下相关的故障，根据这些故障记录，可以比较方便的查找故障。为此我们又将 01413 车 TCU 的 CPU 模块（C011）拆下安装在 01402 车上读取故障，发现记录有 TCU：121 故障（Ⅱ轴电机速度传感器 电机 2 速度：dn/dt 太高）。但速度传感器故障通常不会造成 TCU 不工作，唯一的可能为速度传感器存在短路现象。为了验证判断，于是将模拟输入/输出模块（G071）连接插头拔下，TCU 便可以恢复工作，为此可以判定为电机速度传感器发生了短路，由于 TCU 有关于Ⅱ轴电机速度传感器故障的记录，这样极有可能是该传感器发生了短路。于是更换了该速度传感器，静态测试故障消失，动态测试也正常，故障排除。为什么速度传感器短路会引起 TCU 不工作呢？根据相关技术资料，速度传感器的电源系统由 TCU 供给，当电机速度传感器发生短路，将会造成 TCU 关停、保护，造成 TCU 通信故障，但电机速度传感器短路也有可能是瞬间的，这一点在检修的过程中应该特别注意。

**表 6.2 DC 中间回路过压导致的列车故障代码**

| 代码 | 代码名称 | 含 义 | 可能原因 | 排除方法 | 最可能原因 |
|---|---|---|---|---|---|
| 29 | SPU：Du/dt 监控 | DC 中间回路电压超过设计值。这一监控只在牵引时动作 | 受电弓经过隔离区时线网中断 | •检查受电弓。<br>•如果在线网同一区域大量重复发生，检查这一隔离区 | •中间回路电压传感器故障 |
| 64 | 全部封锁：保护晶闸管回路有电流 | TCU 测得有保护触发(测到短路)。由 INVM 模块 C055 断开 HSCB，封锁 VSI | 保护晶闸管因为 DC 中间回路过压由 OVD 组件或 Rogowsky 线圈中 di/dt 过高触发 | 参见该故障的诊断信息 | •U160 故障 |
| 65 | 全部封锁：短路断路器工作 | TCU 测得有保护触发(测到保护晶闸管的反馈信号)。由 INVM 模块 C055 断开 HSCB，封锁 VSI | 保护晶闸管因为 DC 中间回路过压由 OVD 组件或 Rogowsky 线圈中 di/dt 过高触发 | 参见该故障的诊断信息 | •U160 故障 |
| 75 | 全部封锁：DC 中间回路过压 | DC 中间回路电压受到限制以保护牵引设备。尽管 TCU 试图通过 PCM 排除 DC 中间回路故障，DC 中间回路电压超过最大限制。VSI 由 INVM 模块 C055 封锁 | •外部线路过压如雷击(运营状态)。<br>•INVM 模块 C055(限制比较器)故障。<br>•制动斩波器故障。同时应显示“59”，“60”故障。<br>•相应门极单元故障。同时应显示“59”，“60”故障。<br>•制动电阻烧坏。可能显示“180”故障。<br>•实际值检测故障(电流、电压、速度) | 如果故障重复出现：<br>•检查故障周围情况尤其是全部封锁信号以及其他和本故障一致的故障。<br>•用用户程序测试输出信号测试制动斩波器。<br>•检查主回路(制动斩波器，制动电阻)。<br>•检查 INVM 模块 C055。<br>•检查得到的实际值 | •C055 故障<br>•A40 故障 |
| 181 | 制动斩波器放电监控 | 线网断开 2 s 后，DC 中间回路电压没有通过制动斩波器被放掉 | •DC 中间回路测得的电压实际值出错。<br>•制动斩波器故障 | 如果故障重复出现：<br>•用用户程序测试输入信号检查 DC 中间回路电压。<br>•检查 DC 中间回路测得的电压实际值(传感器、传感器的接线，IVF 模块 G055，SPU C019)，如有必要更换模块。<br>•检查制动斩波器和它的触发装置。<br>•更换 INVM 模块 C055。<br>•更换 IVF G055。<br>•更换 IOA G071。<br>•更换 SPU C019 | •G055 故障<br>•G071 故障<br>•C055 故障<br>•C019 故障 |

续上表

| 代码 | 代码名称 | 含　义 | 可能原因 | 排除方法 | 最可能原因 |
|---|---|---|---|---|---|
| 206 | VSI A 电压传感器监控 | DC 中间回路电压和线网电压有偏差；导致 VSI 被永久封锁 | • 线路电压传感器故障。<br>• DC 中间回路电压传感器故障。<br>• IVF 模块 G055 故障。<br>• 线路电压传感器和信号被读入的 IVF 模块 G055 的前部接插件之间的接线松掉或断开。<br>DC 中间回路电压传感器和信号被读入的 IVF 模块 G055 的前部接插件之间的接线松掉或断开 | • 用用户测试程序测试输入信号测试线路和 DC 中间回路电压。<br>• 检查电压传感器。<br>• 检查 IVF 模块 G055。<br>• 检查线路电压传感器和 IVF 模块之间的连接线。<br>• 检查 DC 中间回路电压传感器和 IVF 模块之间的连接线 | • U150 故障<br>• U160 故障<br>• G055 故障 |
| 208 | DC 中间回路永久放电监控 | 线网断开后，DC 中间回路电压没有通过放电电阻放电 | • DC 中间回路测得的实际值故障。<br>• 放电电阻故障。<br>• 线路电容器故障 | 用用户程序测试输入信号检查 DC 中间回路电压。<br>检查 DC 中间回路电压测得的实际值(传感器，传感器的接线，IVF 模块 G055，SPU C019)，如有必要更换模块。<br>通过测量阻抗测试放电电阻。<br>检查制动斩波器和它的触发装置。<br>检查线路接触器和它的信号 | • 放电电阻故障<br>• G055 故障<br>• C019 故障<br>• K110 故障 |
| 222 | DC 中间回路预充电监控 | TCU 监控 VSI 的预充电过程。当预充电接触器吸合，DC 中间回路的电压必须符合设计的预充电曲线，在时间系数期间后线网和 DC 中间回路之间的电压差必须变小。如果不是这样预充电过程被终止。以保护预充电电阻使其在失败的预充电过程中不过载。下一次试图在一段时间内被禁止 | • DC 中间回路或主回路短路。<br>• DC 中间回路电容故障。<br>• 预充电电阻故障。<br>• 线路电压传感器或 DC 中间回路电压传感器故障。<br>• 预充电接触器故障 | • 检查 DC 中间回路和主回路。<br>• 检查 DC 中间回路电容。<br>• 检查预充电电阻。<br>• 检查线路电压传感器或 DC 中间回路电压传感器。<br>• 检查预充电接触器 | 预充电接触器主触头故障<br>中间回路电压传感器故障<br>线路电压传感器故障<br>C100、C200 故障 |

**表 6.3　电机速度异常导致的列车故障代码**

| 代码 | 代码名称 | 含　义 | 可能原因 | 排除方法 | 最可能原因 |
|---|---|---|---|---|---|
| 117 | 设定方向和实际方向不符 | 至少一个速度传感器的实际方向和车辆来自主控制器或 ATC 选择的方向不同。VSI 被封锁 | ·电机 1 到电机 4 的速度传感器故障。<br>·这一故障也可能发生在坡道上，当牵引时要求的牵引力太低使车辆倒车 | ·检查速度信号和通过用户程序测试输入信号检查相应的方向。<br>·检查电机 1 到电机 4 的所有传感器。<br>·要求司机在坡道上施加足够的牵引力 | ·C087 故障<br>·电机速度传感器故障 |
| 118 | 电机 1 速度：dn/dt 太高 | TCU 检测到电机 1 有不允许的速度变化。使电机 1 的速度传感器被屏蔽且不再用于速度判断。如果故障不再存在以及如果速度信号和参考速度之间的差值在最短时间内达到误差范围之内，监控被复位 | ·轮子空转或打滑时可能出现该故障。<br>·列车牵引瞬间。<br>·电机 1 速度传感器故障。<br>·输入/输出模拟模块 G071 故障。<br>·速度传感器和速度信号被读入的输入/输出模拟模块 G071 的前部接插件之间的连接松动或连接线断开 | 如果故障重复出现：<br>·通过用户程序测试输入信号检查速度信号。<br>·检查电机 1 的速度传感器。<br>·检查输入/输出模拟模块 G071。<br>·检查速度传感器和模块 G071 之间的接线 | ·电机速度传感器<br>·G071 故障<br>·C087 故障 |
| 119 | 电机 1 速度太低 | 当制动释放且平均速度大于 2 Hz 时，电机 1 的实际速度值太低。使电机 1 的速度传感器被屏蔽且不再用于速度判断。如果故障不再存在以及如果速度信号和平均速度之间的差值在最短时间内达到误差范围之内，监控被复位 | ·电机 1 的速度传感器故障。<br>·输入/输出模拟模块　G071 故障。<br>·速度传感器和速度信号被读入的输入/输出模拟模块 G071 的前部接插件之间的连接松动或连接线断开 | 如果故障重复出现：<br>·通过用户程序测试输入信号检查速度信号。<br>·检查电机 1 的速度传感器。<br>·检查输入/输出模拟模块 G071。<br>·检查速度传感器和模块 G071 之间的接线 | ·电机速度传感器<br>·G071 故障<br>·C087 故障 |
| 120 | 电机 1 在停止状态时有脉冲 | 尽管处于停车状态且制动施加，电机 1 的速度传感器测到脉冲。使电机 1 的速度传感器被屏蔽且不再用于速度判断。如果故障不再存在以及如果速度信号和参考速度之间的差值在最短时间内达到误差范围之内，监控被复位 | ·电机 1 的速度传感器故障。<br>·输入/输出模拟模块　G071 故障 | 如果故障重复出现：<br>·通过用户程序测试输入信号检查速度信号。<br>·检查电机 1 的速度传感器。<br>·检查输入/输出模拟模块 G071 | ·电机速度传感器<br>·G071 故障<br>·C087 故障 |

续上表

| 代码 | 代码名称 | 含义 | 可能原因 | 排除方法 | 最可能原因 |
| --- | --- | --- | --- | --- | --- |
| 121 | 电机2速度：dn/dt太高 | TCU检测到电机2有不允许的速度变化。使电机2的速度传感器被屏蔽且不再用于速度判断。如果故障不再存在以及如果速度信号和参考速度之间的差值在最短时间内达到误差范围之内，监控被复位 | •轮子空转或打滑时可能出现该故障。<br>•列车牵引瞬间。<br>•电机2速度传感器故障。<br>•输入/输出模拟模块G071故障。<br>•速度传感器和速度信号被读入的输入/输出模拟模块G071的前部接插件之间的连接松动或连接线断开 | 如果故障重复出现：<br>•通过用户程序测试输入信号检查速度信号。<br>•检查电机2的速度传感器。<br>•检查输入/输出模拟模块G071。<br>•检查速度传感器和模块G071之间的接线 | •电机速度传感器<br>•G071故障<br>•C087故障 |
| 122 | 电机2速度太低 | 当制动释放且平均速度大于2Hz时，电机2的实际速度值太低。使电机2的速度传感器被屏蔽且不再用于速度判断。如果故障不再存在以及如果速度信号和平均速度之间的差值在最短时间内达到误差范围之内，监控被复位 | •电机2的速度传感器故障。<br>•输入/输出模拟模块G071故障。<br>•速度传感器和速度信号被读入的输入/输出模拟模块G071的前部接插件之间的连接松动或连接线断开 | 如果故障重复出现：<br>•通过用户程序测试输入信号检查速度信号。<br>•检查电机2的速度传感器。<br>•检查输入/输出模拟模块G071。<br>•检查速度传感器和模块G071之间的接线 | •电机速度传感器<br>•G071故障<br>•C087故障 |
| 123 | 电机2在停止状态时有脉冲 | 尽管处于停车状态且制动施加，电机2的速度传感器测到脉冲。使电机2的速度传感器被屏蔽且不再用于速度判断。如果故障不再存在以及如果速度信号和参考速度之间的差值在最短时间内达到误差范围之内，监控被复位 | •电机2的速度传感器故障。<br>•输入/输出模拟模块　G071故障 | 如果故障重复出现：<br>•通过用户程序测试输入信号检查速度信号。<br>•检查电机2的速度传感器。<br>•检查输入/输出模拟模块G071 | •电机速度传感器<br>•G071故障<br>•C087故障 |

续上表

| 代码 | 代码名称 | 含　义 | 可能原因 | 排除方法 | 最可能原因 |
|---|---|---|---|---|---|
| 124 | 电机3速度：dn/dt太高 | TCU检测到电机3有不允许的速度变化。使电机3的速度传感器被屏蔽且不再用于速度判断。如果故障不再存在以及如果速度信号和参考速度之间的差值在最短时间内达到误差范围之内，监控被复位 | • 轮子空转或打滑时可能出现该故障。<br>• 列车牵引瞬间。<br>• 电机3速度传感器故障。<br>• 输入/输出模拟模块G071故障。<br>• 速度传感器和速度信号被读入的输入/输出模拟模块G071的前部接插件之间的连接松动或连接线断开 | 如果故障重复出现：<br>• 通过用户程序测试输入信号检查速度信号。<br>• 检查电机3的速度传感器。<br>• 检查输入/输出模拟模块G071。<br>• 检查速度传感器和模块G071之间的接线 | • 电机速度传感器<br>• G071故障<br>• C087故障 |
| 125 | 电机3速度太低 | 当制动释放且平均速度大于2Hz时，电机3的实际速度值太低。使电机3的速度传感器被屏蔽且不再用于速度判断。如果故障不再存在以及如果速度信号和平均速度之间的差值在最短时间内达到误差范围之内，监控被复位 | • 电机3的速度传感器故障。<br>• 输入/输出模拟模块G071故障。<br>• 速度传感器和速度信号被读入的输入/输出模拟模块G071的前部接插件之间的连接松动或连接线断开 | 如果故障重复出现：<br>• 通过用户程序测试输入信号检查速度信号。<br>• 检查电机3的速度传感器。<br>• 检查输入/输出模拟模块G071。<br>• 检查速度传感器和模块G071之间的接线 | • 电机速度传感器<br>• G071故障<br>• C087故障 |
| 126 | 电机3在停止状态时有脉冲 | 尽管处于停车状态且制动施加，电机3的速度传感器测到脉冲。使电机3的速度传感器被屏蔽且不再用于速度判断。如果故障不再存在以及如果速度信号和参考速度之间的差值在最短时间内达到误差范围之内，监控被复位 | • 电机3的速度传感器故障<br>• 输入/输出模拟模块 G071故障 | 如果故障重复出现：<br>• 通过用户程序测试输入信号检查速度信号。<br>• 检查电机3的速度传感器。<br>• 检查输入/输出模拟模块G071 | • 电机速度传感器<br>• G071故障<br>• C087故障 |

续上表

| 代码 | 代码名称 | 含　义 | 可能原因 | 排除方法 | 最可能原因 |
|---|---|---|---|---|---|
| 127 | 电机 4 速度：dn/dt 太高 | TCU 检测到电机 4 有不允许的速度变化。使电机 4 的速度传感器被屏蔽且不再用于速度判断。如果故障不再存在以及如果速度信号和参考速度之间的差值在最短时间内达到误差范围之内，监控被复位 | • 轮子空转或打滑时可能出现该故障。<br>• 列车牵引瞬间。<br>• 电机 4 速度传感器故障。<br>• 输入/输出模拟模块 G071 故障。<br>• 速度传感器和速度信号被读入的输入/输出模拟模块 G071 的前部接插件之间的连接松动或连接线断开 | 如果故障重复出现：<br>• 通过用户程序测试输入信号检查速度信号。<br>• 检查电机 4 的速度传感器。<br>• 检查输入/输出模拟模块 G071。<br>• 检查速度传感器和模块 G071 之间的接线 | • 电机速度传感器<br>• G071 故障<br>• C087 故障 |
| 128 | 电机 4 速度太低 | 当制动释放且平均速度大于 2Hz 时，电机 4 的实际速度值太低。使电机 4 的速度传感器被屏蔽且不再用于速度判断。如果故障不再存在以及如果速度信号和平均速度之间的差值在最短时间内达到误差范围之内，监控被复位 | • 电机 4 的速度传感器故障。<br>• 输入/输出模拟模块 G071 故障。<br>• 速度传感器和速度信号被读入的输入/输出模拟模块 G071 的前部接插件之间的连接松动或连接线断开 | 如果故障重复出现：<br>• 通过用户程序测试输入信号检查速度信号。<br>• 检查电机 4 的速度传感器。<br>• 检查输入/输出模拟模块 G071。<br>• 检查速度传感器和模块 G071 之间的接线 | • 电机速度传感器<br>• G071 故障<br>• C087 故障 |
| 129 | 电机 4 在停止状态时有脉冲 | 尽管处于停车状态且制动施加，电机 4 的速度传感器测到脉冲。使电机 4 的速度传感器被屏蔽且不再用于速度判断。如果故障不再存在以及如果速度信号和参考速度之间的差值在最短时间内达到误差范围之内，监控被复位 | • 电机 4 的速度传感器故障。<br>• 输入/输出模拟模块　G071 故障 | 如果故障重复出现：<br>• 通过用户程序测试输入信号检查速度信号。<br>• 检查电机 4 的速度传感器。<br>• 检查输入/输出模拟模块 G071 | • 电机速度传感器<br>• G071 故障<br>• C087 故障 |

续上表

| 代码 | 代码名称 | 含义 | 可能原因 | 排除方法 | 最可能原因 |
|---|---|---|---|---|---|
| 130 | 速度传感器故障 | 所有4个电机的速度传感器在故障时将被检测到。相应的故障（“118”—“129”）信息一定先被储存。并导致VSI被永久封锁 | 参见故障“118”—“129” | 参见故障“118”—“129” | • 电机速度传感器<br>• G071 故障<br>• C087 故障 |
| 136 | 空转/打滑保护故障 | 空转/打滑保护的内部监控 | 轮子保护装置和加速控制都不启动 | 如果故障重复出现，通知 Siemens | |
| 135 | 轮对可能发生闭锁 | | • 车轮减速度大于 260 m/s²<br>• 车轴最小速度小于 0.1 Hz<br>• 车轴最大速度大于 2 Hz<br>• 该状态持续时间大于 0.5 s | • 故障信息需在 TCU 专家系统中查询 | • 轮径设置与实际偏差过大 |

**表 6.4 温度检测导致的列车故障代码**

| 代码 | 代码名称 | 含义 | 可能原因 | 排除方法 | 最可能原因 |
|---|---|---|---|---|---|
| 144 | VVVF：L1相模块温度检测故障 | 在L1相模块（对应于线路图1相）散热器检测到的温度不在允许范围内 | • GTO模块散热器的PT100温度传感器故障。<br>• ABIF模块C071故障。<br>• GTO模块散热器上的PT100传感器和ABIF模块C071上一方面对温度传感器供电另一方面电阻值（对应于散热器的温度）被读入的前部接插件之间的连接松动或接线断开 | • 检查GTO模块散热器的PT100温度传感器。<br>• 更换ABIF模块C071。<br>• 检查GTO模块散热器上的PT100传感器和ABIF模块C071之间的连接线 | • A10 温度传感器故障<br>• 制动电阻温度传感器<br>• C071 故障 |
| 145 | VVVF：放电电阻温度检测故障 | 放电电阻上检测到的温度不在允许范围内 | • 在放电电阻上的PT100温度传感器故障。<br>• ABIF模块C071故障。<br>• 放电电阻上的PT100传感器和ABIF模块C071上一方面对温度传感器供电；另一方面电阻值（对应于散热器的温度）被读入的前部接插件之间的连接松动或接线断开 | • 检查放电电阻上的PT100温度传感器。<br>• 更换ABIF模块C071。<br>• 检查放电电阻上的PT100传感器和ABIF模块C071之间的连接线 | • 放电电阻温度传感器故障<br>• A30 温度传感器故障<br>• C071 故障 |

续上表

| 代码 | 代码名称 | 含　义 | 可能原因 | 排除方法 | 最可能原因 |
|---|---|---|---|---|---|
| 146 | VVVF：L3相模块温度检测故障 | 在L3相模块(对应于线路图3相)散热器检测到的温度不在允许范围内 | •GTO模块散热器的PT100温度传感器故障。<br>•ABIF模块C071故障。<br>•GTO模块散热器上的PT100传感器和ABIF模块C071上一方面对温度传感器供电;另一方面电阻值(对应于散热器的温度)被读入的前部接插件之间的连接松动或接线断开 | •检查GTO模块散热器的PT100温度传感器。<br>•更换ABIF模块C071。<br>•检查GTO模块散热器上的PT100传感器和ABIF模块C071之间的连接线 | •放电电阻温度传感器故障<br>•A30温度传感器故障<br>•C071故障 |
| 147 | VVVF：制动斩波器温度检测故障 | 在制动斩波器散热器检测到的温度不在允许范围内 | •GTO模块散热器的PT100温度传感器故障。<br>•ABIF模块C071故障。<br>•GTO模块散热器上的PT100传感器和ABIF模块C071上一方面对温度传感器供电,另一方面电阻值(对应于散热器的温度)被读入的前部接插件之间的连接松动或接线断开 | •检查GTO模块散热器的PT100温度传感器。<br>•更换ABIF模块C071。<br>•检查GTO模块散热器上的PT100传感器和ABIF模块C071之间的连接线 | •A40温度传感器故障<br>•进风口温度传感器故障<br>•C071故障 |
| 149 | VVVF：TCU温度检测故障(ABIF1上的传感器) | 由ABIF模块C071上的PT100温度传感器检测到的温度不在允许范围内 | ABIF模块C071故障 | 更换ABIF模块C071 | •C071故障 |
| 150 | VVVF：温度检测故障过多 | 如果故障“144”,“146”和“147”中的2个被储存,本故障就被储存。并导致VSI被永久封锁 | 参见故障“144”,“146”和“147” | 参见故障“144”,“146”和“147” | |
| 151 | VVVF：制动电阻温度检测故障 | 在制动电阻检测到的温度不在允许范围内 | •制动电阻的PT100温度传感器故障。<br>•ABIF模块C071故障。<br>•制动电阻上的PT100传感器和ABIF模块C071上一方面对温度传感器供电;另一方面电阻值(对应于散热器的温度)被读入的前部接插件之间的连接松动或接线断开 | •检查制动电阻的PT100温度传感器。<br>•更换ABIF模块C071。<br>•检查制动电阻上的PT100传感器和ABIF模块C071之间的连接线 | •制动电阻温度传感器故障<br>•A10温度传感器故障<br>•C071故障 |

续上表

| 代码 | 代码名称 | 含义 | 可能原因 | 排除方法 | 最可能原因 |
|---|---|---|---|---|---|
| 152 | VVVF：VVVF冷却温度检测故障 | 在牵引箱通风入风口检测到的温度不在允许范围内 | • 入风口的PT100温度传感器故障。<br>• ABIF模块C071故障。<br>• 入风口上的PT100<br>传感器和ABIF模块C071上一方面对温度传感器供电；另一方面电阻值(对应于散热器的温度)被读入的前部接插件之间的连接松动或接线断开 | • 检查制动电阻的PT100温度传感器。<br>• 更换ABIF模块C071。<br>• 检查制动电阻上的PT100传感器和ABIF模块C071之间的连接线 | • 进风口温度传感器故障<br>• A40温度传感器故障<br>• C071故障 |
| 158 | VVVF：放电电阻温度传感器故障 | 制动电阻的温度被检测以监控通风故障。只取决于DC中间回路电压的要求温度被计算。电阻被计算的温度低于检测值这是不正确的。温度传感部分肯定有故障 | • 放电电阻的PT100温度传感器故障。<br>• ABIF模块C071故障。<br>• 放电电阻上的PT100传感器和ABIF模块C071上一方面对温度传感器供电；另一方面电阻值(对应于散热器的温度)被读入的前部接插件之间的连接松动或接线断开。<br>• 温度模式的参数错误 | • 检查制动电阻的PT100温度传感器。<br>• 更换ABIF模块C071。<br>• 检查制动电阻上的PT100传感器和ABIF模块C071之间的连接线。<br>• 若出现频率高且温度传感器无故障，通知Siemens | • 放电电阻温度传感器故障<br>• A30温度传感器故障<br>• C071故障 |
| 159 | VVVF：放电电阻温度太高(通风故障) | 放电电阻的温度被检测以监控通风故障。只取决于DC中间回路电压的要求温度被计算。当空气流动量明显减少放电电阻的实际温度将增加到超过计算温度。受此影响的牵引箱牵引力减少且电制动被禁止。通过要求制动进行空气制动。如果通风故障是由于辅助逆变器，电机线路断路器断开或通风接触器应答故障引起，该故障不显示 | • 牵引箱通风故障。<br>• 风扇叶子损坏。<br>• 通风的进风口格栅被堵住 | • 检查通风。<br>• 检查风扇叶片是否损坏。<br>• 清除通风进风口格栅上的垃圾 | • 放电电阻温度传感器故障<br>• A30温度传感器故障 |

续上表

| 代码 | 代码名称 | 含　义 | 可能原因 | 排除方法 | 最可能原因 |
|---|---|---|---|---|---|
| 160 | VVVF:放电电阻过热 | 放电电阻温度超过最大允许值 | •放电电阻故障(如短路)。<br>•放电电阻的温度检测故障 | •检查放电电阻。<br>•检查放电电阻的温度检测部分(参见故障“145”) | •放电电阻温度传感器故障<br>•A30 温度传感器故障 |
| 161 | VVVF:VVVF 散热器过热 | L1 相模块和 L3 相模块散热器测得的最大温度超过最大允许值 | •GTO 模块的热量没有合适地被散掉。<br>•GTO 模块散热器的 PT100 温度传感器故障。<br>•相应的 GTO 模块损坏 | •检查故障环境并找出哪一相模块温度超出。<br>•检查散热器是否很脏。<br>•检查 GTO 和散热器之间的接触。<br>•检查相应的 GTO 模块。<br>•检查 GTO 模块散热器上的 PT100 温度传感器。<br>•若上述检查正常且故障重复出现,更换相应 GTO 模块 | •A10 温度传感器故障<br>•制动电阻温度传感器故障<br>•放电电阻温度传感器故障<br>•A30 温度传感器故障 |
| 162 | VVVF:制动散热器过热 | 制动斩波器散热器测得的最大温度超过最大允许值 | •GTO 模块的热量没有合适地被散掉。<br>•GTO 模块散热器的 PT100 温度传感器故障。<br>•相应的 GTO 模块损坏 | •检查散热器是否很脏。<br>•检查 GTO 和散热器之间的接触。<br>•检查相应的 GTO 模块。<br>•检查 GTO 模块散热器上的 PT100 温度传感器。<br>•若上述检查正常且故障重复出现,更换相应 GTO 模块 | •A40 温度传感器故障<br>•进风口温度传感器故障 |
| 163 | VVVF:VVVF 过热 | 牵引箱中 GTO 相模块的计算结温超过允许最大值。导致牵引和制动力被关闭并要求制动 | •相过载。<br>•GTO 模块的热量没有合适地被散掉。<br>•相应的 GTO 模块损坏 | •检查故障环境并找出哪一相模块温度超出。<br>•检查相应的 GTO 模块。<br>•检查 GTO 和散热器之间的接触。<br>•若上述检查正常且故障重复出现,更换相应 GTO 模块 | A10 温度传感器故障<br>制动电阻温度传感器故障<br>放电电阻温度传感器故障<br>A30 温度传感器故障 |

续上表

| 代码 | 代码名称 | 含义 | 可能原因 | 排除方法 | 最可能原因 |
|---|---|---|---|---|---|
| 164 | VVVF:制动斩波器过热 | 牵引箱中制动斩波器GTO相模块的计算结温超过允许最大值。导致牵引和制动力被关闭并要求制动 | •相过载。<br>•GTO模块的热量没有合适地被散掉。<br>•相应的GTO模块损坏 | •检查故障环境并找出哪一相模块温度超出。<br>•检查相应的GTO模块。<br>•检查GTO和散热器之间的接触。<br>•若上述检查正常且故障重复出现,更换相应GTO模块 | •A10温度传感器故障<br>•制动电阻温度传感器故障<br>•放电电阻温度传感器故障<br>•A30温度传感器故障 |
| 165 | TCU过热(传感器在ABIF上) | 通过ABIF模块C071上的温度传感器检测到的温度值超过允许极限值时间大于20 s | •TCU的热量没有合适地被散掉。<br>•TCU风扇工作不正常。<br>•TCU通风风道出口被堵。<br>•ABIF C071上温度传感器故障。<br>•TCU模块故障并导致过热 | •检查TCU通风风道出口是否被堵。<br>•检查TCU的风机。<br>•检查ABIF模块C071(见故障"149"),如有必要更换。<br>•检查是否有TCU模块故障导致过热并更换相应模块。<br>•更换TCU | C071故障 |
| 166 | VVVF:制动电阻过热 | 制动电阻的温度超过最大极限值 | •制动电阻通风故障。<br>•制动电阻故障(如短路)。<br>•制动电阻温度检测故障 | •检查制动电阻通风。<br>•检查制动电阻(有无短路等)。<br>•检查制动电阻的温度检测部分 | •制动电阻温度传感器故障<br>•进风口温度传感器故障 |
| 167 | VVVF:过热太频繁 | GTO或制动斩波器GTO 5 min内5次过热 | 参见故障"161"到"164" | 参见故障"161"到"164" | |

### 6.1.4 温度检测故障分析

由于温度检测导致的列车故障案例很多，本书中针对 AC01/AC02 型列车的故障情况予以分析，列举以下几个案例，其中故障代码请参考表 6.4 所示。

**案例 1：**

**故障现象：**

电客列车发生牵引中级故障，限速 60 km/h，起速慢，00213 车 TCU 自动封锁，进入拖车工况。

**故障代码：**

TCU：161、162、165、166、176、175。

TCU：176（牵引重新初始化封锁）、175（空气制动要求太频繁，5 min 内 5 次要求空气制动）。

**故障结论：**

TCU 控制单元 C071 模拟/数字转换损坏，更换后静态测试正常、动态也正常。

**分析处理：**

检查散热器清洁情况正常，检查 GTO 和散热器之间的接触正常，检查 GTO 散热器上的 Pt100 温度传感器，检查相应的 GTO 模块正常。检查 GTO 通风风道出口正常，TCU 风机正常，检查制动电阻通风正常。制动电阻的温度检测正常。检查主回路连接电路正常。检测 TCU 控制单元 C071 模/数转换模块时，发现故障，更换后静态测试正常、动态也正常。检查线路进入和流出传感器及相应的接线正常。

**案例 2：**

**故障现象：**

电客列车牵引中级故障，限速 60 km/h，故障删除后一推牵引手柄显示屏就出现故障。

**故障代码：**

TCU：147、152、159、175、176。

TCU：176（牵引重新初始化封锁）、175（空气制动要求太频繁，5 min 内 5 次要求空气制动）。

**故障结论：**

GTO 模块散热器的 Pt100 温度传感器，发现其损坏，更换后故障消失。

**分析处理：**

制动斩波器温度检测故障，在斩波器散热器检测的温度不在允许范围内；VVVF冷却温度检测故障，在牵引箱通风口检测到的温度不在允许的范围内；放电电阻温度太高，被检测到通风故障，因为只取决于DC连接回路电压要求回路被计算，当空气流量明显减小，放电电阻实际温度将到超过计算温度，受此影响的牵引箱牵引力减少且电制动被禁止，通过要求制动进行空气制动，如果通风故障是由于辅助逆变器，电机线路断路器断开或通风接触器应答故障引起，该故障不显示。

**处理过程：**检查入风口温度传感器Pt100，正常；检查ABIF模块C071正常；检查进风口温度传感器Pt100与ABIF模块C071上一方面对温度传感器供电；另一方面电阻值（对应于散热器的温度）被读入的前部接插件之间的连接，正常；检查牵引箱通风，正常；检查风扇叶片，正常；检查通风的进风口格栅，正常。检查GTO模块散热器上的Pt100传感器和ABIF模块C071之间的连接线，正常；检查GTO模块散热器的Pt100温度传感器，发现其损坏，更换后故障消失。静态测试正常，动态测试正常，故障排除。

**案例3：**

**故障现象：**

电客列车牵引中级故障，限速60 km/h。

**故障代码：**

TCU：147、152。

**故障结论：**

Pt100温度传感器烧坏。

**分析处理：**

检查ABIF模块C071，正常。检查GTO模块散热器上的Pt100传感器和ABIF模块C071之间的连接线，正常。检查制动电阻的Pt100温度传感器。检查GTO模块散热器的Pt100温度传感器，发现Pt100温度传感器烧坏。更换Pt100后静态测试正常，动态测试正常；故障排除。

**案例4：**

**故障现象：**

列车正线运营，司机室面板显示列车牵引中级故障，列车限速60 km/h。

**故障代码：**

TCU：16、147。

**故障结论：**

列车牵引箱进风口温度传感器 F200 对地短路。

**分析处理：**

列车回库后读取故障发现 TCU 记录以下故障代码 16(PSU 欠压)、147(制动斩波器温度监控故障)、226(线路接触器吸合监控)。根据故障的发生时间判断，16、226 故障为 147 故障引起的。由于牵引箱各温度测量采用的是 Pt100 温度传感器，其不易损坏，为此先从温度传感器的采样信号方面进行检查。根据西门子公司提供的有关 TCU 的技术资料，制动斩波器的温度监控信号由 C071(模拟/数字接口)输入，为此将其与其他车辆 TCU 的 C071 进行了对换，但故障依旧出现在 00162 车，这样便排除了 C071 损坏的可能。用万用电表测量制动斩波器上的温度传感器的阻值，结果正常(约 110 Ω，当时环境温度大约为 25 ℃)，与其他三只传感器对照也基本相同，这样便认为该温度传感器未发生损坏。接着使用 Monitor 32 读取制动斩波器的温度，发现为－45 ℃，与实际不相符。造成该现象的可能为传感器损坏，或者其存在对地短路现象。根据判断，测量了该温度传感器 2 根引出线的对地电阻，正常。这样也排除了该传感器对地短路的可能性。根据 C071 的图纸，其对牵引箱的多个温度传感器的采样信号进行 A/D 转换，如果其他的传感器存在对地短路现象，同样可能会引起故障。为此分别测量了牵引箱内的各温度传感器的对地电阻，发现牵引箱进风口温度传感器(F200)的黑色引出线的对地电阻为 90 Ω 左右，存在对地短路现象，因为 F200 与 A40 的 Pt100 共用一个电流源，造成检测错误，更换 F200 后静态测试，故障不再出现，动态测试正常，故障排除。

### 6.1.5 电源模块故障分析

电源模块指的是给牵引控制器系统(上海地铁 C01/AC02 型电动列车指的是 TCU 模块，上海地铁一号线增购庞巴迪车辆为 MCM 模块)中各个子控制系统提供工作电源，输入为来自蓄电池的 110V 低压电，输出为 GDU(门级驱动单元 gate drive unit)电源＋24 V/－24 以及测量传感器电源＋24 V/－24 V，见图 6.1 所示(上海地铁一号线增购庞巴迪车辆的 MCM 中)。

该电源模块一般是 DC/DC 开关电源，可以实现将 110 V 电压转换为＋15 V/－15 V，或将 110 V 电压转换为＋24 V/－24 V。当该电源模块出现故障时，系统会给出并记录故障信息，同时会封锁逆变器主电路，使各个功率开关器件不工作。

本书中针对 AC01/AC02 型列车的故障情况列出由于电源模块其中故障代码请参考表 6.5 所示。

表 6.5 变流器箱中电源模块的故障代码

| 代码 | 代码名称 | 含义 | 可能原因 | 排除方法 | 最可能原因 |
|---|---|---|---|---|---|
| 14 | PSU：−15 V 电源故障 | 在电源转换器故障时 PSU 关闭 TCU。<br>在关闭过程中该故障被储存在内部备用电池供电的 RAM 中。当 TCU 再次启动后，这个故障被储存到诊断内存中 | 电源转换器 C129（DC/DC 转换器）故障、−15V 短路或突发故障 | 1. 更换电源转换器 C129。<br>2. 拆下除了 PSU C119 的所有前部面板连接器。<br>• 如果短路仍然存在继续做 3。<br>• 如果短路消失，再一个一个插上前部面板连接器，直到短路再次出现。检查相应的前部面板连接器和连接线。<br>3. 拔出除了电源启动和电源转换器之外的所有 TCU 模块。<br>• 如果短路仍然存在，检查后部接线。<br>• 如果短路消失，一块一块插上模块直到短路再次出现。更换相应的模块 | • C129 故障 |
| 15 | PS：＋15 V 电源故障 | 同上 | 电源转换器 C129（DC/DC 转换器）故障、＋15 V 短路或突发故障 | 同上 | • C129 故障 |
| 16 | PSU：供电电源欠压 | 在供电电源（蓄电池电压 110 V）欠压时 PSU 关闭 TCU。<br>在关闭过程中该故障被储存在内部备用电池供电的 RAM 中。当 TCU 再次启动后，这个故障被储存到诊断内存中 | • 蓄电池和 TCU 之间连接不良。<br>• 蓄电池电压过低。<br>• 突发欠压 | • 检查蓄电池和 TCU 之间的连接。<br>• 检查蓄电池 | • C119 故障 |
| 21 | PSU：＋24 V 电源故障 | 在电源转换器故障时 PSU 关闭 TCU。<br>在关闭过程中该故障被储存在内部备用电池供电的 RAM 中。当 TCU 再次启动后，这个故障被储存到诊断内存中 | 电源转换器 G147（DC/DC 转换器）故障、＋24 V 短路或突发故障 | 1. 更换电源转换器 G147。<br>2. 拆下除了 PSU C119 的所有前部面板连接器。<br>• 如果短路仍然存在继续做 3。<br>• 如果短路消失，再一个一个插上前部面板连接器，直到短路再次出现。检查相应的前部面板连接器和连接线。<br>3. 拔出除了电源启动和电源转换器之外的所有 TCU 模块。<br>• 如果短路仍然存在，检查后部接线。<br>• 如果短路消失，一块一块插上模块直到短路再次出现。更换相应模块 | • G147 故障 |

续上表

| 代码 | 代码名称 | 含　义 | 可能原因 | 排除方法 | 最可能原因 |
| --- | --- | --- | --- | --- | --- |
| 22 | PSU：－24 V电源故障 | 同上 | 电源转换器 G147(DC/DC 转换器)故障、－24 V 短路或突发故障 | 同上 | • G147 故障 |
| 67 | 全部封锁：PSU 全部封锁 | 电源启动单元 C119 监控 DC/DC 转换器 C129，C153，G123 和 G147 的输出电压是否存在。如果有一个输出故障，VSI 由 INVM 模块 C055 封锁 | • 电源启动单元 C119 故障。<br>• 一个或多个 DC/DC 转换器故障 | • 检查电源启动单元 C119。<br>• 检查 DC/DC 转换器 | • C119 故障 |

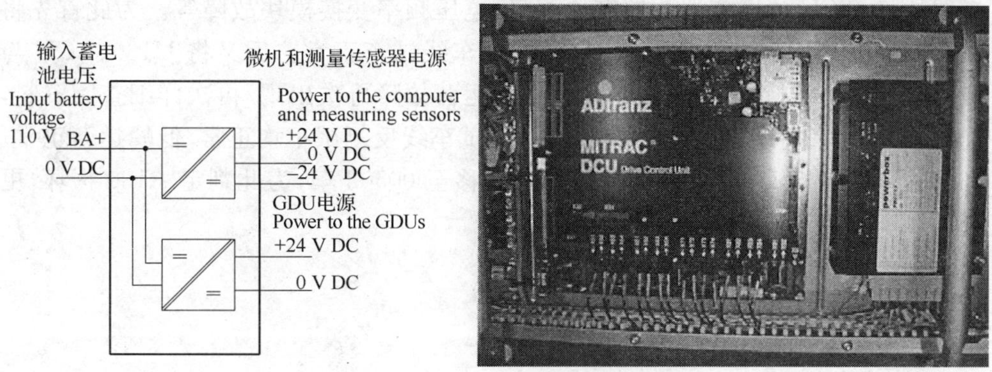


图 6.1　牵引控制器系统工作电源模块

## 6.1.6　功率模块故障分析

列车运行过程中由于功率模块损坏导致的故障也是多发故障之一，本书中针对 AC01/AC02 型列车的故障情况予以分析，列举以下几个案例，其中故障代码请参考表 6.6 所示。

**案例 1：18**

**故障现象：**

2004 年 12 月 18 日 7:50 208＃车在江苏路站上行发车时，00522 车出现牵引中级故障，9:36 该车在江苏路站下行发车时再次出现以上故障；10:28 208＃车运行至张江下行站台退出运营检修。13:30 208＃车在张江上行再次投入运营，16:33在世纪公园站上行发车时出现 ATO 故障，经司机改手动驾驶运行至张江站后退出运营。

**故障代码：**

TCU:16 53 55 57；

代码 16：PSU:供电电源欠压；

代码 53：全部封锁:光纤电缆连接监控，L1 相上侧；

代码 55：全部封锁:光纤电缆连接监控，L2 相上侧；

代码 57：全部封锁:光纤电缆连接监控，L3 相上侧。

**故障结论：**

门极电源 A130 损坏。

**分析处理：**

根据故障现象与相关技术资料造成该故障的原因可能是接触器故障，电压传感器故障,TCU 的逆变器监控模块故障、电压频率变换模块故障等。为此首先将 C055、G055 分别与其他列车进行对换,试车线试车正常。后又将 U160、TCU 与其他车辆进行对换,试车线正常。但正线运营故障再次出现,再次详细查阅资料,2004 年 12 月 29 日 A130 与 00502 对换,试车线反复试车均正常,低峰运营正常。2005 年 1 月 4 日高峰运营后,发现故障转移至 00502 车,为此判定 A130 损坏,更换后试车、正线运营正常,故障排除。

**案例 2: 3**

**故障现象:**

列车牵引中级故障,限速 60 km/h。

**故障代码:**

TCU:51、53、54、175、176。

**故障结论:**

牵引逆变器 A10 损坏。

**分析处理:**

检测门极单元和相应的电源正常,检查 INVM 模块 C055 正常,检查 INVM 模块 C055 和门极单元之间的光纤电缆正常。检查 GTO L1 相下侧发现 GTO 短路击穿。更换 A10 相模,静态调试正常,动态调试正常,故障排除。

**案例 3: 4**

**故障现象:**

电客列车牵引中级故障,限速 60 km/h。

**故障代码:**

TCU:56 59。

**故障结论:**

A40 制动模块驱动损坏;

A20 相模块驱动坏。

**分析处理:**

检测制动斩波器 GT0 无短路。检查 INVM 模块 C055 正常。检查 INVM 模块 C055 和门极单元之间的光纤电缆正常。检查门极单元和相应的电源正常。检查发现制动斩波器 GTO 的驱动故障引起。更换 A40 制动模块后正常。检查 INVM 模块 C055 正常。INVM 模块 C055 和门极单元之间的光纤电缆正常。门极单元电源正常。检查发现 GTO 驱动损坏。GTO L2 相下侧短路。

**案例4:8**

**故障现象:**

2001年2月28日202#电客00142车,牵引中级故障,限速60 km/h。

**故障代码:**

TCU:57、58、176、177。

**故障结论:**

A30 GTO相模块故障。

**分析处理:**

57:全部封锁,光纤电缆连接监控,L3相上侧,GTO的触发脉冲由INVM C055经过光纤送到控制单元;控制单元的应答信号被送回到INVM;如果有反馈信号,INVM认为正常。如果没有反馈信号,INVM认为有故障,封锁VSI并触发全部封锁;在突发事件中全部封锁重新初始化后,VSI将再次工作;

58:全部封锁,光纤电缆连接监控,L3相下侧,GTO的触发脉冲由INVM C055经过光纤送到控制单元;控制单元的应答信号被送回到INVM;如果有反馈信号,INVM认为正常。如果没有反馈信号,INVM认为有故障,封锁VSI并出发全部封锁;在突发事件中全部封锁重新初始化后VSI将再次工作;发生永久故障时,5次重新初始化后,封锁被重新设定。

176:牵引重新初始化封锁。牵引重新初始化封锁的故障出现。这一故障在产生重新初始化封锁记录后出现。

177:要求空气制动应答出错。在一段时间后TCU的"要求空气制动"数字输出和通过总线来自BECU的应答信号仍然不相符。

**处理过程:**用用户程序测试输出信号测试"要求空气制动"信号,正常;检查BOCD模块C095和BECU之间的接线,正常;检查门极单元和相应的电源,正常;检查INVM模块C055正常;检查INVM模块C055和门极单元之间的光纤电缆,正常;最后发现A30GTO相模块故障。更换A30 GTO相模块,静态测试正常,动态测试正常,故障排除。

**案例5:19**

**故障现象:**

2004年12月12日,203列车00202车回库时牵引中级故障。

**故障代码:**

TCU:32、51、71、222。

**故障结论:**

制动斩波器 A40 损坏。

**分析处理:**

根据故障代码与技术资料,首先检查 U150、U160、线路接触器、预充电接触器、预充电电阻正常。接着又将 C055、G055 与其他列车进行对换,故障依旧存在于原位置。

接着再次读取长记录,发现故障发生时制动斩波器电压达到 1 900 V,根据相关技术资料,判断可能是 A40 损坏。为此使用 MONITOR 32 对牵引逆变器进行静态测试,发现 A40 不工作,从而可以断定已经损坏,更换后恢复正常。

**案例 6:23**

**故障现象:**

203#列车 00202 车牵引中级故障,限速 60km/h。

**故障代码:**

TCU:222(中间回路预充电故障)。

**故障结论:**

A40(制动斩波器 GTO 击穿)。

**分析处理:**

读取列车长故障,发现故障发生时中间电压为 0V,判断为中间回路未能够正常充电。通常造成该故障的原因是中间电压传感器 U160、预充电接触器 K110、预充电电阻 R100、R110 故障引起,检查均正常,说明牵引箱预充电回路正常,故障点可能发生在中间电路和 PWM 逆变电路中。

接着测量中间电压传感器 U160 的初级的 2 个端子(线号为 1005、1010)之间的电阻,发现电阻值接近 0Ω,说明牵引箱中间电路或 PWM 逆变电路存在短路现象。然后检查中间电容 C100、C200(将电容连接铜排整体拆除)无对地短路和击穿现象。接着检查预充电放电电阻 A200－R2 和缓冲电阻 A200－R1 均正常,无对地短路现象,说明中间电路正常,短路点在 PWM 逆变电路中。断开滤波电抗器(L110、L120、L130、L140)的 2 个接线端子,分别检查滤波电抗器(L110、L120、L130)、L140、3 个相模块(A10、A20、A30)、制动斩波器(A40),发现制动斩波器(A40)2、3 端子之间电阻接近 0Ω,说明 GTO 已经击穿,更换 A40 模块后列车恢复正常。

制动斩波器(A40)内 GTO 击穿后,中间电容器 C100、C200 的 P 点对地(即中间电路对地)电阻很小(仅为制动电阻阻值),当预充电接触器吸合后,预充电过程开始,由于 PWM 逆变电路存在短路,此时中间电容两端电压一直为零,无法正常充电,因此导致此次故障发生。

表 6.6 功率模块损坏导致的列车故障代码

| 代码 | 代码名称 | 含 义 | 可能原因 | 排除方法 | 最可能原因 |
|---|---|---|---|---|---|
| 16 | PSU:供电电源欠压 | 在供电电源(蓄电池电压 110 V)欠压时 PSU 关闭 TCU。<br>在关闭过程中该故障被储存在内部备用电池供电的 RAM 中。当 TCU 再次启动后,这个故障被储存到诊断内存中 | • 蓄电池和 TCU 之间连接不良。<br>• 蓄电池电压过低。<br>• 突发欠压 | • 检查蓄电池和 TCU 之间的连接。<br>• 检查蓄电池 | • C119 故障 |
| 32 | SPU:过流 | SPU 认为电机电流值大于设计值;导致 VSI 短时被封锁 | • 某一电机匝间短路或接地故障。<br>• DC 中间回路电压突然变化。<br>• 实际值检测故障(电流、电压、速度) | • 检查所有电机。<br>• 通常该故障自我排除。如果故障重复出现通知 Siemens | • 电机绕组短路 |
| 51 | 全部锁闭无法重新初始化 | 全部封锁后 5 次之内不能重新初始化 | 全部封锁后 5 次之内不能重新初始化 | 分析全部封锁故障并排除故障。如果相应故障不再存在,初始化的封锁在 TCU 得电后被复位 | |
| 53 | 全部封锁:光纤电缆连接监控,L1 相上侧 | GTO 的触发脉冲由 INVM C055 经过光纤送到控制单元(门极单元的部件)。控制单元的应答信号被送回到 INVM。如果反馈信号有 INVM 认为正常。如果反馈信号没有 INVM 认为有故障,封锁 VSI 并触发全部封锁。在突发事件中全部封锁重新初始化后 VSI 将再次工作。发生永久故障时,5 次重新初始化后,封锁被重新初始化设定 | • GTO 模块 L1 上侧(GTO 或控制单元)故障。<br>• 门极单元电源故障。<br>• INVM 模块 C055 故障。<br>• INVM 模块 C055 和门极单元之间的光纤电缆(触发和反馈信号)故障。<br>• 该故障可能由运营中过载引起 | • 通过用户程序测试输出信号测试 GTO 模块 L1 相上侧。<br>• 检查 GTO L1 相上侧有无短路。<br>• 检查门极单元和相应的电源。<br>• 检查 INVM 模块 C055。<br>• 检查 INVM 模块 C055 和门极单元之间的光纤电缆 | • 门极故障<br>• 门极电源故障 |
| 54 | 全部封锁:光纤电缆连接监控,L1 相下侧 | GTO 的触发脉冲由 INVM C055 经过光纤送到控制单元(门极单元的部件)。控制单元的应答信号被送回到 INVM。如果反馈信号有 INVM 认为正常。如果反馈信号没有 INVM 认为有故障,封锁 VSI 并触发全部封锁。在突发事件中全部封锁重新初始化后 VSI 将再次工作。发生永久故障时,5 次重新初始化后,封锁被重新初始化设定 | • GTO 模块 L1 下侧(GTO 或控制单元)故障。<br>• 门极单元电源故障。<br>• INVM 模块 C055 故障。<br>• INVM 模块 C055 和门极单元之间的光纤电缆(触发和反馈信号)故障。<br>• 该故障可能由运营中过载引起 | • 通过用户程序测试输出信号测试 GTO 模块 L1 相下侧。<br>• 检查 GTO L1 相下侧有无短路。<br>• 检查门极单元和相应的电源。<br>• 检查 INVM 模块 C055。<br>• 检查 INVM 模块 C055 和门极单元之间的光纤电缆 | • 门极故障<br>• 门极电源故障 |

续上表

| 代码 | 代码名称 | 含　义 | 可能原因 | 排除方法 | 最可能原因 |
|---|---|---|---|---|---|
| 55 | 全部封锁:光纤电缆连接监控,L2 相上侧 | GTO 的触发脉冲由 INVM C055 经过光纤送到控制单元(门极单元的部件)。控制单元的应答信号被送回到 INVM。如果反馈信号有 INVM 认为正常。如果反馈信号没有 INVM 认为有故障,封锁 VSI 并触发全部封锁。在突发事件中全部封锁重新初始化后 VSI 将再次工作。发生永久故障时 5 次重新初始化后封锁被重新初始化设定 | • GTO 模块 L2 上侧(GTO 或控制单元)故障。<br>• 门极单元电源故障。<br>• INVM 模块 C055 故障。<br>• INVM 模块 C055 和门极单元之间的光纤电缆(触发和反馈信号)故障。<br>• 该故障可能由运营中过载引起 | • 通过用户程序测试输出信号测试 GTO 模块 L2 相上侧。<br>• 检查 GTO L2 相上侧有无短路。<br>• 检查门极单元和相应的电源。<br>• 检查 INVM 模块 C055。<br>• 检查 INVM 模块 C055 和门极单元之间的光纤电缆 | • 门极故障<br>• 门极电源故障 |
| 56 | 全部封锁:光纤电缆连接监控,L2 相下侧 | GTO 的触发脉冲由 INVM C055 经过光纤送到控制单元(门极单元的部件)。控制单元的应答信号被送回到 INVM。如果反馈信号有 INVM 认为正常。如果反馈信号没有 INVM 认为有故障,封锁 VSI 并触发全部封锁。在突发事件中全部封锁重新初始化后 VSI 将再次工作。发生永久故障时 5 次重新初始化后封锁被重新初始化设定 | • GTO 模块 L2 下侧(GTO 或控制单元)故障。<br>• 门极单元电源故障。<br>• INVM 模块 C055 故障。<br>• INVM 模块 C055 和门极单元之间的光纤电缆(触发和反馈信号)故障。<br>• 该故障可能由运营中过载引起 | • 通过用户程序测试输出信号测试 GTO 模块 L2 相下侧。<br>• 检查 GTO L2 相下侧有无短路。<br>• 检查门极单元和相应的电源。<br>• 检查 INVM 模块 C055。<br>• 检查 INVM 模块 C055 和门极单元之间的光纤电缆 | • 门极故障<br>• 门极电源故障 |
| 57 | 全部封锁:光纤电缆连接监控,L3 相上侧 | GTO 的触发脉冲由 INVM C055 经过光纤送到控制单元(门极单元的部件)。控制单元的应答信号被送回到 INVM。如果反馈信号有 INVM 认为正常。如果反馈信号没有 INVM 认为有故障,封锁 VSI 并触发全部封锁。在突发事件中全部封锁重新初始化后 VSI 将再次工作。发生永久故障时,5 次重新初始化后封锁被重新初始化设定 | • GTO 模块 L3 上侧(GTO 或控制单元)故障。<br>• 门极单元电源故障。<br>• INVM 模块 C055 和门极单元之间的光纤电缆(触发和反馈信号)故障。<br>• 该故障可能由运营中过载引起 | • 通过用户程序测试输出信号测试 GTO 模块 L3 相上侧。<br>• 检查 GTO L3 相上侧有无短路。<br>• 检查门极单元和相应的电源。<br>• 检查 INVM 模块 C055。<br>• 检查 INVM 模块 C055 和门极单元之间的光纤电缆 | • 门极故障<br>• 门极电源故障 |

续上表

| 代码 | 代码名称 | 含　义 | 可能原因 | 排除方法 | 最可能原因 |
|---|---|---|---|---|---|
| 58 | 全部封锁：光纤电缆连接监控，L3相下侧 | GTO的触发脉冲由INVM C055经过光纤送到控制单元（门极单元的部件）。控制单元的应答信号被送回到INVM。如果反馈信号有INVM认为正常。如果反馈信号没有INVM认为有故障，封锁VSI并触发全部封锁。在突发事件中全部封锁重新初始化后VSI将再次工作。发生永久故障时，5次重新初始化后封锁被重新初始化设定 | •GTO模块L3下侧（GTO或控制单元）故障。<br>•门极单元电源故障。<br>•INVM模块C055故障。<br>•INVM模块C055和门极单元之间的光纤电缆（触发和反馈信号）故障。<br>•该故障可能由运营中过载引起 | •通过用户程序测试输出信号测试GTO模块L3相下侧。<br>•检查GTO L3相下侧有无短路。<br>•检查门极单元和相应的电源。<br>•检查INVM模块C055。<br>•检查INVM模块C055和门极单元之间的光纤电缆 | •门极故障<br>•门极电源故障 |
| 59 | 全部封锁：光纤电缆连接监控，制动斩波器1 | GTO的触发脉冲由INVM C055经过光纤送到控制单元（门极单元的部件）。控制单元的应答信号被送回到INVM。如果反馈信号有INVM认为正常。如果反馈信号没有INVM认为有故障，封锁VSI并触发全部封锁。在突发事件中全部封锁重新初始化后VSI将再次工作。发生永久故障时，5次重新初始化后封锁被重新初始化设定 | •制动斩波器1的GTO模块（GTO或控制单元）故障。<br>•门极单元电源故障。<br>•INVM模块C055故障。<br>•INVM模块C055和门极单元之间的光纤电缆（触发和反馈信号）故障。<br>•该故障可能由运营中过载引起 | •通过用户程序测试输出信号测试制动斩波器1的GTO。<br>•检查制动斩波器1的GTO有无短路。<br>•检查门极单元和相应的电源。<br>•检查INVM模块C055。<br>•检查INVM模块C055和门极单元之间的光纤电缆 | •门极故障<br>•门极电源故障 |
| 60 | 全部封锁：光纤电缆连接监控，制动斩波器2 | GTO的触发脉冲由INVM C055经过光纤送到控制单元（门极单元的部件）。控制单元的应答信号被送回到INVM。如果反馈信号有INVM认为正常。如果反馈信号没有INVM认为有故障，封锁VSI并触发全部封锁。在突发事件中全部封锁重新初始化后VSI将再次工作。发生永久故障时，5次重新初始化后封锁被重新初始化设定 | •制动斩波器2的GTO模块（GTO或控制单元）故障。<br>•门极单元电源故障。<br>•INVM模块C055故障。<br>•INVM模块C055和门极单元之间的光纤电缆（触发和反馈信号）故障。<br>•该故障可能由运营中过载引起 | •通过用户程序测试输出信号测试制动斩波器2的GTO；<br>•检查制动斩波器2的GTO有无短路；检查门极单元和相应的电源；检查INVM模块C055；<br>•检查INVM模块C055和门极单元之间的光纤电缆 | •门极故障<br>•门极电源故障 |

续上表

| 代码 | 代码名称 | 含 义 | 可能原因 | 排除方法 | 最可能原因 |
|---|---|---|---|---|---|
| 71 | 全部封锁：L1 相过流 | 尽管 TCU 试图通过 PCM 排除电机控制回路的故障，电机 L1 相电流超过最大限制。VSI 由 INVM 模块 C055 封锁 | • SPU C019 控制故障。<br>• 逆变器中频率变化 df/dt 触发设置过高。<br>• IVF 模块 G055 故障。<br>• INVM 模块 C055 故障。<br>• VSI 中电流或电压转感器故障。<br>• 速度转感器出错。<br>• 牵引电机接地故障或绕组故障 | • 如果故障重复出现，应优化软件。通知 Siemens。<br>• 检查相应模块前部接插件是否插好。<br>• 检查相应模块或部件。<br>• 检查电流/电压/速度的测得实际值。<br>• 检查电机绕组有无短路 | • 电机绕组短路或不平衡<br>• A40 故障 |
| 72 | 全部封锁：L3 相过流 | 尽管 TCU 试图通过 PCM 排除电机控制回路的故障，电机 L3 相电流超过最大限制。VSI 由 INVM 模块 C055 封锁 | 同上 | 同上 | 同上 |
| 73 | 全部封锁：L2 相过流 | 尽管 TCU 试图通过 PCM 排除电机控制回路的故障，电机 L2 相电流超过最大限制。VSI 由 INVM 模块 C055 封锁 | 同上 | 同上 | 同上 |

### 6.1.7 其他牵引系统故障分析

其他牵引系统故障代码如表6.7所示，主要列出与牵引相关的总线故障，牵引制动指令错误故障等，下面对AC01/02型电动列车所出现的相关故障案例进行分析。

**案例1：**

**故障现象：**

203＃6月16日6:23出库牵引严重故障，显示屏显示司机手柄强迫回零位，列车制动不缓解，4节动车TCU故障。

**故障代码：**

TCU:191。

**故障结论：**

摩擦制动缓解监控压力开关27－B01(B15)损坏。

**分析处理：**

首先重新对列车施加牵引指令，根据侧墙灯发现00222车制动缓解不正常，但BECU未记录相关故障。为此判定可能是监控环节出现了问题。

根据综合线路图27－03，我们对列车施加牵引指令，发现摩擦制动缓解继电器24－K04、27－K06在得电后瞬间失电，为此可以判定可能是27－K04或27－B01(B15)发生了损坏。于是首先检查了27－K04，发现其线圈上端子A1得电后瞬间失电，而其线圈完好，由此可基本判定27－B01已损坏。

接着重新施加牵引指令，发现在摩擦制动缓解后27－B01的常闭触点1－2动作异常，可以断定27－B01损坏，更换后本车故障消失，但00213车出现相同故障，经检查发现为27－B02(B15)损坏，更换后故障消失，试车正常。

**案例2：**

**故障现象：**

2005年1月10日，121号车在上海南站停站开门后，列车显示Ⅱ/B牵引中级故障。关门后，2 kg常用制动不缓解(制动不缓解可以通过司机室压力表来查看，常用制动属于2 kg，紧急制动属于3 kg)，高速开关分断灯亮，并且高速开关合不上，后列车清客、救援。

**故障代码：**

TCU：221×5、225×4、228×6。

**表 6.7 其他牵引系统故障代码**

| 代码 | 代码名称 | 含义 | 可能原因 | 排除方法 | 最可能原因 |
|---|---|---|---|---|---|
| 108 | 车辆总线初始化故障 | RS485 C039 初始化失败 | • RS485 C039 故障。<br>• 初始化参数和 RS485 的类型不相符 | • 更换 RS485 C039。<br>• 如果安装新软件后故障再现，通知 Siemens | C039 故障 |
| 109 | 到 CCU 车辆总线故障 | 来自 CCU 处理程序中的占线字节没有增加 | • 如果故障"109－113"同时出现，RS485 C039 故障。<br>• CCU RS485 故障。<br>• TCU 和 CCU 之间总线故障。<br>• CCU 故障。<br>• CCU 被复位或关闭 | • 更换 RS485 C039。<br>• 更换 CCU 的 RS485。<br>• 更换 TCU 和 CCU 之间的总线。<br>• 检查 CCU | • C039 故障<br>• BECU 的 BK 故障<br>• 车辆总线终结电阻故障<br>• 列车连挂好继电器故障<br>• CCU 的 C047 故障 |
| 110 | 到另一 TCU 车辆总线故障 | 来自另一动车 TCU 处理程序中的占线字节没有增加 | • 如果故障"109－113"同时出现，RS485 C039 故障。<br>• 另一 TCU RS485 故障。<br>• TCU 间总线故障。<br>• 另一动车 TCU 故障。<br>• 另一动车 TCU 被复位或关闭 | • 更换 RS485 C039。<br>• 更换另一动车 TCU 的 RS485。<br>• 更换另一动车 TCU 之间的总线。<br>• 检查另一动车的 TCU | • C039 故障<br>• BECU 的 BK 故障<br>• 车辆总线终结电阻故障<br>• 列车连挂好继电器故障 |
| 111 | 到 BECU A 车辆总线故障 | 来 BECU 处理程序中的占线字节没有增加 | • 如果故障"109－113"同时出现，RS485 C039 故障。<br>• BECU A RS485 故障。<br>• TCU 和 BECU A 之间总线故障。<br>• BECU A 故障。<br>• BECU A 被复位或关闭 | • 更换 RS485 C039。<br>• 更换 BECU A 的 RS485。<br>• 更换 TCU 和 BECU A 之间的总线。<br>• 检查 BECU A | • C039 故障<br>• BECU 的 BK 故障<br>• 车辆总线终结电阻故障<br>• 列车连挂好继电器故障 |
| 112 | 到 BECU B 车辆总线故障 | 来 BECU 处理程序中的占线字节没有增加 | • 如果故障"109－113"同时出现，RS485 C039 故障。<br>• BECU B RS485 故障。<br>• TCU 和 BECU B 之间总线故障。<br>• BECU B 故障。<br>• BECU B 被复位或关闭 | • 更换 RS485 C039。<br>• 更换 BECU B 的 RS485。<br>• 更换 TCU 和 BECU B 之间的总线。<br>• 检查 BECU B | • C039 故障<br>• BECU 的 BK 故障<br>• 车辆总线终结电阻故障<br>• 列车连挂好继电器故障 |

续上表

| 代码 | 代码名称 | 含 义 | 可能原因 | 排除方法 | 最可能原因 |
|---|---|---|---|---|---|
| 113 | 到 BECU C 车辆总线故障 | 来 BECU 处理程序中的占线字节没有增加 | • 如果故障“109－113”同时出现，RS485 C039 故障。<br>• BECU C RS485 故障。<br>• TCU 和 BECU C 之间总线故障。<br>• BECU C 故障。<br>• BECU C 被复位或关闭 | • 更换 RS485 C039。<br>• 更换 BECU C 的 RS485。<br>• 更换 TCU 和 BECU C 之间的总线。<br>• 检查 BECU C | • C039 故障<br>• BECU 的 BK 故障<br>• 车辆总线终结电阻故障<br>• 列车连挂好继电器故障 |
| 117 | 设定方向和实际方向不符 | 至少一个速度传感器的实际方向和车辆来自主控制器或 ATC 选择的方向不同。VSI 被封锁 | • 电机 1 到电机 4 的速度传感器故障。<br>• 这一故障也可能发生在坡道上，当牵引时要求的牵引力太低使车辆倒车 | • 检查速度信号和通过用户程序测试输入信号检查相应的方向。<br>• 检查电机 1 到电机 4 的所有传感器。<br>• 要求司机在坡道上施加足够的牵引力 | • C087 故障<br>• 电机速度传感器故障 |
| 173 | 同时得到二个方向的指令 | 列车线同时施加向前和向后两个方向信号 | • 列车线信号“向前”或“向后”故障。<br>• “向前”和“向后”列车线信号被读入的 ICBP 模块 C087 故障 | • 检查“向前”和“向后”列车线。<br>• 检查 ICBP 模块 C087 | • C087 故障<br>• 向前、向后列车线 |
| 174 | 无效的牵引状态 | VSI 没有明确的控制信号：牵引，制动或封锁 | 软件故障 | 通常这一故障会自己排除。如果没有通知 Siemens | |
| 190 | 牵引后列车仍然静止 | 尽管 VSI 处于牵引状态且实际动力足够大，列车仍然没有速度。列车启动过程被放弃并再次进行制动。为了再次启动牵引/制动手柄首先应回到零位 | • 如果在坡道上牵引力施加太小故障可能出现。<br>• 速度检测装置故障 | • 指导司机在启动时移动牵引/制动手柄要足够。<br>• 检查是否有速度信号连接故障。<br>• 排除速度信号故障(参见故障“118”到“129”) | |
| 191 | 机械制动不释放 | 尽管 VSI 处于牵引状态，在监控时间后机械制动的应答信号仍然没有。列车启动过程被放弃并再次进行制动。为了再次启动牵引/制动手柄首先应回到零位 | • 机械制动故障。<br>• 机械制动的气路故障。<br>• 控制回路(触发装置和应答信号)故障 | • 检查机械制动。<br>• 检查机械制动的气路。<br>• 检查机械制动的控制回路和“所有制动释放”信号 | • B15(27－B01、27－B02)故障 |

续上表

| 代码 | 代码名称 | 含　义 | 可能原因 | 排除方法 | 最可能原因 |
|---|---|---|---|---|---|
| 203 | 磁通监控 | TCU 监控实际磁通值和设定值的偏差。如果牵引或制动状态下偏差大于正常磁通值的允许极限值或封锁状态下最小磁通值没有达到,故障被储存。同时 VSI 被封锁 | ·电机电流,电机电压或 DC 中间回路电压测得的实际值故障。<br>·有一个牵引电机没有或错误连接。<br>·IVF 模块 G055 故障。<br>·SPU C019 故障 | 用用户测试程序测试输入信号检查电机电流和 DC 中间回路电压;检查牵引电机;检查是否有测得实际值故障(故障“34”,“35”,“37”,“41”,“94”,“206”);参见上述故障排除方法;更换 SPU C019 | |
| 204 | 牵引撤消监控 | 为了保证安全运营 TCU 连续监控牵引状态。也就是说,一方面制动指令优先于牵引指令,另一方面没有牵引指令不允许牵引(牵引时牵引指令不允许丢失超过规定的时间)。如果这样 VSI 被封锁且机械制动被要求 | ·牵引指令撤消后牵引力没有减少。<br>·接到制动指令后牵引系统仍处于牵引状态 | 如果故障重复出现,通知 Siemens | |
| 205 | 制动施加监控 | 为了保证安全运营 TCU 连续监控制动状态。如果在牵引撤消超过规定时间后有制动指令而无制动动作,故障被储存。如果这样 VSI 被封锁且机械制动被要求 | 牵引系统不在牵引状态有制动指令,但 100 ms 后制动仍不工作 | 如果故障重复出现,通知 Siemens | |
| 220 | 复位后充电接触器没有断开 | 在启动过程中 TCU 得到来自预充电接触器 A 的应答信号。导致 HSCB 断开及 VSI 被永久封锁 | ·预充电接触器的主触头烧结。<br>·预充电接触器的辅助触头烧结 | ·用用户测试程序测试输出信号测试预充电接触器。<br>·检查预充电接触器 | ·预充电接触器机械卡死 |
| 221 | 复位后线路接触器没有断开 | 在启动过程中 TCU 得到来自线路接触器的应答信号。导致 HSCB 断开及 VSI 被永久封锁 | ·线路接触器的主触头烧结。<br>·线路接触器的辅助触头烧结 | ·用用户测试程序测试输出信号测试线路接触器。<br>·检查线路接触器 | ·线路接触器机械卡死 |

续上表

| 代码 | 代码名称 | 含　义 | 可能原因 | 排除方法 | 最可能原因 |
|---|---|---|---|---|---|
| 245 | 车辆总线传输监控 | 模块 RS485 C039 不能输送信号 | • RS485 C039 故障。<br>• TCU 和 CCU 之间总线连接故障。<br>• CCU 没有工作 | 检查 RS485 C039。<br>更换 TCU 和 CCU 之间的总线。<br>检查 CCU | C039<br>列车连挂好继电器<br>CCU 的 C047 |
| 316 | 参考值调制故障 | 由牵引/制动手柄或 ATO 给出的牵引/制动力的设定被送到参考值转换器。参考值转换器将牵引/制动手柄或 ATO 发出指令的最大值转换为一个脉宽调制信号(60V,420Hz)。脉宽调制信号由 TCU 监控。工作范围必须在限制值 7.5%(无牵引/制动力)和 45%(全牵引/制动力)之间。因为来自牵引/制动手柄的指令有 1V 的偏差,最小的脉宽必须是 11.25%。如果脉宽调制信号小于 10%或大于 46%,本故障被储存 | • 参考值转换器故障。<br>• 参考值转换器和 ABIF 模块 C071 之间的接线松或连接断开。<br>• 参考值转换器和牵引/制动手柄或 ATO 之间的接线松或连接断开 | • 更换参考值转换器。<br>• 检查参考值转换器和 ABIF 模块 C071 之间的连接。<br>• 检查参考值转换器和牵引/制动手柄或 ATO 之间连接 | • ATO 故障 |

**故障结论：**

XK01接线排上的21－V01接线错误，更换99202车上K100线路接触器后，静调正常，上试车线正常。

**分析处理：**

检查后发现Ⅱ/B车(99202)的牵引系统存在线路接触器K100不能正常分断故障，此故障会引起TCU发出本车高速开关分断的信号，但不可能导致4个高速开关同时分开。进一步检查后发现XK01接线排上的21－V01接线存在错误，致使Ⅱ/B车(99202)TCU发出的高速开关分断信号通过车钩线使4个高速开关都分断。重新连接导线，更换K100线路接触器后，静调正常，上试车线正常。

**案例3：**

**故障现象：**

213＃列车01061DDU(司机显示屏)工作异常。

**故障代码：**

01042车辆CCU：27(A车BECU联络失败)、TCU：110(到另一TCU车辆总线故障)、111(到BECU A车辆总线故障)。

01053车辆TCU：111(到BECU A车辆总线故障)、245(车辆总线传输监控)。

**故障结论：**

01042车41－A06继电器性能不良。

**分析处理：**

根据故障代码与西门子的相关技术资料，造成该故障的原因是RS485模块C039不能输送信号。为此，分别检查本单元所有TCU的C039、CCU的C047、BECU的BK模块，全部正常工作，为此可以排除车辆总线传输模块的故障，这说明故障存在于总线上，为此，分别检查其他相关元件，发现B车41－K06继电器(与A车连挂好继电器)性能略不良，更换后恢复正常。

为何该继电器性能不良会引起总线传输故障？根据综合线路图与其他相关资料，该继电器的作用是识别B、C车的位端是否与A车相连接，若与A车相连接时，41－A06动作，这样将构成了一个完整的车辆总线。当41－A06不良时，车辆总线的通信将可能出现瞬间中断，导致故障发生。同样若电阻41－R01(车辆总线终端电阻)损坏也将可能导致故障发生，这点在检修中应特别注意。

# 6.2　辅助回路常见故障案例分析

## 6.2.1　AC01/AC02型列车辅助系统特点

AC01/AC02型列车自投入运营以来，列车辅助逆变器故障发生一直比较频繁，随着列车使用年限的不断增加，辅助逆变器故障发生的几率有很大程度的增加，尤其是以2005年以来最为突出，以2005年初～2007年初，因为辅助逆变器故障导致列车下线达到数十次之多，甚至多次导致列车救援，严重影响到列车的正常运营。

车辆分公司根据故障的特点，分析故障的原因，通过国产化试制等方法已解决了部分问题，但由于列车辅助逆变器的设计上存在一定的不足，例如充电模块无对充电过程监控电路，模块损坏后将无法实现对蓄电池进行充电与直流输出，此时列车的监控系统无法及时对故障作出诊断，若此时另一A车辅助逆变器发生相同故障或发生其他故障时，列车的直流负载将转由蓄电池进行供电，当蓄电池电压降到84 V时，由于蓄电池欠压将导致收车停运；同时优先供电电路仅可以实现2节A车优先供电的切换，当2节A车辅助逆变器同时故障后，牵引系统通风设备将无法得到供电，牵引封锁，列车无法继续牵引。以上两类故障将直接导致列车救援，严重影响到线路的正常运营。

辅助逆变器的蓄电池充电模块具有一套比较完整的监控保护电路，包括过流监控、过压监控、电池充电电压过低监控与直流输出过流监控等保护功能。

充电模块中的降压变换器的输出电流ITX由传感器探测。如电流在2ms内6次超过IT－MAX2；降压变换器的控制脉冲将屏蔽100 ms。如在T－IT－MAX2内这种屏蔽发生次数超过N－IT－MAX2，所有功率模块IPM将被屏蔽，模块将重启。

降压变换器的输出电压UD3X由传感器探测。监控系统会显示UD3X是否超过UD3－MAX，如果发生该故障，降压变换器的控制脉冲将屏蔽100 ms。如在T－UD3－MAX内这种屏蔽发生次数超过3次，所有功率开关元件被截止，模块将重启。

电流传感器检测电池充电电流IBX，监控系统判断IBX值是否超过最大充电电流IB－MAX。如果电池的充电电流大于IB－MAX，充电时间超过T－UB－MIN1并电池电压没有达到UB－MIN1，蓄电池充电器将被屏蔽，充电过程中断，模块将重启。

电压传感器检测充电电压UBX在时间T－UB－MIN2后，是否低于UB－MIN，如果发生这种情况，所有功率开关元件被截止，辅助逆变器需要重启。

降压变换器输出端的电流传感器监控输出电流ITX在时间T－IT－MAX3

内是否超过时间 T－IT－MAX3。如果发生这种情况，降压变换器将被屏蔽10 s。如果 120 s 内这种屏蔽发生的次数超过 N－IT－MAX3，所有半导体元件将被截止，控制单元需要重启。

当降压变换器或蓄电池充电器监控系统有响应，3 相 AC 输出不会立即受到影响。只有发生一个持续性故障，辅助逆变器才会完全被关闭。另外充电模块功率开关器件的保护功能由 IPM 执行，发生故障将强行关闭 DBU 单元。

在以上的监控保护中，只有当充电模块发生引起 DBU 单元的故障后，辅助逆变器控制器输出两个低电平信号至 SIBAS KLIP 数字输入模块，CCU 经过处理后，在系统中记录 A 车辅助逆变器故障、蓄电池充电器故障，并同时在司机显示屏上作出提示。

由于两节 A 车辅助逆变器的降压变换器和蓄电池充电器模块的采用的是并联供电模式，可以有效避免 1 台辅助逆变器故障对直流供电的影响，由于其输出电压并无法完全保证一致，正常情况下只有一台降压变换器和蓄电池充电器模块提供全车的直流供电，同时 2 台辅助逆变器的蓄电池充电模块提供本车蓄电池充电。由于降压变换器和蓄电池充电器模块的监控只包括了输出过流监控、蓄电池欠压、降压变换器输出过流、功率模块保护，而并不能对模块的直流输出进行完整的监控，当模块发生一些引起逆变器封锁的故障时，控制器将输出辅助逆变器故障与蓄电池充电器故障的监控信号至 KLIP 数字输入模块，列车控制系统将无法反应蓄电池充电模块的工作状态。若此时另一 A 车辅助逆变器发生相同故障，或者发生引起逆变器封锁故障，列车直流负载将转由蓄电池供电，由于列车蓄电池容量有限，当蓄电池电压下降至 84V 时，列车将自动收车，造成严重后果。

## 6.2.2 AC01/AC02 型列车辅助逆变器(DBU)故障代码

辅助系统由于逻辑关系复杂，也是多发故障模块之一，表 6.8 列出了 AC01/02 型电动列车辅助逆变器(DBU)故障代码，并对常见故障案例进行解析。

**表 6.8 AC01/02 型电动列车辅助逆变器(DBU)故障代码**

DBU15.1 和 DBU15.2 故障

| 故障代码 | 故障内容 | 反应 | | 故障案例 |
|---|---|---|---|---|
| | | 封锁 | 蓄电池故障 | |
| E000 | 无故障代码中断(怀疑 EMC) | 是 | | |
| E001 | 堆栈溢出中断 | 是 | | |
| E002 | 堆栈下溢中断 | 是 | | |
| E003 | 不明确操作码中断 | 是 | | |
| E008 | 监控中断 | 是 | | |

续上表

| 故障代码 | 故障内容 | 反应 | | 故障案例 |
|---|---|---|---|---|
| | | 封锁 | 蓄电池故障 | |
| E011 | NMI 中断,不可屏蔽 | 是 | | |
| E051 | 故障太频繁 | 是 | | |
| E052 | 故障超时 | 是 | | |
| E099 | 手动故障 | 是 | | |
| E100 | 逆变器箱编码(DBU15.1 或 DBU15.2)不正确 | 是 | | |
| E101 | DSP 初始化故障 | 是 | | |
| E102 | LCA 控制位太长,LCA 没有装入 | 是 | | |
| E110 | UEX 过压 | 是 | | 案例五<br>案例七 |
| E112 | ResCon1(A11:ITR1X)过流 | *n* 次 | | |
| E113 | ResCon2(A12:ITR2X)过流 | *n* 次 | | |
| E114 | UD1X 过压 | *n* 次 | | |
| E115 | UD2X 过压 | *n* 次 | | 案例八 |
| E116 | UD1X 电压太低 | 是 | | |
| E117 | UD2X 电压太低 | 是 | | |
| E118 | UD3X 过压 | *n* 次 | 是 | |
| E123 | IHX 过流(IH1X 在 DBU15.2) | *n* 次 | | |
| E124 | IH2X 过流(只在 DBU15.2) | *n* 次 | | |
| E125 | IH1X 永久过流(只在 DBU15.2) | 是 | | |
| E126 | IH2X 永久过流(只在 DBU15.2) | 是 | | |
| E127 | IH1X/IH2X 差异过大 | 是 | | |
| E129 | ITX 过流(只在 DBU15.1) | *n* 次 | | |
| E130 | ITX 用永久过流(只在 DBU15.1) | 是 | | |
| E131 | 蓄电池电压 UBX 太低(只在 DBU15.1) | 是 | 是 | |
| E132 | 蓄电池充电电流 IBX 太高充电时间太长(只在 DBU15.1) | 是 | 是 | |
| E133 | UD1X 电压频繁太大 | 是 | | |
| E134 | UD2X 电压频繁太大 | 是 | | |
| E135 | ud2x/ud2w 电压差过大 | 是 | | |
| E136 | UD1X/UEX 电压差异过大 | 是 | | |
| E137 | UD2X/UEX 电压差异过大 | 是 | | |
| E138 | ud3x/ubx 电压差过大(只在 DBU15.1) | 是 | 是 | |
| E139 | UD2X 放电等级过高或传感器故障 | 是 | | |
| E140 | UD1X 最大放电时间等级过高或传感器故障 | 是 | | |
| E141 | UD2X 最大放电时间等级过高或传感器故障 | 是 | | |
| E142 | UD3X 最大放电时间等级过高或传感器故障 | 是 | | |

续上表

| 故障代码 | 故障内容 | 反应 | | 故障案例 |
|---|---|---|---|---|
| | | 封锁 | 蓄电池故障 | |
| E192 | ResCon：A11：V1 故障 | 是 | | |
| E193 | ResCon：A11：V2 故障 | 是 | | |
| E194 | ResCon：A12：V1 故障 | 是 | | |
| E195 | ResCon：A12：V2 故障 | 是 | | |
| E201 | TA11 过热(A11：B1) | 是 | | |
| E202 | TA12 过热(A12：B1) | 是 | | |
| E203 | 保险丝 F1 故障 | 是 | | |
| E204 | 风机保护开关 Q1 故障 | 是 | | |
| E205 | 逆变器内部接地故障 | 是 | | |
| E206 | 三相交流输出接地故障或相故障 | 是 | | 案例六 |
| E207 | 指示器接地故障 | 是 | | |
| E210 | LCA 故障信息过长 | *N* 次 | | |
| E218 | ITR1X 启动时过大 | 是 | | |
| E219 | ITR2X 启动时过大 | 是 | | |
| E220 | ITR1X 或 ITR2X 长时间过大 | 是 | | |
| E222 | IH2X 长时间过大 | 是 | | |
| E223 | IH1X 长时间过大 | 是 | | |
| E224 | ITX 长时间过大 | 是 | 是 | |
| E225 | UD2X 长时间过大 | 是 | 是 | |
| E230 | IGBT 故障频繁 | 是 | | |
| E231 | IPM 故障或三相逆变频繁 | 是 | | 案例二 |
| E232 | 蓄电池充电器 IPM 故障频繁 | 是 | 是 | |
| E233 | 降压变换起 IPM 故障频繁 | 是 | 是 | |
| E234 | 升压变换起 IPM 故障频繁 | 是 | | |
| E255 | 控制没有处始化 | 是 | | |

DBU15.1 IPM 故障

| 故障代码 | 故障内容 | 反应 | | 故障案例 |
|---|---|---|---|---|
| | | 封锁 | 蓄电池故障 | |
| E150 | ResCon：A13：V3 无 IPM 或门极控制故障 | 是 | 是 | |
| E151 | ResCon：A13：V3 过流 | *N* 次 | 是 | |

续上表

| 故障代码 | 故障内容 | 反应 | | 故障案例 |
|---|---|---|---|---|
| | | 封锁 | 蓄电池故障 | |
| E152 | ResCon:A14:V3(+)过热或无 MA14V3－L1 信号 | 是 | 是 | |
| E153 | ResCon:A14:无 IPM V3(－)或门极控制故障 | 是 | 是 | |
| E154 | ResCon:A14:V3(－)过流 | n次 | 是 | |
| E155 | ResCon:A14:V3(－)过热或无 MA14V3－L2 信号 | 是 | 是 | |
| E156 | ResCon:A14:无 IPM V4(+)或门极控制故障 | 是 | 是 | |
| E157 | ResCon:A14:V4(+)过流 | n次 | 是 | |
| E158 | ResCon:A14:V4(+)过热或无 MA14V4－L1 信号 | 是 | 是 | |
| E159 | ResCon:A14:无 IPM V4(－)或门极控制故障 | 是 | 是 | |
| E160 | ResCon:A14:V4(－)过流 | n次 | 是 | |
| E161 | ResCon:A13:V4 过热或无 MA13V4_L2 信号 | 是 | 是 | |
| E162 | BuckCon:A13:V1 无 IPM 或门极控制故障 | 是 | 是 | |
| E163 | BuckCon:A13:V1 过流 | n次 | 是 | |
| E164 | BuckCon:A13:V1 过热或无 MA13V1－L 信号 | 是 | 是 | |
| E165 | BoostCon:A14:无 IPM V1 或门极控制故障 | 是 | | |
| E166 | BoostCon:A14:V1 过流 | n次 | | |
| E167 | BoostCon:A14:V1 过热或无 MA14V1－L 信号 | 是 | | |
| E168 | PWR:A14:无 IPM V3(+)或门极控制故障 | 是 | | |
| E169 | PWR:A14:V3(+)过流 | n次 | | |
| E170 | PWR:A14:V3(+)过热或无 MA14V3－L1 信号 | 是 | | |
| E171 | PWR:A14:无 IPM V3(－)或门极控制故障 | 是 | | |
| E172 | PWR:A14:V3(－)过流 | n次 | | |
| E173 | PWR:A14:V3(－)过热或无 MA14V3－L2 信号 | 是 | | |
| E174 | PWR:A14:无 IPM V4(+)或门极控制故障 | 是 | | |
| E175 | PWR:A14:V4(+)过流 | n次 | | |
| E176 | PWR:A14:V4(+)过热或无 MA14V4－L1 信号 | 是 | | |
| E177 | PWR:A14:无 IPM V4(－)或门极控制故障 | 是 | | |
| E178 | PWR:A14:V4(－)过流 | n次 | | |
| E179 | PWR:A14:V4(－)过热或无 MA14V4－L2 信号 | 是 | | |
| E180 | PWR:A14:无 IPM V5(+)或门极控制故障 | 是 | | |
| E181 | PWR:A14:V5(+)过流 | n次 | | |
| E182 | PWR:A14:V5(+)过热或无 MA14V5－L1 信号 | 是 | | |

续上表

| 故障代码 | 故障内容 | 反　应 | | 故障案例 |
|---|---|---|---|---|
| | | 封锁 | 蓄电池故障 | |
| E183 | PWR:A14:无 IPM V5(－)或门极控制故障 | 是 | | |
| E184 | PWR:A14:V5(－)过流 | $n$次 | | |
| E185 | PWR:A14:V5(－)过热或无 MA14V5－L2 信号 | 是 | | |
| E186 | PWR:A14:无 IPM V6(＋)或门极控制故障 | 是 | | |
| E187 | PWR:A14:V6(＋)过流 | $n$次 | | |
| E188 | PWR:A14:(＋)过热或无 MA14V6－L1 信号 | 是 | | |
| E189 | PWR:A14:V6(－)无 IPM 或门极控制故障 | 是 | | |
| E190 | PWR:A14:V6(－)过温 | 是 | | |
| E191 | PWR:A14:V6(－)过热或无 MA14V6－L2 信号 | 是 | | |
| | | | | |

DBU15.2 IPM 故障

| 故障代码 | 故障内容 | 反　应 | | 故障案例 |
|---|---|---|---|---|
| | | 封锁 | 蓄电池故障 | |
| E162 | BostCon:A13:V2 无 IPM 或门极控制故障 | 是 | | |
| E163 | BostCon:A13:V2 过热 | $N$次 | | |
| E164 | BuckCon:A13:V2 过热或无 MA13V2－L 信号 | 是 | | |
| E165 | BoostCon:A13:无 IPM V1 或门极控制故障 | 是 | | |
| E166 | BoostCon:A13:V1 过流 | 是 | | |
| E167 | BoostCon:A13:V1 过热或无 MA13V1－L 信号 | 是 | | |
| E168 | PWR:A14:无 IPM V1 或门极控制故障 | 是 | | |
| E169 | PWR:A14:V1 过流 | $n$次 | | |
| E170 | PWR:A14:V1 过热或无 MA14V1－L 信号 | 是 | | |
| E171 | PWR:A14:无 IPM V4 或门极控制故障 | 是 | | |
| E172 | PWR:A14:V4 过流 | $n$次 | | |
| E173 | PWR:A14:V4 过热或无 MA14V4－L 信号 | 是 | | |
| E174 | PWR:A14:无 IPM V2 或门极控制故障 | 是 | | |
| E175 | PWR:A14:V2 过流 | $n$次 | | |
| E176 | PWR:A14:V2 过热或无 MA14V2－L 信号 | 是 | | |
| E177 | PWR:A14:无 IPM V5 或门极控制故障 | 是 | | |
| E178 | PWR:A14:V5 过流 | $n$次 | | |

续上表

| 故障代码 | 故障内容 | 反应 | | 故障案例 |
|---|---|---|---|---|
| | | 封锁 | 蓄电池故障 | |
| E179 | PWR:A14:V5 过热或无 MA14V5－L 信号 | 是 | | |
| E180 | PWR:A14:无 IPM V3 或门极控制故障 | 是 | | |
| E181 | PWR:A14:V3 过流 | $n$ 次 | | |
| E182 | PWR:A14:V3 过热或无 MA14V3－L 信号 | 是 | | |
| E183 | PWR:A14:无 IPM V6 或门极控制故障 | 是 | | |
| E184 | PWR:A14:V6 过流 | $n$ 次 | | |
| E185 | PWR:A14:V6 过热或无 MA14V6－L 信号 | 是 | | |

### 6.2.3 AC01/AC02 型列车辅助逆变器(DBU)故障诊断与分析

**案例 1:**

**故障现象:**

2001 年 7 月 25 日 214＃01082 车,辅助逆变器中级故障。

**故障代码:**

DBU:127,115,125,134,210。

**故障结论:**

CPU 单元显示屏接线排脱落。

**分析处理:**

经过仔细检查发现 CPU 单元显示屏接线排脱落,处理:将 01082 CPU 更换后,升弓逆变器启动正常。静态测试,正常;动态测试,正常。故障排除。

**案例 2:**

**故障现象:**

2001 年 1 月 18 日,206＃电客列车,牵引中级、60 km/h 限速。

**故障代码:**

CCU:83,166;

DBU:231。

**故障结论:**

A14 三相输出,第二相触头坏。

**分析处理:**

经过检查发现 00393 车的辅助逆变器的 A14 三相输出。第二相触头坏,更换触头后，故障消失。静态与动态测试正常。

**案例 3：**

**故障现象：**

6 月 13 日 117＃电客列车 98042 逆变器故障。

**故障代码：**

DBU：192 193 194 195。

**故障结论：**

A11，V1，V2，IGBT 击穿。

A12，V1，V2，IGBT 驱动板烧坏。

**分析处理：**

检测逆变器主回路发现 A11 模块 V1，V2，IGBT 击穿。A12，V1，V2，IGBT 驱动板烧坏。更换后静态调试正常。动态调式正常。

**案例 4：**

**故障现象：**

2003 年 1 月 31 日 201＃列车 I/A 辅助逆变器中级故障，故障代码 110、99、210，DBU 自检时逆变器指示灯亮，逆变器不工作，司机室 73－P01 线路高压直流电压表显示为零。

**故障代码：**

DBU：110、99、210。

**故障结论：**

A 车 1 500 V 接线端子松动。

**分析处理：**

使用 PROVI 软件检测时，发现 A 车辅助逆变器无 1 500 V 输入，检查 A 车 1 500 V接线端子发现接线端子松动，从而造成连接螺栓烧断，接线端子烧焦，更换接线螺栓与接线端子后，辅助逆变器工作正常。

**案例 5：**

**故障现象：**

2003 年 7 月 15 日，210＃列车正线运营时，司机显示屏显示 00653 车辅助逆变器中级故障。

**故障代码：**

DBU：110、136。

**故障结论：**

U2(输入电压传感器)损坏。

**分析处理：**

读取00642车CCU的故障记录，发现00653的辅助逆变器曾经瞬间关停。通常造成该故障的原因是网压过高。如果网压过高，辅助逆变器将关停保护，由于辅助逆变器重新启动需要的时间大于10 s，将直接导致辅助逆变器无负载大于10 s故障的发生，且是多台辅助逆变器故障同时出现。但此次仅出现了单节列车辅助逆变器故障，为此可以排除网压过高的原因，根据DBU的故障记录(DBU：110 Uex过压、136 UD1x/Uex差异过大)与外方提供的图纸，认为输入电压传感器U2损坏，于是将该传感器更换，并清除故障后，重新启动空调进行静态测试，故障消失。

**案例6：**

**故障现象：**

0121♯车Ⅱ/C车辅助逆变器中级故障。

**故障代码：**

DBU：206。

**故障结论：**

该节车Ⅰ位端空调航空插头损坏。

**分析处理：**

该辅助逆变器在不加负载时工作正常，但一加空调负载，逆变器出206故障，逐节车加上空调负载，观察空调控制单元运行情况，当该节车Ⅰ位端空调压缩机启动时，该逆变器出现故障，确定为该空调存在接地故障。检查该空调发现航空插头内接地线与电源线接触短路，(且航空插头内部已经烧毁)。更换空调总成和航空插头后列车逆变器恢复正常。

**案例7：**

**故障现象：**

213整列车辅助逆变器轻级故障。

**故障代码：**

DBU：110。

**故障结论：**

A11模块的预充电晶闸管V3击穿。

**分析处理：**

根据日检纪录，Ⅰ单元 A、B、C 车均发生 DBU：110 故障，且司机显示屏显示Ⅰ/A 车轻级故障，所以首先切除Ⅰ/A 车的 31－S01 和 31－F01 和保险丝，重新升弓，检查Ⅰ/B、Ⅰ/C 的 DBU 操作面板，发现故障依旧，这样可以排除Ⅰ/A 车引起故障的可能。此时，发现司机显示屏显示Ⅱ/A 车 DBU 轻级故障，用操作面板清除所有 DBU 故障纪录，用同样方法切除Ⅱ/A 车 DBU，重新升弓，检查其余辅助逆变器，发现无故障，确定Ⅱ/A DBU 故障，更换Ⅱ/A 的 DBU－A11 模块后试车，正常。检查故障 A11 模块，发现预充电晶闸管 V3 被击穿，升弓时预充电电阻 R1 被短路，使 DC 1 500 V 直接接入 DBU，造成 UEX 瞬间过高，所以监测系统纪录 DBU：110 故障，又因为 6 个 DBU 是并联连接的，所以只要有一个 DBU 由于外部电压过高引起 110 故障，其他 DBU 均会显示 110 故障。

**案例 8：**

**故障现象：**

2004 年 5 月 26 日，日检发现 209＃列车Ⅰ/C 车(00573)辅助逆变器有 E115 故障，且故障呈间隙出现，不影响空调正常工作。

**故障代码：**

DBU：E115。

**故障结论：**

Ⅰ/A 车(00551)空调控制接触器 63－K15 损坏。

**分析处理：**

根据故障现象与故障代码，初步判断为 DBU15.2 升压变换器 A13 模块中的 A310 监控板故障，对换Ⅰ/C 车与Ⅰ/B 车的 A310 监控板故障，故障依旧。然后考虑故障由 A13 模块内部引起，所以对换Ⅰ/C 车与Ⅰ/B 车的 A13 模块，故障继续在Ⅰ/C 车出现。由于 A13 模块电源来自 A11、A12 模块，所以分别将 B 车与 C 车的 A11、A12 模块分别对换，故障还在Ⅰ/C 车上，可以排除 A11、A12 模块引起故障的可能。之后，用同样方法检查监控模块 A101，也未出现故障转移。至此，DBU 箱内对 A13 模块输出电压 UD2X 有直接影响的部件均已检查，没有问题。

然后考虑可能由空调引起故障，但 ACU 无故障记录，所以把一单元一位端与二位端的空调逐个对换，发现 E115 故障还在Ⅰ/C 车，证明与空调无关。

此外，由于连接线路不好也可能引起电压不正常，故对换Ⅰ/B 与Ⅰ/C 的 DBU 总成，并检查接线、车间电源、电气车钩等处，均未发现异常。

排除以上各情况后，最可能引起故障的就是辅助逆变器的输出控制电路中的控制电器(AEB 箱内)。在先后对换Ⅰ/B 与Ⅰ/C 的逆变器三相输出接触器 31－

K02 和接触器工作控制辅助继电器 31－K02.1 后，故障依旧。然后，在对换空调单元Ⅰ压缩机保护控制接触器 63－K15 和空调单元Ⅱ压缩机保护控制接触器 63－K16 后发现 ACU 面板显示Ⅱ端空调压缩机工作指示灯和保护单元工作指示灯反复通断，检查发现接触器 63－K15 在得电后不能一次完全吸合，出现反复吸合、断开多次后才完全吸合的情况，由于这一系列动作是在瞬间进行的，所以对电路产生冲击，导致 DBU 的 A13 模块输出电压过高。

于是将接触器 63－K15 更换，并清除故障后，重新启动空调进行静态测试，故障不再出现。

**案例 9：**

**故障现象：**

2008 年 5 月 23 日 127＃车 013783 车辅助逆变器停止工作。

**故障代码：**

CCF：110（动车辅助逆变器轻级故障）、113（动车辅助逆变器无负载＞30s）。

**故障结论：**

辅助逆变器 T1 模块的 K2 驱动板坏。

**分析处理：**

读取动车辅助逆变器 SIBMON 故障，发现动车辅助逆变器封锁。通常造成故障的原因是网压过高。如果网压过高，辅助逆变器将进行关停保护，由于动车辅助逆变器的重新自检需要的时间大于 30s，如果 30s 后逆变器仍然存在故障或者逆变器三相输出存在问题，将导致辅助逆变器无负载大于 30s 故障发生。进一步通过软件检查发现辅助逆变器的 T1 模块上 K2 驱动板存在故障（驱动板主要控制逆变输出），至此造成逆变器无法进行逆变输出（即 380V 逆变停止），造成逆变器封锁。更换 K2 驱动板后，逆变器正常。

## 6.3　CCU 常见故障案例分析

### 6.3.1　城市轨道交通车辆中央控制单元（CCU）

CCU 全称是中央控制单元（Central Control Unit），CCU 主要实现对控制电路的主断路器、受电弓、列车控制、摩擦制动的控制，对辅助回路的辅助逆变器、蓄电池、空压机、车钩、车门等的控制以及对监控系统的故障诊断系统、广播系统、照明空调系统的控制。中央控制单元通过列车上的智能终端接口单元采集牵引控制单元 DCU、空气制动电子控制单元 ECU、空调控制单元、辅助系统、车门、空压机、诊断系统和 DC 110 V 控制电路的故障信息等按照某种诊断理论进行诊断，如果有故障，确定其故障等级，然后通过显示屏及时通知维修人员。

CCU 位于每节 B 车的电子柜内，其控制系统为 SIBAS－32 系统软件。六节编组的列车具有 2 个 CCU。CCU 对列车和车辆总线具有主控功能，并监视指定的车辆部件，当发生故障时，列车故障数据将通过总线送至 CCU 用于记录。读取故障则需要运用 SIBAS－32MONITOR 软件。

**1. 中央故障存储单元(CFSU)**

每节 B 车的中央控制单元 CCU 中包含一个 CFSU，其主要功能为：

(1) 记录故障发生顺序、时间和环境，且向显示器发送。

(2) 通过显示器内部的蜂鸣器向司机报告故障。

**2. 中央控制单元设备**

下图 6.2 为中央控制单元(CCU)面板，包括了故障显示区、CPU 模块、电源模块、模块插接区、风扇模块等。

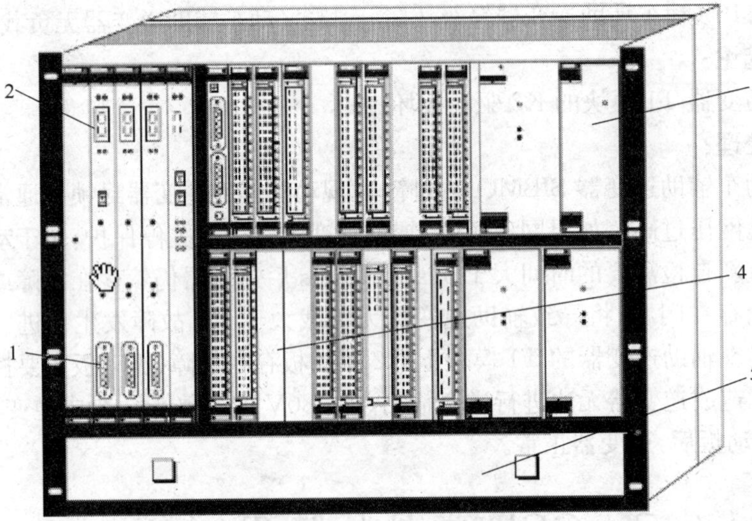


图 6.2　中央控制单元(CCU)面板

1—CPU 模块；2—故障显示区；3—电源模块；4—模块接插区；5— 风扇模块

**3. 总线系统组成**

(1)连接 KLIP 分站到 CCU 的分站控制总线(KLIP 总线)。

(2)CCU 接口总线：提供一个 CCU 与外部计算机的接口，用于检测 CCU 内部数据。

(3)用于将三节车单元中的智能型部件连接在一起的车辆总线(DIN 总线)，包括 KLIP、CCU、TCU、BECU。

列车的故障诊断系统由 CCU 控制，列车上的各种控制系统和 CCU 相联，故障时，发送故障信号给 CCU，CCU 可以对这些故障进行记录、显示、报警同时会有响应的保护措施。

故障评估等级如下：

1 级（严重故障）— 乘客必须在下一站下车。

2 级（中级故障）— 影响运营的故障，列车应在线路终点退出运营，即运营一圈后回至车辆段。

3 级（轻级故障）— 不影响运营的故障：在下次日检时，列车应在车辆段进行检查。

### 6.3.2 城市轨道交通车辆车门及其控制

客室车门的形式多种多样，如现在上海地铁列车的客室车门就有内藏门、塞拉门和外挂门三种。内藏门的驱动装置还可以分成气动和电动式两种。由于结构不同，故障也不同。

**1. 内藏门**

气动式内藏门的故障主要集中在解锁气缸和 S 形锁钩、驱动气缸、限位开关、门槛条等部位。

由于解锁气缸的节流阀调节不到位或有堵塞，会使节流阀失效，从而在车门开关时控制 S 钩动作不到位，S 钩会卡住或动作不灵活，致使车门无法正常开启和锁定。解决方法是定期检查节流阀的调节螺丝是否松动。

驱动气缸是客室车门开关的动力，它的故障会直接影响车门的速度、力度。气缸活塞密封圈泄漏或活塞杆变形会使气缸缓冲失效或卡死，车门开关不正常。

限位开关是门控线路中故障率最高的部位，由于触点接触不良或活动臂动作不灵活，导致开关车门不到位、车门位置信号错误、控制线路连锁不缓解等。但是故障列车回库检查时，也不一定能找到故障点，因为触点与上节所述的继电器触头一样，产生的是虚接故障。这故障常发生在电气控制的工作期间，但不一定是经常发生或固定发生，因而难于捕捉故障点。

门槛条是起车门的限位和密封作用的。由于车辆在运行中受振动影响，门槛条会产生位移或脱落，使门叶与门槛条互相摩擦，甚至卡死。

**2. 塞拉门**

塞拉门的主要故障集中在门控单元、继电器、手动解锁开关、限位开关上。

门控单元是用于控制驱动机构和起监控、通信作用的部件。由于软件和硬件方面的问题，经常会出现“死机”现象。门控单元故障会使整个列车无法正常运行。

继电器和限位开关故障原因与内藏门一样，其发生频率也相当高，产生的后果也是很严重的。

手动解锁开关是在列车发生意外或紧急状态下，乘客用它打开客室车门的装置。当手动解锁开关处于解锁位置时，列车将受其连锁作用而无法启动。由于列车在运行中受到振动和超载的影响，偶尔会使手动解锁开关定位装置产生松动和脱落，致使开关处于解锁位置，从而造成列车无法启动。

外挂门的结构与塞拉门基本相同，它的主要故障部位也是集中在门控单元、继电器、手动解锁开关、限位开关上。这里就不再重复叙述了。

另外，各种客室车门还有一个共同的常见故障，那就是两扇门叶之间的护指橡胶条。由于产品质量有问题，或者长期使用后老化，护指橡胶条的硬度和刚度会下降，以至经常从门上滑落。

## 6.3.3 CCU列车故障代码表

CCU的故障代码表如表6.9所示。

**表6.9 CCU列车故障代码**

| 故障代码 | 故障名称 | 可能故障原因 | 故障案例 |
| --- | --- | --- | --- |
| 1 | CCU严重故障 | | |
| 2 | CCU中级故障 | | |
| 3 | CCU低级故障 | | |
| 6 | PSU：主电源欠压 | • PSU G139 | |
| 7 | 整个CCU单元：综合故障 | 软件损坏<br>CPU C027<br>RS485列车总线接口G047<br>RS485列车总线耦合G039 | |
| 8 | 中央处理器电池监控 | • 电池电压过低<br>• 电池安装错误 | |
| 9 | 风扇监控CCU | CCU风扇 | |
| 10 | PSU：110/5 V供电故障 | 电源变换器C153 | |
| 11 | PSU：110/－15 V供电故障 | 电源变换器C135 | |
| 12 | PSU：110/＋15 V供电故障 | 电源变换器C135 | |
| 13 | PSU：FPGA时钟监控 | PSU G139 | |
| 14 | 故障存储单元容量＞70% | 存储单元内信息长时间未清除，容量超限 | |
| 15 | 故障存储单元容量＞90% | 存储单元内信息长时间未清除，容量超限 | |
| 16 | KLIP监控设备故障 | KLIP串行总线接口C055<br>KLIP与CCU之间总线 | |

续上表

| 故障代码 | 故障名称 | 可能故障原因 | 故障案例 |
|---|---|---|---|
| 17 | KLIP 故障 | • KLIP 串行总线接口 C055<br>• KLIP 与 CCU 之间总线 | |
| 18 | A 车 KLIP 分站故障 | • KLIP 分站接口 AS318 地址与通信速率设置错误<br>• KLIP 分站接口 AS318<br>• KLIP 分站电源 5V<br>• KLIP 分站输入/输出接口 | AS318 故障(案例一) |
| 19 | B 车 KLIP 分站故障 | 同上 | 同上 |
| 20 | C 车 KLIP 分站故障 | 同上 | 同上 |
| 21 | RS485 故障 | • RS485 列车总线接口 C047<br>• RS485 列车总线耦合 C039 | |
| 22 | 列车总线无法连接 | • CCU RS485 车辆总线接口 C047<br>• BECU RS485 车辆总线接口 BK<br>• TCU RS485 车辆总线接口 C039<br>• 车辆总线终端电阻 41－R01<br>• 列车连挂好继电器 4A－A06<br>• CCU、TCU、BECU、司机显示器之间的车辆总线 | |
| 23 | B 车 BECU 联络失败 | • CCU RS485 车辆总线接口 C047<br>• B 车 BECU RS485 车辆总线接口 BK<br>• CCU 与 A 车 BECU 之间的车辆总线<br>• B 车 BECU | |
| 24 | B 车 TCU 联络失败 | • CCU RS485 车辆总线接口 C047<br>• B 车 TCU RS485 车辆总线接口 C039<br>• CCU 与 B 车 TCU 之间的车辆总线<br>• B 车 TCU | |
| 25 | C 车 BECU 联络失败 | • CCU RS485 车辆总线接口 C047<br>• C 车 BECU RS485 车辆总线接口 BK<br>• CCU 与 C 车 BECU 之间的车辆总线<br>• C 车 BECU | |
| 26 | C 车 TCU 联络失败 | • CCU RS485 车辆总线接口 C047<br>• C 车 TCU RS485 车辆总线接口 C039<br>• C 车 TCU<br>• CCU 与 C 车 TCU 之间的车辆总线 | |
| 27 | A 车 BECU 联络失败 | • CCU RS485 车辆总线接口 C047<br>• A 车 BECU RS485 车辆总线接口 BK<br>• CCU 与 A 车 BECU 之间的车辆总线<br>• A 车 BECU | 列车连挂好继电器故障(案例十三) |
| 28 | 显示屏无法联络 | • CCU RS485 车辆总线接口 C047<br>• A 车司机显示屏<br>• CCU 与 A 车司机显示屏之间的车辆总线 | 显示屏文件丢失(案例二) |

续上表

| 故障代码 | 故障名称 | 可能故障原因 | 故障案例 |
| --- | --- | --- | --- |
| 29 | CCU TB2 无法连接 | • CCU RS485 列车总线接口 G047<br>• CCU RS485 列车总线耦合 G039<br>• CCU TB2 RS485 列车总线接口 G047<br>• CCU TB2 RS485 列车总线耦合 G039<br>• CCU 与 CCU TB2 之间的列车总线<br>• CCU TB2 | G047 故障（案例九） |
| 30 | CCU TB3 无法连接 | • CCU RS485 列车总线接口 G047<br>• CCU RS485 列车总线耦合 G039<br>• CCU TB2 RS485 列车总线接口 G047<br>• CCU TB2 RS485 列车总线耦合 G039<br>• CCU TB3 RS485 列车总线接口 G047<br>• CCU TB3 RS485 列车总线耦合 G039<br>• CCU 与 CCU TB3 之间的列车总线<br>• CCU TB3 | |
| 31 | CCU TBM 无法连接 | • CCU RS485 列车总线接口 G047<br>• CCU RS485 列车总线耦合 G039<br>• CCU TBM RS485 列车总线接口 G047<br>• CCU TBM RS485 列车总线耦合 G039<br>• CCU 与 CCU TBM 之间的列车总线<br>• CCU TBM | G047 故障（案例九） |
| 32 | 显示屏无法启动 | • CCU RS485 车辆总线接口 C047<br>• A 车司机显示屏<br>• CCU 与 A 车司机显示屏之间的车辆总线 | 显示屏文件丢失（案例二） |
| 33 | CCU SW 版本不同 | • 各 CCU 用户软件版本不一致 | |
| 34 | B 车 TCU SW 版本不同 | • 各 TCU 用户软件版本不一致 | |
| 35 | C 车 TCU SW 版本不同 | • 各 TCU 用户软件版本不一致 | |
| 36 | A 车 BECU SW 版本不同 | • 各 BECU 用户软件版本不一致 | |
| 37 | B 车 BECU SW 版本不同 | • 各 BECU 用户软件版本不一致 | BECU CP 故障（案例十二） |
| 38 | C 车 BECU SW 版本不同 | • 各 BECU 用户软件版本不一致 | |
| 39 | 显示屏的 SW 版本不同 | • 两个司机显示屏软件版本不一致 | |
| 40 | B 车 TCU 与 BECU 的车辆号/轮径设置不同 | • TCU、BECU 轮径不一致<br>• CCU CPU C027 | |
| 41 | C 车 TCU 与 BECU 的车辆号/轮径设置不同 | 同上 | |
| 42 | 车辆号重复或无效 | • 车辆号设置错误<br>• CCU CPU C027 | |
| 43 | 开显示屏监控，41－F01 曾被切除 | • 41－F01 跳开 | |
| 44 | 开显示屏监控，41－F03 曾被切除 | • 41－F03 跳开 | |
| 45 | DIN 总线传输不可用 | | |
| 46 | 紧急牵引 | • 使用紧急牵引 | |

续上表

| 故障代码 | 故障名称 | 可能故障原因 | 故障案例 |
|---|---|---|---|
| 47 | 紧急模式 | •使用紧急切断 | |
| 48 | B车 HSCB 故障 | •B车高速开关跳开 | |
| 49 | C车 HSCB 故障 | •C车高速开关跳开 | |
| 50 | B车受电弓没有处于升弓或落弓状态 | •升弓继电器<br>•升弓电磁阀<br>•受电弓位置传感器 | 升弓电磁阀 21－Y01 故障（案例七）<br>受电弓位置传感器故障（案例十） |
| 51 | B车受电弓 10S 内为升到位 | 同上 | 同上 |
| 52 | B车受电弓 20S 内未落到位 | 同上 | 同上 |
| 54 | 牵引/制动控制故障 | •牵引/制动指令不合逻辑 | |
| 55 | 紧急停车开关动作 | •紧急停车按钮按下 | |
| 56 | 两端司机室同时操作 | •两端司机室同时打开主控制器钥匙 | |
| 57 | 驾驶和制动指令同时施加 | •牵引、制动、快速制动、紧急制动信号线<br>•A车 KLIP 分站数字输入接口 41－A1.03 | |
| 58 | 列车线向前信号异常 | •向前/向后列车线<br>•A车 KLIP 分站数字输入接口 41－A1.03 | |
| 59 | 列车线向后信号异常 | •向前/向后列车线<br>•A车 KLIP 分站数字输入接口 41－A1.03 | |
| 60 | 驾驶指令信号不合理 | •牵引指令信号线<br>•A车 KLIP 分站数字输入接口 41－A1.03<br>•TCU | |
| 61 | 制动指令信号不合理 | •制动指令信号线<br>•A车 KLIP 分站数字输入接口 41－A1.03<br>•BECU | |
| 62 | 快速制动指令信号不合理 | •快速制动指令信号线<br>•A车 KLIP 分站数字输入接口 41－A1.03<br>•BECU | |
| 63 | 紧急制动指令信号不合理 | •紧急制动指令信号线<br>•A车 KLIP 分站数字输入接口 41－A1.03 | |
| 64 | A车1位端的摩擦制动没有释放 | •摩擦制动压力传感器 B15(27－B01) | |
| 65 | A车2位端的摩擦制动没有释放 | •摩擦制动压力传感器 B15(27－B02) | |
| 66 | B车1位端的摩擦制动没有释放 | •摩擦制动压力传感器 B15(27－B01) | |
| 67 | B车2位端的摩擦制动没有释放 | •摩擦制动压力传感器 B15(27－B02) | |

续上表

| 故障代码 | 故障名称 | 可能故障原因 | 故障案例 |
|---|---|---|---|
| 68 | C车1位端的摩擦制动没有释放 | • 摩擦制动压力传感器B15(27—B01) | |
| 69 | C车2位端的摩擦制动没有释放 | • 摩擦制动压力传感器B15(27—B02) | |
| 70 | 未进行CV压力测试 | | |
| 71 | A车BECU严重故障 | | |
| 72 | B车BECU严重故障 | | |
| 73 | C车BECU严重故障 | | |
| 74 | A车BECU中级故障 | | |
| 75 | B车BECU中级故障 | | |
| 76 | C车BECU中级故障 | | |
| 77 | A车BECU低级故障 | | |
| 78 | B车BECU低级故障 | | |
| 79 | C车BECU低级故障 | | |
| 80 | A车蓄电池充电器故障 | • A13故障 | |
| 81 | A车辅助逆变器故障 | | |
| 82 | B车辅助逆变器故障 | | |
| 83 | C车辅助逆变器故障 | | |
| 84 | 蓄电池电压过低 | • 蓄电池电压小于84 V<br>• 蓄电池欠压继电器32—A01—K02<br>• KLIP分站数字输入接口41—A01.4 | |
| 85 | 空气压缩机故障 | • 空压机接触器34—K01<br>• 空压机电机34—M01 | |
| 86 | A车空气压力过低 | • 主风缸压力小于6.0 bar<br>• 主风缸压力开关B08 | |
| 87 | B车空气压力过低 | 同上 | |
| 88 | C车空气压力过低 | 同上 | |
| 89 | 数据记录器触发信号有效 | | |
| 90 | SW通道触发信号有效 | | |
| 91 | 速度大于88km/h | | |
| 93 | A车的广播系统故障 | | |
| 94 | B车的广播系统故障 | | |
| 95 | C车的广播系统故障 | | |
| 96 | A车1位端的空调机组压缩机故障 | | |

续上表

| 故障代码 | 故障名称 | 可能故障原因 | 故障案例 |
|---|---|---|---|
| 97 | A车1位端的空调机组风扇故障 | | |
| 98 | A车2位端的空调机组压缩机故障 | | |
| 99 | A车2位端的空调机组风扇故障 | | |
| 100 | B车1位端的空调机组压缩机故障 | | |
| 101 | B车1位端的空调机组风扇故障 | | |
| 102 | B车2位端的空调机组压缩机故障 | | |
| 103 | B车2位端的空调机组风扇故障 | | |
| 104 | C车1位端的空调机组压缩机故障 | | |
| 105 | C车1位端的空调机组风扇故障 | | |
| 106 | C车2位端的空调机组压缩机故障 | | |
| 107 | C车2位端的空调机组风扇故障 | | |
| 110 | B车挂钩继电器不合理 | •列车连挂好继电器41－A06 | |
| 111 | C车挂钩继电器不合理 | •列车连挂好继电器41－A06 | |
| 112 | A车右侧门紧急拉手释放 | | |
| 113 | A车左侧门紧急拉手释放 | | |
| 114 | A车2/4门故障 | | |
| 115 | A车6/8门故障 | | |
| 116 | A车10/12门故障 | | |
| 117 | A车14/16门故障 | | |
| 118 | A车18/20门故障 | | |
| 119 | A车1/3门故障 | | |
| 120 | A车5/7门故障 | | |
| 121 | A车9/11门故障 | | |
| 122 | A车13/15门故障 | | |
| 123 | A车17/19门故障 | | |
| 124 | 牵引禁止，未进行CV压力测试 | •超过48小时未进行CV压力测试 | |

续上表

| 故障代码 | 故障名称 | 可能故障原因 | 故障案例 |
|---|---|---|---|
| 125 | A车CV压力开关测试失败 | • CV压力开关B06H | |
| 126 | A车摩擦制动1未施加 | • 摩擦制动切除<br>• 摩擦制动压力传感器B15(27－B01)<br>• 速度传感器 | |
| 127 | A车摩擦制动2未施加 | • 摩擦制动切除<br>• 摩擦制动压力传感器B15(27－B02)<br>• 速度传感器故障 | |
| 128 | B车右侧门紧急拉手释放 | | |
| 129 | B车左侧门紧急拉手释放 | | |
| 130 | B车2/4门故障 | | |
| 131 | B车6/8门故障 | | |
| 132 | B车10/12门故障 | | |
| 133 | B车14/16门故障 | | |
| 134 | B车18/20门故障 | | |
| 135 | B车1/3门故障 | | |
| 136 | B车5/7门故障 | | |
| 137 | B车9/11门故障 | | |
| 138 | B车13/15门故障 | | |
| 139 | B车17/19门故障 | | |
| 140 | 超过4个制动切除 | | |
| 141 | B车CV压力开关测试失败 | • CV压力开关B06H | |
| 142 | B车摩擦制动1切除 | • 摩擦制动切除<br>• 摩擦制动压力传感器B15(27－B01)<br>• 速度传感器 | |
| 143 | B车摩擦制动2切除 | • 摩擦制动切除<br>• 摩擦制动压力传感器B15(27－B02)<br>• 速度传感器故障 | |
| 144 | C车右侧门紧急拉手释放 | | |
| 145 | C车左侧门紧急拉手释放 | | |
| 146 | C车2/4门故障 | | |
| 147 | C车6/8门故障 | | |
| 148 | C车10/12门故障 | | |
| 149 | C车14/16门故障 | | |
| 150 | C车18/20门故障 | | |

续上表

| 故障代码 | 故障名称 | 可能故障原因 | 故障案例 |
|---|---|---|---|
| 151 | C车 1/3 门故障 | | |
| 152 | C车 5/7 门故障 | | |
| 153 | C车 9/11 门故障 | | |
| 154 | C车 13/15 门故障 | | |
| 155 | C车 17/19 门故障 | | |
| 156 | 门中级故障 | | |
| 157 | C车 CV 压力开关测试失败 | • CV 压力开关 B06H | |
| 158 | C车摩擦制动 1 未施加 | 摩擦制动切除；摩擦制动压力传感器 B15(27－B01)；速度传感器 | |
| 159 | C车摩擦制动 2 未施加 | • 摩擦制动切除<br>• 摩擦制动压力传感器 B15(27－B02)<br>• 速度传感器故障 | |
| 160 | ATC/ATP 严重故障 | | |
| 161 | ATC/ATP 中级故障 | | |
| 162 | ATC/ATP 低级故障 | | |
| 163 | ATC 风扇故障 | | |
| 164 | CCU 线路检测轻级故障 | | |
| 165 | CCU 线路检测严重故障 | | |
| 166 | A车辅助逆变器无负载＞10 s | | |
| 167 | B车辅助逆变器无负载＞10 s | | |
| 168 | B车辅助逆变器无负载＞10 s | | |
| 169 | 左侧车门使能故障 | • 列车未收到开门码<br>• 车门解锁继电器 81－K03 | |
| 170 | 右侧车门使能故障 | • 列车未收到开门码<br>• 车门解锁继电器 81－K04 | |
| 173 | 左侧车门再开门有效 | • 列车再开门 | |
| 174 | 右侧车门再开门有效 | • 列车再开门 | |
| 176 | A车 2/4 门紧急拉手释放 | | |
| 177 | A车 6/8 门紧急拉手释放 | | |
| 178 | A车 10/12 门紧急拉手释放 | | |
| 179 | A车 14/16 门紧急拉手释放 | | |
| 180 | A车 18/20 门紧急拉手释放 | | |
| 181 | A车 1/3 门紧急拉手释放 | | |

续上表

| 故障代码 | 故障名称 | 可能故障原因 | 故障案例 |
| --- | --- | --- | --- |
| 182 | A车5/7门紧急拉手释放 | | |
| 183 | A车9/11门紧急拉手释放 | | |
| 184 | A车13/15门紧急拉手释放 | | |
| 185 | A车17/19门紧急拉手释放 | | |
| 186 | A车左侧车门监控回路未闭合，S2开关开路 | • S1、S2行程开关 | S2行程开关故障(案例三) |
| 187 | A车右侧车门监控回路未闭合，S2开关开路 | • S1、S2行程开关 | S2行程开关故障(案例五)<br>S2行程开关故障(案例六) |
| 192 | B车2/4门紧急拉手释放 | | |
| 193 | B车6/8门门紧急拉手释放 | | |
| 194 | B车10/12门紧急拉手释放 | | |
| 195 | B车14/16门紧急拉手释放 | | |
| 196 | B车18/20门紧急拉手释放 | | |
| 197 | B车1/3门紧急拉手释放 | | |
| 198 | B车5/7门紧急拉手释放 | | |
| 199 | B车9/11门紧急拉手释放 | | |
| 200 | B车13/15门紧急拉手释放 | | |
| 201 | B车17/19门紧急拉手释放 | | |
| 202 | B车左侧车门监控回路未闭合，S2开关开路 | • S1、S2行程开关 | |
| 203 | B车右侧车门监控回路未闭合，S2开关开路 | • S1、S2行程开关 | S2行程开关故障(案例八) |
| 208 | C车2/4门紧急拉手释放 | | |
| 209 | C车6/8门紧急拉手释放 | | |
| 210 | C车10/12门紧急拉手释放 | | |
| 211 | C车14/16门紧急拉手释放 | | |
| 212 | C车18/20门紧急拉手释放 | | |
| 213 | C车1/3门紧急拉手释放 | | |
| 214 | C车5/7门紧急拉手释放 | | |
| 215 | C车9/11门紧急拉手释放 | | |

续上表

| 故障代码 | 故障名称 | 可能故障原因 | 故障案例 |
| --- | --- | --- | --- |
| 216 | C 车 13/15 门紧急拉手释放 | | |
| 217 | C 车 17/19 门紧急拉手释放 | | |
| 218 | C 车左侧车门监控回路未闭合，S2 开关开路 | • S1、S2 行程开关 | |
| 219 | C 车右侧车门监控回路未闭合，S2 开关开路 | • S1、S2 行程开关 | |

### 6.3.4 CCU 故障案例分析

**案例 1：**

**故障现象：**

2002 年 4 月 4 日 214♯电客列车下行显示屏无任何显示，可以运行。列车到站后开门，此时全列车车门无法打开；按关门按钮后，按开门按钮，车门还是无法打开。经过关断钥匙，故障仍然存在。经过落弓收车，分蓄电池，重新开钥匙后，显示屏仍黑屏，CCU 故障灯亮，弓无法升起，车门无法打开。再次收车，故障依旧。清客、救援。回库后发现Ⅰ单元仅剩余紧急照明，而Ⅱ单元正常；受电弓已经升起；Ⅰ单元各类功能指示灯乱闪；电磁阀发出不明响声。

**故障代码：**

CCU：1 18 19 20 48 49 74 75 76 77 79 160 163 174。

**故障结论：**

AS318 功能接口模块损坏。

**分析处理：**

读取 CCU、TCU 故障记录，得出 CCU 故障代码：1(CCU 严重故障)、18(A 车 KLIP 分站故障)、19(B 车 KLIP 分站故障)、20(C 车 KLIP 分站故障)、48(B 车高速开关故障)、49(C 车高速开关故障)、74(A 车 BECU 中级故障)、75(B 车 BECU 中级故障)、76(C 车 BECU 中级故障)、77(A 车 BECU 轻级故障)、79(C 车 BECU 轻级故障)、160(ATC/ATP 严重故障)、163(ATC 风扇故障)、174(右侧车门再开门有效)。

处理过程：首先检查Ⅰ单元的列车中央控制单元 CCU，发现其功能正常；检查Ⅰ单元的各个 BECU，发现工作正常；接着分别检查Ⅰ单元各节车的 KLIP 模块，发现 B 车的 KLIP 模块无法和 CCU 进行通信，据此认定为Ⅰ/B 车的 KLIP 分站中的某一模块发生故障。仔细检查发现为该车的 KLIP 分站中的 AS318 功能接口模块出现故障。更换 AS318 后，故障消失。静态调试正常，动态调试正常。故障排除。

**案例 2：**

**故障现象：**

2001 年 5 月 9 日，213＃电客列车，01061 显示屏显示 CCU 严重故障，车辆控制中级故障，显示屏非正常工作，只有地铁标记。列车回库后落弓收车，分蓄电池，重新启动列车，故障依旧存在。

**故障代码：**

CCU：1 28 32。

**故障结论：**

显示屏内的批处理文件丢失所导致。

**分析处理：**

经过仔细检查发现显示屏中批处理文件损坏，重新安装，试车正常。但是 2001 年 6 月 6 日再次出现同样故障。

处理过程，由于上次出现同类故障为显示屏内的批处理文件丢失所导致，此次故障类似，因而更换该车的显示屏，故障消失。静态测试正常，动态测试正常。故障彻底排除。

**案例 3：**

**故障现象：**

2000 年 10 月 2 日，202＃电客列车 00142 车左侧车门故障(2/4、6/8、10/12、14/16、18/20)门出现故障。

**故障代码：**

CCU：114、115、116、117、118、186。

**故障结论：**

监控信号出现故障造成此次故障，最直接的原因是 6/8 门的止挡橡皮脱落，造成主、副门叶止挡不对称，副门叶限位开关接触不好。

**分析处理：**

读取 CCU 故障代码，发现故障代码为 114、115、116、117、118，与故障现象相吻合。检查与各扇门相关的继电器，发现继电器工作均正常；检查与门控相关的电路的接线，也没有发现问题；最后检查发现为监控信号出现故障造成此次故障，最直接的原因是 6/8 门的止挡橡皮脱落，造成主、副门叶止挡不对称，副门叶限位开关接触不好(新车的限位开关有两路信号，1 路门控指示灯，另一路进 84K18 的 5 扇门信号，如果一扇门未完全关到位，即 S2 未完全动作，将导致 5 扇门出现故障)。

补上止挡橡皮，进行开关门测试，故障消失。

**案例4：**

**故障现象：**

2001年10月26日，212＃电客列车，双月检完成后测试车门，发现00742车13/15、17/19开门报警灯不亮。

**故障代码：**

CCU：122 123。

**故障结论：**

81K15关车门继电器（脉冲工作方式）吸合不到位。

**分析处理：**

检查发现DC 110 V电源时有时无，KLIP灯泡检查正常。后检查发现81K15关车门继电器（脉冲工作方式）吸合不到位，更换后正常。反复进行开关门测试，均正常，故障排除。

**案例5：**

**故障现象：**

2001年12月18日，202＃电客列车，00131右侧车门打不开。

**故障代码：**

CCU：119、120、121、122、123、187。

**故障结论：**

11/19门以因为气缸拉杆总成擦破电线造成短路，引起81F11跳闸。

**分析处理：**

列车回库后检查发现空气开关81F11跳，根据此现象判断门控电路中发生了短路现象。仔细检查各回路发现11/19门以因为气缸拉杆总成擦破电线造成短路，引起81F11跳闸，引发5扇车门无法打开。对擦破的电线进行包扎处理后，故障排除。

**案例6：**

**故障现象：**

2002年4月5日，217＃中山公园下行，01282侧墙黄灯不灭，司机室开门灯不亮，01281客室灯均灭。813次217＃车在石门路01293切除一客室门，原因是在该关门灯不灭，必须拍击后方能灭。

**故障代码：**

CCU：119、120、121、122、123、187。

**故障结论：**

5/7 门 S2 行程开关故障。

**分析处理：**

列车回库后检查，发现 01281 客室 5/7 门 S2 行程开关故障，造成正线上出现的车门故障。更换 S2 行程开关，故障消失。多次进行开关门测试，均正常，故障排除。

**案例 7：**

**故障现象：**

2003 年 3 月 19 日 7：20 报 218＃电动列车正线运营发生Ⅱ单元 B 车受电弓严重故障和高速断路器严重故障，掉线回库。

**故障代码：**

CCU：48、49、50、51。

**故障结论：**

升弓电磁阀 21－Y01 坏。

**分析处理：**

由于通过分析，认为该故障的根本原因是由受电弓引起的，故决定首先对受电弓进行检查。回库后首先对列车进行无电升弓检查，发现 00342 车受电弓无法升起。首先对该受电弓的进气阀与升弓调节进行检查，发现一切正常，这样排除了列车受电弓的自身的机械故障。

接着对列车进行有电测试，根据综合线路图 21－03，受电弓升起的前提条件是升弓继电器 21－K10 得电。当按下升弓按钮 21－S04 后，DC 110 V 通过车钩送到升弓继电器 21－K10 的线圈，引起其动作，并且通过其 13、14 触点自保，同时将电源送到升弓电磁阀 21－Y01，最终将使升弓电磁阀得电，将压缩空气送往受电弓主风缸使受电弓升起。

根据以上分析，对 21－K10 进行检查，发现 13、14、23、24 触点均得电，这样可以排除 21－K10 的故障。于是对升弓电磁阀 21－Y01 进行检查，发现其上接线端子 21308 有电，而接线端子无电，于是对 21－Y01 的线圈进行测试，发现其电阻值为无穷大，因此可以确定其线圈发生断路，造成其无法工作，无法将压缩空气送往升弓气缸，造成受电弓无法升起。于是更换升弓电磁阀 21－Y01，反复升弓多次，试车线试车，故障不再出现，一切正常。

**案例 8：**

**故障现象：**

2003 年 4 月 29 日，214 次 9:17 静安寺上行，上下客完毕，司机发车，发现Ⅱ/B 侧墙黄灯亮，车门指示灯全部熄灭，司机室左侧关门指示灯未亮，显示器显示门控故障、Ⅱ/B 车左侧车门均为红色。司机重复开关门多次，侧墙黄灯依旧不灭。9:18 在总调允许下，司机到客室检查发现客室内车门指示灯全部熄灭。9:20 总调令清客。

**故障代码：**

CCU:202。

**故障结论：**

10/12 门 S2 行程开关坏。

**分析处理：**

根据故障代码:202(B 车左侧车门回路没有闭合，S2 行程开关开路)。查阅综合线路图 84－04，得知 S1 与 S2 的功能是监控列车车门的关闭与机械锁定的状况。当 S1 的 1－2 触点或者 S2 的 1－2 触点发生故障，就会出现上述的故障现象。由于读取的 CCU 故障代码提示 S2 发生故障，因此排除 S1 的问题。依次检查Ⅱ/B 车左侧的 5 扇车门的 S2，当检查到 10/12 门时，发现该门的 S2 损坏。更换 S2，调整机械尺寸，反复开关车门多次，未再出现故障，故障排除。

**案例 9：**

**故障现象：**

208＃在 12 月 23 日日检作业时，发现 00502 车 14/16、18/20、13/15、17/19 车门在 DDU 上无显示。12 月 24 日该车月检时，故障消失；后又出现 CCU 故障，列车照明异常。

**故障代码：**

CCU:1(CCU 严重故障)、18(A 车 KLIP 分站故障)、19(B 车 KLIP 分站故障)、20(C 车 KLIP 分站故障)、24(B 车 TCU 联络失败)、28(显示屏无法联络)、29(与主 CCU 无法连接)、31(与辅助 2 CCU 无法连接)、32(显示屏无法启动)、43(司机显示屏开监控，43－F01 曾被关断)等。

**故障结论：**

00502 车 G047(车辆总线接口 RS485)坏。

**分析处理：**

根据故障现象与故障代码，经过分析得出结论，该故障的根本原因是 CCU 联络失败。根据西门子公司提供的相关技术资料，CCU 之间的通信由两个模块(G039、G047)实现。通常排查模块故障主要用试错法(也叫排除法)，以往都是在同一列车上对模块进行互换操作，但在此处这种方法不适用，由于列车 CCU 初始化完成存在一定的先后，因此首先完成初始化的 CCU，将自动将其设置为主 CCU，后完成初始化的 CCU 将作为辅 CCU(对于 6 节编组的列车 CCU 的 CPU 模块面版上的 7 段数码管显示为 1；辅 CCU CPU 模块面版上的 7 段数码管显示为 2)。如果当其中 1 套 CCU 的通信模块损坏后，将直接导致 CCU 之间的通信故障，使 CCU 无法检测到是否存在主 CCU 与辅 CCU，在同一列列车内进行互换将无法进行正确的判断。为此从另一正常列车上拆下该 2 模块(G039 列车总线耦合 RS485、G047 列车总线接口 RS485)分别与故障列车 CCU 的相关模块进行对换，最后检查发现为 00502 车 CCU 的 G047(车辆总线接口 RS485)模块坏，更换 G047 后恢复正常。

**案例 10：**

**故障现象：**

2004 年 2 月 15 日 221＃在上海科技馆站下行时，列车面板显示高速开关及受电弓严重故障，高速开关分、合及受电弓升、落弓指示灯均不亮，但列车仍运行正常。

**故障代码：**

CCU：48(B 车高速断路器故障)、49(C 车高速断路器故障)、50(受电弓不处于升起或落下状态)。

**故障结论：**

受电弓位置传感器 11－X11－S1 损坏。

**分析处理：**

根据综合线路图，分析后认为可能是受电弓的监控回路发生了故障，根据综合线路图 21－04，检查相关电气元件发现受电弓位置传感器 11－X11－S1 始终处于闭合状态，造成本车受电弓落到位继电器 21－K13 得电，KLIP 输入模块 41－A2.02 的 A7 引脚为低电平，CCU 将判定该车受电弓已经落到位，同时通知 TCU 将本单元的两只高速断路器分断，此时司机显示屏(DDU)显示受电弓严重故障、高速断路器严重故障。更换 11－X11－S1 后故障消失，试车线试车正常。

**案例 11：**

**故障现象：**

2004 年 9 月 29 日，208 列车月检中发现司机显示屏显示 00522 车 13/15 门故障、00533车18/20门故障。

**故障代码：**

00522 CCU：138(B车13/15门故障)、150(C车18/20门故障)。

**故障结论：**

00522车中央控制单元(CCU)的中央处理器(CPU)C027损坏。

**分析处理：**

通常造成该故障的原因是车门监控元件发生了损坏，或者是相关尺寸调整不到位，为此我们首先检查了相关的车门，发现车门的各监控元件均处于正常的状态，各相关尺寸均在正常范围内，车门不存在故障。

根据相关技术资料，造成车门故障的原因，还有可能是KLIP系统、CCU的通信接口模块、中央处理器(CPU)等。此处两节车的KLIP系统同时损坏的可能性较小，因此可以忽略。为此认为应该着重检查中央控制单元。首先将00522中央控制单元的接口模块C055与其他列车进行对换，发现故障依旧存在于原处，为此可以认定C055未发生损坏；接着将C027(CPU)与其他列车进行了对换，发现故障发生了转移，具体的故障现象与208列车相同，为此可以断定C027(CPU)损坏是造成该故障的根本原因，更换C027后故障消失。

CPU模块损坏后会引起该故障呢？因为CPU是整个中央控制单元核心，其负责处理列车的各类监控信息，当其中的某个环节出现了故障，将引起数据处理的错误，直接导致CCU记录不正确的故障，为故障的排除带来较大的麻烦。

**案例12：**

**故障现象：**

0120#车显示屏显示列车控制故障(CCU故障显示灯亮)。

**故障代码：**

CCU：1、37。

**故障结论：**

BECU的CP板坏。

**分析处理：**

检查CCU版本正常，CCU之间的通信正常，读故障发现CCU存在37故障代码，故障含义为无法识别BECU版本，检查BECU发现CP板坏，更换CP板后，故障消失。CCU故障原因，由于无法识别本单元一节车的BECU，导致CCU出严重故障。

**案例 13:**

**故障现象:**

213#列车 01061DDU(司机显示屏)工作异常。

**故障代码:**

CCU:27(A 车 BECU 联络失败)、TCU:110(到另一 TCU 车辆总线故障)、111(到 BECU A 车辆总线故障)、245(车辆总线传输监控)。

**故障结论:**

01042 车 41－A06 继电器性能不良。

**分析处理:**

根据故障代码与西门子的相关技术资料,造成该故障的原因是 RS485 模块 C039 不能输送信号。为此,分别检查本单元所有 TCU 的 C039、CCU 的 C047、BECU 的 BK 模块,全部正常工作,为此可以排除车辆总线传输模块的故障,这样说明故障存在于总线上,为此,分别检查其他相关元件,发现 B 车 41－K06 继电器(与 A 车连挂好继电器)性能略不良,更换后恢复正常。

为何该继电器性能不良会引起总线传输故障?根据综合线路图与其他相关资料,该继电器的作用是识别 B、C 车的位端是否与 A 车相连接,若与 A 车相连接时,41－A06 动作,这样将构成了一个完整的车辆总线。当 41－A06 不良时,车辆总线的通信将可能出现瞬间中断,导致故障发生。同样若电阻 41－R01(车辆总线终端电阻)损坏也将可能导致故障发生,这点在检修中应特别注意。

# 参 考 文 献

[1] 王艳荣著. 城市轨道交通车辆电气检修[M]. 上海:上海科学技术出版社,2010.
[2] AC01/AC02 型电动列车车辆电气. 上海地铁培训教材,2006.
[3] 车辆电气与控制_DC01 型电动客车. 上海地铁培训教材,2002.
[4] 郑瞳炽著. 城市轨道交通牵引供电系统[M],北京:中国铁道出版社,2007.
[5] 魏晓东著. 城市轨道交通自动化系统与技术[M]. 北京:电子工业出版社,2002.
[6] 卢毓俊著. 客车空调装置[M]. 北京:中国铁道出版社,1999.
[7] 杨志刚著. 列车运行监控记录装置[M]. 北京:中国铁道出版社,1998.
[8] 徐安著. 城市轨道交通电力牵引[M]. 北京:中国铁道出版社,1998.
[9] 邱勉仁. 阿尔斯通车辆电气牵引与控制剖析[J]. 都市快轨交通, 1994,(04).